普通高等教育酒店管理专业系列教材

酒店管理概论

主　编　王丹鹤
副主编　龚　慧　李　慧
参　编　陈立群　全玉婷

机械工业出版社

本书主要包括酒店概述和基础理论，酒店生产与经营两部分的内容。酒店概述和基础理论主要包括酒店业概述，酒店管理的基础理论与理论创新，国际与国内酒店集团，酒店员工忠诚度、职业素质、职业意识与职业生涯规划，酒店主要对客部门管理共五章内容。酒店生产与经营部分主要包括酒店顾客管理、酒店采购管理、酒店营销管理、酒店人力资源与财务管理、酒店信息与安全管理、酒店危机管理以及酒店未来发展趋势共七章内容。

本书以基础理论介绍为导入，对酒店各部门的整体运作以及各部门间的功能联系进行介绍，主次有序，重点突出，可以让读者在学习过程中从不同的角度了解酒店的专业知识，掌握酒店管理的基本业务以及酒店管理的经营策略。本书可作为普通高等学校旅游管理类专业的本科教材，也可作为旅游管理类从业人员的培训教材。

图书在版编目（CIP）数据

酒店管理概论/王丹鹤主编. —北京：机械工业出版社，2022.8（2025.1重印）
普通高等教育酒店管理专业系列教材
ISBN 978-7-111-71481-1

Ⅰ.①酒… Ⅱ.①王… Ⅲ.①饭店-商业企业管理-高等学校-教材 Ⅳ.①F719.2

中国版本图书馆 CIP 数据核字（2022）第 160692 号

机械工业出版社（北京市百万庄大街22号　邮政编码100037）
策划编辑：常爱艳　　　　　责任编辑：常爱艳　王　芳
责任校对：陈　越　王明欣　封面设计：鞠　杨
责任印制：常天培
北京机工印刷厂有限公司印刷
2025年1月第1版第3次印刷
184mm×260mm・22印张・475千字
标准书号：ISBN 978-7-111-71481-1
定价：63.80元

电话服务　　　　　　　　网络服务
客服电话：010-88361066　机　工　官　网：www.cmpbook.com
　　　　　010-88379833　机　工　官　博：weibo.com/cmp1952
　　　　　010-68326294　金　书　网：www.golden-book.com
封底无防伪标均为盗版　机工教育服务网：www.cmpedu.com

PREFACE 前　言

　　本书共分为两部分，分别是酒店概述和基础理论、酒店生产与经营。其中，酒店概述和基础理论包括酒店业概述，酒店管理的基础理论与理论创新，国际与国内酒店集团，酒店员工忠诚度、职业素质、职业意识与职业生涯规划，酒店主要对客部门管理共五章内容。酒店生产与经营部分主要包括酒店顾客管理、酒店采购管理、酒店营销管理、酒店人力资源与财务管理、酒店信息与安全管理、酒店危机管理、酒店未来发展趋势共七章内容。

　　本书注重创新和实用性，从酒店概论基础过渡到酒店生产与经营，构建更加完善的酒店体系和部门内容，结构合理，层次清晰。全书体系科学规范，内容取舍得当，语言简明流畅，案例新颖并结合时事，适合普通高等学校专业教学需要。本书结合编者丰富的行业经验，在每章开篇给予案例，可在教学中对学生进行关键知识点的引导和思考，并在每章后设置延伸阅读、思考与习题，帮助学生更好地对章节内容进行总结和反思。

　　本书由王丹鹤（三亚学院）任主编，由龚慧（三亚学院）、李慧（三亚学院）任副主编，由陈立群（琼台师范学院）、全玉婷（中山大学南方学院）参与编写。其中，第一、二、三、五、六章由王丹鹤编写，第四、七、八章由龚慧编写，第九、十二章由全玉婷编写，第十、十一章由陈立群编写，全书由李慧进行整理、梳理与校对。

　　本书的编写是在三亚学院应用型人才培养定位指导下，立足产教融合的专业办学思路，主动创新且集合多方智慧而成的。本书的出版主要得到了三亚学院酒店管理应用型本科专业转型建设项目、三亚学院复星旅文智慧旅游产业学院项目（SYJCY202104）的全方位赞助及支持，本书也是上述两个项目的重要成果。本书在编写过程中得到了学校、学院领导以及酒店企业的大力支持，感谢柴勇院长、郜宣院长、亓元院长提供的基础保障。同时感谢复星旅文智慧旅游产业学院的共建方（复星旅文集团）为本书提供技术支持，特别是复星旅文集团的三亚亚特兰蒂斯酒店人力资源副总裁杨萱女士协助解答技术疑难。最后，由衷感谢常爱艳编辑及出版社在编写中给予的耐心认真的反馈及指导。

　　在编写过程中，编者拜读了国内外许多专家和学者的专著，并借鉴了其中部分内容，在此谨向他们表示深深的谢意！因编者水平有限，书中疏漏、错误在所难免，欢迎广大读者批评指正，在此先表示谢意。

编　者

目 录

前 言

第一部分　酒店概述和基础理论

第一章　酒店业概述 ... 2
- 导入案例 ... 2
- 第一节　酒店业发展简史、定义、分类与特点 ... 4
  - 一、酒店业发展简史 ... 4
  - 二、酒店的定义、分类与特点 ... 5
- 第二节　酒店组织结构与经营管理模式 ... 9
  - 一、酒店组织结构 ... 9
  - 二、酒店经营管理模式 ... 13
- 延伸阅读 ... 16
- 思考与习题 ... 17

第二章　酒店管理的基础理论与理论创新 ... 18
- 导入案例 ... 18
- 第一节　酒店管理的基础理论 ... 19
  - 一、科学管理理论 ... 19
  - 二、行为科学理论 ... 22
  - 三、权变管理理论 ... 22
  - 四、人本主义管理理论 ... 24
  - 五、学习型组织管理理论 ... 25
- 第二节　酒店管理的理论创新 ... 26
  - 一、专业化管理 ... 26
  - 二、价值创新管理 ... 26
  - 三、精益管理 ... 27

  四、集团化管理 ··· 28
 延伸阅读 ··· 29
 思考与习题 ··· 31

第三章　国际与国内酒店集团 ································· 32

 导入案例 ··· 32
 第一节　国际酒店集团 ·· 34
  一、洲际酒店集团 ··· 34
  二、万豪酒店集团 ··· 35
  三、雅高酒店集团 ··· 36
  四、希尔顿酒店集团 ·· 36
  五、凯悦酒店集团 ··· 37
 第二节　国内酒店集团 ·· 38
  一、锦江国际酒店集团 ··· 38
  二、首旅如家酒店集团 ··· 39
  三、华住酒店集团 ··· 39
  四、海航酒店集团 ··· 39
  五、格林酒店集团 ··· 40
 延伸阅读 ··· 40
 思考与习题 ··· 41

第四章　酒店员工忠诚度、职业素质、职业意识与职业生涯规划 ······· 42

 导入案例 ··· 42
 第一节　酒店员工忠诚度 ··· 43
  一、酒店员工忠诚度的含义 ··· 43
  二、酒店员工忠诚度管理的重要性 ······································· 44
  三、影响酒店员工忠诚度的因素 ·· 45
  四、提升酒店员工忠诚度的方法 ·· 46
 第二节　酒店员工必备的职业素质 ··· 48
  一、酒店员工职业素质的内涵和重要性 ································· 48
  二、酒店员工应具备的职业素质 ·· 49
  三、培养良好职业素质的途径 ·· 50
 第三节　酒店员工职业意识的培养 ··· 51
  一、酒店员工职业意识概述 ··· 51

二、培养酒店员工职业意识的重要性和原则 …………………………………… 54
　　三、培养酒店员工职业意识的方法 …………………………………………… 54
第四节　酒店员工职业生涯规划 ……………………………………………………… 56
　　一、酒店员工职业生涯规划概述 ……………………………………………… 56
　　二、酒店员工职业生涯规划的影响因素 ……………………………………… 62
　　三、酒店员工职业生涯规划和管理 …………………………………………… 65
延伸阅读 …………………………………………………………………………………… 69
思考与习题 ………………………………………………………………………………… 69

第五章　酒店主要对客部门管理 …………………………………………………… 70

导入案例 …………………………………………………………………………………… 70
第一节　酒店前厅部管理 ……………………………………………………………… 71
　　一、前厅部的定义 ……………………………………………………………… 71
　　二、前厅部的地位 ……………………………………………………………… 71
　　三、前厅部的组织结构及岗位职责 …………………………………………… 72
第二节　酒店餐饮部管理 ……………………………………………………………… 75
　　一、餐饮部的定义 ……………………………………………………………… 75
　　二、餐饮部的地位 ……………………………………………………………… 75
　　三、餐饮部的组织结构和岗位职责 …………………………………………… 76
第三节　酒店客房部管理 ……………………………………………………………… 80
　　一、客房部的定义 ……………………………………………………………… 80
　　二、客房部的地位 ……………………………………………………………… 80
　　三、客房部的组织结构和岗位职责 …………………………………………… 81
第四节　酒店康乐部管理 ……………………………………………………………… 83
　　一、康乐部的定义 ……………………………………………………………… 83
　　二、康乐部的地位 ……………………………………………………………… 83
　　三、康乐部的组织结构和岗位职责 …………………………………………… 84
延伸阅读 …………………………………………………………………………………… 87
思考与习题 ………………………………………………………………………………… 88

第二部分　酒店生产与经营

第六章　酒店顾客管理 ……………………………………………………………… 90

导入案例 …………………………………………………………………………………… 90

第一节	酒店内部顾客和外部顾客	91
	一、内部顾客	91
	二、外部顾客	92
第二节	顾客的价值	92
	一、顾客价值的概念界定	93
	二、酒店内部顾客的价值	94
	三、酒店外部顾客的价值	97
第三节	酒店顾客的需求	99
	一、顾客的期望	99
	二、酒店顾客期望管理	101
	三、了解顾客需求的方法	103
第四节	衡量服务质量	106
	一、服务质量衡量五因素法	107
	二、顾客满意度衡量法	107
	三、顾客满意路径及模型	111
	四、顾客忠诚	115
	五、顾客维系	118
第五节	酒店顾客管理经典案例	120
	案例一 "特殊顾客"的"差别对待"	120
	案例二 丽思卡尔顿酒店的传奇	121
延伸阅读		122
思考与习题		124

第七章 酒店采购管理 … 125

导入案例		125
第一节	酒店采购管理制度	126
	一、采购部工作基本要求	126
	二、采购审批程序	127
	三、采购监督	127
	四、供应商管理	128
第二节	酒店采购部工作流程	129
	一、酒店采购部工作基本流程	129
	二、酒店各类物品采购工作流程	131
第三节	酒店采购部岗位职责	133

一、经理岗位职责 · 133
　　二、副经理岗位职责 · 135
　　三、饮食原料采购主管岗位职责 · 137
　　四、饮食原料采购员岗位职责 · 139
　　五、物资采购主管岗位职责 · 140
　　六、物资采购员岗位职责 · 142
　　七、提运主管岗位职责 · 144
　　八、提运报关员岗位职责 · 145
　第四节　采购相关表格 · 146
　　一、酒店采购部的相关表格 · 146
　　二、酒店运营部门采购流程的相关表格 · 151
　第五节　采购管理经典案例 · 154
　　案例一　国际酒店内部采购案例 · 154
　　案例二　沃尔玛生鲜采购模式 · 156
　延伸阅读 · 157
　思考与习题 · 158

第八章　酒店营销管理 · 159

　导入案例 · 159
　第一节　酒店营销及酒店营销管理 · 160
　　一、相关概念 · 160
　　二、酒店营销组合 · 161
　　三、酒店营销观念的创新 · 164
　第二节　酒店产品和服务的创新 · 166
　　一、酒店产品和服务创新的重要意义 · 166
　　二、酒店产品和服务创新的新趋势 · 167
　第三节　客房定价法与价格策略 · 169
　　一、客房价格的构成 · 169
　　二、影响客房定价的因素 · 169
　　三、客房价格体系与平均房价 · 171
　　四、客房定价的方法 · 172
　　五、客房价格策略 · 173
　第四节　酒店销售人员的销售艺术 · 173
　　一、直接销售 · 173

二、酒店 MICE 销售 ·· 174
第五节　预订业务管理 ·· 175
　　一、预订的方式 ·· 176
　　二、预订的种类 ·· 178
　　三、预订的渠道 ·· 179
　　四、预订业务管理 ··· 180
第六节　酒店网络营销 ·· 183
　　一、网络营销的特点 ··· 183
　　二、酒店网络营销的应用 ·· 184
　　三、酒店网站建设 ··· 186
第七节　酒店新媒体营销 ··· 188
　　一、微博营销 ··· 188
　　二、微信营销 ··· 191
　　三、微电影营销 ·· 192
　　四、短视频/直播营销 ··· 192
第八节　营销管理经典案例 ·· 192
　　案例一　酒店营销策略——重视渠道模式与忠诚消费 ·························· 192
　　案例二　携程直播带货 1000 万元，如此预热只为抢占旅游业复苏后的市场 ··· 194
延伸阅读 ·· 195
思考与习题 ·· 196

第九章　酒店人力资源与财务管理

导入案例 ·· 197
第一节　酒店人力资源管理 ·· 198
　　一、酒店人力资源管理的内涵 ··· 198
　　二、酒店人力资源管理的内容 ··· 200
　　三、当前难点问题 ··· 208
第二节　酒店财务管理概述 ·· 209
　　一、酒店财务管理的概念、目标和任务 ·· 209
　　二、酒店财务管理的特点与方法 ·· 211
　　三、酒店财务管理的组织结构 ··· 213
第三节　酒店成本费用管理 ·· 215
　　一、酒店成本费用的内容、分类及其控制 ·· 215
　　二、酒店餐饮成本控制 ·· 217

三、酒店人工成本、能源费用和其他费用控制 219

第四节 酒店营业收入控制 220
 一、酒店营业收入概述 220
 二、酒店营业收入的控制要点 221
 三、客房营业收入的控制 222

第五节 酒店财务分析 223
 一、酒店财务分析指标 223
 二、偿债能力分析指标 225
 三、营运能力分析指标 228
 四、盈利能力分析指标 230
 五、发展能力分析指标 232

第六节 酒店财务管理经典案例 235
 案例一 中小酒店定价法 235
 案例二 淡季经营营销失败案例 240

延伸阅读 243
思考与习题 246

第十章 酒店信息与安全管理 247

导入案例 247

第一节 酒店信息管理 248
 一、信息的定义 248
 二、信息的特征 248

第二节 酒店管理信息系统 250
 一、管理信息系统的概念 250
 二、管理信息系统的作用 251
 三、酒店管理信息系统的概念 252
 四、酒店管理信息系统的特征 253
 五、酒店管理信息系统的作用 254
 六、酒店管理信息系统的应用类型 258

第三节 酒店管理决策与酒店决策支持系统 267
 一、酒店管理决策的概念 267
 二、酒店管理决策的阶段 267
 三、决策支持系统 268
 四、酒店决策支持系统的概念 270

五、酒店决策支持系统的功能 ……………………………………………………………… 270
第四节　酒店安全管理 ……………………………………………………………………… 271
　　一、酒店安全的定义 ……………………………………………………………………… 271
　　二、酒店安全管理的特点 ………………………………………………………………… 271
　　三、酒店安全管理工作 …………………………………………………………………… 272
第五节　酒店信息/安全管理经典案例 …………………………………………………… 273
　　案例一　酒店信息安全成为移动互联网时代的巨大挑战 …………………………… 273
　　案例二　东呈国际集团湖北地区酒店开展"安全主题月"活动 …………………… 275
延伸阅读 ……………………………………………………………………………………… 275
思考与习题 …………………………………………………………………………………… 276

第十一章　酒店危机管理 …………………………………………………………………… 277

导入案例 ……………………………………………………………………………………… 277
第一节　酒店危机概述 ……………………………………………………………………… 278
　　一、危机 …………………………………………………………………………………… 278
　　二、酒店危机 ……………………………………………………………………………… 279
第二节　酒店危机管理策略 ………………………………………………………………… 283
　　一、危机管理的概念 ……………………………………………………………………… 283
　　二、酒店危机管理的概念 ………………………………………………………………… 283
　　三、酒店危机管理的特征 ………………………………………………………………… 284
　　四、酒店危机管理的职能 ………………………………………………………………… 285
　　五、酒店危机管理的原则 ………………………………………………………………… 286
第三节　酒店危机处理 ……………………………………………………………………… 290
　　一、酒店危机处理的注意事项 …………………………………………………………… 290
　　二、酒店危机处理的程序 ………………………………………………………………… 292
第四节　酒店危机管理经典案例 …………………………………………………………… 299
　　案例　让酒店的"卫生文化"成为"战疫"后的品牌亮点 ………………………… 299
延伸阅读 ……………………………………………………………………………………… 300
思考与习题 …………………………………………………………………………………… 302

第十二章　酒店未来发展趋势 ……………………………………………………………… 303

导入案例 ……………………………………………………………………………………… 303
第一节　酒店品牌化和集团化 ……………………………………………………………… 304
　　一、品牌化和集团化是大势所趋 ………………………………………………………… 304

二、品牌化和集团化模式与方法 305
　　三、酒店品牌化和集团化的注意事项 307
第二节　中高端酒店的兴起 309
　　一、中高端酒店发展趋势良好 309
　　二、连锁大型酒店集团与中高端酒店合作共赢 311
第三节　经济型酒店重新洗牌 312
　　一、经济型酒店历史趋势 312
　　二、经济型酒店行业现存问题 313
　　三、经济型酒店发展方向 315
第四节　绿色酒店倡导环保 316
　　一、绿色酒店 316
　　二、绿色酒店管理 318
第五节　定制化服务 319
　　一、定制化服务的内涵和意义 319
　　二、定制化服务面临的问题 321
　　三、定制化提升策略 322
第六节　酒店行业的高科技应用 324
第七节　未来酒店业经典案例 324
　　案例一　酒店跨界发展全球布局 324
　　案例二　去啊"未来酒店" 326
延伸阅读 331
思考与习题 337

参考文献 338

酒店概述和基础理论

第一章 酒店业概述

学习目标

了解酒店业的发展简史。
了解酒店业在不同发展阶段的特点。
了解酒店的组织结构类型和特点。
熟悉酒店管理概论的主要内容和研究对象。
理解并掌握酒店的分类标准及各类型酒店的特点。
理解并掌握酒店的六种管理经营模式。

重点

酒店业的发展简史。
酒店的分类标准及各类型酒店的特点。
酒店的组织结构类型和特点。
酒店管理概论的主要内容和研究对象。

难点

酒店的组织结构类型和特点。
酒店的分类标准及各类型酒店的特点。

导入案例

案例一　　　　　　　无人酒店应不应该有"人"？

阿里旗下飞猪旅行近日公布的信息显示,酝酿两年的阿里无人酒店正式开业,整栋酒店并没有人类服务人员,所有事情统统交给了人工智能。

人工智能如何做好服务工作呢？在预订方面,客人在 App 上办理登记后,可以直接在线选房，甚至选床。到达酒店后，一个1m高的机器人取代了传统的人工接待。它通过人脸识别技术，首先记住了客人的样子。登记入住时，客人需要在大堂自助机刷一次脸，这时后台就会对接公安系统确定住户身份信息。随后，客人的个人信息就会覆盖酒店内全场景。

登记完毕后，电梯会启动等候系统，这时机器人带客人去房间就不必再费时间等电梯了。电梯通过无感体控系统，识别客人身份，判断乘坐电梯的意图后，直接在客人入住的楼层停下来。到达房间门口后，摄像头识别出身份，房门自动开启，客人就能进去休息了。

张先生慕名而来，在网络上预约了该无人酒店的一间客房。可是张先生到达酒店后却由于身份证件遗落在出租车上，而在办理入住时遇到了一些困难：以往在办理入住时，如果客人有特殊情况，可以与前台人员沟通，可是现在全部是机器人，机器人只能根据证件执行入住程序。因此张先生被卡在入住的第一关，不得不寻找人工帮忙，可是整个酒店几乎看不到工作人员，张先生在等待了10min后才找到了工作人员，并沟通解决了入住的麻烦。

思考：新型酒店的优势和弊端是什么？无人酒店处于酒店发展的哪个阶段？特点是什么？

案例二　　　　　　　　丽思卡尔顿酒店的组织变革与团队管理

丽思卡尔顿酒店是全球知名的豪华酒店，在世界拥有30余家高档酒店，以优质的服务著称于世。丽思卡尔顿酒店的经营理念是用持续创新保证"卓越服务"承诺的实现和提升。20世纪90年代初，丽思卡尔顿酒店因为创新的贫乏而感到危机四伏。正如丽思卡尔顿酒店总裁所说："如果认为保持现状就可以，那简直是太荒唐了，任何一家公司都有可能比我们做得好。要是跟不上别人的发展，我们就很可能被吞并"。变革迫在眉睫，一场组织变革不声不响地开始了，这个变革以泰森斯角丽思卡尔顿酒店为试点。

泰森斯角丽思卡尔顿酒店就在华盛顿的近郊。1993年4月的一个早晨这里的员工获得一个突然的通知："我们正在进行一项新的试验，需要每位员工的参与和支持，从明天开始我们这里不再有经理，只有团队，你不再有上级。"酒店员工不敢相信这是真的。

他们不知所措地忙碌开来，但抵触情绪非常明显。泰森斯角丽思卡尔顿酒店负责人还是强制执行了这场变革。失败的变革结果令人难过。这里的每位员工都摸不着头脑，不知道谁应该对谁负责，各自努力的方向也互不相同。员工私下相互打听想知道酒店这样做是要干什么。他们在不停地抱怨团队太庞大，都没有人清晰地对团队目标做个解释，没有上级也没有负责人。在此后的三个月里，前台服务人员的流动率是100%，门童服务人员的流动率是200%，服务变得非常糟糕。前台的服务人员显得异常烦躁，他们不知道过去那种有条不紊的工作是否合适，服务人员在前台旁不停地穿梭，虽然顾客没有增多但是工作量似乎增加了许多，员工微笑的脸上增加了一丝疲倦的感觉。餐饮服务人员也好像突然失去了过去那种给客人热情服务的态度，工作得有些局促，过去所有的从容都不见踪影，大家都有些不知所措。

思考：泰森斯角丽思卡尔顿酒店组织在进行变革时为何出现上述现象？如何更好地避免呢？

第一节 酒店业发展简史、定义、分类与特点

一、酒店业发展简史

旅游与住宿活动自古有之。相传欧洲最初的食宿设施约始于古罗马时期,其发展进程经历了所谓古代客栈时期、大酒店时期、商业酒店时期等阶段,其间几经波折起落。第二次世界大战以后,欧美各地随着经济形势和旅游业的不断发展而进入了现代新型酒店时期,并逐步形成了庞大独立的酒店行业。

(一)古代客栈时期

由于社会的需要,为满足外出人们的吃、喝、睡等赖以生存的基本需要,千百年以前就出现了客栈和饭店。至中世纪后期,随着商业的发展,旅行和贸易兴起,外出的传教士、信徒、外交官吏、信使、商人等激增,对客栈的需求量大增。由于当时的交通方式主要是步行、骑马或乘坐驿车,因此客栈大多设在古道边、车马道路边或是驿站附近。早期的英国客栈是人们聚会并相互交往、交流信息和落脚歇息的地方。最早的客栈设施简陋,仅提供基本食宿,无非就是一幢大房子,内有几间房间,每个房间里摆了一些床,旅客们往往挤在一起睡,并没有更多的要求。到了15世纪,有些客栈已拥有20~30间客房,有些比较好的客栈设有一个酒窖、一个食品室、一个厨房,为客人提供酒水和食品。还有一些客栈已开始注意周围环境状况,房屋前后辟有花园草坪,客栈内有宴会厅和舞厅等,开始向多功能发展。总体来看,当时的客栈声誉差,被认为是赖以糊口谋生的低级行业。客人在客栈内缺乏安全感,诸如抢劫之类的不法事情时有发生。

(二)大酒店时期

18世纪后期,随着工业化进程的加快和民众消费水平的提高,为方便贵族度假者、上层人物及公务旅行者,酒店业有了较大的发展。在纽约,1794年建成的首都酒店,内有73套客房,这在当时无疑是颇具规模的。而堪称第一座现代化酒店的特里蒙特酒店于1829年在波士顿落成,为整个新兴的酒店行业确立了标准。该酒店不仅客房多,而且设施设备较为齐全,服务人员也都经过培训,客人入住期间的安全相对有保障。19世纪末20世纪初,美国出现了一些豪华酒店。这些酒店崇尚豪华和气派,布置高档的家具摆设,供应精美的食物。大酒店时期的酒店,有规模大、设施豪华、服务正规、具有一定的接待仪式、讲究一定规格的礼貌礼仪等特点。

(三)商业酒店时期

20世纪开始不久,当时世界上最大的酒店业主埃尔斯沃斯·弥尔顿·斯塔特勒为适应

旅行者的需要，在斯塔特勒酒店的每套客房内设置了浴室，并制定统一的标准来管理他在各地开设的酒店，增加了不少方便客人的服务项目。20世纪20年代，酒店业得到了迅速发展，美国的大中小城市，纷纷通过各种途径集资兴建现代酒店，而且汽车酒店也在美国各地涌现。到20世纪30年代，由于经济大萧条，旅游业面临危机，酒店业也不可避免地陷入困境。在兴旺时期开业的酒店，几乎尽数倒闭，酒店业受到极大挫折。总体来说，商业酒店时期，汽车、火车、飞机等给交通带来很大便利，许多酒店设在城市中心，汽车酒店就设在公路边。这一时期的酒店，设施方便、舒适、清洁、安全，服务虽仍较为简单，但已日渐健全，经营方向开始以客人为中心，酒店的价格也趋向合理。

（四）现代新型酒店时期

第二次世界大战结束后，经济逐渐繁荣，交通工具的便利性以及人们逐渐富裕的生活，引起了对酒店需求的剧增，一度处于困境的酒店业又开始复苏。1950年后开始出现世界范围的经济发展和人口增长，而工业化的进一步发展增加了人民大众的可支配收入，为外出旅游和享受酒店、餐馆服务创造了条件。至20世纪50年代末60年代初，旅游业和商务的发展趋势对传统酒店越来越不利，许多现代新型酒店大批出现。现代新型酒店时期，酒店开始面向大众旅游市场，许多酒店设在城市中心和旅游胜地，大型汽车酒店设在公路边和机场附近。这个时期，酒店的规模不断扩大，类型多样化，开发了各种类型的住宿设施，服务向综合性发展，酒店不但提供食、住，而且提供旅游、通信、商务、康乐、购物等多种服务，力求尽善尽美，酒店集团占据着越来越大的市场。

伴随科技的不断更新发展，伴随着"90后""00后"成为消费市场主力，也伴随着越来越多消费者对于个性化、体验化的更高要求，"智慧酒店""低碳酒店""绿色酒店""体验酒店""生活酒店""概念酒店"等"新概念酒店"走进大众视野。所谓"新概念酒店"，是指根据客人的生活习惯和需求并结合酒店的特色，以为客人营造更加便利、舒适、健康的居住休息环境为理念，设计、提供服务和进行日常管理的酒店。在酒店硬件已经足够舒适和先进的前提下，如何更好地满足各类客人的需求，如何在竞争激烈的行业中立足创新，如何开发线上线下合力营销以增加酒店收益都将是酒店想要在未来屹立不倒所需要思考的问题。

二、酒店的定义、分类与特点

（一）度假型酒店

1. 度假型酒店的定义及分类

度假型酒店因地域、经济、文化的不同而具有地方性、灵活性和多样性的特点。许多专家和业内人士常把度假型酒店的核心概念集中在"经历"上，即度假型客人对度假型目的地的直接观察或参与所形成的感受和体验。

度假型酒店可分为两种。一种是观光度假型酒店，这类酒店要求的地理位置比较独特，多位于海滨、草原、海岛、森林、雪山等拥有独特旅游资源的地方，并且能够提供多种旅游活动和健身活动（如游泳）等。这类酒店较注重安全、卫生、舒适，在饮食上最好能有当地特色的菜式，不需要很豪华，因为客人会将更多的注意力放在景点上。另一种则是休闲度假型酒店，这类酒店并不十分需要良好的旅游资源，但一定要有安静、舒适、绿化和让人放松的自然环境。这是因为这类酒店的客人大都前来放松身心，释放压力，逃离城市的喧嚣。

2. 度假型酒店的特点

（1）地理位置或围绕或远离城市　围绕城市的度假型酒店大都为城市人群周末度假放松提供舒适的休闲环境；远离城市的度假型酒店主要为城市人群在拥有足够的闲暇时间后，希望远离喧嚣的城市，到名山大川或乡村去享受大自然的舒适而建造。

（2）拥有完善且独立的生活配套设备　一般度假型酒店除符合大众客人的生活习惯和品位，提供与日常生活相衔接和融合的度假型居住设施和环境外，还以新颖独特的住宿形式和完善独立的生活配套设施来吸引度假客人，以满足不同客人的需要。并且度假型酒店的理念比普通居住理念更加强调舒适、安逸、完善、周到。从居住的角度看，度假型酒店犹如多个设施完善且相对独立的居住单元体的集合。

（3）拥有综合性的休憩、娱乐服务设施　在度假型酒店中，人们所追求的是身心的愉悦和放松。不同类型的度假型酒店具有不同种类的休憩、娱乐服务设施。如现代城市型度假酒店为满足不同年龄、性格、职业和爱好的客人的需求，提高游乐质量和设施的利用率，体现现代化和综合性的特点；而乡土生态型度假酒店则更强调客人对传统体验娱乐设施的感受，如钓鱼、烧烤等。当然根据需要，也可以将不同类型娱乐设施融合在一起，使度假型酒店的生活更加精彩。

（4）多元文化的综合体　度假型酒店每年接待成千上万来自五湖四海的度假客人，同时也集中了不同地域风格和不同文化特征。再加上度假型酒店所在地的民风乡情以及为符合度假型酒店主题而设的特色设施和活动，度假型酒店成为一个多元文化的综合体。

（二）商务型酒店

1. 商务型酒店的定义

商务型酒店是以商务客人而非旅游度假客人为主的酒店。商务型酒店在地理位置、酒店设施、服务项目、价格等方面都以商务为出发点，尽可能地为商务客人提供便利。商务型酒店的位置主要处在城市中心，处在比较繁华的地段，以接待商务人士为主。相关商务设施必须配备齐全，如网络宽带、商务中心。在酒店的发展历程中，商务型酒店不断完善与发展，进一步发展为有独立的商务楼层。

2. 商务型酒店的特点

（1）酒店商务客源占有主导份额　商务客人在酒店总的客源结构中应当占有绝对主导的份额，这是将商务型酒店和非商务型酒店区分开的一个基本标准。

（2）产品导向特征明显　酒店的地理位置、建筑装饰风格、设施设备、服务项目以及员工服务能力应根据商务客人的消费需求特征加以配置的集成。比如：商务型酒店的商务设施要齐备，如传真、复印、语言信箱、视听设备等；酒店还要提供各种先进的会议设施便于客人召开会议，客房里的设施设备也要符合他们的需求，便于办公，如打印机、网络接口等。

（3）价格定位较高　商务型酒店的价格要高于同类型的酒店。一般商务客人对价格的敏感度不强，但在住宿、通信、宴请、交通等方面较为讲究，注重酒店的环境和氛围。商务型酒店为了满足客人的物质需求和心理需求，不论是在酒店设施设备的配备上还是服务的质量上都要比一般酒店的要高，所以商务型酒店的价格也自然要高于同级别的其他类型的酒店。

（4）地理位置优越性　商务型酒店的地理位置要具有优越性：一般交通便利，临近商务密集区（如CBD），便于参加各种商务活动和会议，能接触到一些潜在的商务合作对象；周围知名的特色餐厅林立，利于宴请客人；离休闲中心近，有利于商务客人办公结束后的休闲活动。

（三）会议型酒店

1. 会议型酒店的定义

会议型酒店主要是指那些能够独立举办会议的酒店。

2. 会议型酒店的特点

（1）销售形式不同　会议型酒店的销售形式不同于传统的酒店，它是综合性销售的，不但有客房、餐饮，还有会展的设施、会议的设备，侧重于会议相关的一些销售。

（2）服务的对象不同　会议型酒店除了服务每一位参会个体之外，还要面对会议的组织者。因此会议型酒店相比其他类型酒店更注重与服务对象的多次沟通以顺利完成会议的举办。

（3）服务部门的设置不同　会议型酒店在实际运营中要针对专业性较强的会议实施不同的服务模式，包括配置相应的会议设备设施，与会议组织者沟通会议场地布置、会场服务等，以保证为会议提供圆满的服务。

（4）配备充足的会议多功能间　会议型酒店在实际运营中经常会碰到各种问题，如一些外宾客人不喜欢在宴会厅开会，他们更倾向轻松愉悦的空间，因此酒店应具有丰富、专业的多功能间，以满足客人的特别需求。

(四) 经济型酒店

1. 经济型酒店的定义

经济型酒店主要以大众旅行者和中小商务者为主要服务对象，以客房为唯一或核心产品，价格相对低廉，服务标准，环境舒适，硬件上乘，是性价比较高的现代酒店。

2. 经济型酒店的特点

（1）产品和服务的优质性　经济型酒店非常强调客房设施的舒适性和服务的标准化，突出清洁卫生、舒适方便的特点。

（2）产品的有限性　经济型酒店紧扣酒店的核心价值——住宿，以客房产品为灵魂，去除了其他非必需的服务，从而大幅度削减了成本。一般来说，经济型酒店只提供客房和早餐，一些有限服务酒店还提供简单的餐饮、健身和会议设施。

（3）价格适中　相对于高档酒店的较高房价，经济型酒店的价格相对较低或适中，更符合大众旅行者和中小商务者的价格预期。

（4）连锁经营方式　经济型酒店一般采取连锁经营方式，通过连锁经营达到规模经济，提高品牌价值。这也是经济型酒店区别于其他星级酒店和社会旅馆的一个明显特征。

（5）市场定位明确　经济型酒店的目标市场是一般商务人士、工薪阶层、普通自费旅游者和学生群体等；而高档酒店往往以高端商务客人、高收入阶层、公费旅客为主要目标群体。

(五) 公寓式酒店

1. 公寓式酒店的定义

所谓公寓式酒店，简单地说，就是设置于酒店内部，以公寓形式存在的酒店套房。这种套房的显著特点在于：其一，它类似于公寓，有居家的格局和良好的居住功能，有客厅、卧室、厨房和卫生间；其二，它配有全套家具与家电，并且能够为客人提供酒店式的专业服务。

2. 公寓式酒店的特点

（1）酒店式管理　公寓式酒店属于酒店的一种，同样提供各种酒店式服务，如家居清洁、送餐、洗烫衣物、更换被单、叫醒服务以及各种钟点服务等。

（2）兼具酒店式私密感及居家式亲切感　公寓式酒店在环境上和服务上可以提供星级酒店的水准，而其独特的房间格局和配套又可以给客人带来居家的亲切感。

(六) 其他类型酒店

1. 长驻型酒店的定义及特点

长驻型酒店可以为客人提供较长时间的食宿服务。此类酒店的客房多采取家庭式结构，以套房为主，房间大者可供一个家庭使用，小者有仅供一人使用的单人房间。它既提供一般酒店的服务，又提供一般家庭的服务。在价格方面，入住客人可以享受到因为长期租住而远低于市场价的价格。

2. 主题型酒店的定义及特点

主题型酒店是集主题独特性、文化性和体验性为一体的酒店。其特点为：

（1）主题独特性　主题型酒店的独特性在于主题特异，由此引发的在各个细节上的差别，以及给客人带来的体验内容的不同。

（2）文化性　主题型酒店的文化与一般意义上的酒店文化是两个不同的概念。酒店是提供服务的场所，酒店的核心应该是服务文化；而主题型酒店的文化以酒店文化为基础，体现在人文精神、特色经营和主题品位上。主题型酒店也可称为文化主题酒店。任何一个主题型酒店都是围绕主体素材来挖掘相应的主题文化的，因此文化主题型酒店十分注重突出文化性。

（3）体验性　主题型酒店追求差异，但这并不意味着主题型酒店之间只有差异，在本质上主题型酒店之间是相通的，那就是给客人的体验性。标准化、规范化的服务带给客人良好体验是现代酒店的核心，主题型酒店的发展同样有相同的模式。

第二节　酒店组织结构与经营管理模式

一、酒店组织结构

酒店组织结构是指酒店各部分的划分，各部分在组织系统中的位置、集聚状态及互相联系的形式。酒店组织结构从形式上看由两大部分构成，一是酒店内各部分的划分，二是在酒店系统中各部分的组合形式。酒店的组织结构反映了管理者的经营思想与管理体制，直接影响经营的效率和效益。酒店组织结构是在遵循组织原则的基础上根据酒店的实际情况形成的。

（一）酒店各部分的划分

酒店各部分的划分是根据酒店的组织原则和酒店的业务特点进行切块和分层的。

1. 酒店的上级机构

所谓的上级机构是指酒店的投资者，它对产权有最终决策权，并以所有者的身份监督并约束经营者的经营管理行为。上级机构在一些酒店可能不存在，如独资、自行管理的酒店，但酒店有上级机构的情况在我国是大量存在的。

2. 酒店内部各部门的划分

酒店有多种业务内容，根据业务内容的不同把酒店业务分给不同的部门。一般酒店的部门有前台部门和后台部门。前台部门是指处于一线为客人提供面对面服务的部门,主要有销售部、公关部、前厅部、客房部、餐饮部、娱乐部、康乐部、商品部等。后台部门是指处于二线不直接和客人接触,间接向客人提供服务的部门,主要有人事部、财务部、工程部、保安部、采供部、办公室等。部门的划分也不是绝对的,它是根据组织原则,综合各种因素而确定的。

3. 其他机构的设置

我国部分酒店除业务的前台和后台部门外,还根据我国的国情、法律、政治经济体制等,设置其他机构。一是党组织的领导机构,它要对酒店的正常运行、经营决策、实现组织目标起监督保证作用。二是工会组织机构。工会是职工代表大会的常设机构,工会通过职工代表大会的形式使职工行使民主管理的权利,监督酒店的活动,维护广大职工的利益。

(二) 酒店组织结构类型

酒店对部门进行划分后,要对酒店各部门在组织中给予定位,使各部门有机地组合起来。我国酒店有多种管理模式,于是相应地存在多种类型的酒店组织结构。目前我国较典型的酒店组织结构有以下几种类型:

1. 直线制组织结构

直线制组织结构顾名思义是按直线垂直领导的组织结构。它的特点是组织中各个层次按垂直系统排列,酒店的命令和信息是从酒店的最高层到最低层垂直下达和传递的,各级管理人员对所属下级拥有直接的一切职权,统一指挥各种业务。直线制组织结构或无职能部门,或设一两个职能部门,一个职能部门兼有多种管理职能。如办公室是一个职能部门,但它兼有行政、人事、保安、财务等多项职能。直线制组织结构比较适合规模小、业务较单纯的酒店。

2. 直线职能制组织结构

目前,我国酒店大多采用直线职能制组织结构。直线职能制组织结构较适合有较齐全的旅居功能而无其他多种经营的酒店。直线职能制组织结构的特点是把酒店所有的部门分为两大类。一类是业务部门(也称直线部门),业务部门按直线的原则组织并实行垂直指挥。如酒店的前厅部、客房部、餐饮部、娱乐部、工程部等均属于业务部门。另一类是职能部门,职能部门按分工和专业化的原则执行某一类管理职能。酒店的办公室、人事部、财务部、保安部均属职能部门。直线业务部门管理者在自己的职责范围内有对业务的决定权,能对其下级实行指挥和命令并负全部责任。职能部门的管理者,只能对业务部门提供建议和相关管理职能的业务指导,而不能指挥和命令业务部门。直线制和职能制的结合形成了直线职能制的组织结构。

酒店的直线职能制组织结构可以有多种形式,其中一种较常用的形式是总监制。总监制是指酒店的组织结构在总经理和部门经理之间加一个管理层次——总监。总监可以分管某一方面的业务工作如客房总监、餐饮总监等，也可以分管多个方面的业务工作。总监制是因总经理的管理宽度过大而设立的。如在一些规模较大的酒店，客房超过500间，又有很大规模的洗衣房和园林绿化，因酒店客房部的组织机构太庞大，而设置房务总监统管客房部和前厅部。总监制的设置要慎重，设置不当会造成机构重叠。规模不大的酒店一般不宜采取总监制。

3. 事业部制组织结构

事业部制组织结构在工业企业中有所采用。这种组织结构是在总公司领导下设立多个事业部。各事业部是为特定的产品而设立的。各事业部内部在经营管理上拥有自主权和独立性。它的组织特点是：公司集中决策，事业部分散经营，每个事业部实行独立核算。酒店不生产实物产品，也就不存在像工业企业那样的以产品为中心的事业部；但酒店生产无形产品，因此也会存在产品问题的情况。同时，由于酒店还从事与其业务相关的多种经营，还有一些下属公司，酒店实行现代企业制度后，也会出现多个下属的独立子系统，因此一些酒店公司采用了类似事业部制的组织结构。例如有的酒店公司附属有旅行社、大型餐馆、酒店用品工厂等；有的酒店公司有独立的公寓楼、写字楼等。经常，酒店主体是一个核算单位，酒店下属各单位也是独立的核算单位，酒店主体及各下属单位均在酒店组织系统之中。酒店公司可设立职能部门，管理整个系统的相关事务，而各下属单位也可设立相关的职能部门或职能岗位，处理子系统的相关业务。

4. 矩阵型组织结构

矩阵型组织结构是工业企业常用的一种组织形式。矩阵型在组织结构图上把职能部门按纵列排列，把产品事业部按横行排列，互相交叉形成一个矩阵。这就形成纵、横两套管理系统。产品事业部设立经理，在总经理直接领导下工作。职能部门设立经理，职能部门成员可参与各产品事业部的工作。目前采用矩阵型组织结构主要是一些酒店集团公司或输出管理的一些大型酒店。酒店的矩阵型组织结构是在工业企业矩阵型组织结构的基础上做了适合酒店特点的改进。其特点是：酒店集团公司是一个系统，公司有领导机构，有各职能部门，职能部门对各产品事业部进行专业化管理。产品事业部成员接受产品事业部经理领导。职能部门能对产品事业部做专业指导检查，但无指挥权。这种组织形式既可以使公司整个系统都在统一领导之下，又能充分发挥各产品事业部的主动性和积极性。

酒店的组织结构主要有以上四种类型。当然各酒店在形成自己的组织结构时，也不可能完全照搬以上四种类型，各酒店都会有适合自身经营需要的形式。除了以上四种组织结构形式外，酒店还可以有其他类型的组织结构。

（三）酒店组织管理原则

法国管理学家亨利·法约尔（Henri Fayol）于1916年提出的组织管理的理论，对酒店组织管理具有一定的指导意义。归纳起来，酒店组织管理应遵循以下原则。

1. 分工与合作原则

酒店存在各种不同的工作，其中大量是简单重复的工作。因此，对各项工作进行较细的分工（如打扫客房、卫生间、铺床等），将大大提高工作效率。但同时又必须注意分工后的合作（如打扫卫生间与铺床，只要其中有一项工作未完成，房间就不能出租）。

专业化分工可以使复杂的工作简单化，使每个具体操作的员工快速掌握操作技能和规范，同时也有利于对具体工作进行考核和指导。但是，过度的专业化分工会导致工作单调、乏味，所以必须认真处理好分工与合作的关系，处理好员工之间、工种之间、部门之间和多专业之间的分工与合作的关系。

2. 权责相等原则

根据权责相等原则，行使权力者就必须承担相应的责任。在酒店组织中，若一个管理人员的权力大于责任，将会助长盲目指挥和滥用职权的不良现象。当一个管理人员责任大于权力时，他会因缺少工作所必须有的权力而无法开展工作，长此以往工作的积极性就无法保持。因而在组织管理过程中，对各级管理人员既要明确其权力（即授权），又要明确其责任，做到权责明确、权责相等。

3. 集权与分权要恰到好处

在酒店组织管理中，究竟是集权多一些好，还是分权多一些好，应视酒店自身的规模和类型而定，应根据酒店的实际情况来决策。集权过度会使管理人员缺乏积极性和创造性，分权过度会使酒店政令不畅、各行其是。一个大型酒店从最高管理层到最基层，会有较多的中间层次，在从上到下的工作指令传达和从下到上的信息反馈中，如果过度强调分权，那么往往会加入了多个中间层次的意见（这些意见往往代表着某个中间层次的局部利益），这会影响最高层的指令下达执行和基层信息反馈，全局的利益容易受到损害，难以形成集权管理，较难协调各项工作和统揽全局。

4. 命令和指挥统一的原则

在一个组织中，管理人员只能有一位直接上级，否则将会接收到双重或多重命令，而无所适从。命令和指挥统一的原则主要是指酒店组织是一个系统，无论怎样进行分工，指令和目标从高层到基层都必须保持一致。

5. 层次原则

组织应分成若干层次和若干纵向系列。决策、指令按纵向系列由上层至下层逐级传达，执行情况和反馈信息逐级向上汇报。层次关系越明确，酒店组织决策和信息传达越有效。

6. 有序的原则

酒店要提供高质量、高标准的服务，就必须维持良好的人和物的秩序。要做到人有其位、位有其人、物有其位、位有其物，就要以工作定岗位，使组织内每个人都有明确的工作位置，闲人一律不要。所有的物资都应有明确的去处。经过严格的定岗定位后，每个人员都应坚守其工作岗位，真正做到工作时间位有其人，需用的物资在规定的位置也必须能够找到。

7. 纪律原则

在酒店组织内，每个人都应该服从组织的行为准则。组织的行为准则就是组织的纪律，然而纪律应该建立在尊重和自觉执行的基础上。纪律不仅是消极的制约，更是积极的奖励。

8. 稳定性原则

熟练掌握一项工作需要有一个过程。经常调动人员的工作，将影响其工作效率。因此，在酒店组织内进行工作安排时，应该充分考虑每个人员的特点，尽可能地进行合理安排，以充分发挥每个人员的长处。但是，也不排斥随时调离不称职人员和提拔能力强的人员。

9. 利益原则

酒店组织内个人利益和部门利益必须服从组织的整体利益。

10. 团结原则

酒店组织的管理人员应注意培养和鼓励下属人员之间的团结合作，发扬集体精神，切忌采用分而治之的方法。分而治之的方法将使组织始终只能发挥部分的效能。

11. 鼓励创造原则

酒店组织的管理人员应尽量鼓励组织内的每一个人发挥其创造力，应奖励有创造力的人员。但是创造必须以遵守纪律为前提，对于有效的创造，必须给予精神上的荣誉和经济上的奖励。

12. 公正原则

酒店组织的高层管理人员应设法将公正的观念传递到组织的每个角落。在处理组织内发生的问题时，应明辨是非曲直，公正处理。对下属人员应采取一视同仁的态度，切不可厚此薄彼。要使酒店组织内全体人员都能竭尽全力，忠于职守，为达到组织的整体目标而努力工作。

二、酒店经营管理模式

1. 加盟经营

加盟经营是指酒店完全由投资者来进行管理和经营，但通过加入一个或几个酒店联盟获得营销和预订方面的支持。国内的一些酒店在完全由投资者经营和管理的同时，也会选择加入诸如世界一流酒店（Leading Hotels of the World）组织、世界小型豪华酒店组织（Small Luxury Hotels of the World Ltd.）等酒店联盟的方式获得营销方面的支持。

这种模式的优势在于加入酒店联盟所支付的费用要远远小于加入某个特许经营联号系统的费用，而且酒店自身的品牌不必发生改变，可以保持相当的独立性。但是由于酒店联盟不像酒店联号那样给予酒店全面的营销支持，酒店自身营销能力的强弱和品牌知名度的高低就成为选择这种模式的酒店成功与否的关键因素。此外，如果自身没有一个良好的管理队伍，选择这种经营管理模式的酒店的发展会受到很大的限制。

2. 委托管理

委托管理是指被管理酒店通过与管理集团签署管理合同来约定双方的权利、义务和责任，以确保管理集团能以自己的管理风格、服务规范、质量标准和运营方式来向被管理的酒店输出专业技术、管理人才和管理模式，并向被管理酒店收取一定比例的"管理费"和"奖励管理费"的经营管理模式。

选择由独立的酒店管理集团或联号管理集团管理酒店，在酒店投资者没有酒店业管理经验的情况下，不失为一种较好的选择。但是，酒店投资者必须将酒店的管理权让渡给管理集团，对酒店经营管理的控制程度大大降低。而且，聘请专业的管理集团往往需要支付高昂的管理费用和人员开支，使酒店的经营利润受到侵蚀，此时管理集团的选择和管理合同的谈判变得十分重要。选择了管理集团以后，酒店投资者面临的一个问题是如何扩大酒店自身的影响，增强营销能力。这种情况下可以选择加盟经营的模式参与到更大范围内的促销、常客优惠计划、信用卡优惠折扣等活动中，以吸引更多的客源。

3. 特许经营

特许经营是指以特许经营权的转让为核心，利用管理集团的专有技术与品牌与酒店投资者的资本相结合，来扩张经营规模的一种商业发展模式。通过认购特许经营权的方式将管理集团所拥有的具有知识产权性质的品牌名称、注册商标、定型技术、经营方式、操作程序、预订系统及采购网络等无形资产的使用权转让给获得特许的酒店，并一次性收取特许经营权转让费或初始费，以及每月根据营业收入而浮动的特许经营服务费。

酒店可以成为某一个酒店联号的特许经营受许方，使用其品牌。一些酒店在长期的经营发展过程中积累了丰富的管理经验，对客服务已经达到了很高的水平，但是品牌的知名度较低限制了该酒店客源的进一步扩大。这时加入某一个酒店联号，受许使用其品牌，就可以利用这个酒店联号的品牌在整个市场上的广泛影响力提高自己的销售能力。一般来说，这种酒店由于没有将管理权让渡给外部的管理公司，酒店投资者仍可以实施严格的控制，让渡出去的仅仅是酒店的营销权，所给付的也仅仅是与酒店客房数量比例关系固定的特许经营费用。对于管理水平很高的酒店来说，这种模式是迅速扩大自身影响的一种有效方式。

4. 独立经营

酒店投资者不同任何外部公司产生任何关系，采用自己经营、管理的方式运营酒店，也就是选择作为单体酒店（Independent Hotel）存在。这种单体酒店的经营模式在我国最为常见，目前大量的国有酒店都采用了这种方式。这种模式的好处在于，酒店投资者可以从所有权、管理权、营销权等各个方面对酒店进行严格的控制，如果酒店有良好的管理团队、知名度很高的品牌形象及完善的营销渠道，酒店就可以获得良好的发展，并且这种模式可以使酒店投资者得到酒店经营所产生的所有利润。

但是，这种单体酒店无法通过网络化经营实现规模经济，在提高品牌知名度和扩大营销渠道方面存在很大困难。在国外，随着各种形式的酒店集团的发展，大型酒店集团凭借其强大的品牌及营销优势对单体酒店施加了巨大的压力，大量单体酒店纷纷加入某个酒店集团的系统。在欧美等酒店业发达的国家，单体酒店在酒店业中的比重不断降低。

5. 带资管理

通过独资、控股或参股等直接或间接投资方式来获取酒店经营管理权并对其下属系列酒店实行相同品牌标识、相同服务程序、相同预订网络、相同采购系统、相同组织结构、相同财务制度、相同政策标准、相同企业文化及相同经营理念的经营管理模式。香格里拉酒店集团是在我国最早采用此模式的国际酒店管理集团，2000年以前基本上以合资经营为主，对大多数被管理的酒店持有绝对控股权。

通过带资管理合同，酒店管理公司参股酒店，成为联合投资者。一些酒店管理公司在和酒店业主签订管理合同的同时购买酒店的部分股权。这种模式的优点在于将酒店管理公司和酒店业主捆绑到一起，防止酒店管理公司做出不利于业主的决策。同时，酒店管理公司可以在酒店战略计划的制订过程中起关键作用，减少战略决策失误给业主和酒店管理公司带来损失的可能性。虽然目前进入我国市场的国外酒店集团大都单纯提供管理服务，不介入酒店的产权投资，但是也有一些酒店管理公司在提供酒店管理合同的同时通过带资管理的方式加强对被管理酒店的控制能力。

6. 联销经营

近年来，伴随着全球分销系统（GDS）的普及和互联网实时预订功能的实现，国外的"联销经营集团"应运而生并且发展迅猛。酒店联销经营集团是由众多的单体经营管理的酒店自愿付费参加并通过分享联合采购、联合促销、联合预订、联合培训、联合市场开发、联合技术开发等资源共享服务项目而形成的互助联合体。

酒店投资者可以通过某种协议，在和某个酒店联号签订管理合同的同时又和这家酒店联号签订一份特许经营协议，即一家酒店可以同时接受一家酒店联号提供的两类不同的服务——管理服务和品牌以及相关营销服务。目前，诸如希尔顿、喜达屋等大型酒店集团既可以向酒店投资者提供酒店管理服务，同时也可以向酒店投资者提供酒店品牌特许经营服务。各个不同的酒店管理公司所提供服务的功能、特色、费用是各不相同的,在这种情况下,一些酒店投资者往往会选择最有利于自身的组合方式,由不同的酒店管理公司分别提供不同的管理服务和品牌许可服务。

延伸阅读

无人智慧酒店解决方案

在消费大升级的背景下,以消费者的个性化需求为中心的变化越加明显,场景化、智能化、个性化已成为主流趋势,智慧的、交互式的、环保的入住体验备受关注。虽然不是每个人都可以拥有比尔·盖茨的豪宅,但是酒店通过人工智能化以及快速的、高性价比的、环保的预制新装修,让每个入住客人都能体验到比尔·盖茨家那样的智能、环保、交互式的便利生活!全球智能化的趋势已然形成,酒店智慧装修通过平台技术、云计算等解决方案而变得聪明起来。

拥有智能预制装修的酒店,到底有哪些优势呢?

一、人工智能技术将彻底改变房地产与酒店业

人工智能技术将使房地产与酒店的开发成本节省60%,开发周期预计缩短70%,开发精度预计提高1000%。

人工智能技术融合最新的传感器、物联网、5G技术、区块链、网络通信、云计算及云服务技术,可为酒店提供数字信息化服务的综合性解决方案,并有助于酒店打造特色品牌、扩大产品销售、增强用户黏性、改进服务质量、降低管理成本、提升入住客户的体验感及满意度。

二、人工智能在酒店业的应用及落地

1. 访客系统智能化

通过多端联动的模式提升访客管理效率,建立以用户体验为核心的访客通行系统和访客数据管理中心,集成人脸识别访客机、人脸识别闸机、前台一体机等设备。

2. 门禁系统智能化

搭载先进的人脸识别算法,让门禁智能起来。帮助酒店实现内部考勤、外部访客通行的轻松管理。

3. 迎宾系统智能化

基于人脸识别、感应技术等,标识重要宾客,打造智能迎宾体验。

4. 通道系统智能化

将门禁、电梯、道闸联动,构建安全性和便捷性为一体的通道管理系统。

5. 停车系统智能化

实现高峰期车辆高效通行,提升停车场整体运营效率和停车服务体验。

6. 安防系统智能化

丰富的感知、分析和预警手段,为酒店实现立体数字安防监控。

7. 照明系统智能化

对酒店整体照明提供全面综合监控管理,推动酒店照明智能化管理与节能双发展。

三、酒店智能预制装修提升客人的入住体验,提高酒店的入住率以及客人的满意度

在前往酒店的途中,客人就可以通过手机预订好房间,通过手机开锁或者人脸识别打开房门后,灯光自动打开,窗帘自动拉开,音乐自动响起,空调自动调至适宜的温度,空气净化系统自动启动,电视也自动打开。客人躺在床上舒缓一天的疲劳时,还可通过房间内的智能语音设备或者机器人,进行语音交互控制,既方便又充满乐趣,让出行不再无聊。通过手机一键退房,快捷省事。

四、酒店智能预制装修易于酒店管理

酒店管理人员通过云端客控管理平台,可实现对酒店设备和客房的智能管理,通过大数据管理平台,收集酒店入住数据、营销数据以及云端客控平台数据,对所有数据进行整合分析,从而实现对未来营销的预测,精准营销,提高对客人的服务品质,减少投诉,提升酒店的口碑。

五、酒店智能预制装修能降低运营成本

1) 酒店客控管理系统采用总线结构设计,降低酒店布线成本、人工成本以及线材成本,缩短施工周期。借助大数据平台进行能耗数据统计和分析,节能降耗,打造绿色、低碳的客房。模块自检、设备巡检以及系统远程升级,可降低酒店的运维成本等。

2) 无线客控管理系统,在安装方面更加自由、便捷,无须重新布管、布线,仅需要布设强电零线火线,为酒店节省人工及材料成本,酒店无须停业即可完成智慧升级。

思考与习题

1. 查阅相关文献,总结我国酒店行业的发展历程。
2. 试分析酒店组织管理应遵守的原则。
3. 查阅资料,试说明智慧酒店诞生的阶段和背景。
4. 查阅资料,试说明低碳酒店目前发展的最大挑战是什么。

第二章　酒店管理的基础理论与理论创新

学习目标

了解科学管理理论及其在酒店行业的应用。
了解行为科学理论及其在酒店行业的应用。
了解权变管理理论及其在酒店行业的应用。
了解人本主义管理理论及其在酒店行业的应用。
了解学习型组织管理理论及其在酒店行业的应用。
了解酒店管理的理论创新。

重点

科学管理理论及其在酒店行业的应用。
行为科学理论及其在酒店行业的应用。

难点

科学管理理论及其在酒店行业的应用。
行为科学理论及其在酒店行业的应用。

导入案例

单子丢了：谁的错？

段经理领导的福州市某酒店销售部，应当说是一个工作很努力的集体。每当有客人在酒店举办婚宴，他们都想方设法打听到新郎新娘的工作单位、家庭住址及联系电话，目的是建立客户的客史档案，当然最终的意图还在于：待这对新人婚后近一年之时，向他们征询是否愿意在本酒店举办小宝宝的满月宴。

一天，根据客史资料，销售部的小夏认为可以给曾在本酒店举办过婚宴的徐先生夫妇打电话。小夏根据徐先生当时在大型宴会预定协议书上留下的手机号码拨通了电话。小夏先自我介绍一番后问道:"不知徐先生是否有了小宝宝?"徐先生大惑不解:"什么意思?"小夏接着说:"是这样,我们对曾经在本酒店举办过婚宴的夫妇,都会了解一下是否已有小宝宝。有了小宝宝又愿意在本酒店办满月酒的,将给予特别优惠。""哦,是你们!当时在你们那里办婚宴差点没把我气昏,那天晚上酒宴散席后,我的亲戚朋友陪我们夫妇俩去酒店安排的免费洞房,开门一看简直不敢相信,你们给我们的居然是没有任何喜庆布置的两张单人床房间。这不明摆着要我们一结婚就分居吗!后来我们干脆也不在那里过夜了。至于要不要在你们那里办满月酒,我想就不麻烦你了,对不起啦!"电话"啪"的一声挂断了。

小夏将此事向段经理汇报时,在场的所有人无不对酒店的失误感到惋惜,段经理立即着手了解此事,原来当时前台部门的宴会预订处忙得一塌糊涂,没有及时将徐先生的免费洞房通知单开给客房部的前台去安排,以致婚宴结束后,新婚夫妇问起是否有免费洞房时才慌忙叫人到前台领取房间钥匙交给新婚夫妇,更糟的是前台工作人员压根儿就没有意识到这是作为洞房开出去的,随意安排才闹出如此笑话。

尽管段经理领导的销售部工作比较细致,在客人办婚宴之时就预留其联系电话,以备将来进一步促销之需。然而前台部门忽视细节,将标准间用作洞房,耽误了销售部的后续工作。销售部这次促销的失败,可以说是当年前台部门工作粗枝大叶的结果,前台部门当时从接受婚宴预订就开始疏忽,没有立即按程序开出免费洞房通知单,徐先生婚宴那天也没有人事先检查落实洞房安排情况,客人问起后更是忙中出错。

所有服务的问题从根本上说都是管理的问题,都应当在管理上找原因。可以这么说,优质服务源自管理的严谨和细致。管理的细微化不仅体现在产品和服务设计的细节上,而且体现在产品和服务操作的细节上,还要注意在程序、规范、制度的制定与执行的细节方面。本案例中的问题显然与该酒店前台部门的管理松懈、不注意细节有极大关系。在整个接待婚宴的过程中,既没有管理人员事先检查各种准备情况,更没有授权大型宴会预订员以营业代表身份全程跟踪落实。

思考:管理学上的基本原理应该如何应用在酒店的日常工作之中?

第一节 酒店管理的基础理论

一、科学管理理论

F. W. 泰勒(F. W. Taylor)是科学管理理论的创始人,被人们称为"科学管理之父"。他开创了西方管理理论研究之先河,其科学管理理论为现代管理理论的形成和发展奠定了重要基础。泰勒认为,所谓科学管理,从本质上说,就是要从事实出发,通过科学试验而不是只凭管理经验与传统方法来确定完成工作的最好方式。

（一）作业管理

1. 为作业挑选"第一流的工人"

在泰勒看来，每一个人都具有独特的天赋和才能，只要工作适合，就都能成为第一流的工人。他经过观察发现，人与人之间的主要差别并非在智力上，而是在意志上。第一流的工人是指适合其岗位而又努力工作的人，而不是像有些人所理解的体力和智力超过常人的"超人"。

2. 采用科学的工作方法

采用科学的工作方法，能够对工人的操作方法、使用的工具、劳动和休息的时间进行合理的搭配，同时对机器安排和作业环境等进行改进，消除各种不合理的因素，把最好的因素结合起来，从而形成一种标准的作业条件。

3. 实行激励性工资制度

激励性工资制度主要包括三部分。一是通过工时研究进行观察和分析，以确定工资率即工资标准。二是差别计件工资制，即按照工人是否完成定额而采用不同的工资率：如果工人达到或超过定额，就按高的工资率付给报酬，通常是正常工资的125%，以表示鼓励；如果工人没有达到定额，就将全部工作量按低的工资率付给，为正常工资的80%，并发给一张黄色的卡片以示警告，如不改进就将被解雇。三是"把钱给人而不是职位"，即工资是根据工人的实际工作表现，而不是根据工人的工作类别支付的。激励性工资制度的最主要目的是克服工人工作效率低下的问题，调动工人的生产积极性。

（二）组织管理

1. 用科学的工作方法取代传统的凭经验工作的方法

泰勒认为，劳动生产率不仅受工人的劳动态度、工作定额、作业方法和工资制度等因素的影响，还受管理人员组织、指挥的影响。为此，泰勒主张明确划分计划职能和执行职能。计划职能归管理当局，并设立专门的计划部门。其主要任务是：①进行调查研究，以便为制定定额和操作方法提供依据。②制定有科学依据的定额和标准化的操作方法、工具。③拟订计划、发布指示和命令。④把标准和实际情况进行比较，以便进行有效的控制。执行职能则由工作现场的工人和工长行使，他们按照计划部门制定的操作方法和指示，使用标准工具，从事实际的操作。泰勒把这种职能的分工作为科学管理的基本原则，使分工理论进一步拓展到管理领域。

2. 职能工长制

职能工长制是根据工人的具体操作过程，进一步对分工进行细化而形成的。在泰勒看来，一位"全面"的工长应该具备九种品质：智能、专门的或者技术的知识、手脚灵巧和有力气、机智老练、有干劲、刚毅不屈、忠诚老实、判断力和一般常识、身体健康。要找到一个具备其中三种品质的人并不太困难，但要找到一个能具备其中七种或八种品质的人，几乎是不可能的。所以为了使工长能有效地履行自己的职责，必须把管理的工作再加以细化，使一个工长只承担一种管理职能。

3. 例外原则

例外原则是指企业的高级管理人员把一般的日常事务授权给下级管理人员去处理，自己只保留对例外事项也就是重要事项的决策权和控制权，比如重大的企业战略问题和重要人事的任免等。例外原则是泰勒做出的重要贡献之一，至今仍是管理中极为重要的原则。

（三）心理革命

泰勒强调雇主和工人这两方面都必须来一次"精神"革命，并且认为这样做能够带来劳动生产率的极大提高。因为它能使日趋对立的双方互相协作，共同为提高劳动生产率做出贡献。雇主关心的是降低成本、提高利润；工人关心是提高工资、改善生活。只有劳动生产率得到极大的提高，他们各自的需要才能得到满足。所以，双方必须变互相指责、怀疑、对抗为互相信任和合作。

科学管理理论是当今企业管理的基础。尽管科学管理理论容易使员工机械化，并进而失去积极性和创造力，特别是这对需要员工用"心"去服务顾客的酒店来讲更为不利，但是实行一定程度的工时研究和标准化，在部分岗位实行差别计件工资制，把计划职能和执行职能进行分工以及实行职能工长制都是必要的。

对于并非与客人直接接触的，比较机械化的职能部门，如厨房、洗衣房、保安等后勤部门实行相对严格、标准化的科学管理，在某些主要的方面规定厨师应按标准的程序和动作工作，以保证酒店餐饮供应环节的高效、安全以及餐饮产品的合格、统一。而对于前台和客房等需要与客人直接接触、处理不确定性问题的部门，同样需要一定的科学标准化管理，这些部门的员工一样需要经过标准化技能的培训。比如员工在客人通过走廊的时候必须为客人让出通道并面对对方微微鞠躬，在为客人上菜的时候应站在特定的位置，在不小心把餐盘打翻在客人身上等紧急情况下应该按照标准和程序处理。科学管理不仅是为了保证酒店服务产品的统一规格和质量标准而对员工做出的行为规范要求，也使员工在面对工作困难的时候有法可循，不致手忙脚乱，造成尴尬局面。

酒店作为一种长期的资本形式，需要一个可持续的、相对理性和法律化的组织体系。非理性的个人崇拜式组织体系或许适合小型企业，但对于规模庞大、分工复杂、具有固定运营模式和行业规范的酒店而言是不适合的。对酒店员工进行理性化的教育和法制化的管理，对酒店的高效、安全、稳定和可持续运营是十分有利的。

二、行为科学理论

行为科学理论把人的因素作为管理的首要因素，强调以人为中心的管理，重视员工多种需要的满足。人是酒店的核心，对客人的服务都要通过员工来实现。酒店的服务产品不仅来自员工的机械化行为，更来自员工的心理状态，员工的心理状态会直接反映在员工的工作行为上并立刻传达到客人的感受之中。而高职业素质并不是简单地通过科学管理理论的经济激励、标准化培训和行政组织理论的规章制约就能办到的，所以必须诉求于基于社会人假设的行为科学理论。

马斯洛的需求层次理论提出人类需求的五个层次，即生理需求、安全需求、社交需求、尊重需求和自我实现的需求。酒店员工，尤其是直接面对客人的前台和客房等服务部门的员工，经济因素并不是其工作动力的全部来源。对于一个乐于从事酒店服务的合格的酒店服务人员，社交需求、尊重需求和自我实现需求必然占据其工作需求相当大的一部分。酒店的服务人员需要在工作中获得客人的尊重和组织的关爱，并从中获得归属感和自我实现。如果这些都能实现，员工就会获得相当大的满足。而这就是双因素理论中对于酒店员工的"激励因素"，也是麦格雷戈（McGregor）的"Y理论"之所在，因为酒店的服务人员肯定不是也无法在逼迫和厌恶的状态下去从事服务工作的。酒店应当设立一个系统的、完整的、强有力的、能激发员工工作积极性的组织文化，营造和谐向上的人际关系和人文环境，这对酒店员工提高服务质量和主观能动性，简化管理工作都是大有帮助的。

科学化管理和人性化管理在酒店行业可以同时存在、优势互补。酒店为了营造和谐的、人性化的组织内外部环境，必须对员工进行严格的录用筛选和细心的培训。性格内向、不喜欢社交、不能融入组织文化的人员不能轻易录用。对已经录用的员工，要通过各种培训、交谈、活动、福利等方式帮助其认同并适应组织文化，在员工工作遇到挫折时应当为其提供心理帮助和思想开导，展现组织关爱，使其感受到自己从事的是一项环境优雅的、人际和谐的、受人尊重的、能从服务中体现个人价值和获得组织归属感的美丽工作。这样员工就能自我管理，主动承担工作责任，酒店的服务质量也就自然而然地大大提升了，酒店管理也就更有效、更简单。

三、权变管理理论

权变管理理论是20世纪70年代在美国形成的一种管理理论。它的核心是力图研究组织的各子系统内部和各子系统之间的相互联系，以及组织和其所处环境之间的联系，并确定各种变数的关系类型和结构类型。权变管理理论强调根据组织所处的内外部环境随机应变，针对不同的具体条件寻求不同的、最合适的管理模式、方案或方法。

1. 权变管理理论的内涵

权变管理理论的内涵主要体现在以下三个方面。

（1）系统性　权变理论认为，管理的各种因素是共存于一个统一联系的整体内的。在选择管理方式时，必须从事物的全局和整体出发考虑问题。管理人员是在特定的文化价值准则和体制内管理组织及做出决定的，因而管理具有"开放系统"的特点。

（2）情境观　权变管理理论不承认无条件的最优，只承认限制条件下最优；该理论认为不存在绝对的最优化，只有相对的优化或者只有在限制条件下的优化。权变管理理论企图在各种情况和条件下都能自动寻找到在限制条件下的最佳目标，选择最优方案和措施。适合的就是最好的，该理论认为管理理论、方法和技术的使用有效性取决于其与管理情境的匹配程度。权变管理理论的情境观强调：每一个组织都有其相对独立之处，把握对组织做出的管理反应起决定性作用的内外环境的变化，做出正确的管理反应，是管理工作的制胜之道。

（3）动态性　唯一不变的就是变化。权变管理理论率先提出管理的动态性，认为在管理中不存在一成不变的、普遍适用的、最好的理论和方法，而应该根据实际情况随机应变，其实质是反对永恒不变。权变管理理论的动态性特点要求管理理论、方法和技术要因人、因事、因时、因地而异。针对各类相互制约、相互影响的复杂因素，在发展变化中把握必然和偶然、原则和灵活的关系，以变对变，这样才能有效地掌握管理的本质。

2. 权变管理理论在酒店人员管理中的应用

（1）权变管理理论对人员管理工作的借鉴

1）审时度势，适应环境。从宏观上看，人员所处的地理环境、文化背景、国家与地区就业政策、法律法规、用工制度、社会保障体系、劳动力市场情况、经济发展状况等都会对人员的流动产生影响。从微观上看，工资、福利待遇等物质利益因素对人员流动有非常直接的影响；单位所属行业类型及职业类别对人员流动有重要影响，人员对工作的满意程度和所处的人际氛围也与其流动有着十分密切的关系。这些要素总是处于不断变化中。因此在酒店人员管理中首先要审时度势，善于诊断组织和环境的特点，根据组织和环境的特点来确定人员异动的管理目标，并调整组织结构，协调组织活动，使组织能够适应环境的变化而存在和发展。这种诊断不是仅凭感觉对现实进行主观判断，而是通过周密细致的调查、研究和分析，把握环境因素与管理因素之间关系的实质。酒店管理者必须认清自己面对的环境，对环境进行分析，权衡利弊得失，为最佳管理方式的确定提供依据。清楚地把握形势仅仅是做出正确决策的前提。对于酒店管理者来说，要想改变人员异动的外部环境是十分困难的，酒店管理者要在洞察外部环境变化特点的基础上，主动去适应外部环境的变化，调整内部影响人员异动的各子系统的某种因素，使组织人员异动的方向适应变化了的外部环境。

2）酒店管理者应具有权变素质。首先，酒店管理者要具有洞察环境变化的敏锐眼光。酒店管理者应有意识地训练和提高自己的权变控制能力，增强权变意识，根据环境的需要改变管理方式。酒店管理者特别要从环境与人的特点相结合的角度，考虑所采取的管理方式。酒店管理者必须熟悉、了解员工，特别是部门带头人和部门骨干员工的工作特点与需求，为他们提供最适合的管理方式。其次，酒店管理者要具备实施权变管理方式的能力。人员异动管理要从实际出发，根据环境的需要进行。酒店管理者应改变管理方式，提升管理水平，实施权变管理，以减少或降低高层次人才对环境的负面感受。酒店管理者必须明白在对高层次人才管理的过程中，任何粗放式的"一视同仁"、简单化的"一刀切"和"平衡"，在本质上都是对高层次人才的轻视，应随着人才个体的成长而不断调整管理策略（如当某人才个体的层次明显提高后，应适时地调整其待遇、岗位、授权的范围、力度等）。最后，酒店管理者要具备不同环境下角色权变的能力。酒店管理者要随时调整好心态，做好不同环境下的角色转换。除了"领导者"的角色外，酒店管理者还必须承担公关者、联络者等人际关系方面的角色；信息接收员、传播者、发言人等信息方面的角色；谈判者、协调者等协调方面的角色；等等。比如，酒店管理者到位的沟通能促进酒店和员工之间的相互理解，改善员工对某些事物的主观感受，在防止人才流失方面起到一定作用。

（2）权变管理理论在酒店人员管理应用中的完善　一种管理理论的应用不仅是对该理论的借鉴，还应该是对这一理论的内涵、特点进行辩证剖析，从中得到更多的启发。权变管理理论注重管理主体对管理环境的被动适应，对人的主观能动性的发挥未做强调。酒店管理者如能在人际关系、任务结构、权利分配、资源调配、工作环境等管理环节重视营造管理的最佳环境，在变化中掌握主动权，多变之中求得主动，通过最佳环境寻求最佳管理方法，取得管理绩效的最优，这才是对这一理论应用的完善。

四、人本主义管理理论

人本主义管理理论不仅强调经营理念的发展，即对顾客的人本化，包括以顾客为中心和人性化服务，而且强调对组织及员工的人本化管理，包括对员工素质的培养、提高与组织的人性化制约。深入酒店的人本主义管理，能使酒店的软硬件设施得到更好配备，同时给酒店管理注入新的活力，使酒店不断提高服务质量，提高经济效益和社会效益。人本主义管理是重视人的生产经营活动，以人为核心、以人为根本的管理。该理论认为，组织中的人作为管理的首要因素，是一切管理活动的主题或主导因素，同时人作为管理的本质因素，也是组织管理的出发点和归宿。一方面，组织的一切管理活动围绕充分调动人的积极性、主动性和开发人的潜能而展开；另一方面，组织的一切管理活动，旨在满足人的需求，提高人的素质，实现个人目标，最终使个人和组织获得共同、全面的发展。

酒店属于第三产业，其人力资源管理非常重要。酒店高层管理人员应以人本主义管理理论的思想来建立本酒店的经营理念、企业愿景和使命。经营酒店要在遵纪守法、诚实经营的基础上，在向社会提供优质产品和服务并获取合理利润的同时，承担必要的社会责任，如捐助希望工程、协助做好地区治安、做好环境卫生等。酒店管理人员应重视道德建设和环境保护，为酒店服务赢得社会认同。酒店管理人员还要尊重员工、教育员工、关心员工，为员工实现自身价值创造条件。在知识经济时代，应重视酒店员工素质的提高，培养员工学科技、学文化、学知识的兴趣，引导每一位员工以良好的精神状态，以竞争精神、敬业精神、奉献精神做好每一天的工作。

五、学习型组织管理理论

学习型组织是指通过培养弥漫于整个组织的学习气氛而建立起来的一种符合人性的、有机的、扁平化的组织，这种组织具有持续学习的精神，是可持续发展的组织。学习型组织管理理论的精髓包括自我超越、心智模式、共同愿景、团队学习和系统思考。

自我超越主要包括三个方面的内容：一是建立愿景（愿望、理想、远景或目标）；二是看清现状；三是实现愿景。组织中的每一位成员都要看清现状与自己的愿景间的距离，从而产生"创造性张力"，能动地改变现状而达到愿景。一个愿景实现后，就要培养起新的愿景。随着愿景的不断实现，产生出新的"创造性张力"。显然，组织成员的自我超越能力是组织生命力的源泉。

心智模式是人们的思想方法、思维习惯、思维风格和心理素质的反映。一个人的心智模式与其个人成长经历、所受教育、生活环境等因素密切有关，因此并非每个人的心智模式都很完美。但人们通过不断学习能够弥补自己心智模式的缺陷。

共同愿景源自个人愿景，它是成员相互沟通所形成的组织成员都真心追求的愿景，它为组织的学习提供了焦点和能量。组织有了共同愿景，才能形成强大的凝聚力，不断发展。

组织由很多目标一致的团队构成。团队学习是指每一个团队中的成员通过深度会谈与讨论，相互影响，实现团队智商远大于成员智商之和的效果。团队学习建立在发展自我超越及共同愿景的基础上。团队是组织的基础，只有每个团队的团队学习都做好了，组织才更有竞争力。因此，团队学习比个人学习更重要。

系统思考是指以系统思考的观点来研究问题、解决问题。其核心就是：从整体出发来分析问题，分析关键问题，透过现象分析问题背后的原因，从根本上解决问题。系统思考是见识，也是综合能力。这种见识和能力只有通过不断学习才能逐渐形成。

系统思考最为重要，它是对另外四项内容的整合。系统理论强调系统的全面性、关联性和动态性特征，引申到思考方式上，就是要纵观整体，从表面现象中洞察到本质结构，从静态的结果中逆向探求问题的真正原因，进而找到问题的解决方案。

系统思考要求组织中的人们摆脱思维的狭隘性，首先要学会从自身的行为中查找问题的源头，克服遇到问题喜欢强调客观原因的陋习。对于酒店人力资源管理来说，这一点尤其意义重大。酒店管理人员通常认为员工流失问题是行业特点导致的，比如体力劳动强度大、工作时间长；也有些酒店管理人员将问题归咎于现代年轻人不能吃苦耐劳、好高骛远等。在这种思维定式下，他们面对人员流失问题要么听之任之，要么采用强制约束手段。没有找到问题的真正原因，也就不可能有的放矢地提出解决策略。运用系统思考，酒店管理人员首先要从自身查找原因，认识到忽视员工个体价值和需求才是人员流失的最主要原因，进而修正原有的管理行为，采取更有针对性的措施，比如营造良好的酒店文化，使员工真正产生归属感，从而保障人力资源的稳定性。

第二节 酒店管理的理论创新

一、专业化管理

酒店的专业化管理有两个含义：一是指单体酒店通过细分市场成为专业化酒店或推出专业化的酒店产品；二是指酒店集团主营业务的专业化管理。

对于单体酒店来说，专业化管理是克服产品同质而导致的价格恶性竞争的重要手段，通过差异化和经营特色来开拓或扩大市场，从而解决一般化酒店太多和特色化酒店太少并存的矛盾。专业化管理一方面要改变的是酒店供大于求的现象，另一方面要改变的是酒店特色不明显的现象。

对于酒店集团来说，专业化管理更是一个重要的大问题。无论单体酒店还是酒店集团，专业化管理的理论都是同样适用的。

从酒店业看，全球的酒店集团几乎都是专业化管理的，它们根据市场情况实行多品牌战略，如雅高集团有7个品牌，其中3个服务于高档市场，4个为经济档或低档酒店，以便细分市场、实行专业化经营。我国酒店集团也已经这样做了，如锦江之星。我国也出现了主题酒店，能够进行专业化的特色管理。另外，不少酒店已经有了会议酒店、度假酒店、商务酒店、青年旅馆、全套房酒店等定位，使专业化管理得以顺理成章。

二、价值创新管理

酒店服务业的价值创新是建立在全方位、多角度感知顾客需求基础上的，结合当地经济、社会、文化环境，立足酒店服务的各个层面，以满足需求、引导需求、超越需求作为服务导向，将餐饮、客房、娱乐设施等有形环境与服务理念、服务标准、服务形象等多样形态有机结合，形成模块管理、特色衔接、顾客认同的服务创新体系。在文化创新的大背景下，酒店服务业作为城市的窗口，更应在酒店服务的方方面面体现地域文化特色，以文化影响力提升价值创新度。

酒店服务业价值创新的效果可以通过客房入住率、单位面积利润率、顾客投诉率等多个指标直观反映，以此建立价值创新效果的逆向追溯体系。价值创新的整体定位需要酒店服务业既能与周边环境融为一体，也能在区域环境中凸显自身主题特色。价值创新效果与价值创新意识密切相关，与酒店规模、资金投入并无明显关联，价值创新也是规模较小、资金有限的酒店超越大型酒店的有限途径之一。当顾客被酒店价值创新所带来的服务所影响时，自然会降低对酒店硬件设施的苛求。通过价值创新使精神文化层面的享受超越了物质文化层面的享受，从而降低了顾客对酒店服务业各类价格的敏感度。因此，酒店服务业价值创新可有效提高服务质量，提高顾客对酒店的价值诉求和精神享受，超越顾客对传统酒店服务业的价值认知，以整体价值创新感染和影响顾客，改变顾客的消费认知，降低顾客的价格敏感程度，以思维冲击提升顾客对酒店服务业的品牌认同，最终实现顾客需求与价值创新的融合，以价值创新拓展酒店服务业的服务范围和空间，提升酒店服务业竞争力，推动服务理念的不断创新。

三、精益管理

精益管理是美国研究人员通过大量实地考察与研究，在对西方生产方式与日本丰田生产方式对比分析的基础上，于 20 世纪 90 年代提出的最新管理方式之一。精益管理正在世界企业管理领域掀起一场新的变革热潮。精益管理时代是企业管理发展由科学化向现代化迈进的一个崭新时代。

精益管理源于精益生产。精益管理中的"精"意指"精干"，"益"含义是"效益"。"精益"就是要以最小的投入，取得最大的产出，并用最快的速度设计生产出来，以最低的成本、合理的价格在市场上销售，以明显的竞争优势，全面、灵活、优质的服务和产品为顾客提供满意的服务，把成果最终落实到经济效益上。

精益管理已成为当今世界企业追求的热点，它首先进行企业管理的思维革新，其次在产品设计方式、企业组织模式、计划与控制方式、供销体系、质量保证方式、人力资源管理等方面进行创新，最后添置设备，以进一步提高精益生产方式的效能。因此，追求精益生产，推行企业精益管理，对管理水平还有待提升的我国酒店业来讲，具有很强的现实意义和指导意义。

酒店要实现精益管理，就要对酒店的管理思想进行革新，进而对管理方法进行革新，这些革新的过程就是精益化。酒店管理的精益化主要包括以下几个方面的内容。

1. 标准化管理体系的建立与落实

根据酒店的星级档次及实际设置状况，拟制并完善适合本酒店运作的管理体系和各部门标准化管理体系的培训计划，并对标准化管理体系培训成果进行定期总结分析，各部门应有部门培训总结，全酒店应对每次培训进行系统总结评估，找出问题、查找不足，有针对性地改进，达到事半功倍的效果。最后还要对全酒店员工进行标准化管理体系的考核。

2. 各类分析系统的建立与完善

分析系统的建立与完善包括经营月度分析报告，营销月度分析报告，能耗月度分析报告，可控费用的月度同比、环比、预算比分析，安全月度分析报告，质检月度分析报告，人力资源月度分析报告，等等。

3. 检查机制的建立与完善

拟制"酒店三级检查体制的管控规定",量化每一级管理人员检查频次、检查重点、检查记录表、责令改进记录等。成立质检小组或质检部,应拟制合理的检查机制,避免流于形式。

4. 会议系统的建立与完善

会议系统的建立与完善包含晨会、月度经营分析会议、月度人力资源专题分析会议、月度营销分析会议、安全管理委员会会议、员工大会等等。

5. 工作计划与总结机制的建立与完善

凡事预则立,不预则废。工作计划非常重要,总结机制也来不得半点马虎,工作计划与总结机制是相辅相成的。

6. 培训体系的建立与完善

培训体系的建立与完善包含岗前培训、部门理论知识培训、部门技能培训、在岗培训、晋升培训。培训必须有计划、有评估、有考核、有总结,所有记录全部存档可查。

7. 绩效、奖罚机制的建立与完善

绩效机制的建立,旨在达到全员绩效、充满激情开展工作的目的。建立奖罚机制:定期评选"优秀员工""微笑大使"等以激励员工,建立处罚制度则要做到"有法必依、执法必严"。

8. 无尘化管理机制的建立与完善

全酒店不管是一线对客部门,还是二线后勤部门,都要全面实现无尘化管理,要求做到所有区域物品摆放整齐、干净、整洁、无破损、无积尘,天天处理、天天整合、天天清扫、天天规范、天天检查、天天改进。

四、集团化管理

1. 品牌优势

由于酒店集团往往由一个公司总部和若干分酒店组成,因此相对于独立经营的单体酒店而言,具有一定的优势。酒店集团利用标志和品牌向宾客承诺了某种预期的服务质量,这对酒店集团及其成员在竞争中扩大知名度和市场规模起到了举足轻重的作用,特别是当宾客在一个陌生的环境中消费时,标志和品牌能在很大程度上树立起其对产品和服务的信心。

2. 规模优势

酒店集团通过规模经营可以实现规模效益,以及在酒店业竞争中获得由规模而带来的效率优势,以及交易成本和信息成本所带来的成本优势。酒店集团的规模经营优势具体表现在

以下几方面。

（1）采购优势　为严格监控采购质量，增强采购中的讨价还价能力，获得供货单位的最大优惠，酒店集团通常采用集中采购的方式，发挥集团批量采购的优势。

（2）财务优势　酒店集团比独立经营的单体酒店更容易得到金融机构的信任，因而在筹措资金方面具有明显的优势，使它有可能得到某些机构的大额借款，而且往往条件优惠。

（3）竞争优势　酒店集团与单体酒店相比具有较强的竞争优势，主要表现在其对客源市场和价格的垄断，以及在大规模促销活动中所具有的优势。

3. 质量管理优势

酒店集团一般都具有经过实践检验的可以达到理想效果的质量管理系统，与单体酒店的质量控制相比，其管理通常更为先进和完善。酒店集团的成员酒店可以运用集团统一的管理程序和服务标准，使酒店在质量管理上更加制度化、规范化、程序化、标准化、等级化，从而显著提高酒店的管理水平和服务质量，因此酒店集团具有一定的质量管理优势。另外，酒店集团内部的分工更加精细，这使得引进和使用高效能和专业化的机器设备成为可能，进而为酒店生产和技术上的专业化、部门化奠定了基础，最终达到提高酒店质量管理水平的目标。

4. 人力资源优势

酒店集团充分显示出其人力资源优势。首先，在员工的教育培训上，许多酒店集团已经在集团总部或地区中心建立自己的培训基地和培训系统，用于轮训集团成员酒店的管理人员和新生力量。其次，集团统一的人力资源管理和安排也是其人力资源优势的表现。最后，酒店集团也比较注意培养和使用本地的员工和管理人员，使他们既具有国际管理的意识和标准，又能够结合当地的文化背景和风俗习惯，开展科学的管理和营销活动。

5. 市场信息优势

在酒店管理中，信息已经成为酒店的一种非常重要的资源。对酒店集团而言，利用先进的信息技术，快速准确地获得全球范围内的信息并迅速做出反应是其获得竞争优势的又一重要手段。

延伸阅读

酒店+社区或成未来趋势

俗话说"远亲不如近邻"。近些年，酒店在助力周边社区一同抗疫的实践中，让之前并不受重视的邻里关系近了一步。

事实上，酒店不仅要服务来自异地的客人，还要关注本地的居民。服务社区既是一项社会责任，也是促进酒店商业模式创新的手段。

随着经济社会的发展，酒店与周边社区之间相对封闭的格局逐渐被打破，越来越多的周边社区居民成为酒店的消费者，酒店的发展也会影响周边社区居民的生活方式和生活环境。

早在新冠肺炎疫情发生之前，已有很多酒店开始意识到"社区价值"的重要性，积极服务社区。比如，某国际酒店集团开展了"服务社区日"活动，以各种各样的形式回馈周边社区；也有部分酒店找到了新的商业模式，打造酒店的社区化功能，如开放酒店内运动场馆，吸引周边居民前来打篮球，覆盖周围3km范围内的人群。

那么，酒店如何进一步构建与社区之间和谐、紧密、融洽的关系呢？

1. 提高社区服务意识，强化社区服务能力

国内酒店与社区的互动意识普遍较弱。很多国际知名酒店集团都将社区参与提升到企业发展战略地位，国内也有部分酒店集团逐渐意识到社区服务的重要性。

要将疫情防控中酒店与社区之间互帮互助的良好状态持续下去，需要酒店的中高层管理者将服务社区的理念和意识提升到企业发展战略的高度，并进一步在制度设计和组织管理两个方面强化酒店的社区服务能力。

2. 结合自身定位，创新服务社区的商业模式

酒店服务社区不仅是一项社会责任，还是一项具有营利性质的经济责任，酒店应当处理好两者之间的关系。酒店可以把周边的居民也纳入目标客户群，结合酒店自身的品牌定位，在深入了解周边居民基本情况和实际需求的基础上，创新商业模式。

一方面，打造消费化、兴趣化和生活化的开放式空间，比如酒店大堂等开放式空间不仅对酒店消费者开放，更对周边居民开放；结合社区文化氛围和居民消费习惯，开设咖啡店、面包店、干洗店及书店等休闲和服务空间。

另一方面，深入本地居民生活，考虑将酒店在客房、餐饮、娱乐等相关方面的专业性服务与本地居民生活相融合，输出相关的家政劳务、知识创意和其他相关服务，例如疫情防控期间杭州住友集团就为本地市场提供专业性的消毒服务，最终使酒店成为社区的一个服务中心。

3. 积极参与社区活动和社区治理

基层社区的治理是社会现代化治理能力提升的重要方面。酒店应当积极参与到这一过程当中，在日常工作中与社区居民和社区居委会构建紧密关系，主动了解社区存在的问题与困难，热心社区公益事业，鼓励员工定期参与社区活动和社区志愿者服务，加强社区居民和酒店员工间的沟通交流，使酒店及酒店员工真正成为社区治理的一份子，为社区发展排忧解难，为建设美好社区贡献智慧和力量。

4. 主动协助改善周边社区生活环境

酒店接待客人并非只是让他住一晚这么简单，可能会涉及交通、环境及安全等方面的问题，这些都会影响周边居民的生活质量，酒店不能忽视自身发展给社区带来的不良影响。

因此，酒店应与相关政府部门、街道办事处、社会组织等联合起来协助改善周边社区的环境，这样不仅可以缓解酒店日常运营给社区和居民带来的负面影响，还可以给酒店消费者

带来更好的住宿体验。

5. 积极促进周边社区居民在酒店就业

酒店的发展能为周边居民提供更多就业岗位，酒店可以根据自身条件和需求差异提供不同的就业岗位。同等条件下，可以优先录用符合岗位需求的周边社区居民。酒店还可以结合社区的人力资源情况，灵活用工，为有工作能力的下岗职工及自由职业者提供基础岗位的工作。

总之，社区与酒店可以成为一个共生的整体，酒店与社区构建和谐关系可以营造舒适的环境，社区居民可以成为酒店的消费者或员工，而酒店良好的发展也可以提升社区形象，带动社区周边经济发展。

思考与习题

1. 列举科学管理理论在酒店中的应用案例。
2. 列举行为科学理论在酒店中的应用案例。

第三章　国际与国内酒店集团

学习目标

了解洲际酒店管理集团及其在中国的发展现状。
了解万豪酒店管理集团及其在中国的发展现状。
了解雅高酒店管理集团及其在中国的发展现状。
了解希尔顿酒店管理集团及其在中国的发展现状。
了解凯悦酒店管理集团及其在中国的发展现状。
了解国内酒店集团的发展现状。

重点

了解国际酒店集团的发展现状。
了解国内酒店集团的发展现状。

难点

了解国际酒店集团的发展现状。
了解国内酒店集团的发展现状。

导入案例

香格里拉的传说

　　香格里拉的美名，来自詹姆士·希尔顿的传奇小说《失落的地平线》。书中详述了一个西藏群山峻岭间的仙境——香格里拉，栖身其中的人都能感受到前所未有的安宁。时至今日，香格里拉已成为世外桃源的代名词。

　　1971年，亚洲糖王郭鹤年在新加坡创办了他的第一家酒店，取名香格里拉酒店，意为世外桃源。香格里拉酒店的优秀服务，以及完美安静的环境，正与这个弥漫着神秘色彩的名字相匹配。这个名字的创意来自郭鹤年小时候听母亲讲的故事，也暗含了他"隐者"的心态。这家酒店开业不久就成为新加坡盈利最多的酒店，并在之后的若干年内一直保持着这个称呼。继新加坡香格里拉酒店的成功，郭鹤年又在马来西亚、泰国、斐济、韩国、菲律宾、澳大利亚、美国、加拿大、中国等国家和地区建立了香格里拉连锁酒店，逐渐形成了一个跨国性网络。各地的香格里拉酒店经常在国际酒店业评比中获奖，为郭鹤年赢得了"酒店大王"的美誉。

香格里拉酒店的殷勤待客之道除了标准化的高质量服务之外，还力求凸显每个酒店独特的个性和魅力，让宾客亲身体验，难以忘怀。在酒店日常运作中，总经理享有充分的决策权和自由度；并鼓励并授权员工时刻以客为尊，在对客服务现场及时做出果断决定，以超越客人的期望，保证服务的最高质量。

此外，香格里拉酒店集团积极拓展北美和欧洲市场，在各主要城市寻求更多的管理合作。为了确保香格里拉酒店集团享誉全球的殷勤待客之道能够在这些新酒店充分展现出来，与其亚洲产业相比，香格里拉酒店集团在北美和欧洲的酒店更富有亲和力，客房数量大多控制在 150～250 间之间。所有酒店都能提供设施完备的宽敞客房，一间咖啡厅，一间亚洲风格餐厅，商务中心和健身中心，以及最先进的会议设施。而且，其中很多家酒店都设有香格里拉的独创品牌。

香格里拉酒店集团负责人表示，只有在进驻欧洲门户城市之后，香格里拉酒店才能成为真正意义上的国际酒店品牌。香格里拉酒店集团目前在亚洲和中东地区已经发展迅速，在此基础之上，香格里拉酒店希望把独特的亚洲式殷勤待客之道进一步展现在欧洲和北美的客人面前。

香格里拉传说介绍见图 3-1。

图 3-1　香格里拉传说

思考：酒店如何讲好"酒店故事"？

第一节　国际酒店集团

一、洲际酒店集团

（一）洲际酒店集团简介

洲际酒店集团（以下简称洲际）是一个全球化的酒店集团，在全球100多个国家和地区经营和特许经营着超过4400家酒店，超过650 000间客房。

洲际酒店集团旗下的酒店品牌有洲际酒店及度假村、假日酒店及假日度假酒店、皇冠假日酒店、智选假日酒店、英迪格酒店。

洲际成立于1777年，是目前全球最大及网络分布最广的专业酒店管理集团之一，拥有洲际酒店、皇冠假日酒店、假日酒店等多个国际知名酒店品牌和超过60年国际酒店管理经验。同时洲际也是世界上客房拥有量最大（高达650 000间）、跨国经营范围最广，分布于100个国家和地区，并且在我国接管酒店最多的超级酒店集团之一，涉及我国25个省、区、市。

（二）洲际酒店集团在中国的发展

1984年，洲际酒店集团旗下第一家酒店——北京丽都假日饭店在中国落地。这也让洲际酒店集团成为最早进入我国的国际酒店集团之一，正式开启了它的中国之路。洲际酒店集团对于我国市场战略的把控十分精准，在当时大部分国人对于星级酒店的概念还处于模糊的年代，便进驻了中国市场。2004年时，互联网在中国还未全面普及，洲际率先推出简体中文网站，网站中的客户奖励可以在100多个国家和地区使用。根据洲际统计的数据，这为洲际带来了5%的客源增长。

客源的增长并未让洲际进行大规模扩张，它选择逐步将旗下智选假日等酒店品牌引入中国。直到2005年，在进入中国的21年后，洲际酒店集团首次宣布大规模扩张计划，要将在中国的酒店数翻一倍，超过100家。

2008年对于洲际酒店集团在中国的发展来说是一个里程碑，这一年洲际酒店集团旗下在中国开业的酒店数达到100家，同时也加快了在中国发展的脚步。2009年，大中华区成为洲际酒店集团独立业务单位，直接向集团伦敦总部做业务汇报。随着经济的发展，中国有更多的人跻身中产阶级，这也意味着越来越多的人会有出行、享受和追求品质的需求。2017年，中国国内旅客数量达50亿人次。在高速增长的旅行需求下，中国成为洲际酒店集团在美国后的全球第二大市场。

据洲际酒店集团官方表示，目前大中华区客房数量占洲际酒店集团全球客房数量的

14%，在新签约以及筹建新酒店方面，洲际酒店集团目前在中国有 300 家酒店正在筹建，独占洲际酒店集团 29% 的市场份额。

洲际酒店集团在中国得以迅猛发展，除了精准的市场战略、中产阶级的扩大外，还得益于其针对中国市场推出的新举措。例如专为中国消费者打造的酒店品牌——华邑酒店及度假村，强调中华待客之道，并以中华美食作为酒店的重点推广项目。

洲际推动品牌本土化和不断细分中国市场。和万豪酒店集团、希尔顿酒店集团在中国采用的特许经营模式不同，洲际酒店集团运用了一种新的模式"特许经营+"：从酒店开业初期为业主指派经验丰富的酒店总经理，负责酒店的运营及管理；为了保证品牌的质量，洲际还在中国开设了在线学习课堂和线下实体课堂，用以培训酒店员工。

洲际酒店集团近年来先后收购了丽晶、六善等针对不同消费群体的奢华酒店品牌，同时通过开设 AI 智能套房、线上微信小程序等一系列动作，提供差异化体验，细分中国市场，挖掘更多的潜在消费者。

在和中国酒店业主合作方面，洲际酒店集团也给予了业主一定的运营自由。洲际酒店集团在美国酒店市场有一套关于酒店产品的更新标准：每 7 年更换软性用品，比如窗帘、床上用品等；每 10 年，更换或升级硬件产品。而基于中国酒店业主想独立运营，或与其他品牌合作的因素，洲际酒店集团提供了一套类似美国酒店的核心原则，但更具弹性，业主掌握更大的自主权。

二、万豪酒店集团

（一）万豪酒店集团简介

万豪酒店集团（以下简称万豪）是全球首屈一指的国际酒店管理公司，创建于 1927 年，总部位于美国马里兰州贝塞斯达。自从 2016 年万豪酒店集团收购了喜达屋（SPG）酒店集团之后，万豪便拥有了遍布全球约 120 个国家和地区的超过 6000 家酒店和 30 个品牌，多次被世界著名商界杂志和媒体评为首选的酒店业内最杰出的公司之一。

（二）万豪酒店集团在中国的发展

1989 年，万豪酒店集团在中国香港开设了第一家酒店——香港 JW 万豪酒店，这也是万豪在亚洲开设的第一家酒店。直到 1995 年，万豪酒店集团才决定进入中国内地市场，落户沈阳市的万豪酒店成为该市的第一家五星级酒店。两年以后，万豪又与 7 家酒店签订了合作协议，包括现在北京和广东顺德的万怡酒店，还有广州的中国大酒店。2011 年 11 月，万豪酒店集团宣布签订了拥有 345 间客房的沈阳 JW 万豪酒店的管理合约，这标志着其在中国的酒店达到 100 家，进一步巩固了其在中国酒店市场的领先地位。

截至 2022 年 9 月，万豪酒店集团在中国的酒店布局覆盖近 70 个城市，达到 150 家，囊括丽思卡尔顿、JW万豪、万豪酒店、万怡酒店、万丽酒店等品牌。

三、雅高酒店集团

（一）雅高酒店集团简介

雅高酒店集团成立于1967年，总部设在巴黎。雅高酒店集团始终秉承行业专业知识，旗下拥有一系列各具特色的国际酒店品牌，涵盖从奢华、高端、中档、经济到生活方式类型等各个层次，在全世界拥有4800余家酒店和约28万名员工，遍布100个国家和地区，约704 000个房间，可满足不同顾客的需要。

除核心的酒店业务外，雅高酒店集团成功拓展服务范围，旗下可提供约10 000家私人住宅租赁，服务涉及礼宾服务、联合办公空间、餐饮、活动管理和数字技术解决方案等领域。

雅高酒店集团投身于当地社区并致力于推广可持续发展理念，通过各种项目鼓励员工、顾客及合作伙伴共同携手推进可持续发展。2008年起，雅高基金会便成为集团活动与价值观的自然延伸，帮助社会弱势群体应对社会和经济排斥问题。

雅高酒店集团拥有诸多核心品牌，其中包括：奢华品牌莱佛士、费尔蒙、索菲特传奇、索菲特等，高端品牌美憬阁、铂尔曼、美爵以及瑞士酒店等，中端酒店品牌诺富特、美居等，经济型酒店品牌宜必思、宜必思尚品、宜必思快捷酒店等。

（二）雅高酒店集团在中国的发展

雅高酒店集团于1985年进入中国市场并取得了令人瞩目的成就。在2002年时，雅高酒店集团在中国仅管理20家酒店。此后，它在中国的发展便进入快速发展阶段，据统计，2008年，雅高酒店集团在中国有23家新酒店开业，进入2009年，雅高新开酒店达到11家，其中经济型宜必思酒店7家，此时雅高酒店集团在中国已经拥有82家酒店，品牌覆盖高端酒店和经济型酒店。截至2010年11月底，雅高酒店集团在中国的42个城市中共经营99家酒店，总计26 236间客房，约占外资品牌在该市场网络总量的7%。

雅高酒店集团旗下的七大品牌，即索菲特、铂尔曼、美爵、诺富特、美居、宜必思和美憬阁，得到了中国业主和消费者的广泛认可。这些品牌覆盖奢华、高端、中端和经济型酒店。持续创新并在经济活跃地区推出有市场前景的酒店品牌，是雅高酒店集团在中国成功的秘诀。

四、希尔顿酒店集团

（一）希尔顿酒店集团简介

希尔顿酒店集团拥有除美国外全球范围内"希尔顿"商标的使用权。希尔顿酒店集团经营管理着约 403 家酒店，包括约 261 家希尔顿酒店、142 家面向中端市场的"斯堪的克"酒店，以及与总部设在北美的希尔顿酒店管理公司合资经营的、分布在 12 个国家中的 18 间"康拉德"（也称"港丽"）酒店。它与希尔顿酒店管理公司组合的全球营销联盟，令世界范围内双方旗下酒店总数超过了 2700 间，其中 500 多间酒店共同使用希尔顿的品牌。希尔顿酒店集团在全球 80 个国家有 71 000 多名雇员。

（二）希尔顿酒店集团在中国的发展

1988 年上海希尔顿饭店开业，它标志着希尔顿酒店集团开始进入中国市场。20 世纪 90 年代由于集团发展战略主要在北美和欧洲市场，因此希尔顿酒店集团在中国市场的扩张步伐明显落后于其他国际酒店集团。进入 21 世纪，随着中国酒店市场日渐庞大，同时美国的希尔顿酒店公司收购了英国的希尔顿国际，希尔顿品牌成为统一实体后，集团发展战略重点开始转向亚洲市场，尤其是中国市场，希尔顿酒店集团加速了其在中国市场的扩张步伐。

希尔顿酒店集团目前在中国已有的品牌主要包括希尔顿酒店、康莱德酒店、希尔顿逸林酒店、华尔道夫酒店。2012 年，希尔顿酒店集团宣布其旗下的中端品牌——希尔顿花园酒店入驻中国。这是品牌扩大及深化在中国发展轨迹的又一里程碑。希尔顿花园酒店加入现有的四大知名品牌队伍后，希尔顿酒店集团有望在中国获得更广泛的客户群。

五、凯悦酒店集团

（一）凯悦酒店集团简介

凯悦酒店集团成立于 1957 年，总部位于美国芝加哥，是一家世界知名的酒店集团，在行业中品牌优越，秉承殷勤待客的传统，致力于为客人提供宾至如归的服务。凯悦酒店集团在几十年的历史中，都贯彻以客为先的服务精神，数以万计的员工以热诚亲切的服务，每天为宾客增添一份超越平凡的生活姿彩。

目前凯悦酒店集团旗下酒店品牌包括有柏悦、安达仕、君悦、凯悦、凯悦嘉轩和凯悦嘉寓。

（二）凯悦酒店集团在中国的发展

1969 年，凯悦酒店集团进入香港，成立香港凯悦酒店。1986 年，凯悦酒店集团进入天津，成立了天津凯悦酒店，正式进入中国内地。1989 年，香港君悦大酒店开业。1990 年，西安凯悦（阿房宫）酒店开业。1994 年，为了寻找更多的发展机会，凯悦酒店集团在扩张方式上推陈出新，同时也开始多元化经营，进入了一些风险较大的行业，其中包括特许经营、分时销售、独立的高尔夫球场的管理等。1999 年，上海金茂大厦的金茂君悦酒店开业。2001 年 8 月 28 日，上海金茂凯悦酒店更名为金茂君悦。2001 年，北京东方君悦大酒店开业，不久便成为凯悦酒店集团最成功的酒店之一，因一年内收回成本并盈利而成为北京酒店业的传奇。2004年12月13日，一向定位于高端酒店市场的凯悦酒店集团宣布以6亿美元的价格收购经济型酒店Amerisuites。2005年6月28日，杭州凯悦酒店营业，这是凯悦酒店集团继北京、上海、西安及天津之后，在中国内地经营管理的第五家酒店。2006年，凯悦酒店集团在中国管理着12家酒店。2007年，北京银泰中心的柏悦酒店开业，成为北京当时最高的酒店和最奢华的酒店。2008年，广东东莞松山湖凯悦酒店开业。2009年年底，凯悦酒店集团在中国正式运营的16家酒店均集中在柏悦、君悦和凯悦三个高端品牌上。凯悦酒店集团对这些酒店都只采用合同管理的经营模式，不参与酒店的投资。2011年，南京凯悦酒店、徐州凯悦酒店、无锡凯悦酒店、宁波柏悦酒店、济南凯悦酒店、贵阳凯悦酒店相继开业。2011年，凯悦酒店集团入驻徐州苏宁商务广场，客房规模约350间，建筑面积4.8万 m^2，总投资额11亿元，其服务配套还有国际会务中心、国际知名餐饮、健身中心、游泳池、私人会所、VIP俱乐部等，该酒店成为当时淮海经济区最大、最豪华、配套最完备的商务酒店之一，为徐州市民带来国际级超五星酒店服务。在所有这些经营活动中，凯悦酒店集团始终做到审慎决策，追求有限的、经过选择的机会，以满足酒店的高水平服务质量。

凯悦酒店集团在追求规模、区域扩张的同时，也没有忽略高速发展的网络分销渠道。凯悦酒店集团与HBSI签署合作协议，凯悦酒店针对多销售分销渠道推出另一个预订平台，使得HBSI可以通过自己的中央预订系统，获取凯悦酒店的价格和库存。凯悦酒店集团管理着全球43个国家的215家酒店，这些酒店共有9万多间客房。通过与HBSI（Hotel Booking Solutions Inc.，酒店预订解决方案提供商）的合作，凯悦酒店可以让指定的旅行社、批发商通过其自身的中央预订系统，以实时、自由销售的方式预订凯悦酒店的产品。这些销售渠道将可以进入凯悦酒店集团的实时库存系统，这些新的销售策略可以帮助凯悦酒店及其分销伙伴获得潜在的收益。

第二节　国内酒店集团

一、锦江国际酒店集团

锦江国际酒店集团专业从事全服务酒店及有限服务酒店的投资营运和管理，以及餐饮业的投资与经营，锦江国际酒店集团通过产业资本双轮驱动，推进酒店业的"全球布局，跨国经营"战略。近些年，它先后战略投资收购法国卢浮集团、铂涛酒店集团和维也纳酒店集团。目前，锦江国际酒店集团在全球范围内拥有或管理的已签约酒店共10 290家，客房总数约100万间，分布于全球68个国家。其中，中国境内拥有或管理的已开业的酒店共5495家，客房总数约57万间。以开业酒店客房规模计，锦江国际酒店集团在国际酒店和餐厅协会官方刊物 *HOTELS* 于2017年7月发布的全球酒店集团排行榜中排名位列第五。

二、首旅如家酒店集团

首旅如家酒店集团创立于 2002 年，2006 年 10 月在美国纳斯达克上市。作为中国酒店业海外上市第一股，首旅如家酒店集团始终以顾客满意为基础，以成为"大众住宿业的卓越领导者"为愿景，向全世界展示着中华民族宾至如归的"家"文化服务理念和民族品牌形象。

首旅如家酒店集团由原首旅酒店集团与如家酒店集团合并后成立。其中，首旅酒店集团拥有首旅建国、首旅南苑、首旅京伦、欣燕都和雅客 e 家及首旅寒舍等酒店管理公司，管理着自五星级到经济型的各类酒店 200 余家，形成了高档、中档、经济型的酒店品牌运营管理体系和覆盖全国的酒店经营网络。合并后的首旅如家酒店集团实现了优势互补、资源整合，达到了产品全系列、信息全覆盖、会员全流通、价值全方位的整合效果，整体业务实现升级，并加速了以酒店为主的住宿产品的迭代更新。首旅如家酒店集团致力于通过专业和激情的工作，引领大众旅行住宿方式，满足宾客多元的个性化需求。

首旅如家酒店集团旗下拥有以住宿为核心的近 20 个品牌系列、近 40 个产品。截至 2020 年 3 月底，首旅如家酒店集团在国内 400 余个城市运营 4000 余家酒店，覆盖高端、中高端、商旅型、休闲度假、社交娱乐、联盟酒店全系列的酒店业务。

首旅如家酒店集团专注核心住宿业务，实施"向存量要发展、向整合要发展、向创新要发展"的战略，持续发力中高端酒店市场，同时以开放、包容的心态与方式，积极跨界创新，打造一个面向未来，覆盖吃、住、行、游、购、娱的顾客价值生态圈。

三、华住酒店集团

华住酒店集团属于国内具有多个品牌的大型连锁酒店集团之一，是全球酒店企业 16 强之一。华住酒店集团旗下目前拥有禧玥、漫心、全季、星程、汉庭及海友等六个酒店企业品牌，有着遍布全国的超过 1700 家门店。自 2005 年成立后，华住酒店集团用数年的时间对全国各个大中城市完成了战略性的布局，形成了以长三角、珠三角、环渤湾及中西部的发达城市为重点的门店网。

华住酒店集团的经营具有三个方面的特点：一是性价比高，与其他星级酒店相比，华住酒店集团各个品牌的客房性价比更高；二是食宿环境更为舒适，华住酒店集团的经营是为了满足客人舒适性睡眠的需求，因此它努力确保客房洁净、床位舒适、早餐可口、网络服务无处不在，以吸引客人；三是位置较为方便，华住酒店集团的门店交通便利，相关综合性服务齐全，可以满足客人的需求。

四、海航酒店集团

海航酒店集团在国内外拥有及管理多家酒店，是中国三大酒店管理集团之一，位列世界酒店100强。2008年10月，海航酒店控股集团有限公司、海航酒店（集团）有限公司及海南海航国际酒店管理有限公司实行一体化运作。海航酒店集团已形成包罗商务酒店、度假酒店、经济型酒店、产权酒店、高尔夫球场等多元化资产组合，在全球30个城市的自有产权及输出管理酒店达到80家、客房超过18 000间。旗下酒店分布在海口、三亚、北京、天津、广州、深圳、杭州、西安、太原、宁波、长春、兰州、布鲁塞尔、纽约等30余个城市。

海航酒店集团的目标是打造中国国际酒店品牌。在国内发展日益壮大的同时，海航酒店集团瞄准了国际市场。2011年，海航酒店集团改扩建原布鲁塞尔苏德酒店，并更名为布鲁塞尔唐拉雅秀酒店；2012年，海航酒店集团布局美洲第一家唐拉雅秀酒店——纽约唐拉雅秀酒店；2013年，海航酒店集团收购欧洲第三大酒店集团——NH酒店集团，并在国内成立合资管理公司。NH酒店集团拥有酒店近400家，客房6万余间，分布在全球22个国家。可以说，海航酒店集团收购NH酒店集团这一行为，在2013年中国酒店行业甚至旅游行业来看，都是一个大举措。由此，海航酒店集团在豪华酒店领域主打"唐拉雅秀"系列品牌、在精品酒店领域主打NH酒店品牌的崭新品牌格局已初步形成。

五、格林酒店集团

格林酒店集团是一家领先的特许加盟酒店经营管理公司，2018年3月在美国纽约证券交易所上市。格林酒店集团旗下拥有格林东方酒店、格美酒店、格雅酒店、格菲酒店、格林豪泰酒店、格盟酒店、青皮树酒店、贝壳酒店等品牌。格林酒店集团以涵盖中高端商务、中高端时尚、中高端休闲的品牌阵营，坚持为合作伙伴和客人提供多元化选择，为客人提供"超健康、超舒适、超价值、超期望"的产品和服务。截至2017年12月31日，格林酒店集团特许经营的酒店比例在中国四大中端酒店品牌中位居第一。据中国饭店协会统计，2017年格林酒店集团位列中国连锁酒店品牌规模前四强。

> **延伸阅读**
>
> **万豪酒店集团的后疫情发展**
>
> 万豪酒店集团打造都市特色酒店夜生活体验，助力推动城市夜间经济发展。后疫情时代中国形势向好，社会加速复工复产，酒店业迎来新常态，消费者外出体验的同时，更加关注安全和卫生。万豪酒店集团始终将宾客的安全和健康作为工作的重中之重，欢迎宾客重返酒店体验，通过严格的安全和卫生措施，确保宾客对酒店充满信心并感到安全。
>
> 夜生活作为现代都市人群的重要生活方式，已成为都市经济的重要组成部分，其繁荣程度是一座城市经济开放度、活跃度的重要标志。万豪酒店集团为助力推动城市夜间经济发展，为宾客的夜间生活带来更多选择，从都会气质的露台派对，到激发味蕾的深夜排挡，花

样繁多，声色不凡。

初夏，为满足人们对美好生活的需求，同时助力推动上海城市夜间经济，万豪酒店集团旗下众多位于上海的酒店纷纷带来各式精彩的夜生活体验。

思考与习题

1. 查阅文献。除了本章提到的酒店外，还有哪些国际酒店管理集团？它们的发展现状以及在中国的发展趋势如何？

2. 查阅文献。除了本章提到的酒店外，国内还有哪些酒店管理集团？它们的发展现状以及发展策略是什么？

第四章　酒店员工忠诚度、职业素质、职业意识与职业生涯规划

学习目标

了解酒店员工忠诚度的内涵。

掌握酒店员工忠诚度的影响因素。

熟悉酒店员工应具备的职业素质、心态和能力。

了解酒店员工职业生涯规划的含义。

掌握酒店员工职业生涯规划和管理。

重点

酒店员工忠诚度、职业生涯规划的内涵。

酒店员工应具备的职业意识、职业素质和能力。

酒店员工职业生涯规划和管理。

难点

酒店员工因具备的职业意识、职业素质和能力。

酒店员工职业生涯规划和管理。

导入案例

"麻烦"的客人

因工作需要，刘先生准备在某酒店长住一年，该酒店没有单人间，刘先生就租用了一间标准间。一周后，刘先生觉得自己一个人住在标准间挺不舒服的，床太小，两张床又占地方，就向客房部黄经理提出要换张大床。黄经理认为客人的要求是合理的，于是专门购置了大床，满足了刘先生的需求。

一周后，刘先生找到黄经理，提出能否给他的房间多加一个衣柜，因为刘先生一年四季

的衣服在壁橱里根本放不下。于是，黄经理就与刘先生商量："您可以把衣服寄放在酒店洗衣房的布草间里吗？"刘先生不同意，他说："每次穿衣时都要与你们联系，岂不麻烦死啦！"黄经理认为刘先生的话也有道理，就给他专门添置了衣柜。

再一周后，刘先生又找到黄经理，要求长借一个熨斗，他说："每次我刚借熨斗，你们的服务员就会催问我什么时候还，我想在自己最方便的时候熨衣服。"黄经理想了想就对刘先生说："我会通知服务员满足您的要求。"

刘先生离开后，黄经理留在那回味："那么麻烦的客人，还不如不接。"

思考：在案例中是刘先生的要求比较麻烦，还是黄经理的工作不到位？在酒店对客服务中，酒店人应具备哪些职业意识？

第一节 酒店员工忠诚度

酒店业是人力资源密集型行业，员工是其核心竞争力之一。较高的员工忠诚度可以为酒店提供稳定的内部发展条件，是酒店获得持续竞争力的关键。互联网时代，信息全球化及共享经济浪潮的到来，打破了地域限制和信息不对称，员工拥有了更多的选择，他们可以根据自己对职业前景的判断，不断寻找更适合自身发挥的空间，尤其是在互联网时代成长起来的以"90后"为主的新生代员工，他们追求工作自主、强调内在报酬，对组织的依赖性下降，更加注重情感归属、被尊重与自我价值的实现，任职时虽然与组织签订了劳动合同作为约束，但离职跳槽还是成为一个普遍现象。对于酒店来说，要使员工与组织之间保持长期稳定的关系，仅靠劳动合同这个书面契约是远远不够的，还需要培育并提升员工对组织的忠诚度。

一、酒店员工忠诚度的含义

一般认为，忠诚是一个人为人做事的道德品质。在中国，"忠"的含义广泛，其原初含义为发自内心、尽心。它作为一种普遍的精神和原则贯穿于各种具体的职业道德中，对各种职业活动都具有广泛的、普遍的道德指导意义。"忠"具体包含忠诚、忠信、忠直、忠敬和忠恕，其中忠诚是忠最基本的含义，诚乃真实。可见，在现代职业活动中，"忠"与"诚"连用要求个人为人诚实、正直，遵守信用，尽职尽责，不损人利己。在国外，忠诚被解释为真诚或者守信。

学者们对员工忠诚度做了大量的定义，他们对员工忠诚度存在一些共识，根据这些共识可以得出一个比较合理的定义：所谓忠诚，意为尽心竭力，赤诚无私。员工忠诚是指在组织中员工发自内心地、自愿地遵守工作中隐含的承诺，员工对组织的认同和竭尽全力的态度和行为使其愿意将组织的整体利益置于个人利益之上，具体表现为在思想意识上与组织价值观和政策等保持一致，尽其所能为组织做贡献，时刻维护组织整体的利益。员工忠诚度是员工对组织的忠诚程度，它是一个量化的概念。忠诚度是员工行为忠诚与态度忠诚的有机统一。行为忠诚是态度忠诚的基础和前提，态度忠诚是行为忠诚的深化和延伸。

员工忠诚可分为主动忠诚和被动忠诚。前者是指员工主观上具有忠诚于组织的愿望，这种愿望往往是由于组织与员工目标高度一致，组织帮助员工自我发展和自我实现等。被动忠诚是指员工本身不愿意长期留在组织里，只是由于一些约束因素，如高工资、高福利、交通条件等而不得不留在组织里，一旦这些条件消失，员工就可能不再对组织忠诚了。

二、酒店员工忠诚度管理的重要性

员工忠诚度相比于劳动契约来说是一种无形的心理契约，却比有形契约发挥着更大的作用，影响着组织和员工之间的互相信任和理解，最终将对组织的服务质量、经营管理及未来发展起到举足轻重的作用。因此，对员工进行忠诚度管理，建设一支与酒店同成长、共发展、甘奉献的员工队伍已成为现代酒店人力资源管理的重要任务。

（一）有利于稳定员工队伍，形成稳定的组织文化

员工对组织缺乏忠诚度，在工作中难以形成与组织荣辱与共的精神，更多地注重个人利益的得失，一旦所得利益与期望不符，就考虑跳槽。人员的频繁流动不仅会增加酒店招聘、培训的成本，也会使酒店面临服务质量下降、商业机密外泄的危险，还会造成人心不稳，无法形成稳定的组织文化，使组织缺乏凝聚力和战斗力等，从而极大地损害酒店的形象，影响酒店未来的发展。

（二）有利于激发员工内在潜力，提升酒店竞争力

酒店业是劳动力高度密集的行业，酒店服务具有直接性的特点，即服务程序大都是员工与顾客面对面直接进行的。虽然酒店会制定一系列严格的服务程序、操作规范以及绩效考核体系来督促和约束员工的有形服务工作，但是仍有许多无形的工作细节是难以控制的。如由于对待工作的态度不同，服务过程中员工所流露的体态语言和主动性不同。对酒店忠诚度高的员工，会更多地站在酒店的立场考虑问题，充分发挥其内在潜力，想顾客之所想，主动为顾客排忧解难，同时还能主动充当酒店产品推销员，适时适度推销酒店的其他产品，为酒店创造更多的经济效益和社会效益。忠诚度低的员工一般责任心较差，工作中缺乏主动性和创新性，甚至损公肥私，直接导致酒店服务质量的降低，造成生产成本上升和顾客满意度下降，进而导致顾客的流失和酒店声誉的下降。

（三）有利于培养和维系忠诚的顾客

对于酒店业这样直接面对顾客的服务性企业而言，顾客往往从他们与酒店服务人员的接触中体验服务的品质，员工的忠诚度决定了工作的品质及效率，如果酒店拥有忠诚的员工，

将较容易获得顾客的忠诚，而忠诚的顾客是酒店稳定的客源，既能为酒店带来稳定的经营收入，又可降低营销成本。有关研究表明，留住一个老顾客的成本是开发一个新顾客成本的1/5，而顾客回头率每上升5%，利润相应可以提高25%~85%。因此，酒店要想获得可持续发展，就必须获得顾客的忠诚，而顾客的忠诚来自于员工的忠诚。

三、影响酒店员工忠诚度的因素

员工忠诚对酒店来说，是能够真正给酒店带来利益的因素，是酒店建立和保持核心竞争力的关键之一。但近十几年来的经济发展和市场变迁使得酒店开始摒弃传统的雇佣制度，就连最稳固的日本企业的终身雇佣制度都有所松动，这导致了员工忠诚度的急速下降。因此，酒店应在对现有员工的忠诚度做出准确度量的基础上，从影响员工忠诚度的因素入手，提高员工忠诚度。

员工的自身素质、对酒店的满意度、对酒店的安全感、酒店组织文化、管理模式等因素是影响酒店员工忠诚度的重要因素。一般而言，文化水平低的员工比文化水平高的员工更容易忠诚于酒店。一些文化水平高的员工追求较高，如果酒店的制度和措施不能满足自己职业发展需求，就可能会降低对酒店的忠诚度，从而影响其对顾客的服务质量，进而影响酒店的经营和发展。

（一）员工自身因素对忠诚度的影响

现在酒店对员工自身素质要求越来越高，员工忠诚度也是影响酒店利益的因素之一。如果员工对本酒店不感兴趣，他对酒店的工作态度和工作情绪，导致其对酒店工作的满意度和出勤率下降。一旦他在外面找到自己感兴趣的工作，就会离开该酒店，从而导致员工的流失，增加了酒店的成本。只有当员工能够对酒店文化、薪酬、制度等感到满意时，他们才会对该酒店表示认同，从而表现出对酒店的忠诚，为酒店做出贡献，使酒店利益最大化。

（二）酒店内部因素对员工忠诚度的影响

酒店内部设施的安全性能、薪酬待遇、酒店文化、管理模式等一系列因素都对员工忠诚度有影响。只有当这些因素得到满足的时候，员工才会为酒店效力。酒店的发展，让员工看到酒店的美好未来，因此愿意留在酒店。酒店应打造有利于员工忠诚度的组织文化，良好的组织文化是酒店生存和发展的动力。酒店要加强员工的归属感，进行科学的薪酬制度划分，酒店现状与员工刚进入酒店时的期望值相差不能太大，如果存在太大差距，员工就会因追求更高收入而选择离开酒店。

（三）酒店外部因素对员工忠诚度的影响

中国酒店业受传统思想观念的影响。一些酒店员工认为自己所从事的服务工作低人一等，不能全身心地投入到工作中，这影响了其对酒店的忠诚度。员工如果发现所在酒店比同行业其他酒店更有发展前途和机会，就会选择继续留在本酒店工作，且在工作中表现出较强的积极性和主动性。外在的诱惑也能充分地考验员工的忠诚度。同时，社会的诚信现状、思想观念的变化、市场化的就业机制、社会约束机制和国家政策导向也是影响员工忠诚度的外部因素。

四、提升酒店员工忠诚度的方法

员工对酒店忠诚这种心理契约的形成不是一蹴而就的，从契约的建立到维持和调整，需要酒店管理层各方面长期的努力。

（一）参与式管理提升员工价值体验

在互联网的高度开放与自由的环境中长大的新生代员工，他们自主意识较强、个性化特征明显，在工作中期待得到管理者更多的尊重与理解。酒店管理层应鼓励员工不同程度地参与到相关的管理与决策工作中来，让员工以主人翁的姿态参与管理，能够加强组织与员工的情感链接，提升员工的价值体验，激发员工价值创造能力。

员工参与式管理的重点在于授权，授权包括给予员工话语权和决策权。酒店可以通过互联网技术构建个人与酒店的互动平台，如微信、微博、公众平台、电子邮箱等，给员工提供和上级的零距离交流平台来表现价值诉求和精神诉求，在彼此了解的过程中增进酒店和员工的信任度，以增强员工的价值感和归属感。酒店服务具有"直接性"的特点，因此酒店适当授予一线员工做决策的权力，在明确相关的工作要求后让员工自主安排工作，并且在过程中为员工提供辅导性支持，能够满足员工实现自我的心理需求。参与式管理体现了管理者对员工的信任和能力的肯定，有利于培养员工对酒店的使命感和认同感，从而提升员工对酒店的忠诚度，最终实现酒店所要达到的经营目标。

（二）完善薪酬体系，实现员工良好激励

薪酬与酒店员工的忠诚度是互相影响的，对员工而言，薪酬不仅是劳动所得，在一定程度上也体现了自己在组织中的价值、能力和地位，代表着酒店对自己工作的认同程度，甚至是个人发展成就大小及成功与否的象征。因此，完善的薪酬体系对于提升员工的忠诚度十分关键。根据亚当斯的社会公平理论，酒店应该建立具有内部公平性、外部竞争性的薪酬体系，这样才能保证薪酬政策的公平性，起到激励员工努力工作的目的。第一，为确保酒店薪酬对外具有竞争力和吸引力，酒店人力资源部门应定期对竞争对手以及其他行业的薪酬变动进行调研，根据市场上相同或类似岗位的薪资标准、酒店的自身实力和人力资源情况来动态调整本酒店的薪酬水平。第二，内部公平是制定薪酬战略的首要原则。酒店应将薪酬分配与岗位特点、个人及团队的绩效考核相挂钩，以确保对内具有公平性，确保每位员工都能认同

自己的薪酬所得与组织内其他成员的薪酬相比是公平的，自己的薪酬所得与对组织的贡献是匹配的。

(三) 做好员工的职业生涯规划，建立人才内在激励机制

内在激励是指工作本身给人带来的激励，是一种在工作过程中不断获得成就感和事业感，从而激发不断进步的驱动力。内在激励的效果比外部奖赏的外在激励更稳定、更持久、更强烈。酒店经营管理者不仅要注重员工绩效，还要坚持以人为本的发展理念，关注员工内在的心理需求。酒店新生代员工的离职率远远高于其他行业：一方面证明了他们勇于挑战自我，敢于追求自我价值；另一方面也恰恰说明了他们缺乏职业的定位，管理者应指导他们正确认识自我，帮助他们尽早确立职业方向和目标，建立个人的职业生涯规划、行业资格资质升级计划和个人学历提升计划等，为他们提供多元化的发展机会和成长平台。酒店可以对员工进行技能培训，以及为员工的成长设计多种职业通道或路径。酒店可以设计双阶梯晋升渠道，即双重职业生涯通道。酒店应为专业人员发展道路，对于一些管理能力欠缺，但技术水平较高、能够为酒店创造较大价值的员工，为其铺设技术型职业生涯通道，完善从初级工、中级工、高级工到技师、高级技师的职业资格培训体系，鼓励其进行职业技能鉴定。酒店通过由政府认定的职业技能鉴定机构对酒店从业人员的职业技能进行评价与认定，解决单一的管理岗位晋升职位少、晋升缓慢的问题。通畅的职业生涯通道等有效措施可以促进新生代员工的能力发展，不仅能充分调动其工作积极性与工作热情，也有利于促进其忠诚度的提升。

(四) 丰富工作内容，加强对员工的培训与开发

当人们日复一日地从事熟悉的工作时，难免会出现枯燥感，从而降低工作效率。工作内容丰富化是指在工作中赋予员工更多的责任、自主权和控制权，通过在工作内容和责任层次上的基本改变，使工作内容向纵向扩展。酒店可通过实行部门内部轮岗培训、换岗培训、见习领班制度、部门之间的交叉培训等，实现员工工作内容丰富化。这样做一方面可以把一种更高的挑战性和成就感体现在工作中，使员工从工作本身得到激励并体验到成就感，增强其对工作的自主性；另一方面还可以减少员工因单调、缺乏刺激而产生的心理压力。

培训开发可以促进员工掌握新知识和新技能，有助于员工更好地完成任务，提高他们对新的工作环境的适应能力、岗位竞争力和工作满意度，增强他们对酒店的归属感和责任感。员工只有在感受到自己能与酒店一起成长，并能清楚地看到自己在酒店的发展前途时，才会与酒店结成长期合作、荣辱与共的伙伴关系。因此，酒店要建立内部完整的培训体系，重视对员工的知识、素质和能力的培养，针对有发展潜质的员工，进行岗位交叉培训，使其成为一专多能的复合型员工。在条件允许的情况下，酒店还可以把部分员工送到旅游学院或同行业优秀酒店进行培训学习，开阔其眼界。酒店应帮助员工把握机遇，使其在关键时候能脱颖而出，实现自己的人生目标。

第二节 酒店员工必备的职业素质

随着经济的发展,中国酒店业进入了快速发展时期,酒店业规模不断扩张,设施档次逐步提高,竞争日益加剧,对员工的职业素质提出了更高的要求。酒店员工必备的职业素质是提高酒店服务水平、市场竞争力的关键因素,同时职业素质也是影响员工顺利从业和继续发展的关键因素,员工的职业素质问题已引起酒店管理人员的高度重视。

一、酒店员工职业素质的内涵和重要性

职业素质是指劳动者从事职业活动时表现出的基本品质,是人的综合素质不可缺少的一部分。

酒店员工的职业素质是指酒店服务业的从业人员所应具备的综合素质,它不仅包括酒店专业知识、专业技能,还包括职业道德、职业意识、服务意识、沟通交流能力、创新能力等。酒店员工的职业素质是通过后天的教育培训、学习、实践形成和发展起来的。良好的职业素质是一个人从事职业活动的基础,是事业取得成功的基石。酒店员工具备良好职业素质的重要性体现在以下方面:

1. 良好的职业素质是酒店员工职业生涯成功的保证

酒店员工良好的职业素质具体表现为渊博的酒店知识、优良的操作技能、敬业精神、对行业的热爱等,这些职业素质与个人事业的成功紧密相连,对员工职业生涯的成功发挥着重要的作用。因此,加强对职业素质的培养,对于提高酒店员工的就业竞争能力、拓宽员工的职业发展空间有积极的推动作用。员工如果缺乏工作的热情、持之以恒的精神、良好的服务意识、坚韧不拔的毅力,就很难在酒店行业中有所成就。"有德有才是优品,有德无才是次品、有才无德是危险品、无德无才是废品"就是这个道理。

2. 良好的职业素质是中国酒店业快速发展对员工的客观要求

随着我国市场经济结构的不断调整,酒店业已发展成为中国服务业中最具活力和潜力的新兴产业之一。截至 2020 年年底,万豪、洲际、希尔顿、香格里拉、凯宾斯基等国际著名酒店管理集团纷纷入驻中国。酒店业的快速发展,对人才的需求十分迫切。具有良好职业素质的员工的短缺,已成为制约中国酒店业进一步发展的极大障碍。

3. 良好的职业素质,有利于提高酒店的竞争力

酒店业是一个特殊的行业,它所提供的产品就是服务。酒店业的服务质量,归根结底取决于员工的职业素质。顾客在酒店中得到员工真诚的欢迎、快捷有效的服务、无微不至的关怀,自然就会成为酒店的"忠实顾客"。高职业素质的酒店员工通过提供优质服务,为酒店

吸引回头客提供了可能，提高了酒店的经济效益和社会效益，有利于酒店竞争力的提高。

二、酒店员工应具备的职业素质

酒店员工因为工作环境的特殊，除具备良好的专业知识、职业技能外，还应具备职业道德、服务意识、沟通交流能力、酒店英语应用能力、合作能力等。

1. 职业道德

职业道德是指酒店从业人员在职业生活中应遵循的行为原则和基本规范，是职业素质的重要构成因素。酒店员工应具有的职业道德为：敬业爱岗、勤奋工作、无私奉献、诚实守信、遵纪守法、文明礼貌、真诚公平、信誉第一等。良好的职业道德是酒店员工必须具备的职业素质之一，是对酒店员工的最普遍、最基本的道德要求，也是酒店员工做好工作的前提和基础，更是其个人发展必备的条件之一。良好的职业道德，会帮助酒店员工热爱自己所从事的酒店行业，端正学习及工作态度，提高履行职责的自觉性，刻苦钻研业务，增强自己的服务技能，为客人提供高质量的服务。

2. 服务意识

服务意识是指酒店员工表现出的热情、周到、主动为客人提供良好服务的意识，并由意识产生行动，是提高酒店服务质量的关键。万豪酒店创始人马里奥特认为："生活就是服务，我们时时刻刻都生活在为别人服务和被别人服务的环境当中"。树立服务意识是酒店从业人员的从业前提，也是从业人员最基本的职业素质之一。服务意识发自于从业人员的内心，具体表现为微笑待客、时刻注意及满足客人的需求、热情周到、亲切真诚、一视同仁地对待每一位客人等。酒店员工只有具备良好的服务意识才能给客人提供热情周到的服务，培养忠诚的客人。

3. 沟通交流能力

酒店的人际关系较为复杂，在酒店服务中，酒店员工需要处理好与客人、同事、上下级之间的关系，就需要其具有较强的沟通交流意识，掌握交际沟通的原则，具备良好的沟通交流的技巧与能力，学会倾听不同的意见、建议，积极地与客人、同事、上下级交流，及时化解人际关系中的误解与矛盾。酒店员工在服务过程中遇到一些问题，也需要以恰当的方式、方法主动去沟通协调，从而在复杂多变的社会交往中建立良好的人际关系，有效工作，取得事业的成功。

4. 酒店英语应用能力

随着旅游业的发展，酒店业接待的外国客人的数量快速增长，酒店对员工酒店英语应用能力的要求大大提高。酒店英语应用能力作为酒店员工的基本素质，越来越重要。如果员工的酒店英语应用能力不强，不能很好地与客人交流，满意的服务就无从谈起。调查表明，酒店员工最欠缺的是流利的英语口语和酒店专业英语知识。酒店员工应具备较强的酒店英语应用能力,掌握酒店各主要部门岗位常用服务和交流英语,有较强的英语口头表达能力,自如地应对国外客人。

5. 合作能力

乐于合作、善于合作是现代社会人文精神的主要基石。酒店产品是团队协作的结果,酒店工作需要各部门以及员工的密切合作才能实现。只有团结合作、顾全大局,才能获得良好的整体利益。只有酒店员工具备良好的合作能力,与上下级、同事相互支持、密切配合,相互协作、相互尊重、团结合作、彼此信任,酒店才会有较强的凝聚力和战斗力。

三、培养良好职业素质的途径

酒店要充分利用多种途径培养员工的职业素质,既要培养员工做事的技能,也要培养员工做人的品质。

1. 树立正确的职业理念

由于部分员工缺乏良好的职业理念,对从事酒店一般性服务工作的心理准备不足,缺乏吃苦耐劳精神,工作态度波动较大,直接影响了酒店的服务质量。酒店要引导员工正确认识酒店业的特点和发展前景,帮助他们规划自己的职业生涯,树立从基层做起的理念和职业自豪感,熟练掌握酒店服务的技能,树立正确的择业观,端正职业价值观念,增强职业意识。酒店员工应以正确的职业理念投入工作中,从基层服务做起,踏踏实实地为宾客提供优质服务。

2. 有针对性地做好培训工作

目前酒店员工大部分来自于各类职业技术学院、大中专院校或本科院校,他们的特点要求酒店必须有针对性地做好培训工作,以进一步提高他们的职业素质,使他们适应工作的要求与挑战。酒店应通过上岗培训、在职培训和循环培训等多种形式,在服务意识、职业态度、职业道德、职业情感等方面有针对性地进行培训。如一些员工因职业道德的匮乏而出现大量违规行为,酒店应结合行业特点,通过培训引导员工培养爱岗敬业的道德情感——"酒店是我家,我要爱护它",引导员工加强职业责任心和道德义务感,加强自我约束和服务意识,努力改善服务态度,不断提高服务质量。

3. 积极的鼓励性评价

现代心理学认为,追求成功的情绪体验是人的精神需要,成功的体验、期待的实现是建立积极情感的重要方面。酒店业是情感密集型行业,酒店以积极的鼓励性评价调动员工提高职业素质的积极性,鼓励员工不断完善自我。当员工获得进步时,哪怕只有一点点,管理人员都要及时给予鼓励性评价,使员工体验到成功的喜悦。

第三节 酒店员工职业意识的培养

一、酒店员工职业意识概述

(一) 职业意识的定义

每个行业都有自己的价值准则和行为标准,也就是最基本的职业道德。职业意识是从业者对自己所从事的职业劳动的认识、评价、态度和情感等心理元素的综合反映。职业意识是支配和调控全部职业行为和职业活动的调节器,它包括创新意识、竞争意识、协作意识和奉献意识等方面。

(二) 酒店员工职业意识的内涵

酒店员工职业意识指的是酒店员工的言行举止应该有酒店从业人员的职业素养和风度。酒店从业人员应具备的职业意识包括:服务意识,安全意识,合作意识,服从意识,质量意识,忠诚意识,节能(成本)意识,全员营销意识,道德意识,创新意识。

1. 服务意识

服务意识即任何一位酒店员工作为酒店服务集体中的一员,应该对与酒店利益有关的一切人员或组织提供热情周到的服务的欲望和意识。服务意识是一个人对服务的理解以及在理解该服务后所表现出来的一个自觉性行为,即自觉主动地做好服务工作的一种观念和愿望,它发自服务人员的内心。服务意识有强烈与淡漠之分,有主动与被动之分。是发自服务人员内心的,是服务人员的一种本能和习惯,是可以通过后天培养、教育训练形成的。酒店员工的服务意识是酒店的精髓所在,也是一个酒店成功与否的标志,它与酒店的成长是息息相关。

服务的内涵——"SERVICE"

(1) S——Smile(微笑) 员工应该为每一位顾客提供微笑服务。"没有面带微笑,就不能说有完整的工作。"微笑告诉顾客,他们来对了地方,并且处在友好的环境里。

(2) E——Excellence(出色) 员工应该将每一道服务程序、每一个服务细节都做得很出色。出色的前提是保证质量,出色的服务特性决定了科学合理的工作程序是出色服务的保证。

(3) R——Ready(准备好) 员工应该随时准备好为顾客服务。细小的事情也可以赢得巨大的竞争优势。对细节的注意,体现了一种吸引并留住顾客的职业态度。要为顾客提供可见、有价值的优质服务。

(4) V——Viewing（看待）　员工应该将每一位顾客都当成是 VIP 顾客。

(5) I——Inviting（邀请）　员工在每一次服务结束时，都应该真诚地邀请顾客再次光临。员工需要了解内部信息内容，也需要了解外部信息内容。

(6) C——Creating（创造）　员工应该根据顾客的情感需求创造出令其感到舒适的服务氛围。每位员工应想方设法地创造出使顾客能享受其热情服务的氛围。酒店员工在对客服务中，必须发扬用心、极致的服务精神，做到尽心、精心。所谓尽心，就是要求竭尽全力，尽自己所能。所谓精心，就是要求超前思维，一丝不苟，精益求精，追求尽善尽美。

(7) E——Eye（眼光）　员工应该以热情友好的目光关注顾客，并预见顾客所需，及时为顾客提供有效的服务。

2. 安全意识

酒店内部的安全主要指顾客及酒店员工的人身安全、财物安全及心理安全等。"酒店安全无小事"，酒店从业人员应具备最基本的安全意识，严防出现危害顾客及酒店员工安全的各种隐患，防微杜渐，防患于未然。安全是酒店的头等大事，它具体包括人身安全、财物安全、操作安全、饮食安全、交通安全、消防安全、心理安全等方面。

3. 合作意识

酒店是一个庞杂的系统，部门设置繁杂，分工精细，对顾客服务工作需要各部门之间的相互配合以及全体员工之间的努力合作，任何一个环节疏漏都可能导致无法挽救的损失。这就要求酒店员工具备大公无私、团结协作的精神。合作意识主要包含以下方面：

(1) 部门之间的合作　如果某员工不是直接为客人服务的，那么该员工的职责就是为那些直接为客人服务的员工服务的。

(2) 业务环节之间的合作　同一部门的业务环节之间应密切合作，只有这样才能及时、有效地满足客人的需求。

(3) 岗位之间的合作　酒店的服务或管理工作不是某一个人或几个人就能做好的，酒店业务的特点之一就是需要良好的团队精神。

4. 服从意识

酒店要有序运转，为客人提供优质的服务，就需要有严格的管理。一方面，员工必须服从上级的指示，总经理至服务员是一条权力线，它经过部门经理、主管、领班自上而下逐级发布命令、指挥控制；而从服务员至总经理是一条反馈线，它经过领班、主管、部门经理自下而上逐级进行报告和反馈。另一方面，酒店服务员还应满足客人的一切合理而正当的需求，这可提升客人的满意程度。客人需求的满足是酒店取得良好社会效益和经济效益的基础和保证。

5. 质量意识

质量是酒店业的生命，"服务"作为一种"商品"，必须注重"商品"本身的质量，即服务技巧。只有高水平的服务，具有艺术技巧的服务，客人才愿意承认、接受并购买，这样的"商品"才具有吸引力，回头客才会多。

6. 忠诚意识

酒店从业人员会面对很多烦恼，也会面会诸多诱惑，应具备忠诚意识。忠诚意识包括两个方面：一是对酒店忠诚，以店为家，以主人翁的态度投入工作，把当前工作当作自己的事业来经营，在自身利益与酒店利益发生冲突时能舍己为公；二是对客人忠诚，真诚待客，严格按照服务规程对客服务，保证客人资料不被泄露，严守客人秘密，同时设身处地为客人着想，观察细致，体贴入微，为客人量身制定个性化服务。

7. 节能（成本）意识

环保节能已成为21世纪现代酒店发展的潮流，新世纪的酒店员工必须懂得一定的环保知识，并在日常工作、生活中，做好环境保护工作、节能降耗工作、绿化美化工作、减少污染、减少浪费，把环保意识融入自己的日常对客服务中，使自己真正成为一名服务与环保的优秀员工。

8. 全员营销意识

酒店员工除了爱岗敬业、完成本职工作外，还要有人人促销、人人参与市场开发、人人推销酒店和宣传酒店的意识行为。酒店员工还应在社会外部大市场、酒店内部小市场、对客服务的具体工作中发现潜在的客源商机，接待好老顾客，留住新顾客，这是员工具备的全员营销意识的体现。全员营销具体内容如下：

（1）做好本职工作即是营销　酒店外部营销主要是酒店营销部的工作，而酒店内部营销则是所有部门的一项重要职责。

（2）利用工作机会向客人推荐酒店产品　员工应善于利用各种机会向客人推荐酒店的各种产品，并使客人成为忠实顾客。

（3）不只是推荐本部门的产品　全员营销意识还要求每位员工都具有全局的观念。

（4）员工应了解酒店产品的信息　员工推荐酒店产品的前提是了解酒店产品的信息。

9. 道德意识

酒店职业道德规范是每个酒店员工在职业活动中都必须遵循的行为准则。养成良好的职业道德是非常重要的，人们常说的"德、智、体"，皆以德为先，这是因为人们的行为是由他们的思想决定的，一个人品德良好与否，决定了他的行为取向。

10. 创新意识

21世纪是知识经济时代，酒店员工除了要扎实地掌握好服务的规范化、标准化以外，在服务工作中还要因人、因时、因地做好个性化服务、特殊服务、超值服务。酒店员工在工作中应有创新意识，不能死搬教条和书本知识，创新是延伸服务和发展服务的生命。

酒店员工需要有变革和创新意识，去创造新的服务、新的文化、新的经营、新的营销理念，即充分应用知识去变革、去创新。创新是酒店企业求生存、求发展、延长经营生命周期的灵魂。酒店员工必须是有知识、有锐气、有创新意识，能用头脑为客人服务的优秀复合型服务人员，而不是只会机械待客的服务生。

二、培养酒店员工职业意识的重要性和原则

（一）培养酒店员工职业意识的重要性

酒店员工的职业意识是决定酒店整体服务水平和质量的重要因素，员工的职业意识会直接影响员工的服务行为，从而对顾客的消费体验和满意度直接产生作用。只有保证员工将职业意识和工作常态进行统筹协调，才能真正优化整体服务结构，助力酒店品牌的建立。据相关调查，有39.25%的顾客对酒店的卫生情况比较关注，36.15%的顾客对酒店的安全管理机制和信息保密度比较关注，22.38%的顾客对酒店的饮食情况比较关注，而有54.39%的顾客会通过酒店的服务态度判定消费。也就是说，在酒店各项管理工作开展的过程中，职业意识是重中之重。伴随着经济的增长以及社会的进步，我国酒店行业也呈现出高速发展的态势，内部竞争压力较大，酒店要想提升自身市场竞争力，在激烈的竞争环境中占据主动，不仅要提升经营水平，还要从内核入手，提高全体酒店员工的职业意识，从各方面提高酒店自身的服务水平，实现整体酒店运营结构的升级。

（二）培养酒店员工职业意识的原则

在实际工作开展过程中，酒店要积极落实相关工作准则，确保员工能按照标准化原则有序工作，贯彻落实有效的管控基准。

1）要遵循主动热情的工作态度，坚持顾客至上原则。在实际工作开展过程中，保证本职工作的同时，也确保以工作归属感为行为导向。

2）要秉持耐心细致的工作态度，在工作开展过程中，要积极落实精细化工作要求和基本标准，有效提升整体管控要求和具体工作要点，在顾客有困难时，能秉持专业的态度耐心解决。

3）要遵循安全原则，在实际工作开展过程中，要积极落实安全管理和安全措施处理原则，不能泄露任何顾客消息，进行相关的安全把控。

三、培养酒店员工职业意识的方法

（一）树立服务理念

在实际工作开展过程中，酒店员工要结合酒店的实际情况，寻找贴合自身发展诉求的管

控模型，形成自我意识和自我提高的管理模型，进一步遵循管控要求和管理标准，形成高度自觉性，并且积极落实有效的工作职责，从思想意识层面提高管理效果。酒店员工还要真正建构主动服务模式，确保优质服务结构能有效提升酒店的整体服务水平。在实际管控结构中，酒店要从职业道德层面提升员工职业素质，并且保证员工能在实际工作中从有服务意识到主动提供服务，建立一种工作模型，确保工作结构和工作要求能贴合实际需求。

在酒店行业中，顾客的消费体验非常重要，酒店工作的基本原则就是要保证顾客能对酒店的服务方式表示同意，且不会对服务内容产生怀疑，因此需要员工拥有换位思考的能力和意识，在工作开展过程中，要积极落实有效的服务项目，在保证酒店服务形象的基础上，进一步提升服务水平。

（二）规范服务语言

在实际工作开展过程中，酒店员工要积极践行标准化工作用语，提高自身的专业素质和服务能力。由于酒店服务项目的整个流程都需要通过交流来完成，因此需要相关服务管理人员结合实际需求，建构更加完整的服务管理工作模型，确保在交流畅通的基础上，形成一种专业态度和专业化服务基准。语言的艺术能提升服务质量和综合服务水平，减少一成不变且机械化的工作模式，为顾客提供宾至如归的感受，从而在同行业中凸显出竞争实力和优势。在语言应用过程中，除了要注意词汇的表达方式外，还要对语音、语调进行集中处理和综合管控，提升语言的简练度和规范性，语言柔和且协调。

（三）培养服务习惯

在实际工作开展过程中，要积极落实相应的服务管控标准，提升对员工的培训力度，确保员工能在实际工作开展过程中体会到服务项目的实际价值，从而形成服务习惯，贯彻执行相关服务规定。酒店员工在履行相应工作标准时，要全面严格地要求自身，真正落实服务理念和服务态度，确保服务质量得到有效优化。例如：通过设计主题餐厅，为顾客提供不一样的餐饮体验，并且遵循服务至上的原则，针对不同年龄段的消费群体准备不同的菜单；餐饮部还可增设情感服务项目，针对生日、结婚纪念日等，为顾客用心准备不同主题宴会，实现超值服务；利用个性化服务理念实现房型服务多样化、客房环保化等特色服务。

（四）优化综合能力

在实际工作开展过程中，为了进一步提升酒店员工的服务意识，酒店要结合员工的基本情况提高其文化水平和应变能力，推动员工在满足基本要求的基础上，不断学习和内化相关服务理念，从而提高整体素质。另外，酒店工作较为繁杂，这就需要员工具有处变不惊的工作态度和能力，因此酒店要经常进行突发事件演习，保证员工具有危机意识，并提升员工的服务层级。

(五）深化职业素养

在酒店的培训项目中，除了要对专业技能进行培训外，也要针对具体情况进行综合处理和集中管控培训，提高整体管理效果和管理质量。酒店还应注意培养员工的职业素养以及进取精神，更好地促进酒店的良性发展。

第四节　酒店员工职业生涯规划

职业与工作相联系，一个人选定了一种职业，就要参与一定的工作活动，而工作又是一个人从走入社会到退休前的生活中的极为重要的部分。人虽然不能仅为工作而活，但却不能不参加工作，这是因为工作不仅是种谋生手段，而且还有别的意义，如能取得成就、增加与人交往机会、参与组织等，工作可以满足人的成就感、自我实现、社交与归属需要等精神方面的需求。

从20世纪70年代开始，组织就意识到员工有追求满意职业的需求，便开始逐步建立计划以保证员工能够在组织内实现个人目标。到20世纪90年代，职业生涯规划已被纳入组织的战略体系，有效的职业生涯规划可以激发员工最大的职业动机，使其积极投身于工作中，促成组织的整体成功。在管理实践中，很多优秀的企业在最大限度利用员工能力的同时，也积极为每一位员工提供一个不断成长及开发个人最大潜力的机会，从而促使员工个人目标和组织目标的共同实现。

一、酒店员工职业生涯规划概述

（一）职业生涯规划概述

1. 相关概念及界定

（1）职业的内涵　职业是指一个人遵循一定的路线（或途径），去实现所选定的职业目标。它是一个人在自己整个职业生涯中选择从事的一个总的行为过程。具体地说，职业是指劳动者相对稳定地担当某项具体的社会劳动分工，或者较稳定地从事某类专门的社会工作，并从中获取收入的社会工作。职业既是人们生活方式、经济状况、文化水平、行为模式、思想情操的综合反映，也是对一个人的权利、义务和职责的总的要求，是一个人社会地位的一般性象征。职业是个人和社会存在的基础，它为个人提供生活的经济来源，也是社会组织生产的基本途径，是社会分工的反映。

（2）职业生涯的内涵　职业生涯就是个人的终生职业经历。与职业不同，职业生涯是一个发展的概念，是一个动态的过程。它不仅包括一个人过去、现在和未来那些可以实际观察到的连续从事的职业发展过程，还包括个人对职业生涯发展的见解和期望。对职业生涯进行科学、合理的规划是实现成功职业生涯的前提条件。

职业生涯可分为内职业生涯与外职业生涯。内职业生涯是指在职业生涯发展中通过提高自身素质与职业技能而获取的个人综合能力、社会地位及荣誉的总和，它具有别人无法替代和窃取的人生财富。外职业生涯是指在职业生涯过程中所经历的职业角色（职位）及获取的物质财富的总和，它是依赖于内职业生涯的发展而增长的。

职业生涯是以心理开发、生理开发、智力开发、技能开发、伦理开发等人的潜能开发为基础，以工作内容的确定和变化、工作业绩的评价、工资待遇、职称、职务的变动为标志，以满足需求为目标的工作经历和内心体验的经历。职业生涯是人生中最重要的历程，是追求自我实现的重要人生阶段。在这里，职业不只是谋生的手段，更是实现个人价值、追求理想生活的重要途径。人生过程分为童年、少年、成年、老年等阶段，而成年阶段时间最长，是人们从事职业生涯最重要的时期。

（3）职业生涯规划的内涵　职业生涯规划也称为"职业规划"，在学术界人们也喜欢叫"生涯规划"，在有些地区，也有一些人喜欢用"人生规划"来称呼，其实表达的都是同样的内容。职业生涯规划又叫职业生涯设计，是指个人与组织相结合，在对一个人职业生涯的主客观条件进行测定、分析、总结的基础上，对个人的兴趣、爱好、能力、特点进行综合分析与权衡，结合时代特点，根据个人的职业倾向，确定其最佳的职业奋斗目标，以及为实现这一目标做出行之有效的安排。

2. 职业生涯规划的阶段划分

对于职业生涯规划的阶段划分，国际上最通用的是按年龄层次，将每10年作为一个阶段。每个人都要经历多个阶段，科学地将职业生涯划分为不同的阶段，明确每个阶段的特征和任务，做好规划，对更好地从事自己的职业和实现确立的人生目标非常重要。一般来说，一个人在20岁左右时希望尽快进入职业角色、30岁左右追求发展空间、40岁左右追求突破、50岁左右则可能力求平稳。正确地认识职业生涯发展规律以及自己所处的发展阶段，对制定有效的职业生涯规划是非常重要的。

人的职业生涯大体可以分为以下六个阶段：

（1）职业准备阶段　这是一个人就业前学习专业、职业知识和技能的时期，是职业生涯形成的准备阶段。但许多人甚至大部分人是由别人（通常是家长或老师）决定自己的专业的。

（2）职业选择阶段　这一阶段的主要特征是从学校走上工作岗位，是人生事业发展的起点。在这一时期，人们要根据社会需要与本身的素质和愿望，做出职业选择，走上工作岗位，这是职业生涯的关键一步。如果选择失误，则将导致职业生涯的不顺利，还可能顾此失彼，丢掉其他工作机会。

如何起步，直接关系到今后的成败。个人为了找到最适合自己的职业，可能要经过几次磨合。个人可以多进行一些职业方面的尝试、探索，熟悉并适应组织环境，熟悉工作内容，发展和展示个人专长，积累知识能力，学会与他人沟通协作，获得认可。所有这些目标都需要通过学习过程来逐步实现。因此，职业选择阶段的规划策略方案，也应该围绕学习这个主题来进行，可具体分解为：以何种形式来学习知识；重返校园还是参加培训；学习哪些内容；达到怎样的标准；通过哪些具体途径积累和提高能力；等等。

（3）工作初期职业适应阶段　这一阶段会对走上工作岗位的人进行素质检验以及判定其是否能够顺利适应某一职业。对于素质较低或不能满足职业要求的人，则需通过培训教育来使其满足职业要求；自身的职业能力、人格特点等素质与工作岗位要求差距较大者，难以与职业相适应，则需要重新选择职业。而个人素质超过岗位要求、兴趣与现职业类别很不相符者，也可能重新对职业进行选择。

（4）工作中期职业稳定阶段　这一阶段是人的职业生涯的主体阶段且占人的生命过程的绝大部分时间。

这一阶段可能存在诸如发展稳定、遭遇发展瓶颈、面临中年危机、取得阶段成功等情况。大部分在这一阶段应该致力于某一领域的深入发展，求得升迁。它不仅是人们劳动效果最好的时期，也是人们担负繁重家庭责任的时期。一个人除非有别的才干和抱负，40岁应该是其职业扎根的时候，不宜再更换职业。因此，成年人往往倾向于某种稳定的职业，甚至特定的岗位。一般这时的精力也不允许个人像年轻人那样求学深造，适合的充电方式只有短期培训和实践积累。对于大部分人而言，即使真的处于职业生涯的瓶颈期和转折点，个人需要重新做规划也应在45岁以前完成。在职业稳定阶段，如果个人的素质能够得到发展和提高，潜力得以体现，就可能逐步取得成果，成为某一领域的出色人才、行家能手，得到晋升并获得职业生涯的成功和成就，因此这一阶段的职业生涯策略应重点围绕扩大工作视野，传、帮、带新人和提升领导（指导）能力来进行。

（5）工作后期职业衰退阶段　这一阶段，人开始逐渐步入老年阶段。由于生理条件的变化，个人能力缓慢减退，生理需求逐步降低而求稳妥和维持现状。一般来说，处在这一阶段的个人上升空间已经很小，已经可以规划退休前全身而退的策略，以及退休后的目标转移方案了。

也有一些老年人，智力并没有减退，而知识、经验还呈现越来越多的现象（有学者称为"晶体智力"）。这种晶体智力的发挥，能够使他们的素质进一步提高，出现第二次创造高峰。这些人往往是所在职业领域里的专家、权威或专业方面的学术带头人。

（6）职业结束阶段　这一阶段是人们由于年老或其他原因结束职业生涯历程的短暂过渡时期。

对于个人而言，职业的稳定与适合是非常重要的。在上述六个阶段中，工作中期职业稳定阶段最长，职业选择阶段最为关键，职业准备阶段则在一定程度上决定着选择方向与稳定性。为了确保职业成功，个人必须以富于逻辑而系统的方式，仔细地规划每个职业生涯阶段。同时，个人也要清楚地认识自己现在所处的职业生涯阶段。这些对职业成功是很有必要的。

3. 职业生涯规划理论

(1) 约翰·霍兰德的职业选择理论　1959年，美国咨询心理学家约翰·霍兰德首次从个体特质维度提出"职业选择理论"，引起强烈反响。该理论认为个性（包括价值观、动机和需要等）是决定个人选择职业的重要因素之一，个性与职业是否匹配将会影响个人的满意度和流动率。经过多年坚持不懈的探索，该理论得到了不断的发展，形成了一个经久不衰的研究领域，而且该理论的构想在实践测评中显现出惊人的预测力。

职业选择理论是建立在以下六条假设基础上的：

1) 个性是职业选择的主要影响因素。
2) 兴趣是一种重要的个性影响因素。
3) 职业选择观是一种稳定的心理状态。
4) 早期的职业幻想预示着未来职业方向。
5) 自知程度越高，未来职业选择越清晰。
6) 为达到职业成功和满意感，应选择与个性特点相容的职业。

该理论认为，个性是遗传因素、社会活动和兴趣能力的交互产物，周边环境、他人行为强化的程度对个性倾向和自我概念的形成有非常显著的影响。经过研究，约翰·霍兰德提出了六种决定个人选择何种职业的基本人格类型，并进行了人格类型特点与职业范例分析，详见表4-1。

表4-1　约翰·霍兰德的人格类型特点与职业范例

类　　型	人格类型特点	职业范例
技能型，偏好需要技能、力量、协调性体力的活动	害羞、真诚、持久、稳定、顺从、实际	综合性农业企业管理人员、工程师、军官等
研究型，偏好需要思考、组织和理解的活动	分析、创造、好奇、独立	生物学家、化学家、数学家、新闻记者、社会学家等
社交型，偏好能够帮助和提高别人的活动	社会、友好、合作、理解	辅导咨询专家、社会工作者、教师、议员、临床心理学家等
事务型，偏好规范有序、清楚明确的活动	顺从、高效、实际、缺乏想象力、缺乏灵活性	会计、业务经理、银行出纳员、档案管理员、行政主管等
经营型，偏好能够影响他人和获得权力的活动	自信、进取、精力充沛、盛气凌人	法官、地产经纪人、公共关系专家、小企业家等
艺术型，偏好那些需要创造性表达的、模糊且无规则可遵循的活动	富于想象力、无序、杂乱、理想、情绪化、不实际	画家、音乐家、作家、室内装饰家等

基于上述假设和分类，约翰·霍兰德开发了职业偏好测验量表作为职业预测，不同得分

值对应不同的职业种类。在效度检验时发现，个体本身常是多种兴趣类型的综合体，同时影响职业选择的因素是多方面的，因此若收集分值最高的三项来综合确定，效度会大幅提高。首先，比较测量结果的前三项指标的分布，如果前三项指标临近（如，技能-事务-研究，见图4-1），说明个性倾向稳定一致，择业相容性强；若前三项指标中出现了对角指标（如，技能-社交-艺术，见图4-1）则说明个性倾向不一致，择业不确定性高。其次，比较前三项与后三项分值的差异，若分值差异显著，代表职业定位高度明确，反之说明定位明确程度较低。

（2）职业生涯发展理论——职业锚理论　职业锚的概念是由美国麻省理工学院教授埃德加·H.施恩提出的。他认为职业发展实际上是一个持续不断的探索过程。在这一过程中，每个人都根据自己的天资、能力、动机、需要、态度和价值观等慢慢地形成较为明晰的与职业有关的自我概念。随着一个人对自己越来越了解，他就会逐渐形成一个占主导地位的"职业锚"。所谓职业锚，就是指当一个人不得不做出选择时，他（她）无论如何都不会放弃的职业中的那种至关重要的东西。职业锚实际上就是人们选择和发展自己的职业时所围绕的中心。施恩通过研究提出了五种类型的职业锚：

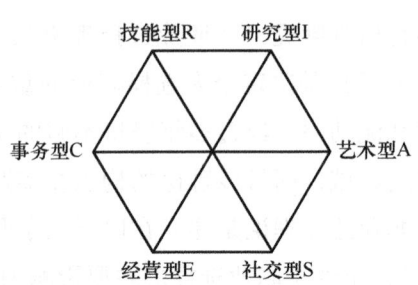

图4-1　约翰·霍兰德个性分布图

1）技术/职能型职业锚。职业发展围绕着技术/职能型职业锚是指所擅长的特别的技术能力和特定的职能工作能力而进行。具有这类职业锚的人总是倾向于选择并从事能保证自己在既定的技术和职能领域中的职业。

2）管理型职业锚。具有管理型职业锚的人，其职业发展的路径是沿组织的权利阶梯逐步攀升，直到达到个人能担负全面管理责任的职位。获得承担重要责任的管理职位，是有这类职业锚的人努力的目标。

3）创造型职业锚。具有创造型职业锚的人，其职业发展都是围绕着创业性努力而进行的。创业性努力使他们能开发出新的产品或服务，或是创造出什么发明，或是建立起属于自己的事业。

4）自主/独立型职业锚。具有自主/独立型职业锚的人，往往倾向于自己做决定，他们往往喜欢教书、咨询、写作、经营等职业，这类职业使他们可以自己安排时间，自己决定自己的生活方式和工作方式。

5）安全/稳定型职业锚。具有安全/稳定型职业锚的人非常重视职业的稳定性和保障性，喜欢在自己熟悉的环境中从事一种稳定的、有保障的职业，甚至有的人更愿意让雇主决定他们从事何种职业。

埃德加·H.施恩指出，对职业锚提前进行预测是很困难的，这是因为一个人的职业锚是在不断变化的，它实际上是一个不断探索的过程所产生的动态结果。有些人也许一直都不知道自己的职业锚是什么，直到他（她）不得不做出某种重大选择的时候。正是在这种重大选择时刻，他（她）过去所有的工作经历、兴趣、资质、个性才会集合成一个坚定不移的信念，即职业锚。这个职业锚会告诉此人，对他（她）个人来说，到底什么东西是最重要的。

（二）酒店员工职业生涯规划内涵及意义

每个员工对自身的岗位和职业都有一定的目标期许值。从通俗意义上讲，职业生涯规划可以理解为职业生涯设计，员工的职业生涯规划是指酒店员工个人结合自身情况以及机遇和制约因素，为自己确立职业目标，选择职业发展路径，制订教育、培训和发展计划，并为自己实现职业生涯目标而确定行动方案的过程。

酒店员工进行职业生涯规划有着至关重要的意义。首先，它能够帮助个人确定职业发展目标，酒店职业生涯规划的核心内容之一就是酒店员工对自己进行全面分析，通过分析自己的知识、能力、性格、职业兴趣、职业价值观等来确定自己的优势和劣势，为自身确定科学合理的职业发展目标打下坚实的基础；其次，它能够鞭策个人努力工作，酒店员工职业生涯规划是个体奋斗目标，会时刻鞭策和提醒员工为之奋斗；最后，它能够引导员工积极发挥自己的潜能，职业生涯规划能够使员工集中精力关注自己的优势和能够产生高回报的方面，这样有助于最大限度地发挥员工的潜能。

（三）酒店员工个人职业生涯规划的步骤

1. 酒店员工自我评估

酒店员工自我评估包括员工对自己的兴趣、特长、性格的了解，也包括对自己的学识、技能、智商、情商的认识，以及对自己思维方式、思维方法、道德水准的评价等。自我评估的目的是认识自己、了解自己，从而对自己的职业和职业生涯目标做出合理的抉择。

2. 酒店职业生涯机会的评估

酒店职业生涯机会的评估，主要是评估周边各种环境因素对个人职业生涯发展的影响。在制定个人的职业生涯规划时，个人要充分了解所处环境的特点、掌握职业环境的发展变化情况、明确自己在这个环境中的地位以及环境对自己提出的要求和创造的条件等。个人只有对环境因素有了充分了解和把握，才能做到在复杂的环境中避害趋利，使自己的职业生涯规划具有实际意义。环境因素主要包括组织环境、政治环境、社会环境、经济环境。

3. 确定职业发展目标

俗话说："志不立，天下无可成之事。"立志是人生的起跑点，反映着一个人的理想、胸怀、情趣和价值观。在准确地对自己和环境做出了评估之后，员工可以确定适合自己、有实现可能的职业发展目标。在确定职业发展目标时，个人要注意性格、兴趣、特长与选定职业的匹配，更重要的是考察自己所处的内外环境与职业发展目标是否相适应，既不能妄自菲薄，也不能好高骛远。合理、可行的职业发展目标的确立决定了职业发展中的行为和结果，是制定职业生涯规划的关键。

4. 选择职业生涯发展路线

在职业发展目标确定后，员工应选择合适的职业生涯发展路线，如技术路线、管理路线、技术+管理（技术管理）路线、先走技术路线再走管理路线等。由于职业生涯发展路线不同，对职业发展的要求也不同。因此，在职业生涯规划中，个人必须对发展路线做出抉择，以便及时调整自己的学习、工作以及各种行动措施，使其沿着预定的方向前进。

5. 制订职业生涯行动计划与措施

在确定了职业发展目标并选定职业生涯发展路线后，行动便成了关键的环节。这里所指的行动，是指落实目标的具体措施，主要包括工作、培训、教育、轮岗等方面的措施。对应行动计划可将职业目标进行分解，即分解为短期目标、中期目标和长期目标。短期目标又可分为日目标、周目标、月目标、年目标，中期目标一般为3~5年，长期目标为5~10年。目标分解有利于跟踪检查，从而可以根据环境变化制订和调整短期行动计划，并针对具体短期目标采取有效措施。职业生涯中的措施主要是指为达成既定目标，在提高工作效率、学习知识、掌握技能、开发潜能等方面选用的方法。行动计划要对应相应的措施，要层层分解、具体落实，细致的计划与措施便于进行定时检查和及时调整。

6. 评估与回馈

影响职业生涯规划的因素很多，有的因素是可以预测的，而有的因素难以预测。在此状态下，要使职业生涯规划行之有效，就必须不断地对职业生涯规划的执行情况进行评估。首先，要对年度目标的执行情况进行总结，确定哪些目标已按计划完成，哪些目标尚未完成。其次，对未完成目标进行分析，找出未完成原因及障碍，制定解决障碍的对策及方法。最后，依据评估结果对下年度的计划进行修订与完善。如果有必要，也可考虑对职业发展目标和职业生涯发展路线进行修正，但一定要谨慎考虑。

二、酒店员工职业生涯规划的影响因素

影响酒店员工职业生涯规划的因素由于员工个体差异、酒店差异而多种多样，但从总体来说，主要受两方面因素的影响，即个人因素和环境因素。

（一）个人因素

个人因素是影响酒店员工职业生涯规划的重要因素，主要体现在性格、兴趣、能力、需求、教育背景等。

1. 性格

人的性格可谓千差万别，或热情外向，或羞怯内向，或沉着冷静，或易激动急躁。职业

心理学的研究表明，不同的职业对从业者的性格要求不同。例如，从事广告业的人要求聪明、敏锐，敢于打破常规，富于幻想；从事科学研究的人则要求认真、聪明、独立、自信、敢于怀疑、富于批判精神和创新意识。性格与个人职业生涯有着密切的关系。若一个人所从事的职业与自己的性格相吻合，工作起来就会得心应手，心情舒畅，在职业生涯中就容易取得成功；相反，若性格与职业不相适应，就会阻碍工作的顺利进行，使从业者感到疲倦、力不从心、精神紧张，甚至对自己产生怀疑，其职业生涯发展就会遭受一些波折。

由于性格和职业需要吻合，因此个人在择业时就需要根据自己的性格特点来选择适合自己的职业。此外，由于性格会影响个人职业生涯的成败，因此越来越多的用人单位重视对应聘者性格特点的测试，尤其是一些高层次的工作。性格是用人单位选人、个人择业的重要考量因素。

2. 兴趣

诺贝尔物理学奖获得者丁肇中说过：一个人向前走，最主要的是兴趣。实践证明，在影响个人职业生涯规划与发展的众多主观因素中，兴趣就像一双无形的手，所起的作用重大。

（1）兴趣是职业生涯选择的重要依据　兴趣是最好的老师，是一种强大的精神力量。兴趣可以使人集中精力去获得所喜欢的职业知识，启迪智慧并创造性地开展工作。当一个人对某种职业发生兴趣时，他就能发挥整个身心的积极性，就能积极地感知和关注该职业的知识、动向，并积极思考，大胆探索，就能情绪高涨，想象丰富，就能增强记忆效果，增强克服困难的意志。

（2）兴趣可以提高工作效率，让人充分发挥才能　一个人对某一方面的工作有兴趣时，枯燥的工作也会变得丰富多彩、趣味无穷。兴趣使工作不再是一种负担，而是一种享受。曾有人进行过研究，一个人从事自己感兴趣的职业，则能发挥其全部才能的80%～90%，而且长时间保持高效率而不感到疲劳；如果对所从事的工作没有兴趣，则只能发挥其全部才能的20%～30%。

（3）兴趣是保证职业稳定、职场成功的重要因素　兴趣是工作动力的主要源泉之一。一个人对工作感兴趣，就愿意钻研，就会做出成就，这正是兴趣的作用所在。兴趣是职业生涯适应的一个基本方面，可以为职业选择提供有效的信息。兴趣主要用于预测人们的工作满意感和工作稳定度。工作满意感是职业生涯适应的重大标志。在其他条件相似的情况下，从事自己感兴趣的职业不但能让个人感到满意，而且能让个人所在的组织感到满意，并由此使职业表现出长期性和稳定性的特征。此外，多方面的兴趣可以使个人善于应付多变的环境。在变换工作时，只要个人感兴趣，就能够很快地掌握基本技能，并能够很快地熟悉和适应新的岗位。因此，在选择长期、稳定的职业生涯时，个人不仅需要知道自己有能力从事什么样的工作，还要知道自己对哪类工作感兴趣。只有将能力和兴趣结合起来考虑，才有可能规划好职业生涯并取得职业生涯的成功。

3. 能力

任何一种职业都要求从业者具备一定的能力。能力是一个人能否从事某种职业、能否在职业生涯旅程中顺利成长和获得成功的条件。

不同的职业对能力的要求各不相同。如果个人在进行职业生涯规划时忽略自身能力，选择与自己能力不匹配的职业，就很难取得职业生涯的成功。一个人只有充分认识自己的能力倾向，才能在职生涯发展过程中有所作为。

4. 需求

一个人的需求对其职业有着重要的影响，不同需求的人对职业的期望也不同。不同年龄阶段、拥有不同阅历特别是有不同职业经历的个人，在职业生涯的选择和调整方面都会表现出不同的心理需求。就一般情况而言，人在年轻时意气风发，职业目标和择业标准都较高；人到中年，就会变得越来越现实，这是因为当一个人有了一定的职业实践和阅历之后，就更容易看到社会环境的约束，所以其职业目标、择业标准就会变得非常实际。尽管如此，个人需求以及由此而引发的职业行为，仍然是影响个人职业生涯发展的极其重要的动力因素。

5. 教育背景

教育是赋予个人才能、塑造个人人格、促进个人发展的社会活动。教育奠定了个人发展的基本素质，对个人职业生涯有着巨大的影响。

首先，获得不同程度教育的人，在个人职业选择和被选择时，具有不同的能量，这关系着个人职业生活的开始和适应期是否良好，还关系着个人以后在晋升和发展方面是否有利。一般来说，接受过较高水平教育的人，在就业以后会有较大的发展，在职业不如意时，再次进行职业选择的能力和竞争力也较强。

其次，个人所接受教育的专业、学科门类对职业生涯起着重要作用，甚至会影响其职业生涯的前半部分或一生的职业。个人转换职业，一般也会选择与其所学专业有关的，或者是以其所学专业理论、知识和技能为基础的职业。

（二）环境因素

环境因素包括社会环境和企业环境。社会环境中的经济发展水平、社会文化环境、政治制度和氛围、社会价值观等因素，企业环境中企业文化、管理制度、领导者素质和价值观等因素，无疑都会在个人职业选择上留下深深的烙印。不同的环境给予个人的职业信息是不同的。

1. 社会环境

（1）经济发展水平　经济发展水平决定了社会职业岗位的数量和结构，也决定了社会职业岗位出现的随机性和波动性，进而决定了个人步入职业生涯和调整职业生涯的决策。一般而言，在经济发展水平高的地区，企业相对集中，提供的岗位较多。优秀的企业较多，个人职业选择的机会也就较多，这有利于个人职业生涯的发展。反之，在经济发展水平有限的地区，个人对职业的认识水平有限，职业偏见可能更为严重，由于企业少，所能提供的工作岗位有限，因此个人职业生涯发展也会受到限制。

(2) 社会文化环境　社会文化环境包括当地的教育条件和水平。个人能够受到良好的教育的社会文化环境中，个人职业生涯发展水平较高。

(3) 政治制度和氛围　政治和经济是相互影响的。政治制度不仅仅影响一国的经济体制，而且影响企业的组织体制，从而直接影响到个人的职业发展。政治制度和氛围还会潜移默化地对个人的职业追求形成一定的引导，进而对职业生涯产生影响。

(4) 社会价值观　一个人生活在特定的社会环境中，必然受到社会价值观的影响。大多数人的价值观取向，都是遵循社会主体价值观的。一个人思想的发展、成熟过程，其实就是认可、接受社会主体价值观的过程。社会价值观通过影响个人价值观而影响了个人的职业生涯发展。

2. 企业环境

(1) 企业文化　任何一个企业都有自己特有的文化，这种特有的企业文化决定了企业如何看待自己的员工并约束每个员工的行为，对企业员工具有巨大的影响。员工的职业发展也同样受到企业文化的影响。一个主张员工参与的企业与一个独裁的企业相比，能为员工提供更多的发展机会。渴望发展、追求挑战的员工也难在论资排辈的企业中受到重视。

(2) 管理制度　员工的职业发展，归根结底要靠管理制度来保障。管理制度包括合理的培训制度、晋升制度、考核制度、奖惩制度等。企业价值观、企业经营哲学也只有渗透到制度中，才能被切实地贯彻执行。没有制度或者制度定得不合理、不到位，员工的职业生涯发展就难以实现，甚至可能流于空谈。

(3) 领导者素质和价值观　一个企业的文化和管理风格与其领导者的素质和价值观有着直接的关系，企业经营哲学往往就是企业家的经营哲学。如果企业领导者不重视员工的职业生涯发展，这个企业的员工的职业生涯发展也就很难得以顺利进行。

三、酒店员工职业生涯规划和管理

(一) 酒店员工职业生涯规划和管理的含义

所谓酒店员工职业生涯规划和管理，就是指酒店员工根据酒店的情况并结合自身的情况，有意识地对自己的职业发展历程，特别是对自己的职业生涯所涉及的各个方面做出计划、制定目标，并为这些计划和目标的实现不断努力，从而确保自己的职业生涯能够顺利延续和持久发展。无数事实也已证明，这种对自身职业生涯的主动规划和管理，不仅重要，更是非常必要的。因为一个人的人生完美与否，很重要的标准就是要看其职业生涯是否成功。而对此，最终应该负起责任的还是员工自身。职业生涯本就是一种个体的行为和经历，是别人所无法替代或包揽的，因而这里的规划和管理，具体说来就是每个员工自身的规划和管理。

1）员工要根据自己掌握的知识、技能，所具有的能力、兴趣，以及自身的价值取向、职业倾向，对自身希望从事何种职业做出选择，然后在自身的职业发展的不同阶段，做出职业变换、职业进阶甚至职业终止等的决策和决断。

2）员工要在所从事的某职业延续期间，根据该职业的发展变化情况，不断地对原有知识进行充实和更新，对原有技能进行巩固和提高等。

酒店的员工都清楚，自身职业生涯的开始和发展只有需要通过酒店才能最终得以实现。皮之不存，毛将焉附。任何一种脱离了某个具体企业的员工职业生涯规划和管理都将是无根之木。所以，酒店员工职业生涯规划和管理还必须要能够结合酒店的发展目标和发展需要。酒店也应承担起为员工的职业生涯发展提供相应的政策支持，做出一定的制度安排和设计，提供适宜的平台和外部环境的责任。这就是所谓的企业职业生涯规划和管理。

事实上，企业所推行和实施的员工职业生涯规划和管理活动既是其人力资源管理的一个重要组成部分，也可体现其"人本管理"思想，即是人的价值高于一切、员工是企业最宝贵资产的思想的一个具体体现。对于一个企业来说，有效的员工职业生涯规划和管理不仅可以提高员工工作满意度和工作效率，降低员工流失率，还有助于充分挖掘和发挥员工的潜力，增强企业的竞争力，满足企业未来发展的需求，实现企业的战略目标。因此，一个完整的酒店员工职业生涯规划和管理，除应有员工的自主行为部分外，还应包括酒店参与和负责实施的对员工职业生涯的规划和管理的部分。唯有如此，酒店员工职业生涯的规划和管理才能真正得到有效实施，酒店和员工才能最终获得双赢。

（二）酒店员工职业生涯规划和管理过程中的角色分配

一个有效的酒店员工职业生涯规划和管理是以帮助酒店员工完成自我实现为出发点的，实现酒店员工个人发展目标与酒店组织需求相互匹配的过程。在这一过程中，酒店员工应该明确其工作意愿、能力倾向，酒店也应了解员工的业绩水平、发展潜力。在此基础上双方不断沟通，制定出符合双方利益的员工职业生涯规划，酒店要为员工实施职业生涯规划提供机会，在员工的职业生涯发展过程中实现酒店与员工的双赢。可见，职业生涯规划与管理需要各方人员的共同参与和共同努力。

1. 酒店员工是职业生涯规划和管理的驱动者

在职业生涯规划和管理中，酒店员工本人应该始终是主角，因为只有员工本人知道自身真正要从职业中得到什么，他才会对自身的职业规划和管理承担最终责任。影响员工职业规划和管理的因素，既包括个人因素，如职业兴趣、能力、倾向、价值观、自身的经历、所处的人生阶段等，也包括外部的环境因素，所以对于酒店员工来说，认清自身的职业需求和职业发展并非易事。很多酒店员工在选择工作甚至在开始工作后都没有认真考虑过自己的能力、兴趣、工作需求及发展目标是什么。

同时，员工的职业目标能否实现不仅取决于员工个人的理想与愿望，还取决于他的能力、组织可提供的机会及组织对他能力和潜能的评价。因此，员工在确定职业目标时应该对自身的能力素质有客观的判断，这一判断过程可以借助相应的工具，如优/缺点平衡表、好恶调查表及标准化纸笔测试等进行检测，对各种影响组织发展的因素进行综合性的自我评价，明确自己的优势与不足是什么，自己是否具备与目标职位相匹配的技能和能力等。员工还需要经常与管理人员沟通，了解管理人员对自己潜能的评价以及组织可提供的职位信息。这样员工才能够确立一个切实可行的职业目标。

2. 酒店管理人员在员工职业生涯规划和管理中要扮演重要角色

职业生涯规划和管理是组织和员工双方共同的需求，一方面员工需要组织为他们提供职业发展的机会，另一方面员工能力的不断提高又使组织拥有了高素质的人力资源，增强了组织和员工应对变革的能力。虽然管理人员不是职业生涯规划和管理方面的专家，但是他们应该在推进员工职业生涯规划和管理中发挥重要作用。因为管理人员长期与员工共事，对员工的能力和专长有较深入的了解，所以有可能在员工适合从事的工作方面为员工提供有价值的建议。因此，在职业生涯规划和管理中，管理人员可担当的角色包括顾问、评价者、教练和指导者等。

3. 人力资源部门要成为员工职业生涯规划和管理的推动者

1）人力资源部门要负责设置职业通道，帮助员工进行职业选择，向员工披露信息、列示职业机会等，保证员工在制定职业目标时能够获得充足的信息，保证其职业目标是建立在客观现实基础上的，也要保证员工能够有公平的竞争机会。

2）人力资源部门还应该为员工职业生涯规划和管理提供专业化的咨询服务。咨询服务的内容包括专业化测评及提供职业指导。虽然员工知晓自己的优缺点，但因其缺乏相应的科学测试系统，所以在员工进行自我评价时，人力资源部门可以采用相应的工具对员工的工作技能、团体协作能力、潜能、品格、职业动机等进行测评，并给出全面客观的评价。同时，人力资源部门应提供现有职业机会和特点的信息，帮助员工选择和获得适合的工作，即进行职业指导，包括就业前的指导和进入组织后的职业指导。

3）人力资源部门要为员工职业生涯规划和管理提供培训与开发机会。培训与员工职业发展的关系最为直接，职业发展的基本条件是员工素质的提高，而且这种素质不一定要与目前的职业相关，这就有赖于持续不断的培训和组织完善的培训体系。围绕职业生涯规划组织员工的培训与开发，如管理或技术的培训课程、工作轮换、国际派遣等，使员工在每次职业变动时都能得到相应的培训。

4）人力资源部门要建立以职业生涯规划和管理为导向的考核制度，并将职业生涯规划和管理与员工绩效管理、薪酬管理等人力资源管理活动结合起来，制定协调一致的人力资源政策，保证酒店员工职业生涯规划和管理真正有效地实施。

(三) 酒店员工职业生涯规划和管理的要点

要有效地保证员工职业生涯发展，需要对其职业生涯发展进行过程管理。酒店和酒店员工在职业生涯规划和管理中应注意以下要点。

1. 协调酒店目标和员工个人目标

(1) 建立酒店的职业信息系统，让员工和酒店的目标一致　职业信息系统是进行职业生涯规划和管理的基础，酒店的职业信息系统既包括酒店和员工的所有相关信息，也包括酒店的发展战略、职位空缺、各岗位任职资格标准以及晋升标准等方面的值息。酒店公布的组织发展战略为员工提供了职业生涯规划和管理的信息；酒店及时、广泛地公开职位空缺信息会激发员工向其努力的愿望；酒店提供各岗位任职资格标准信息，使员工对照自己向往的岗位有计划、有目标地努力，逐步达到自己的目标。

(2) 找寻员工职业生涯规划与酒店组织目标的最佳切入点　酒店与员工是相互依存的，都是为了求得良好的发展，这是目标上的一致性。但是，酒店与员工之间也存在着内容上的差异性。例如有些人的职业追求侧重于权力的获得；有些人侧重于财富的最大化；还有些人侧重于追求工作的安逸感；等等。哪种人适于酒店发展的需要呢？酒店可以在多大程度上满足员工个人目标的实现呢？双方合作的潜力会有多大呢？这就要求酒店在招聘时，既要强调职位的要求，又要重视应聘者的愿望和要求，特别是要了解应聘者的职业兴趣和职业生涯规划，选择那些与酒店发展需求相适应的应聘者，而非盲目扩大队伍，这是酒店正确地使用和培养人才的基础条件。酒店也只有努力为员工创造优越环境，把员工的发展当作自身的发展，才能真正笼络住员工，形成与员工共同发展、共同成长的良好局面。

2. 帮助员工制定职业生涯规划，建立多重职业生涯发展通道

(1) 设计职业计划表　酒店职业生涯发展辅导人根据工作需要和酒店员工职业生涯发展规划，同员工共同沟通、设定员工1~2年发展的方向和实现的方法，目的是帮助酒店员工提高自身能力，并符合酒店业务发展的需要。

发展方向包括三个主要方面：个人能力、专业技术能力和管理能力；实现的方式主要包括自我提高、培训、轮岗、换岗、承担更多职责、参加某些项目等，培训需求并不等于培训课程报名，员工需要根据个人规划主动、积极自我实现，需要酒店支持时则要主动联系；人力资源部或各单位要根据员工开发需求提供的信息，制订培训计划，并协助其实现。

(2) 制定合理的职业梯　酒店为员工提供的职业梯是员工实现职业目标的必要条件，员工职业梯可以概括为"纵向发展""横向发展""综合发展"三种类型。

1) 纵向发展。纵向发展就是传统的晋升道路，即行政级别晋升，又称为职级提升。

2) 横向发展。横向发展包括两个方向：一是酒店针对员工特长安排工作轮换，发展员工的多重技能，如草房工和缝纫工轮岗，楼层服务员和保洁员轮岗等；二是员工钻研本岗位业务，从一般员工发展成为有关方面的能手或者专家。这种发展又可称为职级发展。

3）综合发展。综合发展是横向、纵向发展相结合的综合发展。

通过帮助员工制定职业生涯规划，建立多重职业生涯发展通道，使员工爱岗敬业、忠于职守，与酒店共荣辱，对发展酒店事业具有重大意义。

延伸阅读

职业生涯规划的起源

职业生涯规划最早起源于1908年的美国，有"职业指导之父"之称的弗兰克·帕森斯（Frank Parsons）针对大量年轻人失业的情况，成立了世界上第一个职业咨询机构——波士顿地方就业局，首次提出了"职业咨询"的概念。从此，职业指导开始系统化。到20世纪五六十年代，唐纳德·E.舒伯（Donald E. Super）等人提出"生涯"的概念，于是生涯规划不再局限于职业指导的层面。

在社会未迈入工业化以前，职业的种类较少，工作内涵也极为简单。通常的职业都是父母传授给子女，或由学徒直接向师傅学习，因此并不会产生择业的种种问题。自产业革命之后，工业科技日渐发达，机器日新月异，而生产过程也日渐复杂，产品的种类及生产量也大量增加，因此，行业种类与职业日趋复杂与专业。例如目前美国标准职业分类系统已列有3万多种职业，我国2015年版的《中华人民共和国职业分类大典》中有1481个职业。面对如此众多的职业数目及复杂的职业内涵，青年人凭个人之力很难洞悉各种职业的内容及分类，而父母、亲友们也难以具有专业化的知识，来协助他们选择适当的职业。因此，辅导年轻人择业的责任就由家庭转移到学校及社会就业辅导机构。对青年人而言，职业选择是否适当，将影响其将来事业的成败以及一生的幸福；对社会而言，个人择业是否适当，能决定社会人力供需是否平衡。如果每个人都适才适所，那么不仅每个人都有发展的前途，而且社会也会欣欣向荣；相反，则个人贫困，社会问题多发。由于职业选择与一个人及社会都有极重大的关系，因此，政府及教育单位对于青年人职业生涯的认识、规划、准备和发展都应极为重视，都应实施职业生涯教育。

思考与习题

1. 论述可以从哪些方面着手提升酒店员工的忠诚度。
2. 论述酒店员工应具备哪些职业意识。
3. 如何提升员工的主动服务意识？
4. 酒店如何有效地进行员工职业生涯规划和管理？

第五章　酒店主要对客部门管理

学习目标

了解酒店主要对客部门的定义。

了解酒店主要对客部门的地位。

熟悉酒店主要对客部门的组织机构。

熟悉酒店对客部门岗位的职责和工作内容。

重点

酒店对客部门的定义。

酒店主要对客部门的组织机构。

酒店对客部门岗位的职责和工作内容。

难点

酒店对客部门的定义。

酒店主要对客部门的组织机构。

酒店对客部门岗位的职责和工作内容。

导入案例

顾客想吃家乡菜

一天，一个由32位台湾老人组成的旅游团来到某酒店的餐厅，要求尝一尝地道的家乡菜。可是，酒店餐厅经理并不知道他们到底要吃哪儿的菜；喜欢什么口味；有什么特殊要求；等等。于是，酒店餐厅经理一连打了十几个电话，终于了解到这些台湾老人入住的酒店名称，从那家酒店要到了这些台湾老人所有用餐菜单，掌握了许多非常有价值的信息。

餐厅经理了解到这些老人都是从浙江宁波去台湾的，因此判定他们的家乡菜是宁波菜。

当服务员为老人们送上一桌地道的宁波菜时，老人们仿佛孩童一般欢呼起来。不一会儿，这些菜就被一扫而光，老人们非常满意。他们说，这是他们到大陆后吃到的最香、最满意、最开心的一顿饭，并向酒店表示诚挚的感谢。

真正超值的服务并不是简单地满足顾客的要求，而是在满足他们要求的同时给他们意外的惊喜。这些台湾老人要求吃家乡菜，估计很多人以为是要台湾菜，但是这位餐厅经理通过调查发现他们是从宁波去台湾的，家乡自然就是宁波，由此得到了老人们的满意和感谢。

思考：餐饮部的工作职责是什么？如何能够提升餐饮顾客的满意度？提升顾客满意度是否等同于无限制地满足顾客的任何需求？

第一节　酒店前厅部管理

一、前厅部的定义

前厅部是客人进入酒店首先接触的部分，是确定客人和酒店关系，并在客人使用酒店期间始终和客人保持联系，最终实现酒店产品价值的功能机构的总称。

二、前厅部的地位

（一）前厅部是酒店管理机构的代表

前厅部是酒店的中枢，在客人心目中它是酒店管理机构的代表。客人入住登记在前厅部、离店结算在前厅部，客人遇到困难寻求帮助找前厅部，客人感到不满时投诉也找前厅部。

前厅部工作人员的言语举止将会给客人留下深刻的第一印象，第一印象极为重要。如果前厅部工作人员能以彬彬有礼的态度待客，以娴熟的技巧为客人提供服务，或妥善处理客人投诉，认真有效地帮助客人解决疑难问题，那么客人对酒店的其他服务也会感到放心和满意。反之，客人对酒店的满意度就会下降。

（二）前厅部是酒店业务活动的中心

客房是酒店最主要的产品。前厅部通过客房的销售来带动酒店其他部门的经营活动。为此，前厅部应积极开展客房预订业务，为抵店的客人办理登记入住手续及安排住房，积极宣传和推销酒店的各种产品。

同时，前厅部还要及时地将客源、客情、客人需求及投诉等各种信息通报有关部门，共同协调全酒店的对客服务工作，以确保服务工作的效率和质量。前厅部自始至终是为客人服务的中心,是客人与酒店联络的纽带。前厅部工作人员为客人服务,从客人抵店前的预订、入住,直至客人结账,建立客史档案,贯穿于客人与酒店交易往来的全过程。

(三) 前厅部是酒店管理机构的参谋和助手

作为酒店业务活动的中心,前厅部能收集到有关整个酒店经营管理的各种信息,并对这些信息进行认真的整理和分析,每日或定期向酒店管理机构提供真实反映酒店经营管理情况的数据和报表。前厅部还定期向酒店管理机构提供咨询意见,作为制订和调整酒店经营计划和经营策略的参考依据。

三、前厅部的组织结构及岗位职责

(一) 设置原则

1. 组织合理原则

前厅部的机构设置、职责划分、人员配备应根据酒店的性质、规模、地理位置、经营特点与管理方式来确定。规模小的酒店或以内部接待为主的酒店可将前厅部归入房务部,不必独立设置前厅部。

2. 机构精简原则

前厅部的机构设置,应防止出现机构臃肿、人浮于事的现象,应"因事设岗",而不能"因人设岗",应避免出现运作过程中的"交叉地带"。但机构精简并不意味着机构的过分简化,不能出现职能空缺现象和"无人问津的地带"。

3. 分工明确原则

前厅部各机构及各岗位人员的职责和任务应明确,指挥体系应高效、健全,信息传达的渠道应畅通,应避免出现管理职能的空缺、重叠或相互扯皮现象。

4. 便于协作原则

前厅部机构设置不仅要便于前厅部内部各岗位、各环节间的协作,而且要有利于前厅部与其他部门间的协调与合作。

(二) 组织机构

前厅部组织机构设置受到酒店类型、规模、等级、劳动力成本、管理模式等因素的影响,因而不同酒店前厅部组织机构设置的形态也有所不同,酒店管理人员应通盘考虑。一般来说,酒店按客房数量和接待规模可分为小型酒店(200间客房以下)、中型酒店(200~500间客房)以及大型酒店(500间客房以上)。中小型酒店及大型酒店前厅部组织结构图如图5-1及图5-2所示。

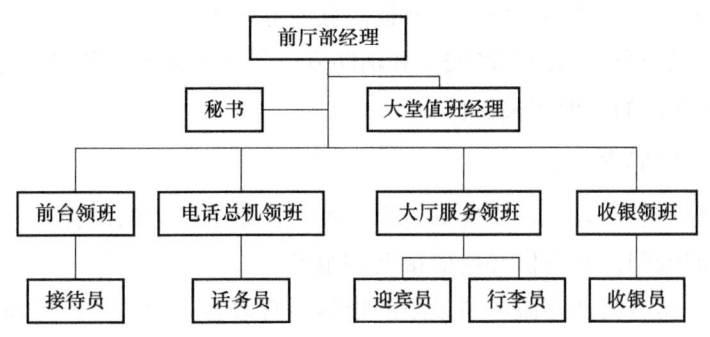

图 5-1 中小型酒店前厅部组织结构图

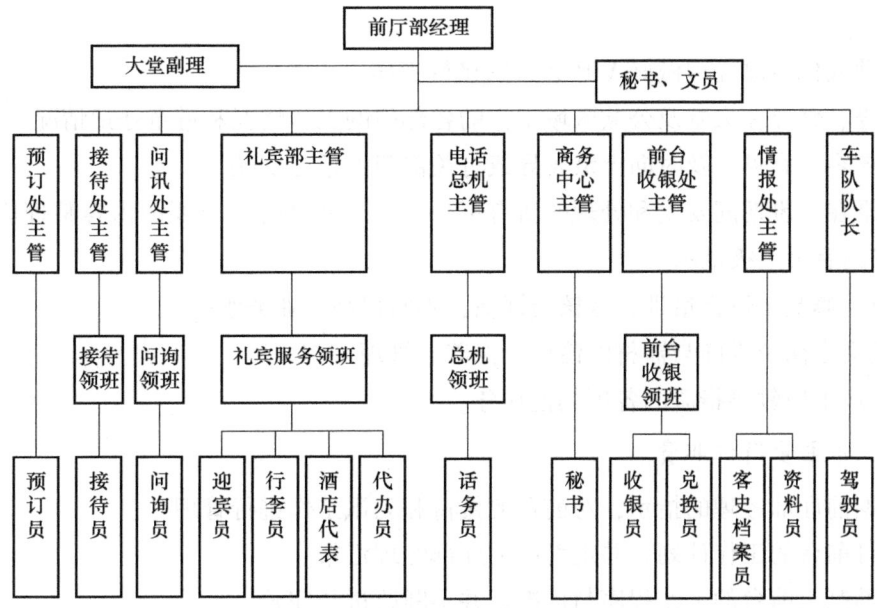

图 5-2 大型酒店前厅部组织结构图

(三) 岗位职责

1. 前厅部经理岗位职责

1) 负责对部门资产的管理,保证酒店财产不流失,做好部门设备的管理和养护工作。

2) 与市场销售部协同做好酒店客房的收益管理,使酒店利润最大化。

3) 根据客情妥善做好客房的排房工作。

4) 必要时出面处理一些有关酒店服务与设施的投诉,听取客人的各类意见和建议。

5) 协调有关部门处理客人在酒店内发生的意外事故。

6) 协助或代表总经理做好 VIP 客人的接待工作。

7) 做好部门员工的培训和管理,保证部门服务水准。

8) 征求客人意见,及时向上级领导或通过适当方式向上级领导汇报与反映。

9）对下属员工进行考核与评估，不断提高其业务水平。

10）对入住登记安全、部门资产安全和消防安全等做好防范和管理工作。

11）完成上级交办的其他相关工作。

2. 大堂副理岗位职责

1）代表总经理与酒店客人建立良好的宾客关系，维护酒店的声誉。

2）回答客人的询问，并提供必要的帮助和服务。

3）妥善处理一切有关酒店服务与设施的投诉，听取客人的各类意见和建议。

4）协调有关部门处理客人在酒店内发生的意外事故。

5）维护大堂及公共区域的秩序，确保客人和酒店的人身及财产安全，保持良好的环境。

6）协助或代表总经理做好VIP客人的接待工作。

7）检查、督导在大堂及公共区域工作的各部门的工作情况和遵章守纪情况。

8）征求客人意见，及时向上级领导或有关部门汇报与反映。

9）记录在当班期间发生和处理的所有事件。将一些特殊、重要的内容整理成文，交前厅部经理审阅后报上级批示。

10）对下属员工进行培训、考核与评估，不断提高其业务水平。

11）负责本岗位设施与器材的使用、保养、管理工作。

12）完成上级领导指派的各项其他任务。

3. 前厅部主管岗位职责

1）根据前厅部经理的指示，对前台的接待和问讯工作进行管理。

2）制订前台的工作计划，并定期向前厅部经理汇报。

3）协助制定前台的工作程序与标准，并不断改进与完善。

4）确保各类VIP客人的房间安排及特别要求的满足。

5）检查员工对工作指令的执行情况，并负责编排班次，管理及调配接待部使用的各项消耗品，严格控制部门成本。

6）认真做好酒店保险箱钥匙的管理，确保安全无误。

7）负责对下属员工的培训，并定期进行评估，不断提高其业务水平和个人素质。

8）确保前台人员依照酒店的相关制度和规范操作。

9）协调前台与其他岗位、部门的关系。

10）负责前台的安全、消防工作。

11）妥善安排各班次人手，保证前台接待工作的顺利进行。

12）完成上级指派的其他任务。

4. 前厅部领班岗位职责

1）监督指导并参与所辖班组的各项接待服务工作，保证按照工作程序和标准为客人提供优质、高效的服务。

2）准确控制房况，与客房、餐饮等部门做好相关资料与信息的沟通。

3）及时检查下属员工的接待、服务工作，及时发现问题并及时纠正。

4）对下属员工和新员工进行培训，并及时有效地提供帮助指导。

5）协助预订处做好客史资料的管理工作。

6）检查管辖岗位纸张、表格、文具用品的供应情况，保证各部门运转正常。

7）负责本班组的安全、消防工作。

8）完成上级指派的其他任务。

5. 前厅部员工岗位职责

前厅部员工在进入岗位开展对客服务之前，必须先检查自身的仪表仪容，确保符合标准要求，具体内容如下：

1）发型美观大方，梳理整齐。男员工发际线侧不过耳，后不过领；女员工长发需用深色发卡束起，不得披肩和加其他头饰。头发常洗，不得有头屑。

2）面容清洁。男员工经常修面，不留胡须；女员工化淡妆，不可浓妆艳抹。

3）手部保持清洁，勤修剪指甲，女员工不许涂指甲油。

4）不可戴戒指、项链、耳饰、手链等饰物。

5）上岗必须穿酒店规定的制服及鞋袜，男员工穿黑色袜子，女员工穿肉色丝袜。

6）服装须熨烫平整，纽扣齐全，干净整洁，服务工号牌端正地佩戴在左胸处。

7）皮鞋保持清洁光亮。

8）应经常洗澡，身上无异味，保持皮肤健康。

第二节 酒店餐饮部管理

一、餐饮部的定义

餐饮部是酒店为客人提供用餐、休闲服务的场所，主要为客人提供高质量的食物、饮品，以及热情、周到、细致的服务，使客人获得物有所值、赏心悦目的就餐享受。

二、餐饮部的地位

餐饮部是酒店的重要部门和主要创收部门之一，是酒店存在的基础，承担着宴会、酒会、冷餐会、茶话会、零点、包餐、酒吧等各项任务，是负责向客人提供餐饮产品和餐饮服务的职能部门，在酒店中占有很重要的地位。

（一）餐饮部是星级酒店的重要组成部分

酒店餐饮部的管辖范围包括各类餐厅、酒吧等传统的餐饮设施，有些酒店的餐饮部还包括歌厅、舞厅、茶座等娱乐设施，一些酒店的餐饮部甚至管理各种会议设施。所有这些设施均是客人经常活动的场所，是酒店功能的重要组成部分。

（二）餐饮服务直接影响酒店声誉

餐饮部工作人员，特别是餐厅服务人员为客人提供面对面的服务，其一举一动、一言一行都会在客人的心目中留下深刻的印象。客人可以根据餐饮部为他们提供的餐饮产品的种类、质量以及服务态度等判断酒店服务质量的优劣及管理水平的高低。餐饮服务的好坏不仅直接影响餐饮部的经济效益，而且会直接影响酒店的形象和声誉。

（三）餐饮部为酒店创造可观的经济效益

我国酒店的餐饮收入约占酒店总收入的 1/3，少数特色餐饮经营的酒店，其餐饮收入甚至超过客房收入。因此，通过扩大宣传、推出有特色的餐饮产品、增加服务项目、严格控制餐饮成本、增收节支等手段，可以提高餐厅的经济效益。

（四）餐饮部的工种多、用工量大

餐饮部的业务环节多而复杂，从餐饮食品原料的采购、验收、储存、发放，到厨房的初步加工、切配、烹调，再到餐厅的各项服务工作，需要许多员工共同配合才能做好。因此，餐饮部的多工种和用工量大的特点为社会创造了众多的就业机会。

三、餐饮部的组织结构和岗位职责

酒店餐饮部的组织机构是针对酒店餐饮经营管理目标，为筹划和组织餐饮产品的供、产、销活动而设立的专业性业务管理机构。其目的是增强本部门经营目标能力，更好地组织和控制所属员工和群体活动。餐饮部的组织结构是整个酒店组织机构的重要组成部分，酒店餐饮部集采购、生产、加工、销售、服务于一身，管理过程复杂，涉及环节较多。从人员机构上讲，餐饮部具有员工人数多、工种多、文化差异大的特点，管理难度大。

（一）设置原则

1. 精简与效率相统一的原则

餐饮部的组织机构是为业务经营活动服务的。必须在符合业务需要的前提下，将人员减少到最低限度。精简的关键是精，能够用最少的人力去完成任务。精简的目的是减少内耗，提高效率。精简和效率相统一的主要标志是配备的人员数量与所承担的任务相适应，机构内部分工得当，职责明确，每个人都有足够的工作量，工作效率高，应变能力强。

2. 专业化和自动调节相结合的原则

专业化和自动调节相结合的主要标志是组织机构大小与餐饮部等级规模相适应，内部专业分工程度与生产接待能力相协调，专业水平和业务能力与工作任务相适应，管理人员能够在不断变化的客观环境中主动处理问题，具有自动调节的功能。餐饮管理是一项专业性很强的工作，必须保持其组织机构和工作内容的专业性和正规性。组织机构内部的专业分工要明确，职责范围要清楚。各级管理人员和员工要接受一定的专业训练，具有一定的专业水平和能力。组织机构要有相对独立性，各类管理人员在职责范围内能够独立开展工作，能够灵活处理与客观外界环境的关系，具有一定的灵活性。

3. 权力和责任相适应的原则

餐饮管理是运用不同职位的权力去完成管理任务。责任是权力的基础，权力是责任的保证。责任和权力不相适应，管理人员就无法正常地从事各项管理工作。餐饮组织机构坚持责任和权力相适应的标志主要表现在组织机构的等级层次合理，各级管理人员的责任明确，权力大小能够保证所承担任务的顺利完成，责权分配不影响各级管理人员之间的协调与配合。

（二）组织机构

餐饮部的组织机构的具体形式主要受酒店规模、接待能力、餐厅类型等因素的影响。常见的组织机构主要有三种：

（1）中小型酒店的餐饮部组织机构　酒店客房规模一般在200间以下，这种酒店餐厅数量少，类型单一。

（2）中型酒店的餐饮部门组织机构　一般客房规模在200～500间的酒店为中型酒店。这种酒店的餐厅类型比较齐全，厨房与餐厅配套，内部分工比较细致，组织机构相对复杂。中小型酒店餐饮部组织机构常见形式如图5-3所示。

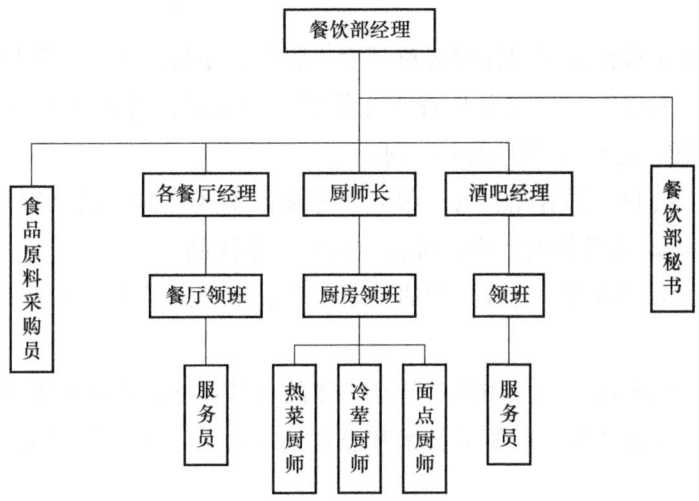

图5-3　中小型酒店餐饮部组织结构图

(3) 大型酒店的餐饮部组织机构 客房规模一般在 500 间以上的酒店为大型酒店。这种酒店一般有 5~8 个餐厅,甚至有十几个餐厅,中西餐、宴会、酒吧、客房送餐等各类餐厅齐全,其组织机构常见形式如图 5-4 所示。

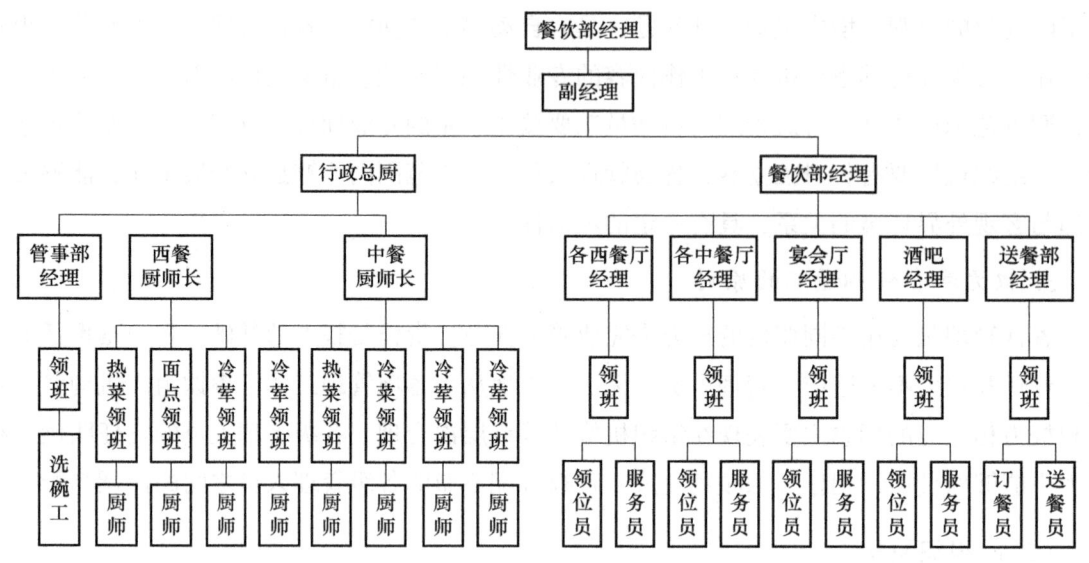

图 5-4 大型酒店餐饮部组织结构图

(三) 岗位职责

1. 餐饮部经理

餐饮部经理全面负责制订并实施餐饮部工作计划和经营预算,督导餐饮部日常运转管理,确保为客人提供优质高效的餐饮服务并进行成本控制。

1) 负责制订餐饮部工作计划、长短期经营预算,带领全体员工积极完成和超额完成经营指标。

2) 主持建立和完善餐饮部的各项规章制度、服务程序与标准,并督导实施。

3) 定期深入各部门听取汇报并检查工作情况,控制餐饮部各项收支,制定餐饮价格,监督采购和盘点工作,进行有效的成本控制。

4) 检查管理人员的工作情况、餐厅服务规范及各项规章制度的执行情况,发现问题并及时采取措施,出色地完成各项工作,进行有效的成本控制。

5) 定期与餐饮部副经理、行政总厨研究新菜单,推出新菜单并有针对性地进行各项促销活动。

6) 负责下属部门负责人的任用及其管理工作的日常督导,定期对下属进行绩效评估。

7) 组织和实施餐饮部员工的服务技术和烹饪技术培训工作,提高员工素质,为酒店树立良好的形象和声誉。

8) 建立良好的对客关系,主动征求客人对餐饮的意见和建议,积极认真地处理客人的投诉，保证最大限度地满足客人的餐饮需求，提高餐饮服务质量。

9）重视安全和饮食卫生工作，认真贯彻实施《中华人民共和国食品卫生法》，开展经常性的安全保卫、防火教育，确保客人安全以及餐厅、厨房及库房的安全。

10）做好餐饮部与其他各部门之间的沟通、协调和配合工作。

11）参加每日总经理工作例会，主持每日餐饮部例会，保证酒店的工作指令得到有效的执行。

12）完成总经理交办的其他工作。

2. 餐饮部副经理

1）协助部门经理做好各项工作，对部门经理负责并报告工作。

2）负责餐饮部员工的岗位业务培训，督促餐饮部各岗位有计划地做好培训工作，提高全员业务素质。

3）负责督促前厅及厨房员工纪律，倡导民主管理气氛，提高管理效能。

4）检查低值易耗品控制情况及瓷器各类用具的破损丢失情况，并努力将各项易耗品费用降到最低。

5）督促厨师长做好食品卫生成本核算、食品价格等工作，定期研究新菜并加以推广，提高食品的出成率及边角料的利用率，最大限度赚取利润。

6）发展良好的对客关系，满足客人特殊需求，处理下级棘手的客人投诉。

7）参加部门经理交代的部门例会，提出合理化建议，汇报餐厅经营情况。

8）在部门经理离店期间或休息时，代行部门经理职责。

3. 餐厅服务员

按照规格化、程序化的优质服务标准向客人提供餐饮服务，了解客人要求，积极推销餐饮产品，为提高酒店的经济效益和社会效益努力工作。

1）服从餐厅领班的安排，严格遵守酒店及部门的各项规章制度，按质按时完成上级下达的任务。

2）每日准时到岗，参加班前会，听取餐厅领班布置开餐任务，了解重要宴会情况。

3）负责开餐前的准备工作，按照规定要求，布置餐厅和餐桌，摆台及补充各种物品。

4）了解当日厨房推荐及供应情况，做好菜肴的推销。

5）主动征询客人对菜肴和服务的意见，及时回复客人提出的问题，并将客人投诉上报上级领班。

6）开餐过程中严格按照餐饮服务程序及标准为客人提供高质量、高效率的服务。

7）了解客人的各种爱好，满足客人的不同需求，与客人建立良好的关系。

8）负责餐厅环境、家具、台面、地面清洁卫生和安全防火工作。

9）积极参加餐厅和餐饮部组织的各种培训活动，不断提高服务技能技巧。

10）开餐结束后，做好收尾工作，保证餐厅处于开餐状态，以便与下一班次做好交接工作。

11）完成上级布置的各项工作。

第三节　酒店客房部管理

一、客房部的定义

客房部是酒店经营的中心。客房部并不直接进行销售，而是主要负责客房产品的生产，即提供满足客人需求的清洁、美观、舒适、安全的住宿环境，同时也提供各种综合服务项目。客房部的工作对房间的出租和酒店提供的其他服务来说是最重要的关键因素之一，因为干净的房间是一个酒店成功经营必不可缺少的条件，客房的清洁程度是客人再次入住酒店的决定性因素之一。

二、客房部的地位

客房部属酒店管理系统，是酒店直接对客部门之一，也是酒店主要的创收部门之一。客房部收入是酒店经济收入和利润的重要来源。客房部是带动酒店各部门经济活动的枢纽。

（一）客房收入是酒店营业收入的主要来源

客房收入一般占酒店营业收入的50%以上，有的酒店甚至超过了70%。如果客房收入低于酒店营业收入的50%，那么该酒店的经营效益将会较差。一般而言，客房收入是酒店营业收入的主要部分，而餐饮和其他收入仅是配角的酒店，总毛利润率都会比较高。客房收入也是酒店毛利收入的主要部分，相比于餐饮营业，客房的经营成本要低得多。因此现在大部分酒店投资人都会十分注重客房资金的投入比例，注重客房配置的数量和客房装饰的质量。

（二）客房服务是衡量酒店服务质量高低的主要标志

对于每一位下榻酒店的客人而言，除了大堂和前厅给他留下的第一印象之外，客房情况是他对酒店的信任感和满意度的主要影响因素之一。客房服务质量的高低，直接影响客人对酒店的满意度。可以说客房服务水平反映了整个酒店的服务水平，也是衡量一家酒店管理和服务质量高低的主要标志。

（三）客房是"价"与"值"的标杆

客人选择入住酒店，首先关注的是房价，判断房价是否在自己的接受范围之内，是否

"物有所值",然后才会关注其他相关问题。而酒店客房的装饰布置是否格调高雅、美观宜人,设备与用品是否齐全和质量的高低,服务项目是否周全,房间的卫生是否整洁,员工的服务是否热情周到,也都会给客人留下最直观的感觉。客房就是客户判断"价"和"值"的一个标杆。酒店的"回头客"之所以回头,酒店的"忠诚客"之所以忠诚,最主要的决定因素仍是客房的状况、价格和服务。

(四) 客房是连接市场销售和客人消费的桥梁

只有客人入住客房,酒店的设备设施才能发挥作用。酒店营销部门的业务活动,包括广告宣传、预订营销、拜访客户和签订合同,都是以客房为中心产品来开展的。在网络时代,远程网上订房已成为酒店营销的重要手段,也只有客房这一产品才能大规模实施网上订房,而酒店其他产品,如餐饮、娱乐是不适宜大规模远程预订的。酒店如果想要把会议产品做好,就要将原有的客房协议客户作为主要的业务资源去开拓。客房与客人的联动作用十分明显,客人和协议单位作为酒店的"活广告",发挥了鲜活形象的推销作用。

(五) 客房部的服务和管理规程是"标高"

在酒店的各种工作规程中,客房部的工作规程是最有序、最细致、最严密,也最有实在可量化指标的。客房部的服务和管理规程包括工作流程、卫生检查制度、安全保障措施、员工培训流程等,其操作的标准化、制度化和程序化水平,反映出一家酒店服务和管理规程的科学性和规范性,是"标高"。

三、客房部的组织结构和岗位职责

(一) 设置原则

1. 从实际出发原则

客房部的组织结构设置应该从酒店的规模、档次、设施设备、管理思想及服务项目等实际出发,不能生搬硬套,也不能过于单一。一家优秀的酒店一定有自己独特的组织结构设置。

2. 精简原则

酒店客房部的组织结构设置应防止机构臃肿和人浮于事的现象,特别注意要"因事设人",而不能"因人设事"或"因人设岗"。酒店还要注意"精简"并不意味着机构的过分简化,不能出现职能空缺的现象。

3. 分工明确原则

客房部的组织结构设置应明确各岗位人员的职责和任务,上下级隶属关系及信息传达的渠道和途径。

(二)组织结构

酒店客房部常见组织结构如图 5-5 所示。

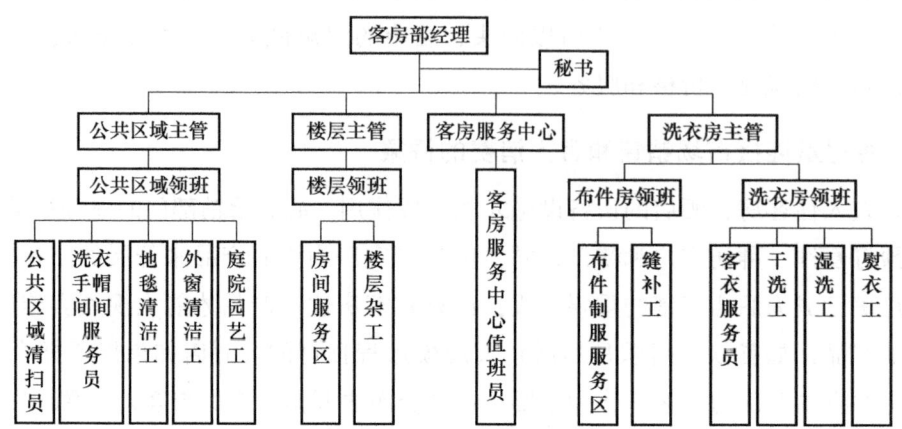

图 5-5 酒店客房部组织结构图

(三)岗位职责

1. 客房部经理(主管)

1)监督、指导、执行酒店客房部所辖范围内一切规章制度的执行工作。
2)负责检查客房及公共区域的卫生清扫及检查工作。
3)保证客房及工区范围内的设施设备的正常运转,并对非正常情况进行及时的上报及跟进工作。
4)负责检查全客房的布草洗涤质量及后续跟进工作。
5)协调客房部与其他部门间的工作衔接及沟通汇报等问题。
6)主动征集和询问客人对酒店客房的意见及建议。
7)负责检查、汇总客房部员工的考勤情况并按照实际情况上报。
8)负责客房部所辖范围内的物品消耗统计、盘点、上报、预算及支出等工作。
9)根据领导的要求,组织客房培训,提高酒店管理水平。
10)负责与工程部的工作衔接,保证客房部所辖范围内的设施设备的正常运转。
11)掌握客房的实时情况,负责特殊事件的应急处理,并及时上报领导。
12)拟订客房部工作计划,保证计划认真有序地执行,并做好反馈和总结工作。

2. 客房部员工

1)服从客房部经理(主管)的工作安排,保证客房工作井然有序地进行。
2)在工作范围内,负责自己楼层范围内的接待及服务工作。
3)核对负责的楼层范围内布草及客用物品的工作。

4）清扫楼层的客房卫生，保证服务质量。
5）保证工作过程中的设施设备维护及保修。
6）在工作范围内，按照客人的需求及时提供服务。
7）巡视楼层安全，保证客人及酒店安全，发现可疑事项要及时上报。
8）负责领取楼层卡，并对钥匙负责。
9）保持工作间、消毒间、工作车的卫生及质量。
10）发现客遗物品时及时上报并上交，不得私藏。
11）熟悉酒店安全规范，保证酒店安全有序运营。

第四节　酒店康乐部管理

一、康乐部的定义

康乐，顾名思义就是健康娱乐，是指满足人们健康、娱乐和休闲放松等需要的一系列活动。它包括康体活动、娱乐活动，美学、卫生学、文化艺术、医疗保健等休闲活动，涉及运动学、心理学等领域。酒店康乐部是满足客人娱乐、康体、健身需要的综合性营业部门。康乐部下辖泳池、儿童乐园、游戏厅、水疗、美容美发、健身房等娱乐健身项目。

二、康乐部的地位

由于人们对于酒店认知的变化以及在入住酒店期间对于入住体验有了更高要求，在酒店的众多部门中，康乐部是现代酒店特别是高星级酒店必设的部门。

（一）康乐部是酒店增收的主要来源

住宿客人对康乐部康乐功能的需求越来越多，有些人甚至把康乐作为生活中不可缺少的内容。据不完全统计，旅游酒店所在地区有70%的年轻人喜欢到酒店的康乐中心去玩乐。而对于那些住宿的客人来说，康乐也是必不可少的活动之一。不少旅游者在旅游的日程中，不管严寒酷暑总是把参加酒店的康乐活动列入自己的日程安排。康乐是一种新的生活观念，客人对康乐项目的强烈欲望，无疑是酒店提高经济效益的良好机会。

（二）康乐部是酒店星级评定的标准之一

按照GB/T 14308—2010《旅游饭店星级的划分与评定》来看，康乐是高星级酒店不可缺少的先决条件，不具备较好、较完备的康乐设施的旅游酒店，无论在其他方面如何优越都不是较完善的高星级酒店，或对其不予评审等级。由此可见，康乐部是高星级酒店不可缺少的一个部门。

(三) 新颖的康乐项目是吸引客源的重要手段

酒店竞争的重要优势就是有特色。以服务项目、设备功能以及价格、营销方式为特色吸引客源是必要的，仅提供一般食宿功能的酒店在竞争中的优势是有限的。所以，酒店有必要增加康乐项目、改善康乐设施设备条件或开设独特的康乐活动，以此在竞争中取胜。例如高寒地区度假酒店设立高山滑雪项目，海滨度假酒店设立海上帆板运动，城市商务酒店增加氧吧，让客人在紧张的工作之余回归自然，迅速恢复体力和精神。实践也证明，康乐项目对客源的吸引力越来越大，有些人甚至把康乐作为生活中不可缺少的内容。

(四) 康乐不仅作为附属于酒店的机构形式而存在，而且还作为独立的行业而存在

独立的康乐经营企业在国外已经发展到了一定程度，但在我国还是一个年轻的行业。尽管康乐作为行业，目前发展水平较低，但发展速度却是相当快的。作为酒店附属机构的康乐部在经营上不仅面临其他酒店康乐部的竞争，还要面对以独立形式存在且快速发展的康乐经营企业的竞争。

三、康乐部的组织结构和岗位职责

(一) 设置原则

1. 经济效益原则

康乐项目的经济效益是从两方面取得的，一方面是直接经济效益，另一方面是间接经济效益。目前，大部分康乐项目是单独收费的，如保龄球、台球、美容美发等。这些项目的经济效益比较容易统计，是由经营直接产生的。有些消费水平较低的客人，也希望得到康乐享受，但他们希望在住店之后不再另行付费。即便是消费水平较高的客人，也不希望在住店费用之外另行付费。因此，很多酒店的康乐项目采用少收费或不收费的经营方式。其实这是把康乐项目所收费用计入客房费用中了，通过这种隐性收费的方式使客人感到实惠，从而提高客房出租率，达到提高酒店经济效益的目的。这就是康乐项目的间接经济效益。

2. 社会效益原则

许多酒店响应有关部门"加强全民健身运动、提倡文明康乐活动"的号召，尽量满足社会对康乐活动的需求，将康乐部对外开放，在为住店客人提供服务的同时，也为非住店客人提供服务，而且取得了很好的经济效益和社会效益。将康乐部对外开放，酒店既得到了较好的经济效益，又提高了知名度，还为稳定客源做出了贡献。

3. 因地、因店、因时制宜原则

酒店康乐设施的建设要根据地理位置、环境、客人数量和客人层次的特点而做出决策。酒店的康乐设施配备应尽量达到客人的期望值，满足不同客人的不同需求。因此酒店康乐设

施的设置以及各个康乐项目的配备，都应因地、因店、因时不同而有所不同。

受场地限制的酒店不可能设置占地面积很大的高尔夫球场，如果希望打高尔夫球的客人多，则可考虑建模拟高尔夫球场或城市高尔夫球场。如果酒店的规模较小，就不必设立夜总会这样的项目。寒冷地区的酒店一般不宜建室外游泳池，如果建了室外游泳池，因为受气候和季节的影响，室外游泳池利用率也必然较低。一般情况下，我国北方地区的室外游泳池一年中只能在 6 月、7 月、8 月三个月开放。但值得注意的是，近年来，国内外有越来越多的人喜欢冬泳。国外已经出现了温水露天冬泳游泳池，国内的冬泳爱好者还主要在天然水域冬泳。

4. 项目合理配套原则

酒店康乐部的市场定位应该以市场细分为基础，在细分过程中，通过对市场各个层面的分析比较来选择适合进入的市场层面。

首先选择主营项目。根据酒店优势和市场前景，将市场潜力最大的项目确定为主营项目，主营项目应具有一定的规模和一定的特色。例如主营项目为室外游乐项目或室内康乐项目。其中，室外游乐项目又分为水上项目、陆地项目、冬季项目、夏季项目等，室内项目又分为康体项目、娱乐项目、保健项目等。主营项目必须占有较强的优势，只有这样才能有较高的市场占有率。

其次确定配套项目。主营项目确定以后，紧接下来的工作是选择、设定相应的配套项目，配套项目是主营项目的补充和完善。在确定配套项目时，既要考虑为客人提供服务的完整性，又要考虑配套项目与主营项目的致性。

（二）组织结构

酒店康乐部常见的组织结构如图 5-6 所示

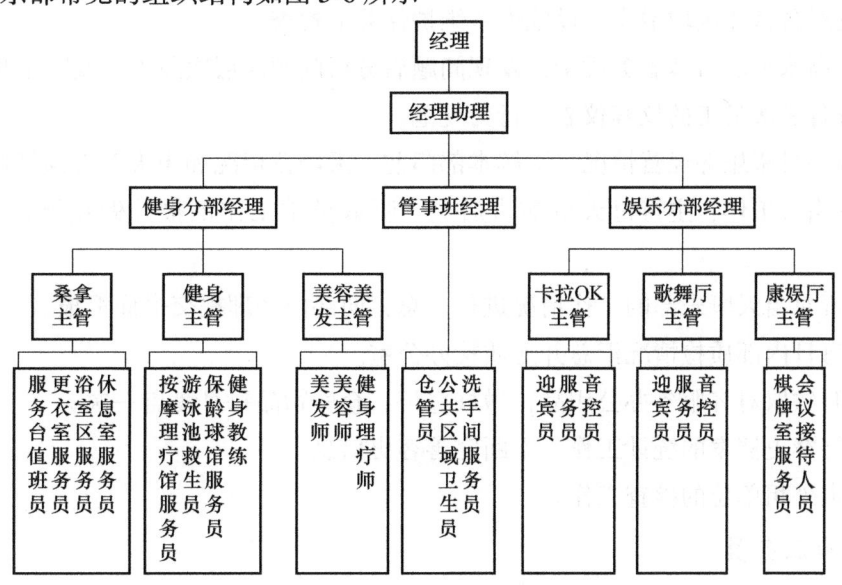

图 5-6 酒店康乐部常见的组织结构图

(三) 岗位职责

1. 康乐部经理

1）向上对总经理负责。

2）负责康乐部经营方案、工作计划的制订，认真完成总经理、副总经理下达的各项指令。

3）布置、督促、指导、检查各项工作的落实。

4）参加总经理晨会，如实汇报部门近期工作，及时向下传达晨会精神。

5）掌握每日酒店经营情况，了解本部室前一天经营情况和当天客人预订情况。

6）考查部室管理人员工作业绩并做出评价。

7）鼓励员工参与管理，调动员工积极性。

8）维护与客人的关系，处理客人反馈和投诉并做回复。

9）负责对管理人员和员工培训，确保本部门高水平服务质量。

10）及时发现问题，不断完善部门管理制度、服务流程和规范。

11）做好消防和安全的检查、培训工作。

12）配合酒店其他部室做好各项行政管理工作。

2. 康乐部主管

1）协助经理完成各项工作的落实，并及时给予反馈。

2）根据每月的工作计划安排工作和培训，确保员工业务技能和素质得到提高。

3）做好每月员工奖金统计工作，并报经理审批。

4）制订每周员工培训计划，主持每周例会。

5）负责对各营业区域卫生、设施设备维护保养的检查。

6）确保高水平的对客服务质量，发现问题后分析问题深层次原因，及时汇报、反馈。

7）检查各班次员工的仪容仪表、行为规范。

8）掌握每日康乐部经营情况，了解本部门前一天经营情况和当天客人预订情况。

9）安排当日工作，主持每天班前班后会，听取员工工作汇报并做点评，传达早例会精神。

10）负责对当天康乐部的工作情况进行汇总，向部门经理提交书面汇报。

11）将每日内部质检情况汇总并送质检办公室。

12）及时领取对客服务办公用品，做好登记，仓库物品每月盘点一次。

13）做好客史档案的统计工作，不断完善客史信息。

14）负责外租单位的检查工作。

3. 康乐部服务员

1）服务员要熟悉所在项目的历史背景、发展状况。熟练掌握该项目的活动规则、动作要领和设备的使用方法。

2）做好各项电器设备的巡视，做到班前班后检查，防止事故的发生。

3）准备齐全营业所需的相关用品并保证这些用品处于完好状态。

4）做好本项目的营业场地和设施的卫生工作，并做到专物专用，为客人提供良好的消费环境。

5）按照规定经常检查、保养和维修本项目的设备和器材。

6）主动了解客人的情况，对于初次来消费的客人应主动介绍本部室的娱乐项目，帮其尽快熟悉和掌握本项目的相关知识。

7）当客人在本项目进行活动时，按照规范程序主动为客人提供优质服务和个性化服务。

8）注意客人在消费过程中的愿望和要求，引导消费，随时解答客人提出的问题，解决他们遇到的困难。

9）维护营业场所的公共秩序，当客人增多时要注意疏导，遇到不遵守公共秩序的客人，应当婉言劝阻，必要时逐级向上报告。

延伸阅读

"高科技饮食"的未来图景

一位客人走进一家拉面馆，告诉服务员自己的需求。厨房中，厨师在计算机程序中输入客人对面型和配料的偏好。不久，一份利用3D技术打印的拉面成品出炉。厨师继而设定拉面汤的味道结构，输入咸、辣、酸等的占比。1min后，这碗满足客人个性化精准需求的拉面被端上餐桌。

这样的场景不是人们想象的，而是已经实现的技术现实。2019年，在耶路撒冷举行的一场主题展览上，以色列科学家为观众展示了这样的就餐场景。作为耶路撒冷2019年度"开放餐厅"美食节的特别活动，以"未来的食物体验"为主题的饮食技术展亮相。来自以色列多地的科学家、设计师、厨师等展示了烹饪领域的最新进展和创新趋势，展望人类未来的饮食图景。

专家们表示，技术因素在人类饮食的发展中不可或缺。希伯来大学计算机科学与工程学院混合实验室首席研究员说，将传统烹饪与新技术结合起来的"数字美食"将是未来人类饮食发展的一个趋势。

在混合实验室，研究人员在传统厨房中部署了数字制造工具，并通过混合食谱将其应用到烹饪中，帮助厨师制作兼顾口感、风味和美学的菜肴。

该首席研究员认为，数字美食有助于实现人们对于饮食的个性化追求并减少浪费，"未来的厨房中，厨师可以根据用户的需求，计算配料的营养成分并把握影响烹饪的相关化学反应，以适应个人喜好"。

近年来，3D打印、激光切割等一系列新技术在烹饪领域开始运用。以3D打印技术为例，混合实验室的首席研究员介绍，在未来的生活中，人们可以将食材和配料放入容器内，输入模型，制作自己想要吃的食物，使烹饪变得更加简单。"我们的实验室现在已经做出了豆腐、意大利面、酥皮蛋糕等。技术和人们对饮食的人文追求并不冲突，通过技术，人们的更多创意将成为可能。"

以色列著名的烹饪艺术设计师兼策展人和她的团队带来了最新的烹饪作品。这位烹饪艺术设计师认为，除了食材和食物本身，在未来，人们会更多地关注食物的设计和饮食体验，食物可因人们的不同需求而重塑，食物呈现的方式也更加精准。

该烹饪艺术设计师认为，近年来，饮食科学的发展与设计领域之间的合作正逐渐增多，例如，一些新开发的烹饪装置有助于整合食材和呈现食物。

在饮食技术展上，以色列一些科技公司展示了新研发的食材。这些新型食材在体现科技感的同时，也反映着人们对健康的追求。其中，一种用新鲜螺旋藻制成的点心受到了人们的欢迎。据介绍，螺旋藻富含蛋白质和氨基酸，营养价值很高，但是很少在烹饪中应用。通过提纯和加工，这种食材正逐渐走进人类的日常食谱之中。

长期以来，糖分摄取量过高一直都是困扰健康学界的问题。如何减少糖分添加量又保持人们期望的口味？对此问题，以色列某公司进行了尝试，以其研发的一种新型糖制品给出了回答。据介绍，这一新型糖制品的关键在于其中含有的食用二氧化硅成分。这种含糖的可食用二氧化硅遇到唾液时能够更有效地扩散，进而使人们获得较多的甜味体验。

"使用这种新型糖制品，可以减少40%的用糖量，但又不影响食物应有的味道。"相关负责人说，"这些展出的新型食材在人类不断发展的食物图谱中都是突破，让人们的饮食更加健康、更加多元。我们举办此次展览，希望能够引发人们思考，并鼓励人们针对每种食材量身定制，提供不同的饮食体验。"

思考与习题

1. 传统酒店一线对客部门与现代酒店一线对客部门在功能上有什么不同？
2. 思考新冠肺炎疫情期间，酒店主要对客部门发生了哪些变化？

酒店生产与经营

第六章　酒店顾客管理

学习目标

了解什么是酒店的内部顾客与外部顾客。
理解内部顾客与外部顾客之间的关系。
如何提升内部顾客与外部顾客的满意度。
掌握顾客满意度的评价模型。

重点

酒店内部顾客、外部顾客的含义。
提升内部顾客满意度的方法。
掌握顾客满意度的评价模型。
提升外部顾客满意度的方法。

难点

酒店内部顾客、外部顾客的含义。
提升内部顾客满意度的方法。
掌握顾客满意度的评价模型。
提升外部顾客满意度的方法。

导入案例

谁是酒店的顾客

汪小姐出生并长于香港,目前在一家英国驻北京的商社任职,英语很好,也会讲普通话。多年工作使汪小姐养成了一种办事认真负责、讲究效率的工作习惯,这从她的外表和言谈话语当中不难看出来。汪小姐经常光顾百花酒店,对酒店的情况基本熟悉。酒店服务员的业务素质很高，也非常有礼貌，一切都令汪小姐满意，她认为这所酒店是她所住过的酒店里最好的酒店之一。

此次她在百花酒店住了几日，临走时给行李房打电话，请行李员帮忙把行李拿到酒店大门口。汪小姐本人去前台结账，一切都很顺利，换钱、结账、付款只用了几分钟。走到大门口，行李员正在门口等候汪小姐的到来。行李员说："汪小姐我帮您叫车，顺便把行李给您提上去。"汪小姐对酒店行李员的礼貌服务非常满意："好的，谢谢你的帮助，我自己来吧。"顺手把行李接过来。就在这时她无意中发现行李箱少了一个小轱辘，顿时很不高兴，脱口问行李员："你怎么把我行李箱给磕掉了个轱辘？"行李员一再解释说："箱子本来就是坏的，不是我给磕坏的。"汪小姐听后觉得自己很冤枉，正想用什么办法来解决更合适，站在大厅的值班经理及时来到她面前。值班经理先做自我介绍，然后问汪小姐："您有什么事需要我帮忙吗？"汪小姐把经过一说，值班经理听后一面仔细观察箱子，一面极为诚恳地表示歉意，并愿意赔偿所造成的损失，最后还向顾客表示感谢："是您及时让我们知道了工作中的差错。"汪小姐听完这番话后，心情马上好转："我忙着要走，箱子的事就算了。"她不但没让酒店赔偿损失，反而对酒店的管理与服务水平表示赞赏。

思考：在该案例中，除了汪小姐，是否还有别的顾客？如何通过提升内部顾客的满意度来提高外部顾客的满意度？

第一节 酒店内部顾客和外部顾客

人们通常把营销理解为只针对外部顾客所进行的营销，实际上，营销的理念包括对组织外部人员的外部营销和对组织内部人员所进行的内部营销。只有先建立内部忠诚，才有外部忠诚的可能。对酒店而言，酒店顾客可以分为两个大的类别：内部顾客和外部顾客。

一、内部顾客

内部顾客是指组织内部的接受产品或服务的部门和人员。内部顾客可以是产品生产流水线上下道工序的操作者，也可以是产品或服务形成过程中下游过程的部门，或者是帮助顾客使用产品或服务的代理人。

酒店内部顾客，主要指的是酒店内部员工，即酒店所有服务人员。对消费者来说，酒店员工的行为举止直接影响着他们对酒店服务质量的感知和评价。酒店员工在为顾客创造价值的过程中，任何一个环节的低质量和低效率，都会影响顾客感受的价值。只有具备服务意识和顾客导向意识的员工，才能提供顾客满意的高质量服务。

酒店通过创造一种优良的环境来满足员工的需求，通过分批生产来吸引、发展、刺激、保留能够胜任的员工，把员工当成顾客，取悦员工。

在现代市场经济条件下，酒店业取得成功的秘诀主要有两个环节：一是酒店提供的产品及酒店服务获得顾客认可，具有良好的市场份额；二是酒店内部科学创新的管理体制和高效的执行力。二者有机结合，相辅相成。前者关键点在于顾客的满意度与忠诚度，而后者却与酒店员工的保留率和工作效率息息相关。这就是通常所说的内部顾客和外部顾客全面满意的问题，只有实现顾客的全面满意才能最终实现酒店的经济效益。

员工的满意度对酒店的生存和发展往往比外部顾客的满意度更为重要。没有外部顾客，酒店的员工可以去发现、去寻找、去发展；而缺乏优秀的内部员工，酒店就不可能建立起一支高效忠诚的员工群体，也就根本无从谈及外部顾客。而拥有优秀的员工队伍，关键取决于员工的留用率，因此，内部员工（内部顾客）的满意度是酒店获得效益的前提和基础，外部顾客是内部员工（内部顾客）满意的目标和动力。当内部顾客与外部顾客的满意相统一时就能实现酒店效益的最大化。酒店在参与日益激烈的市场竞争时首先应考虑的是：如何努力地搭建平台，如何创造良好的工作环境，如何营造和谐的工作氛围，促使酒店员工个人价值能够在酒店提供的平台上有效释放，从而提高酒店员工的满意度。这是因为，内部顾客的满意是组织创造目标价值的根本所在。

二、外部顾客

外部顾客是指组织外部接受产品或服务的组织和个人，如消费者、委托人、零售商和最终使用者等。

酒店的外部顾客即广义上理解的酒店产品和服务的购买对象，当前星级酒店的外部顾客一般包括散客、会议客人、协议客人、旅行社客人、网络客人（通过网络平台或酒店官网而来）、酒店自身的 VIP 客人、酒店会员卡客人等。

酒店针对内部顾客的营销实际上是将服务外部顾客及满足外部顾客需求的基本思想运用于服务酒店的内部顾客及满足内部顾客需求的营销活动中。酒店内外部顾客营销的基本思想和管理过程存在一致性，但由于酒店内部顾客和外部顾客的需求不同，二者在酒店实际营销活动中存在着区别。

第二节　顾客的价值

现代管理学之父彼得·F. 德鲁克在 1954 年提出顾客消费的是价值而不是产品本身后，学术界开始引用"顾客价值"这一概念，到 20 世纪 90 年代，顾客价值研究在西方学术界兴起。美国著名演讲家卡尔·阿尔布莱特指出，企业成立的主要宗旨在于赚取利润，品质不是目标（品质仅是吸引顾客的手段），服务也不是，顾客价值才是目标。

我国酒店在几十年的发展过程中，从模仿、借鉴走向发展和成熟，从原有局限于成本、质量、价格的传统酒店管理方式，走向建立酒店与顾客间的主客互动关系，缩短主客之间在消费理念、消费行为之间的差距，通过不断创造顾客价值来实现企业目标。把创造顾客价值作为企业目标，是我国酒店走向成熟的一个重要标志。

酒店顾客价值创造是建立在酒店与顾客之间相互沟通、相互合作的主客互动关系上的。酒店以创造顾客价值为目标，为顾客提供具有价值的产品和服务并以某种价格在市场上推销，从而获得酒店的利益。顾客则是将该酒店的产品和服务与其他酒店的产品和服务进行比较，得出自己对酒店产品和服务的认知，然后将这一认知与该酒店的产品和服务的价格进行比较，得出它们的价值，从而决定购买哪些产品和服务，做出向谁购买的购买行为。对酒店来讲，把顾客照顾得无微不至而酒店自己不赚钱，那是不可能的。酒店若为赚钱而将所有支出都附加到顾客身上，使顾客"逃之夭夭"，也是不明智的。酒店成熟、明智且可能的做法是为顾客创造价值的同时为自己赚取利润。

一、顾客价值的概念界定

学术界有关顾客价值的研究已有几十年的历史，但对于顾客价值内涵及构成的界定至今未有权威统一的结论。在使用顾客价值的概念时，主要有两个定位方向：企业为顾客创造或提供的价值，顾客为企业创造的价值。顾客价值的这两个定位方向是截然相反的，但又存在一定的统一性。"为顾客创造的价值越多，越有可能增强顾客的满意度，提高顾客忠诚度，实现顾客挽留"。从长期看，为顾客创造价值有利于增加顾客为企业创造的价值。大多数学者的研究中，顾客价值更多地被认为是"某种客户关系给顾客所创造的价值"，即认为顾客价值是企业为顾客创造的。

对顾客价值内涵讨论的日趋深入反映了学术界和企业界对顾客价值理论的重视程度，清楚地把握顾客价值的真正内涵对企业以顾客价值为导向的战略发展具有深远的意义。

美国著名学者伍德鲁夫指出：顾客价值与提供物的使用联系紧密，顾客价值不同于个人或组织的价值，无关对错与信念；顾客价值是顾客对提供物的一种感知效用，这种效用来自于顾客的主观判断；顾客的感知价值通常是顾客所获得收益（如价值、效用）等与因获得和享用提供物而付出的代价（如支付的价格或其他机会成本）之间的比较。

顾客价值是一个动态概念，具有主观感知性、动态性、构成与驱动的主导多维性、评价的情境差异性等特点。

主观感知性指的是顾客价值是由顾客感知到的，更多意义上是一种心理上的感受，因此具有强烈的抽象性和主观性。顾客对价值的评价是基于自身的评判标准的，而在社会经济飞速发展的今天，顾客的价值观念趋于多元化，其消费需求也是多样化、个性化的。这导致对于同一种产品或服务，不同顾客的价值观念和评判标准不同，所感受到的价值也是千差万别的。这对企业准确地评估和测量顾客价值提出了很大的挑战，也促使企业在以顾客价值为导向的战略管理中，应更加贴近它们的顾客，加强与顾客的沟通与价值反馈工作，尽量消除在顾客价值交付过程中存在的种种障碍，将目标顾客真正需要的价值传达给他们。

顾客价值的动态性主要表现在，在不同的时间、场合，顾客对价值的认知是不一致的，顾客价值可能因为不同的使用情境而发生变化，顾客与企业互动时间的长短也会对顾客对价值的认知产生不同影响。

构成与驱动的主导多维性主要表现在顾客价值驱动因素的多样化和层次性上，即顾客价值的来源和构成要素是多样化、多层次的。美国市场营销学家帕拉休拉曼指出，顾客价值主要来源于三个维度，即产品质量、服务质量和价格因素。也就是说，顾客对任何一个产品或服务的价值感受来源于这三个要素的不同比例的组合。在竞争环境如此激烈的环境下，产品同质化趋势严重，企业单纯依靠产品和价格优势已经很难维持长久的竞争力，只有依靠无形的服务和企业文化等要素才不易被竞争对手所模仿，才能构建顾客价值的真正核心价值或主导价值。也有研究从顾客价值层面上对顾客价值的驱动因素进行阐述，如伍德鲁夫教授将顾客价值划分为产品属性层、结果属性层和目标属性层；日本的狩野纪昭博士将驱动顾客购买行为的价值要素划分为基本层面价值要素、满足层面价值要素和兴奋层面价值要素，并对各个层面的价值要素及其在价值评判中的作用进行了描述。因此，企业在进行产品开发或提供服务产品之前，必须要全面了解驱动顾客购买行为的价值要素和层级关系。如果企业产品或服务的表现水平只是停留在低层面上，就容易形成同质化，只有更高层面价值要素的满足才能使企业产生差异化竞争优势，留住忠诚的顾客。

顾客价值的评价的情境差异性是顾客价值动态性的延伸，主要表现在顾客对价值的评判极易受到特定使用情境的影响，而一些重要的情境或事件的变化会触发顾客对于价值判断的变化。因此，一些学者将顾客价值定义为"顾客对于特定使用情境下，通过一种产品或服务的帮助，以达到某种目的或目标时希望发生某种结果的感受"，认为"顾客价值的认识依赖于顾客所选取的参照物（对象）"。顾客价值评价的情境差异性要求企业在交付价值时，要重视对使用场景的研究，在某个使用场景中对顾客而言至关重要的价值要素可能在另一个使用场景中就变得无足轻重。顾客对于价值的评价基于各种使用情境的总的体验，这就要求企业在不同的使用情境中针对顾客的特定需求有的放矢，挖掘特定使用情境中的顾客关键价值要素，对其着重加以创造或改善，从而提升顾客的总体价值。

酒店顾客价值包括感知所得和感知成本。感知所得是指顾客在酒店消费过程中所感知到的利益，包括功能价值、情感价值和社会价值；感知成本是指顾客在消费过程中付出的货币、时间、精力、体力及心理成本总和。虽然不同顾客受到主观和客观因素的影响对同一要素的感知会呈现差异；但综合来看，在感知利益和感知成本的主要要素方面大体相同。

二、酒店内部顾客的价值

酒店内部顾客营销借鉴酒店外部顾客的营销理论。酒店外部顾客营销是通过酒店产品与服务、定价、销售渠道和促销向顾客提出承诺；而酒店内部顾客营销则是使酒店员工树立顾客导向意识，并通过招聘、培训、激励、薪酬等手段使员工具备履行承诺的能力，以使酒店内外部顾客均满意。因此，酒店外部顾客营销、内部顾客营销及两者的交互营销一起构成了酒店营销战略整体。酒店营销活动的成功基于外部顾客营销和内部顾客营销的同时开展，酒店内外部顾客营销价值偏好见表 6-1。

表 6-1 酒店内外部顾客营销价值偏好

营销理论核心模块		外部顾客营销	内部顾客营销
战略理论	需求、细分、目标、定价	分析需求偏好，按地域、行业等细分	分析员工需求偏好，按部门、学历、年龄、职务、性别等细分市场，确定目标群体
策略理论	产品、定价、分销、促销	根据细分确定产品、价格、渠道、推广	针对细分目标群体，制订不同的薪酬培训计划，运用不同的沟通管理策略，配备相应的企业文化措施和奖罚安排，强化效果
产品三个层次	核心产品	核心利益或服务	员工的核心需求、工作期望、职业目标等
	形式产品	品质、包装、价格	公平感、领导、沟通、企业文化等
	附加产品	质保、送货、维修等	场合和时机、发展阶段、关系与情感等
营销病症	营销近视	重视产品实体和无形服务，忽视创意	重视有形奖罚，忽视无形文化，不能针对员工需要和企业目标，不能灵活管理沟通
	营销远视	重视占有率和知名度，忽视利润和实力	过度强调员工满意，追赶时髦的管理理论，忽视管理效果和企业实际

酒店内部顾客的价值体现为酒店通过各种方式向员工传递内部营销产品的信息，帮助员工认识内部营销产品所带来的利益，从而很好地接受内部营销产品。主要体现在以下四方面内容：培训、信息沟通、激励及授权。

培训是酒店实施内部顾客营销，宣传酒店企业文化和服务意识，以及提高员工对酒店产品与服务的预期价值的重要途径。酒店培训是酒店根据外部市场变化和酒店内部工作需要实施的，有计划的、连续的系统学习行为或过程，其目的是通过使酒店员工的知识、技能、态度乃至行为发生定向改进，确保员工能够按照预期标准或水平完成所承担或将要承担的工作任务。酒店培训的终极目标是实现员工个人价值和酒店发展的和谐统一。

信息沟通是酒店内部经营管理的重要方面。酒店内部员工的信息沟通主要解决两个问题：信息传递内容和信息传递方式。信息传递内容是指酒店的共同愿景和发展战略，最新、最真实、直接的产品与服务信息。信息传递方式是指酒店中信息沟通的途径和方式。有效的内部信息沟通系统，必须是双向、多渠道和形式灵活的，即酒店的经营管理相关信息能及时传递给员工，同时员工心声也能被接收并得到及时反馈。酒店要将有效的内部信息沟通经常化、制度化和规范化。

在酒店内部营销中，激励是影响员工决策的关键因素。激励是创造满足员工各种需要的条件，激发员工动机，使之产生实现组织目标的特定行为的过程。按照激励的内容是满足员工的经济需求还是精神需求，可以将激励分为经济激励与精神激励。在酒店中，不论是何种激励策略，都必须基于顾客导向。

授权是指酒店与一线员工共享信息、回报、知识和权力的管理实践，能使一线员工更好地对顾客需求和期望做出反应。酒店在内部营销产品时首先要建立授权机制，以发挥一线员工的想象力和创造力。授权是对员工的肯定，也是对员工最有效的培训和激励，有利于激发员工参与酒店内部营销的积极性，有利于增强员工在解决问题过程中的灵活性和时效性，甚至能够帮助酒店定制与顾客的接触，极大提高整个酒店的市场响应速度和能力。

提升酒店内部顾客的价值，需要着重考虑内部顾客即酒店员工的切身需求，设计并开发有针对性的产品，对此，酒店可以从以下三个方面展开工作。

1. 以薪酬为核心的产品设计开发

对于重视物质利益的酒店员工群体，可把薪酬作为内部营销重点，将薪酬作为核心产品，以职业为形式产品，其他相关因素为附加产品。以薪酬为核心的内部营销产品在设计开发时涉及薪酬体系的选择。根据确定薪酬的依据不同，薪酬体系可分为基于职位的薪酬体系、基于能力的薪酬体系、基于绩效的薪酬体系和基于绩效能力的薪酬体系。基于职位的薪酬体系，根据对职位本身价值客观评估后的结果赋予该职位从业人员与其职位价值相当的薪酬。基于能力的薪酬体系，根据员工的能力水平确定薪酬等级结构。基于绩效的薪酬体系，根据员工的工作绩效确定其薪酬。基于绩效能力的薪酬体系，根据员工的工作绩效以及能力水平确定其薪酬。酒店在选择薪酬体系时，必须同时考虑工作的独立性和结构性。高独立性、低结构性的工作可采用基于绩效的薪酬体系；低独立性、高结构性的工作可采用基于能力的薪酬体系；高独立性、高结构性的工作可采用以绩效工资为主、以能力工资为辅的基于绩效能力的薪酬体系；低独立性、低结构性的工作可采用以能力工资为主、以绩效工资为辅的基于绩效能力的薪酬体系。

2. 以职业为核心的产品设计开发

对于重视职业发展的酒店员工群体，可把职业发展作为内部营销重点，将员工的职业规划设计作为核心产品，将精心设计的工作岗位、科学的管理体制、良好的工作环境及沟通渠道作为形式产品，将其他因素作为附加产品。以职业为核心的内部营销产品在设计开发中，需要采用科学的设计方法。结合服务产品的特性，适合酒店的方法主要有人际关系法、工作特征模型法及优秀业绩工作体系。人际关系法从员工角度出发考虑工作设计，在工作内容中增加管理成分，增强工作对员工的吸引力。工作特征模型法通过提供充分的保健因素防止员工不满，通过提供大量的激励因素促进员工工作。优秀业绩工作体系既强调工作的社会性，又强调最优技术安排的重要性，两者相互影响、相互作用，两者有效的结合才能达到良好的效果。

3. 以文化为核心的产品设计开发

对于认同酒店愿景、文化、工作氛围的员工群体，可设计开发以文化为核心的内部营销产品。企业文化是在企业长期生产经营活动中自觉形成的,并为广大员工恪守的经营宗旨、价值观和道德行为准则的综合反映。酒店在设计以文化为核心的内部营销产品时,可从酒店层面、部门层面及员工层面进行内化。企业文化在酒店层面的内化可采用以下方法:有限度地承认小道消息的真实性,听取员工对酒店制度的声音,了解管理中现存的问题或隐患;抓住"舆论领袖",即非正式渠道中的核心人物,利用其澄清误解并传播正确信息;科学利用正式渠道和非正式渠道,整合两个渠道的功能。企业文化在部门层面的内化可采用以下方法:创造高绩效的部门文化;帮助员工订立绩效目标;增强员工自我管理绩效的技能;创建绩效管理档案,并作为绩效考评依据。企业文化在员工层面的内化体现在日常工作中对员工意识和行为的潜移默化的影响和引导。

三、酒店外部顾客的价值

顾客外部价值(下文将顾客外部价值统一简称为顾客价值)是在特定情境中形成的,它的核心是感知利得与感知利失的权衡。酒店顾客价值是顾客在入住酒店期间通过对酒店所提供的产品和服务感知利得和感知利失的权衡而对酒店产品和服务所做的总体评价。酒店顾客感知利得的对象包括酒店建筑、酒店设施设备等有形产品,以及酒店员工服务水平、服务态度、服务流程等无形产品。酒店顾客感知利失的对象包括顾客为获得酒店产品和服务而付出的货币成本、时间成本、精力成本等。

这里我们对酒店顾客价值内涵的界定体现了酒店顾客价值的动态性和主观性。酒店顾客感知利得取决于两方面:一方面是酒店提供产品和服务的质量,另一方面是顾客对酒店所提供产品或服务的需求程度。酒店顾客感知利失也受两方面因素影响:一方面是顾客需求,另一方面是顾客心理状态。

顾客价值是受多因素驱动的,Zeithaml(1988)、Newman Sheth(1991)、Kotler(1999)、Parasuranman(2000)、Sweeney Soutar(2001),以及我国学者邹益民、马云峰、郭新有、杨龙、白长虹等都对顾客价值的范畴及驱动因素做了相关研究。

Zeithaml 构建了顾客感知价值模型。他在模型中指出,顾客感知价值驱动着顾客的购买行为,而顾客感知价值既有感知利得部分也有感知利失部分。感知利得包括产品的内部特性、产品的外部特性、高层次属性和感知质量;感知利失包括感知的货币付出与非货币付出。Newman Sheth 认为顾客价值体现在五个方面,分别是社会价值、功能价值、认识价值、情境价值和情感价值。Kotler 指出顾客价值总和包括形象价值、产品价值、人员价值和服务价值,顾客成本是由时间成本、人力成本、货币成本和精力成本构成的。Parasuranman 归纳出顾客价值的驱动因素包括产品质量因素、服务质量因素和价格因素,其中服务质量因素是决定顾客价值的基本因素。Sweeney Soutar 指出顾客价值由四个方面构成,即质量价值、价格价值、社会价值、情感价值。

邹益民等学者指出,从 Zeithaml 对顾客价值的定义中可以看出,顾客价值的两个最基本的驱动因素是感知利得和感知利失。他还指出，随着品牌效应产生影响，品牌逐渐成为驱动顾客价值的重要因素之一。马云峰和郭新有认为顾客价值的驱动因素包括品牌价值、关系价值和产品价值，还提出了这三个驱动因素之下的二、三级驱动因素。杨龙等对顾客价值驱动因素的理解是从三个方面入手的：营销相关特性，产品相关特性，服务相关特性。白长虹通过归纳总结西方顾客价值的研究成果，提出服务业顾客价值是受顾客与企业的关系、服务质量、品牌、系统培训等因素驱动的。

顾客价值的驱动因素也就是顾客价值维度。从学者们的研究中可以发现，驱动顾客价值的因素可以分为两大类：感知利益和感知成本。感知利益是指顾客在购买产品或接受服务时所得到的全部利益；感知成本包括顾客为获得产品或服务所付出的所有成本，如人力、时间和金钱等。大多数学者一致认同顾客价值的驱动因素包括产品价值、服务价值、价格价值、形象价值和关系价值。酒店顾客价值驱动因素的相关研究见表 6-2。

表 6-2　酒店顾客价值驱动因素的相关研究

研究者	年份	研究观点
Lewis	1984	顾客选择酒店关心的重点是形象、质量、安全，商务顾客更注重地段、服务、安静的环境
Knutson	1988	顾客购买酒店产品和服务时关注的要素有交通方便、服务快捷、干净、舒适、安全、热情友好
Wilensky，Butle	1988	顾客关注要素有好的形象、价格、标准服务、轻松氛围、建筑物、个性服务
Taninez	1990	挑选酒店时，顾客认为主要的因素有干净的毛巾、舒服的床
Rivers	1991	不论是否为常客，顾客选择酒店最重要的因素有便利的地段和优质的整体服务
Ananth	1992	实证研究得出排在前四位的酒店属性是地段便利、安全、质量、价格
Barsky，Labagh	1992	商务、度假顾客选择入住酒店最重要的因素有三个：地理位置、舒适的客房、员工态度
McCleary	1993	商务顾客选择酒店最注重的因素是酒店的地理位置
Leblance，Nguyen	1996	酒店顾客价值驱动因素包括：酒店声誉、周边环境、个性化服务
Callan	1998	顾客选择酒店的 11 个因素：位置、形象、价值比、能力、可进入性、安全、附加价值、客房、其他切实的东西、休闲设施、服务人员
Laurette，Renaghan	2000	十大因素驱使顾客购买酒店产品：地段、有形建筑与设施设备、品牌、营销、客房设计、服务水平、餐饮、价格、服务接触、质量与服务标准
Raymond，Chu	2000	顾客注重的要素包括：价格、前台、客房、服务质量、商务设施、餐饮、娱乐、安全
张士泽，张序	2000	酒店顾客需求有八大共性：热情诚恳、亲切友好、谅解安慰、礼貌尊重、安全卫生、及时周到、物美价廉、舒适方便
邹益民，奚高云	2003	结合美国康奈尔大学与美国酒店公司的研究得出酒店顾客价值五大驱动因素：物有所值、服务、产品、地理位置、品牌形象
周亚庆	2004	酒店顾客价值包括六大因素：品牌、质量、服务、价格、速度、创新

通过梳理和对比以上研究，归纳出酒店顾客价值的驱动因素包括：位置，品牌形象，有形建筑与设施设备，服务，价格，服务情境，情感，尊重。那么，从综合分析结果中可以发现，一般顾客价值驱动因素中的产品价值对应的顾客价值驱动因素就是服务，因为酒店向顾客提供的产品就是酒店的服务。服务的好坏决定酒店的生存和发展。而酒店提供的无形服务又是借助酒店的有形建筑和设施设备在一定的服务情境中实现的。由此可知，酒店服务质量、酒店有形建筑和设施设备、服务情境都是驱动酒店顾客价值的重要因素；而有形建筑和设施设备的好坏直接影响酒店的服务质量，因此，将它归入酒店服务质量中。其次，价格价值作为驱动一般顾客价值的因素之一，同样是驱动酒店顾客价值的因素，这里的价格价值不仅仅是指顾客为完成交易所付出的市场价格，还包括非货币因素。再次，驱动一般顾客价值的形象价值反映到酒店顾客价值上就是酒店品牌形象。驱动一般顾客价值的因素除了产品、服务、价格、形象以外，还有一个重要的因素是关系，因为酒店发展和维持顾客关系也是创造顾客价值的途径之一。对于酒店业来说，关系价值的创造可以通过创造顾客情感价值、顾客社会价值而实现。因此，对应一般顾客价值的关系价值驱动因素划分出酒店顾客价值的两大驱动因素：情感价值和社会价值。另外，酒店地理位置的好坏直接影响顾客对酒店的选择，理应将其作为驱动酒店顾客价值的因素之一。

通过国内外学者对顾客价值驱动因素的分析归纳，我们可以确定，影响酒店顾客价值的七大驱动因素分别是：地理位置、品牌形象、服务质量、服务情境、价格价值、情感价值、社会价值。

第三节　酒店顾客的需求

一、顾客的期望

（一）顾客期望的定义

在对服务质量的研究中，各学派的学者一致认同，总体的服务质量是通过顾客对服务的实际感知与顾客对服务的期望之间的差距来判断的，服务质量取决于顾客对服务的预期质量和实际质量之间的对比。提高顾客实际体验的服务质量与顾客期望，对顾客满意度同样起到非常重要的作用。研究服务型企业顾客期望管理也是研究顾客满意度的重要基础。

顾客期望被看作是顾客对即将发生的服务交互过程或服务交易所做的预测。顾客期望是由顾客定义的，是当顾客参与某种服务行为时，对正面的结果与负面的结果出现的概率的定义。因此，顾客期望被看作是顾客的向往和需要，即他们对服务提供者将会提供的服务的预测。顾客期望是在顾客产生购买动机以后，经过各种渠道获得信息，通过比较鉴别，对服务提供者的服务形成一种"标准"，进而对服务企业及该服务企业所提供的服务形成主观期望,并决定是否购买。

在服务质量相关文献里,期望以过去经历为基础,发挥一种标准作用,即顾客认为企业"应该"(Should)提供什么样的服务水平。而在顾客满意相关文献里,期望与顾客预测联系在一起,发挥一种预测作用,即顾客认为企业"将要"(Will)提供什么样的服务水平。顾客对于服务有两种不同水平的期望:理想期望(Desired Expectation)和适当期望(Adequate Expectation)。理想期望是顾客理想中的、渴望得到的、较高的服务水平,是顾客认知中服务"最好是"和"应当是"的混合服务水平。

(二) 顾客期望的容忍区域

适当期望和理想期望之间的差距被称为"容忍区域"(Zone of Tolerance)。容忍区域是指顾客认可的,并且愿意接受的服务水平区间。顾客实际体验的服务质量只要落在这个区间内,顾客就会接受这种服务产出,并认为服务质量良好。由此可见,顾客期望实际上是具有最低和最高两个边界的区间。容忍区域的存在表明顾客可以接受服务质量的多相性,其期望在容忍区间内动态变化。由于不同类型的顾客、不同的服务维度、服务的不同阶段等因素的影响,顾客容忍区间会有较大的不同。

1. 不同类型的顾客不同的容忍区域

例如在酒店餐厅就餐的顾客,有的顾客由于时间紧张希望提供准确快速的服务,而对热情周到等容忍区域会变宽;时间充裕的顾客则对等待时间的敏感度会降低,对服务的其他方面的容忍水平要求更高。

2. 不同的服务维度顾客不同的容忍区域

服务维度越重要,容忍区域可能越狭窄。如顾客对高星级酒店核心服务(安全、卫生、热情、周到等)的失误比酒店不能提供个性化服务更难容忍,顾客对服务最重要的属性的理想期望和适当期望都高于不太重要属性的期望,并且容忍区域也比较狭窄。

3. 服务的不同阶段顾客不同的容忍区域

服务的不同阶段(如初次服务和服务补救)的容忍区域有着显著不同。顾客对于服务补救的结果和过程质量的期望较初次服务的要高,容忍区域也要狭窄得多。由此可见,酒店在服务补救时提供的服务应比正常标准高,这样才可能满足或超越顾客的期望。

(三) 影响酒店顾客期望的因素

1. 顾客经验

顾客根据自己的理解,有时甚至是误解,再结合自己的经验或常识,最终对产品或服务产生更多新的期望。顾客过去的消费经历会转变成对服务接触质量的预测,这种预测也决定了顾客的期望。顾客曾经下榻过国际连锁星级酒店,这次将下榻同档次的品牌酒店,他就会将以前消费的经历形成对这次消费的期望。顾客期望的这一来源也很好地解释了为什么一些阅历广泛和消费经验多的顾客更难"伺候",因为他们的经验与常识更多,期望往往更高;顾客期望的这一来源也能解释为什么酒店的服务已经是服务业中较好的,顾客却还不满意。

2. 行业标准

顾客会根据自己以往的经验和生活常识对产品或服务提出一些基本的要求,这些要求在不同的顾客之间具有共性,在社会上具有普遍性,部分要求逐步形成行业标准。顾客期望酒店能按照行业标准提供产品或服务。

3. 行业竞争

由于目前酒店业处于买方市场,激烈的行业竞争是顾客期望在社会标准基础上提高甚至变得"不切实际"的一个重要原因。经常有这样的情况:某酒店并没有向顾客做出一项承诺,但顾客却会要求该酒店这样做。这是因为该酒店的竞争对手已经这样做了,顾客很自然地期望自己入住的酒店做得像竞争对手一样好,否则他们就会很不满意,甚至流向这家酒店的竞争对手。

4. 酒店营销

酒店营销措施可能是为了应付竞争,也可能是为了吸引顾客而主动采取的。酒店会通过两种途径影响或改变顾客期望:直接方式和间接方式。直接方式包括广告、公共宣传、人员推销、电邮等一些常规方式。间接方式对顾客期望的影响是容易被酒店忽略的,主要包括服务环境、服务动机、员工态度、员工仪容仪表等。各种营销手段通常使顾客难以抵挡诱惑,但说到容易做到难,一旦营销时的承诺难以兑现,酒店往往会因此引起顾客的不满而遭到投诉,从而陷入被动。

二、酒店顾客期望管理

顾客期望管理就是酒店对于潜在顾客可能的预期进行预测,并在接下来的行动中满足甚至超过顾客的预期。这种管理理念是面向顾客、以顾客为导向的,酒店的一切事务围绕顾客需要展开,具有主动性、超前性等特点。酒店应通过积极主动地管理顾客期望,采取一系列措施和行动来影响、改变、满足并超越顾客期望,而不是被动地满足顾客的期望。

1. 分析顾客的消费行为

酒店需要了解顾客如何选择和评估服务、顾客如何期望和感知服务、影响顾客消费行为的因素等,以便比竞争者更有效地满足顾客的需要和期望。顾客的消费行为可分为五个阶段:需要和欲望的产生、信息收集、评估与选择、购买与消费、购后行为。当然每家酒店都有特定的市场、特定的顾客群,找出属于自己的一般顾客、合适顾客和关键顾客是必要的。酒店作为服务提供者:一方面对顾客消费行为的五个阶段进行市场调查,了解顾客对酒店服务质量的期望,以及对酒店服务质量的评价,这是改进酒店服务质量必不可少的工作;另一方面要加强与顾客的沟通,信息交换不畅是导致酒店与顾客之间服务质量期望差距的重要原因,酒店要缩小甚至消除这种差距,顺畅地与顾客沟通是实现顾客期望管理的前提和基础。

2. 优化酒店的产品或服务

酒店要优化产品或服务,关键是把顾客的需要转化成具体的标准,从而提高自身服务质量。如果顾客期望的是一种宁静悠闲的气氛,酒店吧台就应不应播放震耳欲聋的音乐,也不使用刺眼的颜色。万豪集团酒店还根据顾客期望设计了服务流程:它了解到大多数商务顾客都习惯在早餐以后结账,并期望结账的过程越快越好,他们往往是急匆匆地开始一天的业务的。许多酒店的管理人员明知这一点,却还是听凭顾客在结账时排 10~20min 的队,因为他们不想在结账高峰期再雇用额外的员工来满足顾客。万豪集团酒店认为值得开发出一个系统来解决这个问题,于是发明了快速结账系统。顾客在前一天晚上便接到账单,如果顾客觉得账单没有差错,第二天只需将签好字的账单连同房卡放到前台就可以了。顾客在真正消费时,可能会突然提出自己个别的要求,此时酒店需要去修正产品或服务范畴,以满足顾客的个性化要求。

3. 掌握行业竞争者的信息

酒店可以通过收集相关竞争者的产品或服务标准资料,来掌握顾客期望,这也是很多酒店在做访谈、问卷调查时常忽视的内容。在激烈的市场竞争中,酒店的服务更应该有清晰的市场定位,这决定了服务要素的构成和服务需要达到的品质,同时也明确了谁是有价值的顾客。顾客期望是顾客对酒店的一种心理预期和希望,也代表顾客对酒店的一种认同。太高的顾客期望,会使酒店难以达到,最终会破坏酒店在顾客心目中的形象。太低的顾客期望,则说明顾客对酒店提供的服务水平和能力失去信心,酒店在顾客心目中的形象也大打折扣。

4. 制定顾客期望标准

酒店在制定顾客期望标准的时候应遵循一条原则,那就是制定的标准要高于顾客期望,并且酒店要有能力在提供产品或服务时超过或实现这个标准。制定的标准太低,会导致顾客不满意甚至流失;制定的标准太高,不利于酒店长远的发展。酒店在制定顾客期望标准时,要考虑以下三方面:第一,酒店在制定顾客期望标准之前应先进行市场调查研究,尤其是要摸清那些不可控因素。因为这些因素是酒店无法控制的,只有使决策建立在对这些因素的调查分析之上,决策才能更符合实际。第二,酒店在制定顾客期望标准时要考虑自己的实际能力。酒店在通过广告等方式提升或引导顾客期望时,一定要保证自己有能力兑现承诺,使服务承诺处在酒店控制之中,只有切实可行的承诺才会给酒店带来收益。第三,酒店要考虑竞争者所提供的服务情况。酒店制定的顾客期望标准如果低于竞争者的服务水平,就会丧失竞争的优势,所以应该与之保持相平,争取更高。

三、了解顾客需求的方法

(一) 了解内部顾客的需求

了解内部顾客需求的目的在于发展内部顾客（酒店员工）的智慧与创造力，为外部顾客创造更大的品质价值。目前酒店了解内部顾客需求的方法通常包括以下几种。

1. 座谈法

座谈法通常采用座谈会的形式。座谈会的形式可以是专题性、非专题性；座谈会的规模可以是酒店型、部门型或班组型；座谈会的召开可以是定期的或不定期的；座谈会的参加人员可以是骨干员工或各类员工代表，或根据需要指定的员工或自愿参加的员工；等等。通过座谈会，了解员工对酒店提供的产品种类、规定的服务程序与标准、外部顾客消费的表现与反应等问题的看法和意见，让员工讨论和交流对客服务的方法与体会，征询他们在产品提供和服务运作中的建议等。

2. 信箱法

酒店通过在员工宿舍、员工餐厅等员工生活、活动地方设置总经理信箱、部门经理信箱，鼓励员工参与酒店的经营管理，让他们对酒店的产品与服务、经营与管理提出看法和建议、献计献策。

3. 访问法

通过管理人员深入工作岗位、员工宿舍、员工家庭访问，了解员工的工作、生活状况，请员工在工作条件、生活环境等方面提出意见和建议。

酒店对内部顾客的需求调查也可借鉴外部市场调查的成熟理论和方法，如观察法、实验法、问卷调查法等，还可采用其他信息收集法，如管理人员接待日、员工投诉专线等。较之外部顾客需求调查，内部顾客需求调查的目标群体明确，问卷回收率高，但是由于保密性低，调查效果较差。因此，酒店人力资源管理部门在做内部顾客需求调查时，必须认真仔细考虑调查方法的科学性和结果的保密性。

(二) 了解外部顾客的需求

了解外部顾客需求的目的在于掌握外部顾客的消费需求和价值评价观，以便酒店能更有针对性地创造真正属于外部顾客需求的有价值的产品和服务。目前我国酒店了解外部顾客需求时通常采用以下几个方法。

1. 顾客意见调查表

顾客意见调查表是被酒店广泛采用的一种获得信息的方式。其具体做法是将设计好具体问题的意见调查表放置于客房内或其他营业场所（易于被客人取到的地方），由顾客自行填写并投入酒店设置的意见收集箱内或交至大堂副理处。

此种调查方式的好处在于：

1）信息的提供完全由顾客自愿进行，是对顾客打扰最少的一种调查方式。

2）信息收集的范围广泛，几乎所有的顾客皆可容易地取到调查表。

3）顾客可以在没有任何酒店工作人员在场的情况下提供信息，客观性比较强。

4）放置于客房内的意见调查表往往列明了整个酒店主要的服务项目，获取的信息量比较大。

此种调查方式的缺陷在于：

1）顾客对此种方式太过司空见惯，习以为常，再加之某些酒店对于顾客意见的消极态度，使顾客提供意见的热情大大降低。

2）信息获取的深度不够。由于顾客大多只能在调查表上画几个勾或叉，因此酒店往往很难进一步了解顾客的感受与想法。

3）对于部分信息，尤其是涉及服务过程（如态度）的信息，由于顾客往往没有直接给出具体的服务人员姓名或由于服务行为已成"过去时"，因此酒店核实的难度比较大。

4）调查信息的准确性及收集的频率易受顾客情绪的影响，如顾客倾向于在特别不满或特别满意时才填写意见调查表。

此种调查方式的具体操作可以采用两种方法进行：一是利用放置于消费场所的简单问卷，如置于客房中、餐桌上、大堂处的问卷等，通过顾客填写这些问卷，了解顾客对酒店产品和服务的看法和建议；二是计算机抽样，问卷征询。每天由计算机随机抽样出10位顾客，向他们寄出比较详细的问卷，每个月对问卷反馈信息进行归纳分类，作为酒店创造顾客价值的依据。

2. 电话拜访调查

电话拜访调查可以单独使用，也可以结合销售电话同时使用，或因为要了解或澄清一项特别的事情而使用。有些电话拜访调查是根据设计好的问题进行的，有些电话拜访调查的自由度与随意性比较大，如酒店总经理或公关部经理打给老顾客的拜访电话。

电话拜访调查的好处是：

1）如果时间允许而且顾客与酒店关系较好，就可以与顾客谈到比较深层次的问题，更详细地了解顾客的想法。

2）效率比较高，节省调查费用。

此种调查方法的缺陷是：

1）对顾客的打扰比较大，有些顾客可能不耐烦回答调查者的问题。

2）调查的准确性受调查者的主观愿望与素质的影响大，对调查者的能力要求较高。

3）由于只能凭声音沟通，有时会误解对方的意思，或对对方的表述理解不深。

3. 现场访问

现场访问又称为突击访问，其做法是抓住与顾客会面的短暂机会尽可能多地获取顾客的意见、看法。现场访问是酒店业获得顾客意见的一种最重要的调查方法，一名成熟的酒店管理者应善于抓住并创造机会展开对顾客的现场访问。

现场访问的方式好处在于：

1）现场访问的最大优点在于它就发生在服务与消费的现场，顾客对服务产品的印象还十分鲜活、深刻，往往能提出一些平时被忽略但又十分重要的细节问题。

2）现场访问是与顾客建立长期关系、维持顾客忠诚的一个重要方法，尤其是在顾客感到受到特别的礼遇或顾客反映的问题被很好地解决时。

3）管理人员对顾客的现场访问给酒店工作人员传递了一个最明确不过的信息：本酒店是重视顾客与顾客意见的。

现场访问在执行的过程中也有一定的难度与弊端：

1）现场访问收集到的信息不易保存，如果没有一套科学的信息收集、反馈系统，很可能随着访问人的遗忘而消失得无影无踪。

2）现场访问掌握得好，是一种沟通感情的方法；如果掌握得不好，则无疑是一种打扰。因此，一定要掌握好"度"，要注意区分时间、场合、气氛、对象是否适合进行现场访问，并要把握好访问的时间与分寸。

3）现场访问受时间条件所限，往往不能全面、深刻地展开调查。

4）对于酒店业来讲，现场访问往往需要由一定层次的管理人员（有时甚至是酒店总经理）亲自出面。这对于日常工作繁忙、更习惯于阅读顾客意见信息反馈报告的管理人员来讲，构成了体力和心理上的压力，有时甚至受到管理人员的刻意回避。

4. 小组座谈法

小组座谈法是指酒店邀请一定数量有代表性的顾客，采用聚会的形式就酒店产品或顾客需求方面的问题进行意见征询、探讨与座谈。酒店利用小组座谈的方式征求顾客意见时，一般宜结合其他公关活动进行，如酒店贵宾俱乐部会员的定期聚会、节日聚餐等形式，而不宜搞得过于严肃。参与聚会的酒店方人员应尽可能地与被邀请的顾客相互熟悉，同时也勿忘向被邀请的顾客赠送礼物或纪念品。

小组座谈法的好处在于：

1）酒店与顾客之间可以面对面、广泛而深入地交换意见，获得的信息量大且质量较高。许多顾客甚至比酒店的管理人员还要见多识广，对酒店业有深刻且独到的见解，是酒店不可多得的良师益友。

2）小组座谈中，酒店与顾客、顾客与顾客之间是互动式讨论，有利于多方面、多角度听取建议。

3）此方法特别适合酒店新的服务产品、服务方式推出前的意见征询。

小组座谈法的缺陷在于：

1）组织工作较为复杂，成本较高。

2）对参与调查的酒店方人员及顾客的要求都比较高，调查的效果受双方准备与素质因素的影响较大。

3）小组座谈的记录、归纳与分析工作需要较高的专业性、技术性。

5. 神秘顾客法

神秘顾客法是酒店获取顾客满意情况信息的另一种重要方法。具体做法是由酒店出资邀请酒店业的专业人士或资深顾客以普通顾客的身份来酒店进行消费，并就酒店产品中存在的问题以专题报告的形式向酒店方反馈。

神秘顾客法的优点是：

1）神秘顾客法是由专业人员以专业的眼光对酒店服务产品进行全方位的审视与检查，其结果全面、客观、建设性强且能够涉及大量的、采用其他调查方式所无法得到的服务细节问题。一份高质量的"客人经历报告书"往往是很值得酒店管理人员警醒的。

2）神秘顾客法的最大好处在于可以保证调查的真实性，因为酒店服务人员并不知神秘顾客是何许人也，所以不会刻意伪装与掩盖，调查所反映的情况与酒店服务产品日常的质量情况是高度一致的。

3）神秘顾客会提供完整的"客人经历报告"给酒店，并且会提出许多专业性评价与建议，这给酒店据此进行相应的整改、培训工作，以及据此评价各部门的服务质量情况都提供了宝贵的参考意见。

神秘顾客法的缺陷是：

1）调查费用较高。

2）调查人员往往过分强调专业眼光与专业水准，有时对顾客需求与酒店自身的具体情况考虑较少。

6. 其他方法

其他方法有个别深度访谈法、上门访问法（销售部结合销售拜访的顾客意见征集工作）及邮寄问卷调查法等，应根据所需调查的内容及调查工作的具体要求等情况来灵活选择。

第四节　衡量服务质量

酒店业是服务业中较具代表性的一个行业。近年来，随着国际酒店管理公司不断涌入和国内各种资本的投资，我国的酒店业发展迅速，酒店之间的竞争也日益激烈。在这种情况下，靠传统的打折降价方法来吸引顾客已经见效颇微。提高顾客满意度，培养忠诚顾客，已经成为酒店竞争的核心。一个行业竞争优势以及在国内市场的影响力，主要是通过顾客的需求性形态的特征来施展的，这会影响酒店业如何认知、解读并回答顾客的需求。

在酒店服务特性的基础上，研究如何对影响酒店顾客满意度的指标进行分类，分类后的各指标如何影响顾客满意度以及其影响程度，指出酒店日常操作中需要改进的重点，使酒店能够合理分配、利用资源，以提高顾客满意度，带来绩效的提高和竞争力的增强。这既有利于在实践中指导酒店系统地、有针对性地改进服务质量、提高顾客满意度，获取竞争优势，也是对酒店质量管理理论和服务营销理论的完善。

一、服务质量衡量五因素法

服务质量是由五个因素来衡量的：可信赖性（Reliability）、专业度（Assurance）、有形性（Tangibles）、同理性（Empathy）和反应度（Responsiveness）。顾客通常把可信赖性作为最重要的因素。RATER指数就是由这五个因素构成的。其中，可信赖性是指企业能否始终如一地履行所做出的客户服务承诺；专业度是指企业客户服务人员的专业知识、技能和职业素质；有形性是指客户能够感受到的有形服务设施和良好的服务环境；同理性是指服务人员能够站在客户的角度设身处地为其着想，关心客户的需求变化；反应度是指服务人员对客户需求的反应及提供服务的速度。

二、顾客满意度衡量法

（一）顾客满意度

顾客满意，简称CS（Customer Satisfaction），最初产生于20世纪80年代初。当时的美国市场竞争环境日趋恶劣，美国电话电报公司为了使自己处于竞争优势，开始尝试性地了解顾客对目前企业所提供产品和服务的满意情况，并以此作为质量改进的依据，取得了一定的效果。

顾客满意是指顾客对其（明示的、隐含的或必须履行的）期望已被满足的程度的感觉。菲利普·科特勒（Philip Kotler）认为，满意是一种人的感觉状态的水平，它来源于人们对一件产品和服务的绩效或产出的感知与期望所进行的比较。从企业的角度来说，顾客服务的目标并不止于使顾客满意，使顾客满意只是营销管理的第一步。

顾客满意是对于产品和服务的一种肯定，是顾客因为感知到的产品和服务价值与其之前预期一致或相差不大时做出的积极评价。由此可见，顾客是否满意很大程度上取决于顾客对于产品和服务的预期和主观感受。在这种情况下，顾客对实际感知以及期望价值两者之间的比较可能会产生以下三种感受：第一，当实际感知远低于顾客期望价值时，顾客无法感到满意，可能会抱怨或是不理解，甚至可能会出现投诉的情况；第二，当实际感知基本符合期望价值或是一致时，顾客将会感到满意，进而对此次消费有积极的评价；第三，当实际感知远高于期望价值时，顾客将会感到十分满意，进而对产品和服务产生顾客忠诚。所以说，顾客满意在很大程度上是取决于实际感知与期望价值所比较的结果。

顾客满意度是市场营销中的名词，其字面意思可以理解为顾客对于企业提供的产品和服务的满意程度。"顾客满意度"这个理论概念最早在20世纪中叶由卡多佐（Cardozo）提出，沿用至今，顾客满意度研究已经成为营销管理学中的一项重要课题。

随着追求顾客满意成为现代企业的营销目标之一，顾客满意度在服务行业得到了越来越广泛的应用。企业通过研究产品和服务的顾客满意度，了解如何维持顾客忠诚度、增加回头客，从而降低企业营销成本、增加利润、提升企业价值，顾客满意度也成为行业市场绩效的表现指标。

顾客满意度简称CSD（Customer Satisfaction Degree），在国际上普遍被接受的对CSD的定义为：顾客接受产品和服务的实际感受与未接受之前的期望的比值。其公式为CSD＝感受值/期望值。从公式可以发现，顾客满意度是一种定量数据，也可以说CSD是一种差异表达函数。

需要说明的是，关于差异的定义曾经出现过两种说法。一种为减法差异，即CSD＝期望值-感受值，若值为负数，则表现为顾客满意。另一种就是比值差异。在最初的研究中有学者试图使用减法差异来计算CSD值，但是在随后的验证中发现减法差异只能用来表达是否满意，而满意程度的多少则很难表示。因此迄今为止大多数学者使用比值差异来计算顾客的满意程度。

（二）影响顾客满意度的因素

国内很多机构对不同行业顾客满意指数的研究做了大量工作，对耐用消费品行业、服务行业等进行顾客满意指数试点调查，对所构建的行业顾客满意指数测评模型进行了验证和改进。研究我国酒店业顾客满意度，可以采用中国顾客满意指数（CCSI）模型。酒店业属于服务业，基于CCSI的服务业顾客满意指数模型包括6个潜变量及其形成的11种因果关系。其中顾客满意度是最终的目标变量，顾客忠诚是顾客满意度的结果变量，其余4个变量是顾客满意度的原因变量。

由于CCSI模型的潜变量难以直接进行测量，因此对其测量需要通过对应的若干可观测变量来进行。影响酒店顾客满意度的因素较多，根据以往学者的研究成果和经验，总结出以下主要指标。

潜变量的一级指标有6个。

（1）品牌形象　品牌形象包括酒店知名度、酒店在行业内声誉、酒店品牌形象等。

（2）预期质量　预期质量包括顾客对酒店总体服务水平的期待；希望酒店能提供快速、周到的服务；等等。

（3）感知质量　感知质量包括酒店交通便利；周边设施齐全；酒店环境舒适整洁度；

酒店员工服务主动、迅速、热情；酒店服务专业化；等等。

（4）感知价值　感知价值包括：顾客相对于所接受服务的质量，对价格的认可度；顾客相对于付出价格，对服务质量的认可度；等等。

（5）顾客满意　顾客满意包括：顾客对酒店的总体满意度；与顾客理想中的服务相比，酒店的实际表现如何；与顾客期望的服务相比，酒店实际的表现如何；等等。

（6）顾客忠诚　顾客忠诚包括：顾客再次选择该酒店的可能性；顾客再次选择该品牌酒店的可能性；该品牌酒店价格上涨而其他品牌酒店价格不变时，顾客是否还会选择；等等。

CCSI 由耐用消费品业、非耐用消费品业、流通业、生活服务业、文化卫生业、公共服务业满意指数构成。其中流通业涵盖饮食住宿行业在内的五种行业大类，而饮食住宿行业这一大类又由"酒店、旅店、快餐店"三个行业中类组成。综合上述内容，本书整理出酒店顾客满意度指标体系，见表6-3。

表 6-3　酒店顾客满意度指标体系

潜变量		可观测变量
一级指标	二级指标	指标描述
品牌形象	酒店知名度	该酒店在行业中知名度很大
	酒店在行业内的声誉	该酒店在行业中和社会上声誉极佳
	酒店品牌形象	该酒店品牌形象非常鲜明，顾客能够将其与同行业其他品牌区分开
预期质量	顾客对酒店总体服务水平的期待	顾客对酒店总体服务水平的期待
	希望酒店能够提供快捷、周到的服务	希望酒店能够提供快捷、周到的服务
	希望酒店提供贴合不同客户需求的服务	希望酒店提供贴合不同客户需求的服务
	希望酒店能够提供性价比高的服务	希望酒店能够提供性价比高的服务
感知质量	酒店交通	酒店所处地理位置交通便利
		酒店有明显标记，非常便于找到
	酒店周边设施	酒店周边餐饮、购物等设施等较为完善
	酒店环境舒适整洁度	酒店具有非常吸引人的外部装潢
		酒店内部装修风格令人满意
		酒店客房通风、采光条件好
		酒店客房地面、家具床铺整齐卫生
		酒店卫生间较大，便于使用
		酒店客房灯光能满足会客要求
		酒店提供的用品很卫生
		酒店客房有宽带网络接口

（续）

潜变量	可观测变量	
一级指标	二级指标	指标描述
感知质量	酒店员工服务主动、迅速、热情	酒店服务人员服务态度非常好
		酒店员工平等对待每位顾客
	酒店服务专业化	酒店是连锁经营的
		酒店服务人员具备专业能力、业务技能娴熟、效率高
		酒店工作人员穿着得体
		酒店对顾客所需服务或反映问题做到位、及时响应
		酒店提供刷卡结账服务
		酒店能提供早餐或简单餐饮服务
		酒店前台小商品价格不超过市场均价50%
		酒店能通过电话或网络平台预订
		酒店有正式官网，提供的信息充分，更新及时
		办理入住或退房手续在10min之内
		酒店网络预订手段便捷
		酒店会员计划和积分规则很有吸引力
		如酒店客满，将顾客介绍到临近该品牌酒店并做好联系、线路说明等
		酒店收费项目明示，收费合理
		酒店能够保障顾客人身、财产安全
		酒店隔音效果好，无其他房间杂音
感知价值	相对于所接受服务的质量，顾客对价格的认可度	顾客相对于所接受服务的质量，对价格的认可度
	相对于付出价格，顾客对服务质量的认可度	顾客相对于付出价格，对服务质量的认可度
顾客满意	顾客对该酒店的总体满意度	顾客对该酒店的总体满意度
	与顾客理想中的服务相比，该酒店的实际表现	与顾客理想中的服务相比，该酒店的实际表现
	与顾客期望的服务相比，该酒店的实际表现	与顾客期望的服务相比，该酒店的实际表现
顾客忠诚	顾客再次选择该酒店的可能性	如果有机会还会光顾该酒店
		会将该酒店介绍给亲戚、朋友、同事、同学
	顾客再次选择该品牌的可能性	今后出门到其他地方会优先选择该品牌酒店
	该品牌酒店价格上涨而其他品牌酒店价格不变，顾客是否还会选择该品牌酒店	该品牌酒店价格上涨而其他品牌酒店价格不变，顾客是否还会选择

三、顾客满意路径及模型

(一) 美国顾客满意指数 (ACSI) 模型

美国顾客满意指数 (ACSI) 模型 (见图 6-1) 由 Claes Fomell 等于 1994 年建立，该模型是用消费者的消费经历来衡量产品或服务的质量的。在 ACSI 模型中，感知价值、顾客期望、感知质量是顾客满意的三个自变量，而顾客满意、顾客忠诚、顾客抱怨则是三个因变量，自变量对因变量存在一定影响。感知质量一方面影响感知价值，另一方面可以直接影响顾客满意。一般情况下，感知质量越高，顾客满意度越高。顾客期望一方面直接影响感知价值，另一方面也可以对顾客满意产生影响；感知价值影响顾客满意；顾客满意影响顾客忠诚，顾客不满意会引起顾客抱怨，如果企业及时恰当地处理好顾客抱怨，就可以促进顾客忠诚。

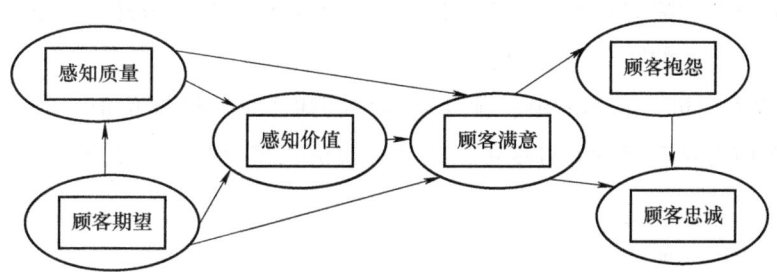

图 6-1 美国顾客满意度指数 (ACSI) 模型

(二) 欧洲顾客满意指数 (ECSI) 模型

欧洲顾客满意指数 (ECSI) 模型 (见图 6-2) 首次应用于评价丹麦的邮政服务，此次实证研究结果表明符合 ECSI 技术委员会的要求，总体来看，ECSI 模型的首次应用效果良好。因此，1999 年开始，ECSI 模型开始在各个领域大力推广。在 ECSI 模型中，企业形象、顾客期望、感知质量 (硬件、软件) 及感知价值都是顾客满意的驱动因素，也就是自变量；而顾客忠诚是顾客满意的结果，即为因变量。在此模型中，企业形象是通过其他驱动因素一起直接影响顾客满意的。另外，顾客的感知质量包含感知硬件质量和感知软件质量。对硬件的感知主要是对产品或服务有形成分的感知，而对软件的感知是指对购买产品和服务过程中互动、情感交流的感知。总体来说，在 ECSI 模型中存在 7 个结构变量，这 7 个结构变量分别用 2~5 个测量变量解释，因此 7 个结构变量之间的因果关系得以解释。一方面企业形象通过影响顾客期望影响感知硬件/软件质量，从而影响感知价值；另一方面，企业形象、顾客期望、感知硬件/软件质量直接影响感知价值，从而影响顾客满意，进而影响顾客忠诚。这些前提变量对结果变量都有直接的影响作用。

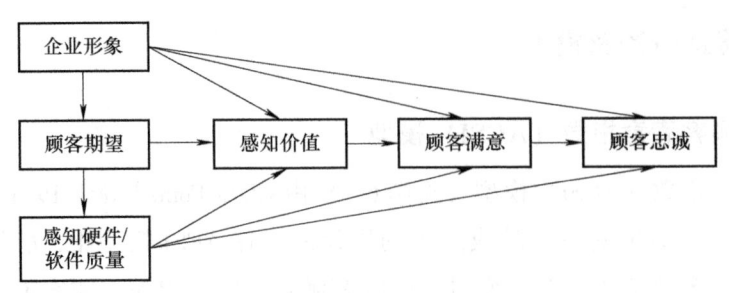

图 6-2　欧洲顾客满意指数（ECSI）模型

（三）中国顾客满意指数（CCSI）模型

中国顾客满意指数（CCSI）模型（见图 6-3）是中国标准化研究院和清华大学于 2001 年建立的，该模型是在学习借鉴 ACSI 模型的基础上，根据中国国情对模型结构和测评指标体系进行必要的改造后建立起来的具有中国特色的顾客满意测评方法，目前已经被应用于我国一些地区和某些行业的顾客满意指数测评工作。

CCSI 包含六个变量：品牌形象、预期质量、感知质量、感知价值、顾客满意和顾客忠诚。其中，前四项为顾客满意的自变量，顾客忠诚是顾客满意的因变量。

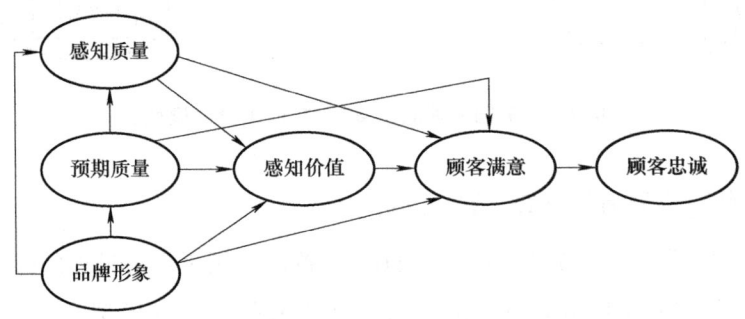

图 6-3　中国顾客满意指数（CCSI）模型

（四）顾客价值和顾客满意双驱动模型

顾客价值和顾客满意双驱动模型（见图 6-4）是 Michael 等通过以能源服务机构为研究对象的实证研究在数学模型分析的基础上构建的。该模型认为：顾客满意与顾客价值对顾客忠诚具有同等的影响。顾客满意是顾客价值的自变量，这两个变量都直接影响公司信誉，而顾客价值、顾客满意和公司信誉，则直接影响着顾客忠诚，顾客忠诚可以用忠诚指数来衡量。在该模型中，影响顾客价值和顾客满意的因素包括价格、核心关系、能源供应、公司活动、售后服务、账单。

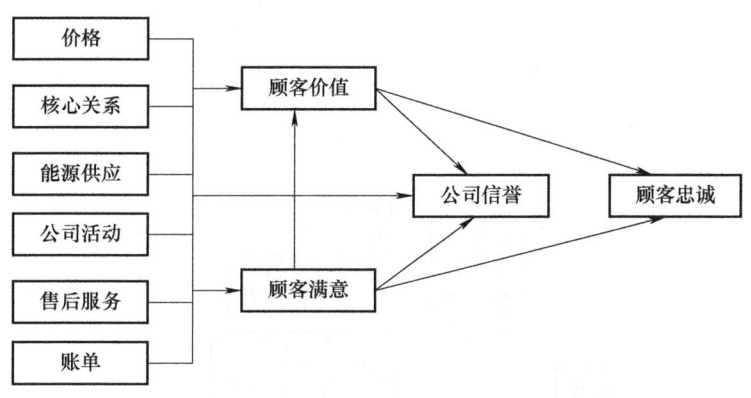

图 6-4　顾客价值和顾客满意双驱动模型

(五) 价值-忠诚度模型

价值-忠诚度模型（见图 6-5）是 Blackwell 等提出的。该模型认为：顾客价值对顾客的重购意向（即顾客忠诚行为）起决定作用；购买情境一方面直接影响顾客忠诚，另一方面通过作用于顾客价值的构成即感知利失、感知利得、个人偏好等间接影响重购意向（即顾客忠诚行为）。此模型强调了顾客价值对顾客忠诚行为的关键驱动作用，也注重购买情境对顾客价值和顾客忠诚行为的影响。

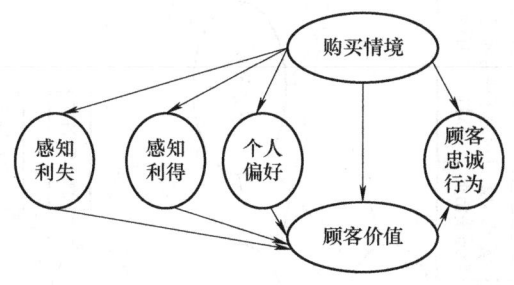

图 6-5　价值-忠诚度模型

(六) 酒店行业顾客满意指数测评模型

根据构建的满意度指标体系，结合顾客满意测量的通用模型，本书设计的酒店行业顾客满意指数测评模型如图 6-6 所示。

各变量的具体含义为：

(1) 品牌形象　品牌形象是指顾客在选择入住酒店之前对该酒店或该酒店品牌的印象。

(2) 预期质量　预期质量是指顾客在选择入住酒店之前对该酒店服务质量的估计和预期。

(3) 感知质量　感知质量是指顾客在入住酒店后对其服务质量的实际感受。

(4) 感知价值　感知价值涉及服务质量和价格比较，体现了顾客在综合酒店服务质量和价格后对其所获利益的主观感受。

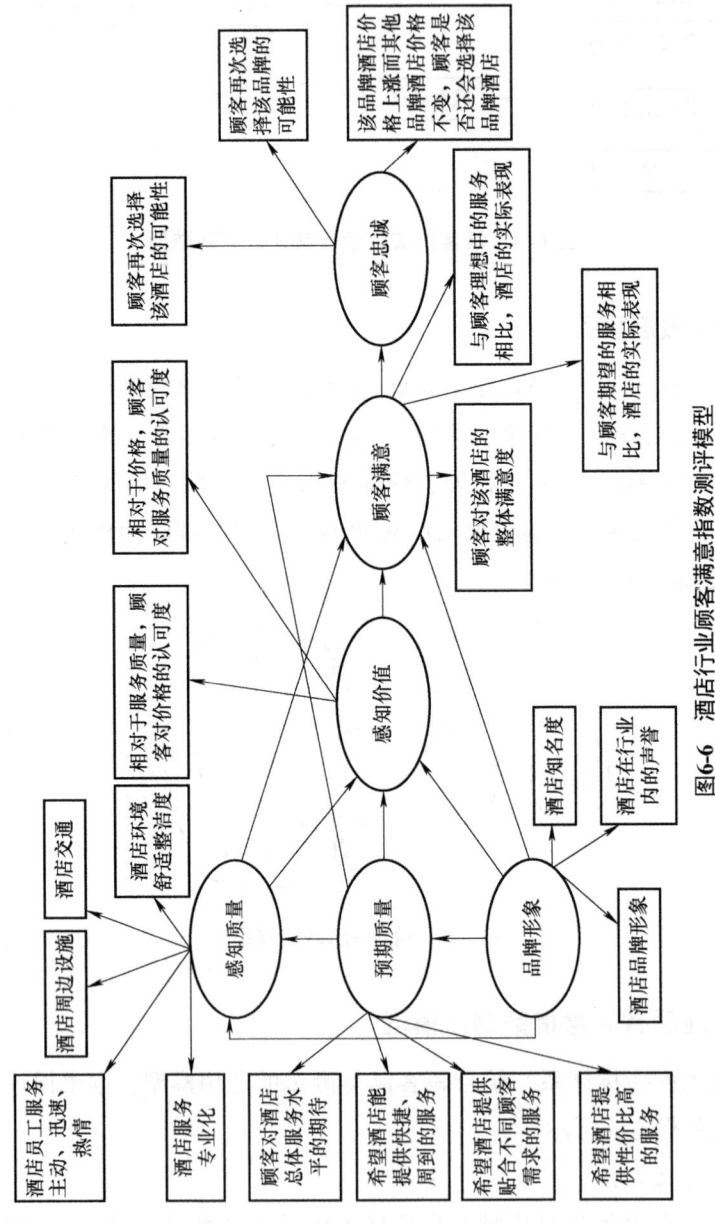

图6-6 酒店行业顾客满意指数测评模型

(5) 顾客满意　顾客满意是指顾客直接对酒店或品牌的满意程度，即顾客对酒店产品满足自身需求的总体态度。

(6) 顾客忠诚　顾客忠诚是指顾客对酒店或酒店品牌的忠诚程度。

四、顾客忠诚

(一) 顾客忠诚的概念

顾客忠诚，简称CL（Customer Loyalty），最早由乔治·布朗（George Brown）首次提出。他给出的定义是顾客对企业的产品或服务的依恋或爱慕的感情，主要通过顾客的情感忠诚、行为忠诚和意识忠诚表现出来。

西方学者Jacoby和Chestnut（1978）认为，多次重复购买就是顾客忠诚。Jones和Sasser（1995）指出，顾客忠诚是指顾客对某一服务或产品的再次购买意愿。Gremler和Brown（1996）通过对顾客忠诚的深入研究指出，顾客的态度取向是指顾客向其他人推荐某服务或产品的愿望和对再次购买该服务或产品做出承诺。Kathleen和Sindell（1998）认为促使顾客再购买以及顾客对企业进行积极的口碑宣传推广的关键因素是情感联络。

国内学者韦福祥（1995）认为，顾客忠诚是受某些要素的影响后，顾客持续购买某一品牌产品或服务的行为。刘洪程（2004）认为，顾客忠诚是顾客对某品牌的内在的积极态度和强烈偏爱以及外在的重复购买行为的统一。焦伟侠和顾魏（2005）则认为顾客忠诚的概念有广义和狭义之分。广义的顾客忠诚是行为和态度两个因素中任何一个因素所表现出来的忠诚。而狭义的顾客忠诚则是指态度和行为的有机结合，缺一不可。

顾客忠诚是顾客对企业或品牌提供的产品或服务，不仅表现出相当比例的重复购买行为，而且在情感上对该企业或品牌产生信赖和偏好，有积极的重复购买意愿。酒店顾客忠诚表现为以下五个方面：有重复购买行为，有积极的态度倾向和再购买意愿，对价格敏感度低，对失误容忍度高，愿意进行口碑宣传和品牌推荐。

酒店业的顾客忠诚和其他行业的顾客忠诚并没有多大的区别。因此，关于酒店顾客忠诚的定义，研究者引入了基本的顾客忠诚概念。

Day（1969）认为，酒店顾客忠诚是指酒店顾客对酒店品牌有着强烈的感情和深刻的印象，并基于品牌认知、情感、评价和心理倾向等因素对酒店服务进行重复购买。

Monore和Guiltinan（1975）认为，酒店顾客忠诚是由顾客内心的承诺所形成的。

Bowen和Shoemkaer（1998）则认为，忠诚的酒店顾客不仅会重复购买酒店服务，而且视自己为酒店的一员，乐意参与酒店的运营，如积极成为酒店的会员，给予投诉建议等。

Lewis（1999）指出，酒店顾客忠诚是指顾客需求得到了满足，积极地购买酒店提供的各项产品或服务，并对酒店投入情感，而且不受酒店竞争者的影响。

综上所述，本书基于顾客忠诚的定义，从行为和态度两个维度入手，对酒店顾客忠诚的定义如下：酒店顾客忠诚包含两个成分，即行为成分和态度成分，这两个成分是有机统一的，缺一不可；酒店顾客忠诚的态度成分表现为顾客对酒店的形象、文化、运营等方面的认可和支持，以及强烈的主人翁意识；酒店顾客忠诚的行为成分则表现为重复购买酒店的服务产品，或购买酒店的周边产品，或表现为积极地向周围人推荐酒店的服务产品，为酒店进行口碑宣传，或表现为不受酒店竞争者的营销影响转换购买行为，或表现为积极主动地维护酒店对外形象，包容酒店的负面因素，并能积极地引导他人不受负面因素影响，或表现为关心酒店的运营，给予建议甚至投诉，期望酒店予以重视并完善。

（二）顾客忠诚的特征

顾客忠诚的特征即顾客忠诚的具体表现，也可以说是顾客忠诚的构成因子、顾客忠诚的衡量标准、顾客忠诚的结果。国内外学者对这一课题也做了相关研究。

国外学者 Fornell（1992）从两个方面衡量顾客忠诚：重购意愿以及对价格的容忍度。Anderosn 和 Weitz（1992）认为，顾客忠诚最显著的一个特征是关系维持。Jones 和 Sasser（1995）认为，顾客忠诚表现在三个方面：顾客购买行为（最近购买时间、购买频率、购买数量）；再购意向；从属行为（积极引荐、口碑宣传等）。吉尔·格里芬（1999）认为，顾客忠诚具有四个特点：经常性重复购买；购买企业提供的各种产品或服务系列；积极推荐；对竞争者的促销免疫。顾客忠诚的特征其实也是顾客忠诚的衡量标准。Kristensen、Martensen 和 Gronhold（1999）认为，可用四个指标测量顾客忠诚：顾客再次购买的意向；向周围人口头宣传产品或服务的意向；交叉购买意向；价格容忍度。Dwayne 和 Stephen（2001）通过研究大量文献，提出顾客忠诚含有四个因子成分：行为忠诚，表现为重复购买；情感忠诚，表现为喜爱情感；认知忠诚，表现为强烈偏爱，购买时作为首选；未来忠诚意向，表现为再购的可能性，价格容忍度和推荐的可能性。

国内学者屈云波（1996）总结的顾客忠诚的五个标准是：重购次数，购买挑选时间，对价格的敏感性，对其他企业同类产品的态度，对企业负面影响的承受能力。严燕莉（2002）通过问卷调查，认为酒店顾客忠诚的特征可以从购买行为、顾客份额、顾客对酒店的引荐行为、顾客对竞争对手的态度以及顾客对酒店服务失误的态度等五个方面进行概括。崔明杰（2005）将服务行业的顾客忠诚特征描述如下：重复购买；关系保持；价格敏感度低；偏爱；优先选择；口头推荐；重购意向；减少其他同类产品或服务的选择。刘艳艳（2006）认为，酒店顾客忠诚表现为四个方面：重复消费（包括消费次数和消费比率）；长期消费；积极推荐；主动反馈。周超（2009）归纳了酒店顾客忠诚的特征，分别是顾客重购行为、接受溢价、顾客进行口碑宣传。

基于以上文献研究，本书总结酒店顾客忠诚的特征如下：

第一，重复购买。重复购买可以用购买次数、购买频率或购买比率来衡量。其中购买频率是指在一定时间内的购买次数，而购买比率则是指消费者在该酒店的购买次数占该消费者在所有酒店的购买次数总和的比例,即 $A/(A+B+\cdots+Z)$。其中,A 是消费者在 A 酒店的购买次数,B 是消费者在 B 酒店的购买次数,Z 是消费者在 Z 酒店的购买次数。

第二,延伸购买。顾客不仅购买酒店的主要产品或服务,还会购买与之相关的其他产品或服务,如代理机票业务、代订旅游产品、酒店商场购物等。

第三,价格敏感度低。忠诚的酒店顾客不会因为酒店价格的调高而放弃购买该酒店的产品或服务,也不会因为竞争对手酒店调低价格而转向其他酒店。也就是说,酒店的忠诚顾客不会在意价格的变化而更注重酒店是否能够满足个人的需求。

第四,再次购买意愿。这可以从主动提供名片或留下联系方式、申请加入会员等方面判断。

第五,对竞争对手立场坚定。顾客对酒店竞争对手的营销影响免疫。

第六,口碑宣传。顾客一有机会就会向亲朋好友和周围的人推荐该酒店。

第七,失误容忍度强。顾客对酒店形象受损、酒店服务失误容忍度高,不会因为外界的不良影响而放弃购买该酒店的产品或服务。

(三) 顾客满意与顾客忠诚的关系

事实上,"满意"与"忠诚"是两个有所关联又有所区别的概念。顾客满意仅仅是顾客的一种感知——顾客的期望被满足或超越的感知。顾客在购买产品或服务的时候,对于产品或服务都有一个心理预期,如果达到这种预期,就会觉得满意;如果超过这个预期,就会感到惊喜。对顾客满意的调查可以获取顾客对特定产品或服务的满意度、未满足需求、再次购买率与推荐率等指标的评价。也就是说,顾客满意是一个基于心理感受的感性评价指标。

由顾客满意进一步发展到顾客十分满意是企业营销的重点。有资料表明,仅仅是顾客满意还不够,当出现更好的产品或服务供应商时,顾客就会更换供应商。例如,在一项消费品满意的调查中,调查显示44%的顾客经常变换品牌,而表示对丰田汽车十分满意的75%的顾客愿意再次购买丰田产品。这一事实表明,高度的满意能使顾客对品牌忠诚乃至对企业产生情感,顾客满意便上升为顾客忠诚。忠诚的顾客能给企业带来诸多的利益,顾客忠诚对于降低争取顾客的成本、提高价格优势、增加利润率有着明显的作用。

(四) 顾客忠诚的培养

长期以来,人们普遍认为顾客满意与顾客忠诚之间是简单的、近似线性的关系,即顾客忠诚的可能性随着顾客满意程度的提高而增加。但贝恩咨询公司的调查显示,在声称对某产品满意甚至十分满意的顾客中,有65%~85%的顾客会转向其他产品,只有30%~40%的顾客会再次购买相同的产品或相同产品的同一型号。由此可见,顾客满意和顾客忠诚不能简单地画等号,顾客满意度和购买行为之间并不一定具有线性的正相关关系。

美国学者琼斯和萨瑟的研究结果表明,顾客满意和顾客忠诚的关系还受行业竞争状况的影响。在高度竞争的行业中,只要顾客满意程度稍稍下降一点,顾客忠诚就会急剧下降。这表明，要培育顾客忠诚，企业必须尽力使顾客高度满意。在低度竞争的行业中，顾客满意程度对顾客忠诚的影响较小。但这是一种假象，因为在低度竞争的情况下，由于企业占有垄断地位，顾客寻找替代品需要花费很高的成本，因而不得不继续购买该企业的产品和服务。但顾客心里并不喜欢这家企业的产品和服务。他们在等待机会，一旦能有更好的选择，就将很快做出新的购买决策。

这种在许多行业存在着的高顾客满意度、低顾客忠诚度的现象就是所谓的顾客满意陷阱。可见，顾客满意只是顾客忠诚的前提，对产品和服务满意的顾客才可能成为忠诚的顾客，才能接受、传播和推荐产品和服务。然而，这并不表示满意的顾客都会自然地成为忠诚的顾客，同样声称满意时满意的程度和原因可能大相径庭，大部分顾客所经历的满意程度，远不足以产生忠诚的效果。

因此，顾客满意是基本的，仅仅只是迈上了顾客忠诚的第一级台阶，顾客满意先于顾客忠诚存在并且有可能直接引起顾客忠诚，但是并不必然如此。在从顾客满意到顾客忠诚的过程中，企业有许许多多的事情要做，只有使顾客惊喜、超越顾客期望，才能最终实现顾客忠诚。

五、顾客维系

顾客可分为老顾客和新顾客。老顾客是指第二次或多次购买本品牌产品的顾客，新顾客是指第一次购买本品牌产品的顾客。当老顾客不断离去，新顾客不断到来，也就是说，企业总是在接待新顾客，这种情况称为顾客交叉状态。顾客交叉程度越高，企业经营的不稳定性越高。企业只有在保持老顾客的同时不断地吸引新顾客，才能获得稳定持续的发展。维系老顾客，也就是达到顾客忠诚，对企业具有重大意义。

从营销成本看，通常吸引新顾客的成本是保持现有顾客成本的5倍，进攻性营销明显比防守性营销成本高得多。为吸引新顾客，企业必须完成从不了解到了解、不信任到信任、不熟悉到熟悉、无偏好到有偏好的整个营销过程；而维系老顾客所要做的只是经常性的提醒，加深品牌在顾客心中的印象。所以重要的不再是把尽量多的产品卖给尽量多的顾客，而是说服一个已有的顾客更多地购买或者只购买自己企业的产品。

维系顾客的关键在于培养顾客对品牌和企业的忠诚度。顾客忠诚在现代企业经营中起着至关重要的作用，以下是维系顾客的主要途径。

1. 理解顾客的需求和期望

需求得到充分满足的顾客具有很高的忠诚度，而要做到这一点，首先就要理解顾客的需求和期望，透过顾客的眼睛来看自己的企业和产品是理解顾客需求和期望的有效途径。发现顾客真正需求的过程就是对产品品质的评估和对顾客基本需求进行判断的过程，其努力应放在满足顾客基本需求上。满足了顾客的需求，企业就会成为顾客采购商品时的首选对象。

2. 建立人人为顾客服务的观念和机制

要建立顾客对企业的忠诚，首先要建立企业对顾客的忠诚，从经理到员工都应当树立这样的一种认识：如果出现了什么问题，应首先假定差错出在企业自身，而不是想如何推到顾客身上。要处处为顾客的方便着想，不要把应当内部协调的事推给顾客，如顾客的投诉打到了财务部，财务部说不管这事，请顾客找技术服务中心，这就不是一种协调的做法。对顾客的任何推诿都是不合适的。

3. 有效响应顾客的问题和要求，达到顾客满意

并不是客客气气地对待顾客，但对问题却不予解决就可以的，那是一种在彬彬有礼的掩盖下对顾客的淡漠，是对顾客的最大伤害。正确的方法是不仅要听取问题，还要解决问题，并且今后避免类似问题的发生。第一步要对顾客所经历的不满意事实进行道歉和承认；第二步是倾听、问一些开导性问题；第三步要针对问题提出一种公平的化解方案；第四步要针对已经带来的不便或造成的伤害给予顾客一些具有附加价值的补偿；第五步要遵守诺言；最后要有跟进行动。

4. 传递高度的顾客满意

顾客的呼声必须成为企业的管理目标，只有当企业所有的部门和员工互相合作、共同设计和执行一个有竞争力的顾客价值传递系统时，营销部门才能有效工作。顾客满意应当在顾客及企业员工中得到传递，这可以使员工看到自己努力的结果，增进人与人之间的友好关系，加强员工对顾客满意的认识，更有效地激发员工的工作热情。

5. 建立顾客数据库

企业在每位顾客初次购买产品或服务时，通过数据库建立起详细的顾客档案，包括顾客的购买时间、购买频率、产品或服务偏好等一系列特征。企业借助顾客档案可准确找到目标顾客群，降低营销成本，提高营销效率。另外，利用数据库营销能经常保持与顾客的沟通和联系，强化顾客与企业的密切关系。这是实施关系营销的基础。

6. 制订接触计划

企业各部门与顾客的每次接触都有可能帮助企业发现潜在的机会。如果每一次接触都有好的沟通和交流，企业就可能发现顾客的潜在需求，就可以提高顾客满意度，从而与顾客建立和维持良好的关系。但是如果其中的一些接触效果不佳，反过来也会影响顾客对企业产品或服务的接触程度，影响顾客忠诚度的建立和提高。因此，通过接触以及接触过程中的信息交流，企业与顾客的联系得以巩固。企业接触计划包括两个方面的内容：一是要善于倾听顾客意见，从中捕捉机会；二是要善于处理顾客投诉，顾客不满意的危害已在前文有所论述。这是一种负责任式的关系营销。例如，许多企业已开通了顾客免费服务电话，很多家电厂家会举行回访活动等。

7. 频繁市场营销

频繁市场营销是指对多次重复购买的顾客予以奖励。它的基本原理体现了关系营销的核

心思想之一，即留住老顾客比争取新顾客更容易、更划算。通过重复购买，顾客在产品、产品用法及其竞争品牌产品的特点等方面都积累了一定的知识，企业只需要较少的关注就可以再次赢得顾客。频繁市场营销计划的成功来源于产品和服务的价值，企业必须给顾客以足够的理由再次选择自己的产品，如设立产品积分券等。

8. 顾客组织化

成立顾客俱乐部，俱乐部会员主要是企业的现有顾客和潜在顾客，俱乐部为会员提供各种特制服务，如新产品情报、优先销售、优惠价格等。顾客俱乐部的形成可以加强企业与顾客之间的相互了解，培养顾客对企业的忠诚；通过顾客情报反馈系统，了解顾客需求；通过俱乐部会员宣传企业的产品和服务。这是一种主动式的关系营销。比如海尔集团早在2000年2月就在全国48个城市成立了海尔俱乐部，凡购买海尔集团产品总量达到会员资格要求的消费者都有机会成为海尔俱乐部的会员，获得会员资格的消费者将享受延长保修期5年、参加俱乐部定期的文体活动、获赠半年当地报纸等一系列优惠政策。华为也组建了"花粉"俱乐部，提供了积分兑换、优惠券等措施。TCL也有自己的冰箱产品顾客俱乐部等。

9. 顾客化营销

顾客化营销又称定制营销。企业根据每位顾客的不同要求而提供不同的产品或服务，满足顾客的特殊需求。顾客化营销有利于企业与顾客建立并发展长期关系，因为产品或服务的提供是一对一的。顾客化营销的意义还体现在即便是标准化产品也可以对销售条件进行定制。顾客能在一系列合适的营销组合中进行选择，如送货条件、培训计划、付款方式、技术服务等。这是一种最高层次的伙伴式的关系营销。例如世界上应用此方式最为成功的戴尔计算机公司，首创计算机个人化定制销售，从而取得了巨大的成功。海尔集团根据不同用户的需求生产出了如洗土豆的洗衣机、超薄型电冰箱等几百种类型规格的产品。

10. 建立高度的转换壁垒

通过为顾客提供更多的价值，包括产品、情感等多方面的价值，设置顾客转换成本，防止顾客流失。

营销观念并非一定完美，顾客的要求也并非总是正确的，但这并不能成为不尊重顾客的理由。尊重顾客和让顾客满意与顾客永远正确是两回事，有时候需要纠正顾客的错误使其得到正确的满足，才能实现顾客满意。

第五节 酒店顾客管理经典案例

案例一 "特殊顾客"的"差别对待"

在一个相对安静的晚上，一位女士光临丽思卡尔顿酒店的 Arita 寿司餐厅。当意识到这位女士有听力障碍后，当值厨师 Nomura 先生用笔写下了所有的菜式，包括原料中鱼的品种以及鱼的产地。

女士拍下了她用餐时吃过的菜式。正在这时候，餐厅服务员 Tsubasa Ishi 先生发现，这位女士拍下了所有与丽思卡尔顿酒店有关的东西，包括大门、大堂、酒店内的装饰以及餐厅的宣传照。这让 Tsubasa Ishi 先生觉得，这位女士可能是一名丽思卡尔顿酒店的支持者。因此，Tsubasa Ishi 先生提出，在用餐过后带她参观酒店的餐厅。一开始她有点犹豫，但对此提议感到挺满意。在参观的过程中，她给映入眼帘的所有事物都拍下了照片。当她忙于拍照时，Tsubasa Ishi 先生从谷歌上搜到了一些简单的手语，包括"谢谢光临""很高兴为您服务"以及"路上小心"等。在她即将离开时，Tsubasa Ishi 先生向她展示了刚学会的手语。她微微地点头，离开了。就在她走向拐角处时，Tsubasa Ishi 先生看到了她眼角滑下的泪珠。Tsubasa Ishi 先生觉得很有成就感："那位女士肯定遇到过很多艰难困苦的时刻，但当她来到我们酒店，我们一定会把她看作是一名淑女并让她享受到温馨、放松的时光。" Tsubasa Ishi 先生第一次感到自己是一名服务专家，哪怕是在他的舒适区域以外。

优质服务，就是酒店在向顾客提供服务的过程中，让顾客产生舒适感、安全感甚至是宾至如归之感。用一个简单的等式表示，即优质服务＝常规服务＋增值服务。

案例二　丽思卡尔顿酒店的传奇

在品牌林立的奢华酒店"军团"中，丽思卡尔顿酒店可谓是一个传奇。它被众多的政要和名流视为出行下榻的首选，其中一个广为人知的故事是，时装天后可可·香奈儿在去世前的 37 年间，一直以巴黎丽思卡尔顿套房为家。

除了具备同类酒店的奢华感之外，这个创立于 1927 年、业务遍及 24 个国家和地区、员工近 4 万的品牌还有一个更为人乐道的特质，那就是堪称惊艳的"有温度的服务"。

1. 黄金标准：丽思卡尔顿酒店的"魂"

每个传奇都有精彩的开端，而丽思卡尔顿酒店（以下简称丽思）的精彩开端，是其一直引以为傲的一套独特的领导理念——黄金标准，该标准由丽思的创始人设定，作为永恒的遗产流传给后人，成为丽思不断发展的基础。

将这些标准精炼、易懂地传递给员工的，竟然仅是一张小小的折卡（见图 6-7），它被丽思人称为"信条卡"。在丽思，无论是总经理、管理人员还是普通员工，每个人都会随身携带一张这样的"信条卡"，上面明确写有黄金标准的全部内容，包括信条、座右铭、优质服务三步骤、员工承诺以及十二条服务信念等。

2. 奢华的甄选

丽思的创始人认为，再远大的使命和愿景，如果没有对这些理念高度认同、理解并高效执行的人，那么一切都将只是泡影。也正因为这样，丽思从创立伊始就格外注重"血统"，也就是"蓝血精神"。为了保证文化与理念、信仰与情怀的顺利传承，丽思坚持只选"对的人"，也就是那些能够为顾客提供超乎想象的体验的人。

如何找到"对的人"？丽思的秘诀就两个字：甄选。在找人这件事上，丽思的领导者反对使用"雇佣"这个词，因为性质的不同必然导致结果的不同。为了从一开始就引进"对的人"，丽思会通过多重面试等长期而又复杂的流程来严格甄选员工，在这一过程中，丽思还会深度结合顾问公司给出的意见，对候选人做出全面系统的评判，最大限度地确保找到"对的人"。

图 6-7　丽思卡尔顿折卡

延伸阅读

泰国东方饭店的"真功夫"

泰国的东方饭店堪称亚洲饭店之最，几乎天天客满，不提前一个月预订是很难有入住机会的，而且客人大都来自西方发达国家。泰国在亚洲算不上发达，但为什么会有如此诱人的酒店呢？大家往往会以为这是因为泰国是一个旅游国家，而且拥有世界上独特的表演，实际上东方饭店靠的是"真功夫"，是非同寻常的客户关系管理。

于先生因公务经常到泰国出差，并下榻东方饭店，第一次入住时，良好的酒店环境和服务就给他留下了深刻的印象，第二次入住时的几个细节更使他对酒店的好感迅速升级。

某天早上，在他走出房门准备去餐厅的时候，楼层服务生恭敬地问道："于先生是要用早餐吗？"他很奇怪，反问："你怎么知道我姓于？"服务生说："我们有规定，晚上要背熟所有客人的姓名。"这令于先生大吃一惊，因为他频繁往返于世界各地，入住过无数高级酒店，但这种情况还是第一次碰到。

于先生高兴地乘电梯到餐厅所在的楼层，刚刚走出电梯门，餐厅的服务生说："于先生，里面请！"他更加疑惑，因为服务生并没有看到他的房卡，就问："你知道我姓于？"服务生答:"上面的电话刚刚打下来,说您已经下楼了。"如此高的效率让于先生再次大吃一惊。

于先生刚走进餐厅,服务员微笑着问:"于先生还要老位子吗?"于先生的惊讶再次升级,心想:"尽管我不是第一次在这里吃饭,但最近的一次也有一年多了,难道这里的服务员记忆力那么好?"看到于先生惊讶的表情,服务员主动解释说:"我刚刚查过计算机记录,您在去年的6月8日在靠近第二个窗口的位子上用过早餐。"于先生听后兴奋地说:"老位子!老位子!"服务员接着问:"老菜单?一个三明治,一杯咖啡,一个鸡蛋。"现在于先生已经不再惊讶:"老菜单,就要老菜单!"于先生已经兴奋到了极点。餐厅赠送了一碟小菜,由于于先生是第一次看到这种小菜,他问:"这是什么?"服务员后退两步说:"这是我们特有的××小菜。"服务员为什么要先后退两步呢?他是怕自己说话时口水不小心落在客人的食品上,这种细致的服务不要说在一般的酒店,就是在美国最好的酒店中都难以见到。这一次早餐给于先生留下了终生难忘的印象。

后来,由于业务调整,于先生有三年的时间没有再到泰国。在于先生生日的时候,他突然收到了一封来自东方饭店的生日贺卡,里面还附了一封短信,内容是:"亲爱的于先生,您已经有三年没有来过我们这里了,我们全体人员都非常想念您,希望能再次见到您!今天是您的生日,祝您生日愉快!"于先生当时激动得热泪盈眶,发誓如果再去泰国,绝对不会到任何其他酒店,一定要住东方饭店,而且要说服所有的朋友也像他那样选择。就这样,一封贴着六元邮票的信买到了一颗心。这就是客户关系管理的魔力。

东方饭店非常重视培养忠实的客人,并且建立了一套完善的客户关系管理体系,使客人入住后可以得到无微不至的人性化的服务。迄今为止,世界各国大约20万人曾经入住过那里,用东方饭店的话说,只要每年有1/10的老客人光顾,东方饭店就会永远客满。这就是东方饭店成功的秘诀。

现在客户关系管理的观念已经被普遍接受,而且相当一部分企业已经建立起了自己的客户关系管理系统,但真正能做到像东方饭店这种程度的还不多见。很多企业仅仅是增加了一套软件系统,并没有在内心深处去思考如何贯彻执行,因此难见实效。实际上,客户关系管理并非只是一套软件系统,而是以全员服务意识为核心、贯穿于所有经营环节的一整套全面、完善的服务理念和服务体系,是一种企业文化。在这方面,泰国东方饭店的做法值得很多企业认真学习和借鉴。

希尔顿酒店集团的信条"微笑",还有一段感人至深的故事

现在的希尔顿酒店集团已经建在全球80多个国家和地区的土地上,旗下酒店达到了2700多家,员工达8万多人。从1919年建立第一家酒店开始,到今年已超过100年了,这么大型的一个酒店集团,之所以能够快速发展,是因为创始人希尔顿的经营理念。

希尔顿是美国人,生于1887年,曾服过兵役,参加过第一次世界大战。退伍后,希尔顿用父亲留下的2000美元和自己身上的3000美元在得克萨斯州买下了一家旅馆。凭借自己的聪明才智、良好的管理及独到的眼光，希尔顿很快就让 5000 美元变成了 5100 万美元，不得不说这是个奇迹。

他高兴地把这份收获告诉母亲，让母亲和自己一起享受这共同的喜悦。可是，母亲并不以为然，意味深长地对他说："照我看，你和以前没什么不一样，不一样的只是你的领带有些脏。"一盆冷水浇得希尔顿透心凉。他母亲接着说："你要想把旅馆长期经营下去，就要想一个办法，让住过希尔顿旅馆的人住了第一次还想住第二次、第三次。这个办法必须是简单、容易、不花钱而可持久的。只有想出这个办法，希尔顿旅馆才有前途。它比 5100 万有用得多。"

母亲的这番话让希尔顿幡然醒悟，自己现在沾沾自喜，满足于现状，没有大格局，这也是自己现在面临的问题。什么是钱买不来的？什么能让客人住了还想住？希尔顿冥思苦想却一直没有结果。于是他扮作顾客去一些商店或旅馆消费，以顾客的身份参观和感受。终于他找到了满足母亲要求的方法：微笑。

希尔顿经营旅馆的座右铭是："你今天对客人微笑了吗？"微笑成了希尔顿酒店的经营信条，并落实到每一位员工，要求员工即使很辛苦、心情不愉悦也必须对顾客微笑，如有违反，轻则罚款，重则开除。希尔顿本人在 80 岁高龄时，还不停奔赴在各个国家的希尔顿酒店，目的就是看看各个酒店的微笑有没有落实到位。

希尔顿酒店能在酒店行业里成功，就在于创始人希尔顿的大格局，成功的秘诀就在于"微笑的影响力"。微笑，是一个人内心真诚的外露，它能够感染人且富有穿透力。这也是希尔顿酒店让客人来了一次就忘不了，还想来第二次、第三次的秘诀。

在经济学家眼里，微笑是一笔巨大的无形财富；在心理学家眼里，微笑是最能说服人的心理武器；在服务行业，微笑成了一张张响当当的名片。一个人可以没有财产、没有学历，但只要有信心、有一张微笑的脸，就有了成功的希望。"微笑，它不花费什么，但却创造了许多成果，它丰富了那些接受的人，而又不使给予的人变得贫瘠，它在一刹那间产生，却给人留下永恒的记忆！"

思考与习题

1. 简述顾客的相关定义，以及酒店与顾客保持长期关系的方式。
2. 简述酒店顾客的分类方法。
3. 酒店内部顾客价值与外部顾客价值如何区分？
4. 简述了解顾客需求的方法。
5. 顾客满意度的概念是什么？影响顾客满意度的因素有哪些？
6. 简述顾客满意指标体系。简述美国顾客满意指数（ACSI）模型、欧洲顾客满意指数（ECSI）模型与中国顾客满意指数（CCSI）模型。

第七章　酒店采购管理

学习目标

了解酒店采购管理的基本要求。

熟悉酒店采购部的工作流程。

了解酒店采购部的岗位职责。

掌握并能够填写采购部相关的表格。

重点

酒店采购部的工作流程。

酒店采购部的岗位职责。

采购部相关的表格。

难点

酒店采购部的工作流程。

采购部相关的表格。

导入案例

T酒店的食材投诉该如何处理才好?

T酒店的临时月度会议上,总经理张平一直紧皱着眉头,各部门的负责人也是提心吊胆,既担心会遭到总经理的严厉批评,也为自己部门日后的收益感到担心。T酒店最近接到很多客人关于食材不新鲜的投诉,甚至发生了一起海鲜中毒的事件,同时还存在客人需要某些物品而酒店没有等其他问题。这样的事情虽然以前也偶尔发生过,但从没像现在这样集中:一方面是由于酒店最近推出大量折扣优惠,吸引了大批客人;另一方面,天气的炎热也给食物的质量带来了隐患。事发后,张平立马将月底的总结会议提前,他相信肯定是酒店采购管理环节出了问题。T酒店是一家老牌五星级酒店，开业至今已经有20多年，拥有许多优质的老客户。酒店拥有约800间客房，拥有可容纳1200人的商务会议场所。酒店还配有国际标准的酒吧和餐厅，包括日本料理、上海本帮菜、港式粤菜、美国风味和其他国际特色的风味。入住T酒店的客人往往会直接在酒店内部用餐。食材不新鲜或短缺，不仅影响酒吧和餐厅的经营，还将给酒店的整体信誉带来恶劣的影响。

思考：T酒店的食材不新鲜，在采购流程上应该如何避免？

第一节 酒店采购管理制度

酒店采购是指采购部门按需提出采购计划、审核计划、选好供应商，经过商务谈判确定价格、交货及相关条件，最终签订合同并按要求收货付款的过程。为使酒店的采购工作制度化、规范化，酒店应合理控制成本，强调责任指标到人以提高工作效率，并制定相关的制度。

酒店设立专职采购部，隶属酒店财务部管理，接受财务总监、财务部、集团稽查部及其他部门的监督。采购部全面负责酒店的采购工作。采购部在财务总监的领导下，接受财务部的监督、检查，实行部门经理负责制，下设饮食原料采购主管、物资采购主管和提运主管。采购部是负责酒店所有物资采购供应的职能部门，其采购范围主要有饮食原料、餐具、酒具、烟酒、客房用消耗品、陈设用品、针棉织品、清洁用品、印刷品、机械设备、木器家具、其他器具、办公用品、花卉等2000多个品种。管理员负责协调，共同严格控制库存，既保障供应，又合理使用资金。采购部在实行采购计划管理和库存定额管理的同时，严格执行货比三家，尽可能地按照"保证质量要求、就近采购、分批进货、合理库存"的原则，使采购的每一项物品既能符合酒店服务水准和要求，又能降低采购费用和库存物资对资金的占用，从而达到降低成本的目的。

同时，采购部的职能还包括：一方面按质、按量、按时地满足酒店各部门对各类物资的需求；另一方面，主动为物资使用部门服务，积极开拓货源市场，了解市场各类物资的新品种，主动向使用部门推荐，做好使用部门的参谋。

一、采购部工作基本要求

1）所有采购项目均须董事会签批授权及酒店财务部批准同意。

2）所有采购物品均须比较至少三家的价格和品质，月结类物品每月每一类至少有三家供货商提供报价单。

3）所有采购物品的品质须保持一贯稳定。

4）采购部工作人员须对自己采购物品的价格和品质负责。

5）采购部须每半个月一次通过电话、传真、外出调查、接待厂商等方式获取酒店使用的各类物品主要品种的价格信息并整理成价格信息库，以书面形式汇报给酒店财务部及董事会。

6）对于所有供应商名片、报价单、合同等资料及样品，采购部须登记归档并妥善保管，有人员变动时须全部列入移交。对于上述资料及采购人员自购物品价格信息，采购部每天须录入至采购部价格信息库。

7）采购时间方面：一般物品采购时间为三天，急用物品当天必须采购回来，印刷品、客房一次性用品、布草等则须提前一个月下单采购。

8）采购部禁止采购任何未下申购单的物品，否则财务部将不予以报销。

9）禁止使用部门自行采购物品或私自与供应商洽谈采购事宜。

10）采购部负责跟进各协作厂商的货款，及时签批支付事宜，及时支付到期的应付账款，以建立酒店良好形象，维护酒店财务信誉，同时也为日后的采购工作提供便利。

二、采购审批程序

1）申购单审批程序：使用部门经理（仓库主管）资产会计复查，董事同意采购部询价，经过财务总监→稽查部→行政办公室→董事会审批之后，申购单返回采购部。

2）单位价值1000元以下或批量价值在2000元以下的由采购部现金自购的物品，采购部须事先货比三家，并在申购单上注明询价结果和选定的供应商，经董事会最后批准后方可采购。酒店财务部和集团稽查部将对价格及品质进行不定期抽查。

3）单位价值1000元以上或批量价值在2000元以上的物品的采购审批程序是采购部寻找至少三家供应商比较价格品质，评定小组确定供应商，采购部与供应商共同草拟合同或采购协议，经财务审批、行政办公室审批、董事会审批盖章或签字后，执行合同或协议（评定小组由采购部、使用部门、财务部、主管副总、集团稽查部组成）。

4）赊购（月结）物品采购审批程序：蔬菜、肉类、冻品、海鲜、水果等由各厨主厨直接下单至采购部。其他物品按上述第1）2）3）审批程序执行。各月结供应商选定办法：采购部每月每类物品均应邀请至少三家供应商报价，采购部、使用部门、主管副总、财务部和集团稽查部组成供应商评定小组，通力合作，进行价格及质量的比较和讨论，选定供应商。采购部及上述相关部门可分头或联合组织市场调查，根据市场调查的价格，与供应商确定固定的一个月的供应价，在此确认期间内，供应商将按此固定价格提供酒店所需的物料。

三、采购监督

采购成本的控制由财务部、采购部、使用部门及集团稽查部共同完成，平时各部门应及时到市场上了解价格行情，以促进酒店采购成本的控制与监督。

1）所授权采购的物品，分为供货商月结物品和直接到市场采购物品两类。授权生效时酒店必须成立供应商评定小组，每月对各类物品进行分析（包括但不限于物品的用量、价格、品质等），将物品进行分类（无论是供应商月结，还是直接到市场采购，最终都要形成文件，由评定小组会签确认，酒店财务部存档备查，并抄送一份给酒店管理公司），部分物品可以先定为直接到市场采购的方式，待条件成熟时转为供应商月结。

2）月结的供应商选定，采购部对已经确定供应商月结的物品，应邀请至少三家供应商报价，由供应商评定小组进行价格及品质的比较和讨论，为各类月结物品选定供应商，各部门可分头组织市场调查，根据市场调查的价格，定期与供货商确认固定期间的供应价格，在此确认期间（时限长短根据当地市场情况，由评定小组决定），供应商将按此固定价格提供酒店所需物品（形成会议纪要，评定小组部门负责人进行会签并抄送酒店管理公司）。

3）酒店财务部制定仓存物品的采购线（即最高库存量及最低库存量，补仓不能超过最高库存量，储存不能低于最低库存量）。采购线由仓库人员初步编制；酒店财务成本会计根据以往相关物品的使用量及经营情况进行合理分析，审定出各物品的采购线；财务负责人签名确认后，呈酒店总经理审批实施。审批后的文件由仓库及成本会计存档备查，并按实际情况定期更新，财务部对每次部门申购数量进行认真审核监督，避免因物品积压而造成浪费。

4）酒店财务部对物品价格进行认真监督，必须每月组织人员对酒店各类物品进行不同市场的价格调查，每月一次通过电话、传真、网络、外出调查等方式获取酒店各类物品（包括非授权物品）的价格信息，整理后存入价格信息库，以书面报告形式上报酒店总经理办公室，并抄送集团管理公司总经理办公室及集团财务部。

5）对正常物品的申购，酒店驻店采购接到申购单后必须在一个工作日内回复意见，酒店财务部接到申购单后必须在一个工作日内回复意见后报送到总办审批，有特殊物品的需求或者对价格及品质有其他意见的，也必须在一个工作日内反馈意见给申购部门。

四、供应商管理

1）财务部应定期（每月或每季度）牵头，组织财务部、采购部、使用部门及集团稽查部对供应商进行评估（酒店每类物品须有至少三家供应商），淘汰部分不合格供货商。

2）选用供应商可采用"1+2+N"原则。所谓"1+2+N"是指1类商品1个主要供应商、2个辅助供应商、N个考察供应商。这类商品只有1个主要供应商，大约70%的物品从主要供应商处购买。2个辅助供应商提供大约20%的物品。一旦主要供应商出现问题，其他供应商就能立即顶替。数量不限地考察供应商，既能够使辅助供应商有强大的后备力量，也能够使酒店在采购极其特殊物品时无购买死角。

3）采购部要做好与供应商的联系和接待等工作，维护酒店形象。

第二节　酒店采购部工作流程

一、酒店采购部工作基本流程

根据酒店的采购管理制度，酒店的采购部有严格的工作流程。

（一）请购流程

1. 请购程序的分类

整个采购部的工作是从请购开始的，请购一般分为两类：一是总仓库需储备各个部门使用的物品，凡仓库储备的物品均由仓库领班提出补货申请；二是仓库储备以外的物品由各使用部门直接填写请购单，提出补货申请。

2. 请购单的填写时间

须提前 10 天填妥请购单；整个流程从总经理审批、通知供应商或者采购部直接到市场采购，应尽量在 7 天内完成。总仓库定制物品（物料）须提前 30 天申购，且必须注明需到货日期，这样便于安排供应商的生产及送货周期。酒水饮品要求供应商每星期送 1~2 次货物，有效保证仓库周转率的完成。

（二）定价程序

1. 物品的定价

对于库存物品的采购，酒店一般都有固定的供应商。确定供应商时，首先由采购员提供三家以上（必须不少于三家）供应商报价，经权衡物品价格、质量、送货日期等，由采购经理报财务总监审定，财务总监审定后确认供应商，报总经理备案。

对于采购员所提供的供应商，使用部门、财务部要对其所提供的产品进行背景调查，对产品的价格、品种、信誉，尤其是同行对供应商物品的使用回馈信息等做相应的评判，可以要求供应商说出它们的产品对哪些酒店提供服务，也可以和同行的使用人员进行交流，以清楚供应商的具体情况。最后使用部门、采购部和财务部共同抉择选用哪家供应商的产品。

2. 餐饮原材料的定价

餐饮原材料因为季节因素价格波动非常大，成本控制相应地也有些难度。供应商直送厨房的海鲜、水产、家畜、肉类、水果、粮油制品等，实行 15 天报价审批制度，报价时间每 15 天一次。

采购部于报批时间前分类填好供货价格审核表，包括供应商报价、采购部核准价及供应商联系资料，交行政总厨确认签字、交成本主管审核；成本主管根据历史数据、市场调查，审核价格或做出价格调整，交财务总监批准后执行。批准后的供货价格审核表应发行政总厨、成本主管、收货部、供货商、采购部各一份。收货部凭此检查供货价格。

厨师长应掌握市场价格变化信息，经常与采购部保持联系，对降幅较大的菜类应大力推销，以最低的成本提供每周特价菜肴。

(三) 采购程序

所有有效的请购单到达采购部后，采购部按请购单上报先后顺序，分轻重缓急安排采购计划。

1. 采购物品到货周期

每日直送类菜食须请供应商于当日上午9：30之前到货，员工食堂菜食9：00前到货。为避免员工食堂跟营业中心的厨房之间验货冲突，员工食堂尽量8：00前验货，然后是营业中心厨房的验货。

需要注意的是，员工食堂跟营业中心厨房的原材料是同一家供应商送货，要避免验货中间发生错误。根据员工食堂和营业厨房的原材料验收标准，请供应商分类放置原材料，然后按照顺序依次验收员工食堂、营业厨房的原材料。

2. 请购单的注意事项

请购单一式四联，落实采购计划后，采购部须将请购单分送收货部，以便做好验货准备。

酒店需要相关部门一起做好验货工作，对于厨房直送原材料，各厨房厨师长（或指定负责人）包括员工食堂负责人，必须每天到收货部验收质量；对于工程材料，工程部参与质量验收，财务部则负责验收数量、价格。

(四) 收货程序

1. 请购单作为收货凭证

验收员必须根据已获批准的请购单、合同清单复印件等验收。采购部根据不同到货时间，将相关资料交收货部作为收货凭证。无任何收货凭证的物品，验收员有权拒收。

2. 被验物品的审核

被验物品的品种、规格、质量、数量必须与随货凭证、被批准的请购单相符，包装的食品原料应注明厂家名称、厂址、商标、生产日期、保质期限、质量标准、包装规格等；进货物品如有合同或小样，应根据合同标准和封存小样进行验收；送货数量上下浮动不得超过10%。

3. 收货时间

入库物品由仓管员在收货单上签收并将物品入库储存。部门急需物品到货时，仓管员须马上通知使用部门。

厨房直送原材料或其他部门直送物品到货，直接通知相关部门领货。每天上午的直送物品，收货部须于每天下午 3：00 前完成收货记录；下午的直送物品，须于下班前完成收货记录。

行政总厨或部门负责人须及时在收货记录上签收。收货部须于第二天上午将收货记录送成本办公室；成本办公室将各部门负责人或指定收货人的签名收货记录，作为部门成本费用入账原始凭证。

二、酒店各类物品采购工作流程

（一）仓库补仓物品的采购工作流程

仓库的每种存仓物品，均应设定合理的采购线，在存量接近或低于采购线时，即需要补充货仓里的存货，仓库主任要填写一份仓库补仓"采购申请单"，而且采购申请单内必须注明以下资料：

1) 货品名称，规格。
2) 平均每月消耗量。
3) 库存数量。
4) 最近一次订货单价。
5) 最近一次订货数量。
6) 提供本次订货数量建议。

采购申请单经董事签批同意后送采购部经理初审，采购部经理在采购申请单上签字确认，并注明到货时间。采购部经理审批同意后，采购人员按仓库"采购申请单"内容要求，在至少三家供应商中比较，选定相应供应商，提出采购意见，按酒店采购审批程序报批；经董事会批准后，采购部立即组织实施，一般物品要求在 3 天内完成采购，如有特殊情况，要向主管领导汇报。

（二）部门新增物品的采购工作流程

若部门欲添置新物品，部门经理或各餐厅总厨应撰写有关专门申请报告，经董事会审批后，连同"采购申请单"一并送交采购部。采购部经理审批同意后，按"采购申请单"内容要求，在至少三家供应商中比较，选定相应供应商，提出采购意见，按酒店采购审批程序报批；经董事会批准后，采购部立即组织实施。

（三）部门更新替换旧有设备和物品的采购工作流程

如部门欲更新替换旧有设备或旧有物品，应先填写一份"物品报损报告"给财务部及董事会审批。经审批后，将一份"物品报损报告"和采购申请单一并送交采购部，采购部须在采购申请单内注明以下资料：

1）货品名称、规格。

2）最近一次订货单价。

3）最近一次订货数量。

4）提供本次订货数量建议。

采购部在至少三家供应商中比较价格和品质，并按酒店采购审批程序办理有关审批手续，经董事会批准后，组织采购。

（四）鲜活食品、冻品的采购工作流程

蔬菜、肉类、冻品、海鲜，水果等物品的采购申请，由各酒吧、各部门总厨或主管，根据当日经营情况，预测明天用量，填写每日申购单交采购部，采购部当日下午以电话落单或第二日直接到市场选购。

（五）燃料的采购工作流程

采购部根据营业情况与工程部编制每月燃油、石油气、柴油采购申购计划，填写采购申请单，按酒店采购审批程序办理，并组织实施。

（六）维修零配件和工程物料的采购工作流程

工程仓库的日常补仓由工程部填写"采购申请单"，且采购申请单内必须注明以下资料：

1）货品名称、规格。

2）平均每月消耗量。

3）库存数量。

4）最近一次订货单价。

5）最近一次订货数量。

6）提供本次订货数量建议。

大型改造工程或大型维修活动时，工程部须做工程预算表，并根据工程预算表项目填写"采购申请单"（"工程预算表"附在"采购申请单"下面），而且"采购申请单"内必须注明以下资料：

1）货品名称、规格。

2）库存数量。

3）最近一次订货单价。

4）最近一次订货数量。

5）提供本次订货数量建议。

以上"采购申请单"经董事签批同意后送采购部经理初审，由采购部组织采购。

第三节　酒店采购部岗位职责

采购部是负责酒店采购工作的职能部门。采购部在酒店统一管理下，根据实际工作要求，适时、适量、适价、经济合理地采购各部门所需要的物品，确保酒店经营活动的正常进行。图 7-1 是一家大型酒店采购部的组织架构图。

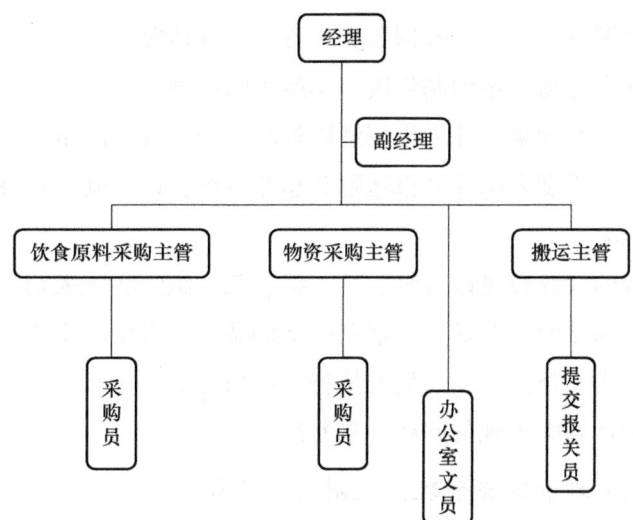

图 7-1　某大型酒店采购部组织架构图

一、经理岗位职责

（一）岗位工作说明书

酒店采购部经理岗位说明书见表 7-1。

表 7-1　经理岗位工作说明书

部门：采购部	班组
姓名：	直接上级：财务总监
岗位：经理	直接下级：副经理及主管
班次：行政班	工作时间：8：00—12：00；14：00—18：00
工作职责：在财务总监的统一领导下，负责制订宾馆饮食原材料、物资、工作服装的采购供应计划，正确领导采购供应工作。	
工作原则：廉洁奉公、不谋私利、坚持原则、有较强的事业心和责任感。	
工作内容： 1. 制订采购计划，并负责组织实施。 2. 严格执行计划管理和定额管理，控制采购成本。 3. 加强与其他部门的协调，主动征求意见。 4. 加强对本部门工作的指导、检查，关心和支持工团组织活动，增强凝聚力，促进本部门工作。	

(二) 工作项目程序与标准说明书

1. 制订采购计划，并负责组织实施

(1) 制订采购计划

1) 严格执行国际国内的经济法规和财经纪律，熟悉经济活动中的政策界线，掌握采购策略。

2) 了解客房的客源及以往各年各部各类物资的消耗情况。

3) 根据库存量和在途物资量编制年度、季度采购计划。

4) 将编制的年度、季度采购计划报请酒店最高领导审查、决策。

5) 将编制的年度、季度采购计划报送财务总监审核，以正确、合理地使用资金。

(2) 负责组织实施

1) 根据库存物资的库存数量以及轻、重、缓、急，组织实施采购计划。

2) 根据计划采购物品所用金额，报请财务部协调，负责组织实施采购计划。

3) 负责领导、落实、督促采购计划的执行完成情况。

4) 及时解决采购计划中出现的问题，果断决策。

2. 严格执行计划管理和定额管理，控制采购成本

(1) 严格执行计划管理

1) 根据客源，结合往年情况，预测物资消耗量。

2) 根据使用部门的要货计划，分析、研究、调查，加强计划管理。

(2) 定额管理

1) 审核以往年度各类物资的使用定额是否合理。

2) 审核定额消耗上有无浪费。

3) 根据情况合理制定新的定额。

(3) 控制采购成本

1) 了解掌握进货渠道、价格、质量。

2) 熟悉掌握市场物资购销价格。

3) 检查每次物资采购的质量、价格，检查有无短缺现象。

4) 控制进货批量和次数，节约采购储运费，控制采购成本。

3. 加强与其他部门的协调，主动征求意见

(1) 主动帮助

1) 全面了解各部门物资使用情况并给予帮助。

2) 对有特殊用途的紧急物资，积极、主动、按时、按质购回。

(2) 征求意见

1) 及时处理本部门的投诉，主动征求使用部门的意见。

2) 正确对待意见，认真改进工作。

4. 加强对部门工作的指导、检查，关心和支持工团组织活动，增强凝聚力，促进本部门工作

(1) 加强对部门工作的指导、检查

1) 加强政治思想工作。

2) 加强业务技能知识的培训。

3) 定期对员工进行考评。

4) 检查、指导、帮助本部门员工的工作。

(2) 关心和支持工团组织活动

1) 关心工团组织的健康活动，为活动提供方便。

2) 对工团组织在工作中所做出的成绩要给予充分的肯定。

(3) 增强凝聚力，促进本部门工作

1) 联系群众，深入基层。

2) 关心职工生活，廉洁奉公，不谋私利。

3) 提出的意见，只要对工作有利，就应采纳。

二、副经理岗位职责

(一) 岗位工作说明书

酒店采购部副经理岗位工作说明书见表 7-2。

表 7-2　副经理岗位工作说明书

部门：采购部	班组
姓名： 岗位：副经理 班次：行政班	直接上级：采购部经理 直接下级：采购部主管 工作时间：8：00—12：00；14：00—18：00

工作职责：协助经理制订伙食原料、物资、工作服装等采购计划。
工作原则：廉洁奉公、坚持原则、作风民主、责任心和组织观念强。

工作内容：
1. 根据市场行情、物资使用和消耗情况，制订采购计划，选择最佳的采购方式，严格控制采购成本。
2. 定期检查本部门工作完成情况，完善岗位职责。
3. 负责部门工作计划，处理和协调采购、保管、验货、使用部门的关系。
4. 经理外出时，负责部门的日常运转和管理工作。

(二) 工作项目程序与标准说明书

1. 根据市场行情、物资使用和消耗情况,制订采购计划,选择最佳的采购方式,严格控制采购成本

(1) 了解整体物资与市场情况

1) 对各种物资进行全方位的调查、了解、分析。

2) 对酒店物资的进货渠道要有所了解和掌握,包括进销价格。

3) 经常了解市场行情,掌握现行的市场价格。

(2) 了解物资使用和消耗情况

1) 听取使用部门对物资使用情况的意见,并及时改进。

2) 了解物资消耗的全部情况。

3) 了解物资消耗超额的原因所在。

4) 写出书面报告,以便及时修订采购计划。

(3) 制订采购计划

1) 综合各方面因素,制订采购计划。

2) 分别按年度制订、季度制订、月度制订采购计划。

3) 组织实施采购计划。

(4) 选择最佳的采购方式,严格控制采购成本

1) 以最佳的采购方式进行采购。

2) 减少进货环节,控制进货批量和次数,节约采购费用。

2. 定期检查本部门工作完成情况,完善岗位职责

(1) 检查本部门工作完成情况

1) 每周全面检查本部门全部工作完成情况。

2) 了解采购、保管等工作情况是否按计划完成。

3) 及时处理存在问题,以保证工作正常运行。

(2) 完善岗位职责

1) 负责员工的考勤、考核。

2) 落实检查安全消防工作。

3) 检查落实岗位责任制职责。

4) 进一步完善岗位职责。

3. 负责部门工作计划,处理和协调采购、保管、验货、使用部门的关系

(1) 负责部门工作计划

1) 处理本部门内部日常行政事务。

2）负责本部门工作职责范围内各项工作书面文件的审核、审定工作。

3）负责本部门工作职责范围内所有员工的考评工作，参与本部门人员编制设定、录用招聘、转正、解聘工作，改善部门人力资源的质量。

4）主持部门内部会议的召开。

（2）处理和协调采购、保管、验货、使用部门的关系

1）确保采购环节工作有序进行，采购人员在给定的价格范围内按照采购计划采购合适的物品。

2）根据物品验收和保管标准，确保验收和保管环节工作有序进行，了解定期盘点和督查的情况。

3）负责协调本部门与其他使用部门间关系，解决争议。

4. 经理外出时，负责部门的日常运转和管理工作

1）服从经理安排并完成经理交办的各项工作任务。

2）负责经理外出期间重大突发情况的及时处理和后续跟踪。

3）待经理回来时，应主动向经理汇报这一段时间的工作情况。

三、饮食原料采购主管岗位职责

（一）岗位工作说明书

酒店采购部饮食原料采购主管岗位工作说明书见表7-3。

表7-3 饮食原料采购主管岗位工作说明书

部门：采购部	班组：饮食原材料采购
姓名：	直接上级：采购副经理
岗位：主管	直接下级：采购员
班次：行政班	工作时间：8：00—12：00；14：00—18：00

工作职责：参与采购计划编制，执行采购物品的存储与分发，搜集采购物资信息，为上级制定采购决策提供依据。
工作原则：工作主动负责，坚持原则，不谋私利。

工作内容：
1. 负责执行和完成饮食原材料采购计划。
2. 分析比较采购员调查的市场行情，降低采购成本。
3. 检查当日应到货情况，确保正常供应。
4. 审核采购合同。
5. 协调关系，负责采购知识和业务的培训。

（二）工作项目程序与标准说明书

1. 负责执行和完成饮食原材料采购计划

（1）掌握情况

1）每日了解和掌握当日计划的执行和次日计划的安排情况。

2) 每日检查落实采购任务的基本情况。

3) 抽查数量、质量、价格等是否合理和合乎规定。

(2) 检查督导

1) 督促和检查采购人员工作任务的进度。

2) 来回走访验收组、仓库保管、厨房等处，了解和检查采购工作的质量与效率。

3) 所有采购回来的饮食原材料，都必须亲自检查，然后办理入库手续。

2. 分析比较采购员调查的市场行情，降低采购成本

(1) 分析比较

根据采购员提供的市场行情，以及根据自己调查掌握的市场情况，综合分析和比较，制订合理的采购计划。

(2) 降低成本

1) 督促和检查采购人员工作任务的进度。

2) 尽量就近采购，减少运输费用，努力降低成本。

3. 检查当日应到货情况，确保正常供应

(1) 检查到货情况

1) 了解并掌握当日和次日购货计划。

2) 检查当日应到货情况，处理"应到未到"特殊情况。

3) 检查到货的全部情况。

(2) 保证正常供应

1) 根据厨房提出的特别计划，安排采购人员紧急采购。

2) 保证宴会和就餐客人的正常供应。

4. 审核采购合同

(1) 学习掌握

学习掌握经济合同有关方面的政策、法规和知识。

(2) 加强领导

1) 审核合同中的内容是否全面合理。

2) 审核合同是否符合有关政策和经济合同规定。

3) 审核合同中的价格、数量及质量是否符合酒店要求。

4) 审核合同所签的交货日期是否符合酒店要求。

5) 对合同中不妥之处提出修改意见。

5. 协调关系，负责采购知识和业务的培训

(1) 协调关系

1) 主动征求餐厅、厨房对采购工作的意见。

2) 根据不同的意见，及时制定出相应的措施，以杜绝同类问题的再次出现。

3) 协调采购、保管、厨房多个环节的关系，避免可能出现的问题。

(2) 有关知识的培训

1) 负责组织采购知识和业务知识学习。

2) 每月定期组织学习 1~2 次。

3) 每半年组织一次有关知识的考核。

四、饮食原料采购员岗位职责

(一) 岗位工作说明书

酒店采购部饮食原料采购员岗位工作说明书见表 7-4。

表 7-4 饮食原料采购员岗位工作说明书

部门：采购部	班组：饮食原料采购
姓名：	直接上级：采购部主管
岗位：原料采购员	直接下级：
班次：行政班	工作时间：8：00—12：00；14：00—18：00

工作职责：负责饮食原料的采购工作，及时、准确、按质完成分配的工作。
工作原则：不谋私利、品格高尚。

工作内容：
1. 负责饮食原料的询价和采购工作。
2. 及时、准确、按质完成分配的工作。
3. 做好市场行情调查，开拓供货渠道，努力降低采购成本。

(二) 工作项目程序与标准说明书

1. 负责饮食原料的询价和采购工作

(1) 饮食原料的询价

1) 随时了解和掌握市场饮食原料的品格和价格。

2) 个别价格变动或提价较大的情况，应向本部门、使用部门通报，并说明原因。

3) 对饮食原料的基本价格，应做到随时、全面掌握。

(2) 采购工作

1) 汇总、分类使用部门报来的请购单。

2) 请部门主管审核签字。

3) 按照请购单上的品名、数量，多家询价、比质比价，选质优价廉者，及时采购。

2. 及时、准确、按质完成分配的工作

(1) 及时准确掌握货源

1) 掌握各项饮食原料的销售点及货源情况。

2) 按请购单上的品名和质量要求选择合适的采购点。

(2) 按质完成分配的工作

1) 根据采购计划、部门请购单，按需按质采购。

2) 依照采购标准，按质采购。

3) 完成临时交办的采购任务。

4) 对于紧急请购单，必须及时采购，保证货源供应。

3. 做好市场行情调查，开拓供货渠道，努力降低采购成本

(1) 市场调查

1) 定期对伙食原料市场价格、品种及质量进行调查。

2) 对市场价格、品种、质量进行比质、比价。

(2) 开拓供货渠道，降低采购成本

1) 根据调查情况，通过比较，选择适合酒店质量要求、价格合理、货源稳定的进货渠道。

2) 不断开拓新的品种与货源，努力降低采购成本。

五、物资采购主管岗位职责

(一) 岗位工作说明书

酒店采购部物资采购主管岗位工作说明书见表7-5。

表7-5 物资采购主管岗位工作说明书

部门：采购部	班组：物资采购
姓名： 岗位：物资采购主管 班次：行政班	直接上级：采购部经理 直接下级：物资采购员 工作时间：8：00—12：00；14：00—18：00
工作职责：在部门经理领导下，负责安排、督导、检查物资采购计划的执行和完成情况。 工作原则：坚持原则、不谋私利、责任心强。	
工作内容： 1. 负责编制物资采购计划，并负责督促执行。 2. 分析、比较市场行情，降低采购成本。 3. 审核采购合同，确保正常供应。 4. 加强采购业务培训、管理和督导工作。	

(二) 工作项目程序与标准说明书

1. 负责编制物资采购计划，并负责督促执行

(1) 编制物资采购计划

1) 根据调查情况等，进行综合分析。

2）结合相关情况，编写年度采购、季度采购、月度采购计划，将计划报送部门经理审批。

（2）组织完成物资采购计划

1）检查物资采购计划的执行情况。

2）督促采购工作完成的进度。

3）检查采购工作的质量与效率。

4）对所有物资的进货渠道、价格、质量进行控制。

2. 分析、比较市场行情，降低采购成本

（1）分析、比较市场行情

1）对市场行情进行调查。

2）根据采购员提供的市场行情进行分析。

3）综合分析、比较各种信息。

4）制订合理的物资采购计划。

（2）降低采购成本

1）开拓采购渠道。

2）减少进货次数。

3）根据掌握的市场行情，确定最佳采购方案。

4）就近采购，减少运输费用，努力降低成本。

3. 审核采购合同，确保正常供应

（1）掌握合同有关规定

1）掌握经济合同法、价格政策相关知识。

2）认真学习财政税法、财经纪律。

（2）审核采购合同

1）审核合同中的内容是否全面，合理减少进货次数。

2）审核合同有关条款是否符合酒店的要求。

3）审核合同是否按有关政策和经济规律办事。

4. 加强采购业务培训、管理和督导工作

（1）加强引导

1）定期组织采购业务知识的学习。

2）定期组织学习有关法律法规。

3）每半年组织一次相关知识考核。

（2）管理、督导

1）检查采购员工完成采购业务的情况。

2）督导采购工作的正常运行，及时完成任务，保证供应。

3) 加强对采购工作各环节的管理。

六、物资采购员岗位职责

(一) 岗位工作说明书

酒店采购部物资采购员岗位工作说明书见表7-6。

表 7-6 物资采购员岗位工作说明书

部门：采购部	班组：物资采购
姓名：	直接上级：物资采购主管
岗位：物资采购员	直接下级：
班次：行政班	工作时间：8：00—12：00；14：00—18：00
工作职责：负责客房消耗用品、针织棉织、陈设、办公、劳保用品与工作服装，以及工程物品和工程材料等物资的采购工作。	
工作原则：不谋私利、品格高尚。	
工作内容： 1. 负责物资的询价和采购工作。 2. 积极、主动地对酒店用品的市场变化情况进行调查。 3. 积极收集新产品的信息，向使用部门推荐。 4. 做好物资的验收和入库。 5. 负责工作服装面料和劳保用品的询价、调查与联系工作。 6. 建立工作服装档案卡片，提供酒店工作服装发展趋势等方面的信息。 7. 完成工作服装的制作，保障员工使用。	

(二) 工作项目程序与标准说明书

1. 负责物资的询价和采购工作

(1) 物资询价

1) 熟悉市场物资的价格，对物资价格进行经常性调查。

2) 与多家联系，询价，比质比价，选择品质优良、价格合理者。

3) 在调查、掌握物资价格的基础上进行分析，为具体采购工作提供信息。

(2) 采购

1) 根据年度计划和部门工作安排进行采购。

2) 与多家联系，询价，比质比价，选择品质优良的供应商并及时采购。

3) 对临时紧急物资进行紧急采购，确保供应。

4) 根据使用部门的请购单，经本部门主管签字同意，严格按请购单上的品名进行采购。

2. 积极、主动地对酒店用品的市场供求变化情况进行调查

(1) 熟悉酒店用品

1) 熟悉特殊用品、一般用品、专业用品。

2) 对各种用品的性能进行较全面的了解。

（2）调查市场供求变动

1）了解市场物资的供求变化，掌握货源情况。

2）调查市场供求时应充分考虑使用部门的用量，为保证使用部门正常工作应提前做好准备。

3）如果市场供应发生变化，则立即上报，及时决策，以免影响工作。

4）物资供应调整情况分析，报本部门领导和使用部门。

3. 积极收集新产品的信息，向使用部门推荐

（1）收集新产品情况

1）收集、归纳、整理新产品种类。

2）掌握新产品的性能、品名、产地、厂家和价格。

3）分析新产品质量，列出优点和缺点。

（2）向使用部门推荐

1）将综合分析报告推荐给使用部门。

2）必要时，可由使用部门试用。

4. 做好物资的验收和入库

1）采购物资到货。

2）验收合格后请库房验收组验收入库。

3）办理入库，双方签字，逐项点货入库。

4）将货物发票、入库单、合同或请购单一并交财务部审核报销。

5）采购员在验货中发现问题，应停办入库，查明原因，尽快解决。

6）如待验收货物相关问题不能得以解决，应向主管汇报。

7）严禁接受不符合要求的物资。

5. 负责工作服装面料和劳保用品的询价、调查与联系工作

（1）询价

1）掌握工作服装面料及劳保用品的价格。

2）对各种可选择的服装面料及劳保用品的价格和质量进行比较分析。

（2）采购和联系加工

1）按工作服装的要求看样、选择、选料。

2）了解服装加工厂的生产、技术相关情况。

3）根据面料种类、价格、质地、颜色及加工厂家的基本情况写出专题报告。

4）拟定服装加工所需资金计划。

6. 建立工作服装档案卡片，提供酒店工作服装发展趋势等方面的信息

（1）建立工作服装档案卡片

1）建立工作服装档案卡片。

2）建立工作服装样式档案。

（2）提供工作服装发展趋势的信息

1）收集酒店工作服装的发展趋势。

2）收集酒店工作服装各种款式方面的信息。

3）根据收集的款式、选择、改进、加工制成符合酒店要求的样品。

4）将样品呈报有关领导审定。

7. 完成工作服装的制作，保障员工使用

（1）按照规定进行制作

1）根据主管下达的任务，及时采选面料、小样。

2）将小样、面料、价格、颜色等送有关领导审定。

3）联系厂家，根据不同价格，保证质量，择优选定加工制作。

4）按规定要求，按时完成服装加工制作。

（2）验收调整

1）服装加工成成品后，按样品验收。

2）对验收不合格或穿着不合体的服装应想办法补救。

（3）征求意见，及时改进

1）主动征求员工对工作服装的意见。

2）根据员工的合理意见，及时改进工作服装制作方式和样式。

3）最大限度地满足酒店员工要求，使其穿上合适的工作服装。

七、提运主管岗位职责

（一）岗位工作说明书

酒店采购部提运主管岗位工作说明书见表7-7。

表7-7 提运主管岗位工作说明书

部门：采购部	班组：提运
姓名：	直接上级：采购部副经理
岗位：提运主管	直接下级：提运报关员
班次：行政班	工作时间：8：00—12：00；14：00—18：00
工作职责：负责酒店大宗物资、饮食原料的提运，验收和入库工作。 工作原则：及时、安全、保质、科学管理。	
工作内容：督导提运报关员严守岗位责任，完成工作任务。	

（二）工作项目程序与标准说明书

督导提运报关员严守岗位责任，完成工作任务，具体包括以下内容。

（1）安排提运

1）根据到货通知，安排提运员准备运输工具，及时提货。

2）与库房管理员联系准备货位。

（2）亲自督运保障安全

1）检查运输工具、提运手续、货位及其他方面的准备情况。

2）对大宗贵重物资或某些特殊情况，要亲自督运。

3）提运货物时，严格检查核对，保证货物的准确提运，对可疑情况进行必要处理，注意运输过程中的货物安全。

（3）管理入库

1）在货物入库前严格检车验收，对质量和数量严格核对，以便及时发现提运途中是否发生了人为的损失。

2）与库房管理人员一起，按照程序办理货物入库。

（4）征询意见，改进工作

1）征求采购部门、验货部门、后勤车队、使用部门对提运工作意见，改进提运工作。

2）每周召开一次业务交流会，加强对员工的业务培训和指导。

八、提运报关员岗位职责

（一）岗位工作说明书

酒店采购部提运报关员岗位工作说明书见表7-8。

表7-8 提运报关员岗位工作说明书

部门：采购部	班组：提运
姓名：	直接上级：提运主管
岗位：提运报关员	直接下级：
班次：行政班	工作时间：8：00—12：00；14：00—18：00
工作职责：在主管的领导下，负责饮食原料、物资的提运工作。	
工作原则：工作主动、细心、任劳任怨、善于交际、不谋私利。	
工作内容：及时、准确、安全地完成提运、转运、验收、入库和报账工作。	

（二）工作项目程序与标准说明书

及时、准确、安全地完成提运、转运、验收、入库和报账工作，具体包括以下内容。

（1）接受任务

1）服从主管安排，领取具体任务。

2）准备必要提运手续。

（2）掌握货物信息

1）按提运单的类别，与具体采购员联系。

2）掌握到货品种、数量、提运点、时间、联系人等信息。

3）提货时必须根据提货单与本站、码头、机场、发运部门的发货员，对货物品种、数量、特殊注意事项等做到心中有数。

（3）协调有关工作

预计货物到达时间，通知库房管理员，做好验收入库的准备工作。

（4）及时准备运输工具，办理提货手续，安全运输

1）接到到货通知，应及时与车班联系，及时提货。

2）办理提货手续，对进口各类物资办理报关、报验等手续，清关后及时提货。

3）提运或转运中，如发现品名、数量、质量有差异，或存在超出正常损耗及其他问题，必须及时向主管汇报。

4）按货物包装运输标志，依次装车，确保货物不受压且便于卸货。

（5）办理入库验收和报账手续

1）按照货物验收程序办理验收，验收合格后将货物送入仓库指定货位，并请库管员再次验收后，办理入库手续。

2）将验收入库的提运单交库管员验收。

3）与库管员完成入库物资的转运工作。

4）将提运单、运货单交主管审核后，送经理签字，及时到财务部办理报销手续。

第四节　采购相关表格

根据酒店采购的流程，酒店采购部根据酒店整体运转需要，涉及物资采购计划表、采购申请单、鲜活食品报价单、物资验收入库单、物资收发存月报表及鲜活食品验收单。

一、酒店采购部的相关表格

（一）酒店物资采购计划

酒店物资采购计划是指酒店管理人员在了解市场供求情况，认识酒店生产经营活动过程中和掌握物资消耗规律的基础上对计划期内物资采购管理活动所做的预见性安排和部署。它包括两方面的内容：一是采购计划的制定，二是采购订单的制定。

1. 酒店物资采购计划表

酒店物资采购计划表见表7-9。

表 7-9　年　月物资采购计划表

年　月　日

编号	物资名称	规格型号	单位	数量				估计单价	金额	要货日期	采购目的用途和原因
				库存	最低储备	月消耗	计划采购				

总经理　　　　　　　财务经理　　　　　　　采购

比例为 1∶1，表格一式三联，一联总经理，一联财务部经理，一联采购。

2. 采购申请单

采购申请单见表 7-10。

表 7-10　采购申请单

要货部门：

用货日期：

制表人：

库存数	上期单价及供应商	月度用量	物资名称及规格型号	数量	单价	总额	本期供应商

(续)

库存数	上期单价及供应商	月度用量	物资名称及规格型号	数量	单价	总额	本期供应商

如需进口或特殊要求，请说明理由：

付款方式：

用途/理由：

表格一式二联，一联财务，一联申请部门，每联用不同颜色区分。

3. 鲜活食品报价单

鲜活食品报价单见表7-11。

表7-11 鲜活食品报价单

类别：　　　　供应商：　　　　　　日期：　月　日至　月　日

品　名	单　位	规　格	定　价	备　注

（备注：其他鲜活产品，如禽类、虾蟹类、淡水鱼类、牛羊肉类、海鲜类等采用此表格。）

（二）酒店物资验收

酒店物资验收是对所购物资在入库前按照规定的制度、程序和方法进行检查和验收的工作。其目的是保证物资的数量和质量符合规定要求，能满足生产之需，并便于对不符合规定的物资及时提出赔偿、退货和换货要求。内容包括凭证验收、质量检验、数量验收。凭证验收，即检查发票、运单、入库单等是否齐全一致，并与合同相符。质量检验，即检验进厂物资是否与合同规定的质量标准相符，避免入库物资质量不好而影响生产。数量验收，即核实进厂物资是否与运单、发票及合同中规定的品种、规格、数量相符。

1. 物资验收入库单

物资验收入库单见表7-12。

表7-12　物资验收入库单

物资编号：　　　　　　　　　　　　　　　NO：
合同编号：　　　　　　　　　　　　　　　年　　月　　日

物资名称	规格型号	单位	数量		计划价格		实际价格	
			采购数	实收数	单价	金额	单价	金额
供应单位					运杂费			
备注								

部门经理：　　　　验收：　　　　保管：　　　　采购：
一式四联，一联采购，一联仓库，一联财务报销，一联仓库转财务，每联用颜色区分。

2. 物资收发存月报表

物资收发存月报表见表7-13。

表7-13　物资收发存月报表

类别：　　　　　　　　　　　　　　　　　　　　　　　　　年　　月　　日

编号	物资名称	规格型号	单位	单价	上月库存量	本月入库量	本月发出量	本月库存量	本月库存金额	备注

财务部经理：　　　　　　　　　　　　　　　　　　　　保管员：

3. 鲜活食品验收单

鲜活食品验收单见表7-14。

表7-14　鲜活食品验收单

领用部门：　　　　　　　　　　　　　　NO：

供货单位：　　　　　　　　　　　　　　年　　月　　日

品名及规格	单位	数量	单价	金额	要货部门

送货：　　　　　财务：　　　　　收货：　　　　　验货：

一式四联，一联送货留存，一联财务，一联验货，一联收货，分别用不同颜色区分。

二、酒店运营部门采购流程的相关表格

根据酒店运营部门的采购流程,酒店各运营部门运转需要涉及的相关表格有:餐饮材料领用汇总表,标准食谱,标准酒谱,物资领用单,食品、饮料内部转账单,鲜活食品领用单,收货单。

1. 餐饮材料领用汇总表

餐饮材料领用汇总表见表7-15。

表7-15 餐饮材料领用汇总表

年　　月　　日

材料类别	金　额	领用部门	金　额
一、水产		餐厅	
二、肉类		食品	
三、禽蛋		饮料	
四、乳品			
五、蜜饯			
六、干货			
七、珍品			
八、调味			
九、罐头			
十、粮油			
十一、腌腊		客房小酒吧	
十二、水果		食品	
⋮		⋮	
食品小计			
二十、软饮料			
二十一、酒水			
二十二、卷烟			
饮料小计			
		食品小计	
		饮料小计	
合　计		合　计	

制表人:

2. 标准食谱

标准食谱见表7-16。

表 7-16　标准食谱

编号：

名称：					
类别：　　　　　成　本：					
分量：　　　　　售　价：					照　片
盛器：　　　　　毛利率：					
质量标准					
用料名称	单位	数量	单价	金额	备注	操作程序
合计						

3. 标准酒谱

标准酒谱见表 7-17。

表 7-17　标准酒谱

编号：

名称：					
类别：　　　　　成　本：					
分量：　　　　　售　价：					照　片
盛器：　　　　　毛利率：					
质量标准					
用料名称	单位	数量	单价	金额	备注	调制步骤
合计						

4. 物资领用单

物资领用单见表7-18。

表 7-18　物资领用单

领用部门：　　　　　　　　　　　　　　　　NO：

物资编号：　　　　　　　　　　　　年　　　月　　　日

物资名称	规格型号	单位	数量		金额	
			请领数	实发数	单价	金额
备注						

保管员：　　　　领用部门经理：　　　　领用人：　　　　财务：

表格一式四联，一联仓库，一联财务，一联部门留存，一联计划，每联用不同颜色区分。

5. 食品、饮料内部转账单

食品、饮料内部转账单见表7-19。

表 7-19　食品、饮料内部转账单

品名及规格	单位	请领数	实发数	单价		转账成本金额
				成本价	售价	

要货部门：_____　　　　发货部门：_____
经理签字：_____　　　　经理签字：_____

一式三联，一联要货部门，一联发货部门，一联财务，分别用不同颜色区分。

6. 鲜活食品领用单

鲜活食品领用单见表7-20。

表 7-20　鲜活食品领用单　　　　　　　　　　　年　月　日

	自　助　餐	零　　点	宴　会	
海鲜				
河鲜				
肉类				
蔬菜				
禽蛋				
⋮				
其他				
合计				
职工餐				
公关				

附件　　　　　张　　　　　　　　　制表：

7. 收货单

收货单见表 7-21。

表 7-21　收货单

订单号：　　　　　　　　　　　　　　　　　　　　日期：

供应商：　　　　　　　　　　　　　　　　　　用货部门：

货　名	单　位	规　格	数　量	单　价	合　计	电话：
						仓库：
						备注：

发单人：　　　　　　　　　　　　　　　　　　验收人签名：

第五节　采购管理经典案例

案例一　国际酒店内部采购案例

2017 年 10 月 1 日，国际酒店在鲜花的簇拥和鞭炮的喧嚣中正式对外营业了。这是一家集团公司投资成立的涉外星级酒店，该酒店装潢豪华、设施一流。

最让人感到骄傲和荣耀的是酒店大堂天花板上如天宇星际一般的灯光装饰和一个圆圆的、超级真实的月亮水晶灯，使得整个酒店绚丽夺目、熠熠生辉。这些天花板上的灯光装饰以及月亮水晶灯均是由水晶材料雕琢而成，是酒店王副总经理亲自组织货源，最终从瑞士某珠宝公司高价购买的，货款总价高达 150 万美元。开业当天，来往宾客无不对这个豪华的水晶天花板灯赞不绝口，称羡不已，尤其是经过媒体报道，更成为当天的头条新闻。国际酒店在这一天也像那盏水晶天花板灯一样，一举成名，当天客房入住率就达到了 80% 以上。

王副总经理也因此受到了酒店领导的高度赞扬，一连几天，王副总经理的脸上都洋溢着快乐而满足的笑容。

然而，好景不长。两个月后，这些高规格、高价值的水晶灯饰就出了状况。首先是失去了原来的光泽，变得灰蒙蒙的，即使用清洁布使劲擦拭都不复往日光彩。其次，部分连接的金属灯杆出现了锈斑，还有一些灯珠破裂甚至脱落。人们看到这破了相的水晶灯饰，议论纷纷，这就是花费百万元买来的高档货吗？鉴于情况严重，酒店领导责令王副总经理限期内对此事做出合理解释，并停止了他的一切职务。这个时候，王副总经理是再也笑不出来了。

事件真相很快就水落石出，原来这盏价值百万元的水晶灯根本不是从瑞士某珠宝公司购得的，而是通过南方某地的代理公司购入的赝品水晶灯。王副总经理在交易过程中贪污受贿，中饱私囊。虽然出事之后，王副总经理受到了法律的严惩，然而国际酒店不仅因此遭受了数百万元的巨额损失，而且酒店名誉蒙受重创，成为同行的笑柄。这对于一个新开业的酒店而言，是个致命的打击。

这个案例虽并不复杂，却很有代表性。国际酒店在未经过公开招标的情况下，即与南方代理公司签订了价值为 150 万美元的代购合同。依照合同规定，南方代理公司必须提供瑞士某珠宝公司出产的水晶灯，并由代理公司向国际酒店出具验证证明书，为此国际酒店向代理公司支付了 200 万元代理费。然而，交易发生后，代理公司并未向国际酒店出具有关水晶灯的任何品质鉴定资料，国际酒店也始终没有同代理公司办理必要的查验手续。

经查实，这笔交易都是由王副总经理一人操纵的，从签订合同到验收入库再到支付货款都是由他一个人说了算，而他之所以会这样做，正是因为收受了代理公司的巨额好处费。

这样简单的过程和手法，却真实地发生了，甚至可以说这样一笔交易毁了整个酒店。一笔采购业务，特别是金额较大的业务通常涉及采购计划的编制、物资的请购、订货或采购、验收入库、货款结算等。因此，应当针对各个具体环节的活动，建立完整的采购程序、方法和规范，并严格依照其执行。只有这样，才能防止错弊，保证酒店经营活动的正常进行。

根据这个案例涉及的环节应做如下控制：

首先，要做到职务分离，采取集体决策。诸如采购申请必须由生产、销售部门提出，具体采购业务由采购部门完成，而货物的验收又应该由其他部门进行。在本案例中，采购大权由王副总经理一人独揽，反映出该酒店控制环节中权责不明；货物的采购人不能同时担任货物的验收工作，以防止采购人员收受贿赂，进而防止购买伪劣材料影响酒店生产乃至整体利益；付款审批人和付款执行人不能同时办理寻求代理商和索价业务。付款的审批通常经过验货或验单后执行（预付款除外），以保证货物的价格、质量、规格等符合标准。

其次，要做好入库验收控制。应根据购货单及合同规定的质量、规格、数量以及有关质量鉴定书等技术资料，核查收到的货物，只有两者相符时才予以接受；对于所有已收到的货物，应定期完整填写收货报告，将货物编号并登记明细账簿，将验收中出现的问题及时反映给有关部门；货物入库和移交时，经办人之间应有明确的职责分工，要对所有可能接触货物的途径加以控制，以防调换、损坏和失窃。本案例中王副总经理同时主管验货，那么验货查假自然只是走走过场了。

最后，还必须做好货款支付控制。发票价格、运费、税费等必须与合同符合无误，凭证齐全后才可办理结算、支付货款；除了向不能转账支付和不足转账金额的单位、个人支付现金外，货款一般应办理转账。

本案例中，价格高昂的赝品水晶灯能堂而皇之地挂在豪华的酒店大厅中，没有技术证明资料，没有必要的查验手续，酒店就慷慨大方地将支票签了，钱付了，这是无意的疏忽还是当事人有意回避和遮掩？不管实情如何，这都反映了该酒店整个材料采购环节内部控制中存在着巨大漏洞使得不法分子有利可图、有机可乘。

案例二　沃尔玛生鲜采购模式

沃尔玛超市（以下简称沃尔玛）是全球顶尖的连锁零售企业，它由山姆·沃尔顿创立于美国，仅仅经过数十年的发展，就已经产业遍布20多个国家和地区，而且全球范围内拥有超过200万名员工。沃尔玛最知名的产品之一就是沃尔玛的生鲜，依托沃尔玛享誉全球的物流体系和产销联盟，沃尔玛的生鲜始终坚持价格优惠、品质保证，赢得了全世界消费者的信赖。那么，沃尔玛生鲜的采购模式是什么？有什么值得国内商家借鉴的地方？

对于超市等零售商来说，采购不同的产品时，所寻求的与供应商之间的供销模式也不同，通常包括四种模式：短期模式、长期模式、渗透模式和联盟模式。沃尔玛生鲜的采购模式正是与生鲜产品的供应商达成联盟模式。此模式下，沃尔玛不向生鲜产品供应商收取入场费等，同时还致力于向供应商投资以帮助改进其生产工艺、产品质量，最终达成共同降低采购成本的目的。

在长期的合作实践中，沃尔玛与大量的生鲜供应商签订了长期的联盟模式采购合同，沃尔玛得以直接从供应商进货，省去产品通过各级渠道商进货所支付的流通成本。同时，沃尔玛还要求生鲜供应商与其一同开发沃尔玛自有品牌的生鲜产品，进一步压缩生鲜采购成本，真正地让顾客买到了实惠。

沃尔玛生鲜的采购模式中，最值得国内厂商借鉴学习的地方在于其严格的质量追溯体系。为了确保生鲜产品的质量有保证，沃尔玛建立了一套相当严格的质量追溯体系。沃尔玛在全球很多地区都设立有生鲜产品质量安全快检中心，如果检测出质量有问题的生鲜产品，就可以迅速通过产品编码追溯到其产地、生产商乃至种植农户。这种质量追溯体系既保障了消费者利益，又控制了企业经营风险，故值得国内厂商学习借鉴。

可以说，沃尔玛之所以能够获得今天如此巨大的成就，就是依靠其仔细、周密的采购模式设计，以及严格、细致的质量管控体系。沃尔玛由于多年来专注为消费者打造品质有保证的零售平台，因而受到了如此多消费者的肯定。如今，沃尔玛在我国市场上大展拳脚，不经意间透露出不少国际一流零售商的经营策略，很多细节都值得国内商家学习揣摩，以发展出我国自己的世界连锁零售巨头。

延伸阅读

"货比三家" 工作流程

每类物品报价单需要最少三家供应商，以做出比较，目的是防止有关人员从中徇私舞弊，保证采购物品价格的合理性。酒店采取三方报价的方法进行采购工作，即在订货前，必须征询三个或三个以上供应商报价，然后确定选用哪家供应商的物品。具体做法如下：

1. 采购部按照采购申请单的要求组织进货，填制空白报价单

具体信息包括：①填写空白报价单中所需要的物品名称、产地、规格、型号、数量、包装、质量标准及交货时间，送交供应商（至少选择三家供应商），要求供应商填写价格并签名退回。②对于交通不便或外地的供应商，可用传真或电话询价。用电话询价时，应把询价结果填在报价单上并记下报价人的姓名、职务等。③提出采购部的选择意见和理由，连同报价单一起送交评定小组审批。

2. 评定小组货比三家确定供应商

评定小组根据采购部提供的有关报价资料，参考采购部的意见，对多个供应商报来的货品价格和质量、信誉等进行评估后，确定其中一家信誉好、品质高、价格低的供应商，报董事会审核。

3. 采购活动的后续跟进工作

1）采购订单的跟催。当订单发出后，采购部需要跟催整个过程直至收货入库。

2）采购订单取消。①酒店取消订单。如因某种原因，酒店需要取消已发出的订单，供应商可能提出取消的赔偿，故采购部必须预先提出有可能出现的问题及可行的解决方法，以便报董事会做出决定。②供应商取消订单。如因某种原因，供应商取消了酒店已发出的订单，采购部必须能找到另一家供应商并立即通知需求部门。为保障酒店利益，供应商必须赔偿酒店人力、时间及其他经济损失。

3）违反合同情况的处理。合同上应载明细则，如有违反，便应依合同约定处理。

4）档案储存。所有供应商名片、报价单、合同等资料须分类归档备查，并须连同采购人员自购物品价格信息每天录入至采购部价格信息库。

5）采购交货延迟检讨。凡未能按时、按量采购所需物品，并影响申购部门正常经营活

动的，需填写"采购交货延迟检讨表"，说明原因及跟进情况，并呈财务部及董事会批示。

6）采购物品的维护保养。如所购买的物品是需要日后维修保养的，选择供应商时便需要注意这一项。对设备等项目的购买，采购员要向工程部咨询有关自行维护的可能性及日后保养维修的方法。同时，事先一定要向工程部了解所购物品能否与酒店的现有配套系统兼容，以免造成不能配套或无法安装的情况。

思考与习题

1. 试分析酒店采购管理流程。
2. 阐述酒店采购部的组织结构和岗位职责。
3. 试论述酒店采购管理的重要性。

第八章 酒店营销管理

学习目标

理解酒店营销和酒店营销管理的内涵。
掌握酒店营销组合的策略。
熟悉酒店销售人员的销售艺术。
学会预订业务的管理。
学会利用网络和新媒体进行酒店营销。

重点

酒店营销组合的策略。
酒店销售人员的销售艺术。
预订业务的管理。
网络和新媒体酒店营销。

难点

酒店营销组合的策略。
酒店销售人员的销售艺术。
预订业务的管理。
网络和新媒体酒店营销。

导入案例

锦江之星酒店如何借助互联网之势成功营销？

我国在线旅游行业异彩纷呈，无论是酒店还是机票在线预订网站，都纷纷打起了网络营销牌，例如国内某网站效仿澳大利亚大堡礁"世界上最好的工作"案例，发起了"万元试睡员"活动吸引了大批网民关注。但是网络营销培训专家认为，要真正达到网民和企业共赢的营销效果并非这么简单，记者在采访国内著名的连锁酒店品牌——锦江之星的市场营销团队和网络营销专家之后得出意见：走中国特色的网络营销之道才是王道。

锦江之星的市场营销团队注意到，只有将中国网民的行为习惯和企业营销目标结合起来，才能实现网络营销的效果最大化。而如何实现这两者之间的结合呢？与国内风头正盛的社交网络媒体——开心网合作，便成为锦江之星市场营销团队的一次重要选择。

锦江之星市场部总监陈先生向记者介绍说，开心网的用户主要以国内各大城市的白领为主，其用户特征和消费品位，符合锦江之星的品牌定位。这是锦江之星选择和开心网合作的重要原因之一。如何让开心网的用户也能成为锦江之星的用户？陈先生认为应当在不影响开心网用户体验的前提下，给予潜在客户人群以足够的利益驱动。

为此，锦江之星携全国已开业的300多家连锁店推出了"千万（奖品）别错过"的主题优惠活动，奖品非常丰富，活动设置轻松、有趣。活动在开心网首页广告的网民浏览量已经超过了100万次，网友们对活动帖子的浏览量达到500万次，每天都有近10万人次将锦江之星的优惠券作为礼物在亲朋好友之间互相赠送。

思考：互联网趋势下，酒店如何结合自己的特色进行网络营销？

第一节　酒店营销及酒店营销管理

一、相关概念

1. 酒店营销

酒店营销就是为了满足客户的合理要求，为使酒店盈利而进行的一系列经营、销售活动。营销的核心是满足客人的合理要求，最终的目的是为酒店盈利。

酒店营销是市场营销的一种，也是酒店经营活动的重要组成部分。它始于酒店提供产品和服务之前，主要研究客人的需要和促进酒店客源增长的方法，致力于开发酒店市场的潜力，增加酒店的收益。市场营销涉及满足客人需求的所有产品，贯穿从酒店流通到与客人相关的一切业务活动，最终使酒店实现其预设的经营目标。

2. 酒店营销管理的内涵和内容

酒店营销管理的内涵是指对酒店确定的管理经营的项目、市场及活动进行系统分析、执行和控制，以便创建和维持与目标市场的良好转换关系，实现酒店总体经营目标。

酒店营销管理的内容包括营销分析、营销计划的制订、营销活动的组合与执行、控制管理等工作。

酒店营销分析包括酒店营销环境分析、消费者的心理及购买行为分析、酒店客源市场分析、酒店产品分析、酒店竞争形势分析等。

酒店营销计划的制订包括酒店营销总体计划的制订、酒店营销目标的制定、销售预测、经营趋势的评估、营销计划调整等。

酒店营销组合与执行是指根据营销计划对酒店营销组合进行具体的设计和落实，包括酒店产品的设计、价格及其政策的制定、营销渠道的建立和调整、促销活动的具体策划等。

酒店营销控制管理是指各种营销活动的分析比较、销售部门及其人员的业绩评估、营销组织机构的评估与调整等工作。

二、酒店营销组合

酒店营销策略是现代酒店在市场供求之间为实现产品和劳务交换而采取的各种措施和手段。它涉及酒店市场供给和市场需求两个方面，体现于酒店业务经营过程的始终。

1. 酒店传统营销组合策略

对酒店而言，传统的营销组合策略主要为"4P"营销组合，即产品策略（Product）、价格策略（Price）、渠道策略（Place）和促销策略（Promotion）四种。

（1）产品策略　酒店企业是依靠适销对路的产品来获得生存发展资本的。如果产品质量低劣、落后，产品效用单一，就会被客人无情地"拒之门外"。因此，产品策略关系到酒店的生死存亡，是酒店营销组合策略中最基本的策略，是酒店市场营销的前提和基础。

（2）价格策略　价格是价值的货币表现，是联结市场供给和市场需求的纽带和桥梁，也是影响酒店市场营销的重要因素。酒店产品价格形式很多，定价方式各不相同。客房一般按（间/天）或（床位/天）定价，除此之外还有淡季价、旺季价和不同客房针对不同客人的定价。餐厅有盘菜定价、人次单包房定价、订单定价、循环定价等。康乐娱乐设施有的按人次定价，有的按场次定价；有的按小时定价；等等。

在实际运用中具体应该采用哪种策略需要根据酒店自身的产品类型，产品特点，市场状况、竞争程度、竞争对手的价格水平和酒店促销能力等来确定。酒店营销要正确运用价格策略，关键是要根据市场供求关系的变化，灵活制定和掌握价格水平，以刺激需求，扩大销售。价格策略也主要有四种类型：新产品价格策略，心理价格策略，折扣价格策略，差别价格策略。每一种价格策略的具体定价策略又有多种。受到酒店经营阶段、消费者心理及行为、酒店定位及特点等不同因素影响，酒店常用的价格策略比较见表8-1。

表8-1　酒店常用的价格策略比较

价格策略	具体定价策略	主要特点与表现
新产品价格策略	撇油价格策略	高价策略，酒店新开业、新产品销售为主
	渗透价格策略	低价策略，扩大市场占有率，扩大产品销售
	满意价格策略	中等价格水平，取撇油价格策略和渗透价格策略的长处，较平稳

(续)

价格策略	具体定价策略	主要特点与表现
心理价格策略	尾数价格策略	零头价格，结尾数非整数，给客人低价感觉
	整数价格策略	整数定价，多适用于高档产品定价
	分等价格策略	把产品分几个档次，每档定一个价，有区别
	声望价格策略	对名贵、高档、名牌产品定高价，不讲价
折扣价格策略	现金折扣策略	规定付款期，提前付款时给一定比例折扣
	数量折扣策略	规定一定消费额，达到或累计达到时给折扣
	季节折扣策略	淡季打折，一般以淡季价出现
	同业佣金折扣	主要以团队佣金、代订公司佣金形式
差别价格策略	地区差价策略	同一城市、地区不同地点和位置的价格不同
	时间差价策略	淡旺季、周末与平时、节日、一天中不同时段价格不同
	位置差价策略	客房高层低层、阴阳朝向等价格不同
	对象差价策略	同一等级的客房，对不同客人在不同季节价格不同
	混合搭配价格	客房包早餐、房价含三餐、房价含康乐项目等

(3) 渠道策略　渠道策略又称分销策略，是指酒店在市场营销过程中主要采用什么途径通过什么组合向哪些类型的客人销售自己的产品和服务。营销渠道决定着营销活动的质量和效果。

1) 渠道的种类。酒店市场营销渠道主要有直接渠道和间接渠道两种。直接渠道是指酒店直接向客人出售自己的产品或服务，如客人直接订房；酒店接待无预订客人住店；客人直接到酒店用餐、订餐或预订宴会；等等。间接渠道是指酒店通过中间商，由中间商来组织客人住店，如接待团队客人、会议客人、预订代理推销等。酒店销售的中间商主要有旅行社、酒店联合组织、酒店代理商、旅游信息网、交通运输部门等。

2) 渠道发展趋势。随着市场竞争的加剧，酒店企业依靠单一的营销力量和手段进行营销已显得越来越力不从心。酒店在营销渠道的选择上也开始走联合营销的路子，即酒店以购买特许经营权、签订合同、组建命运共同体等方式，组建全国性乃至全球性的营销网络，充分拓展营销渠道的长度和宽度，以更灵活的方式在最接近客人的地方进行最有效、最方便的营销。

考虑到客源分布全球化、世界经济网络化这一现实，酒店应建立自己的营销网站，并将其作为重要的营销渠道，借助于网络的力量，在全球范围内寻找并吸引客源，实现网上预订和网上交易。为方便客人，酒店可与航空公司、旅行社、景区等联合建立一站式营销网站。在网站的推广方面，以客人为导向，实行"1:2:7"模式，即一分技术、二分管理、七分运用，真正发挥网络的营销功能。

(4) 促销策略　促销策略是采用不同促销手段去宣传推销酒店产品，广泛组织客源，扩大产品销售。它是酒店产品和服务从经营者手中交给客人实际消费的重要条件。如果缺少促销策略，酒店将无法适应市场竞争的客观需要。酒店常用的促销策略包括酒店广告、公共关系、营业推广、人员推销等。

1）酒店广告。酒店广告是指酒店用付费的方式选择和制作有关酒店产品的信息，并由媒体发布。酒店广告是指以传达信息、引起客人注意、说服客人购买、提升酒店知名度和影响力、树立酒店的良好形象，以达到促销目标的一种广告形式。

2）公共关系。酒店通过与公众沟通信息、协调各方面关系、树立良好形象来提高酒店知名度和声誉，为酒店的市场营销活动创造良好外部环境而开展的一系列专题性或日常性活动。这些活动始终贯穿于酒店企业的整个发展过程，既包括各项专业色彩浓厚的专题公关活动，如新品发布会、大型庆典活动、大型酬宾活动等，也包括所有日常性活动，如日常的服务活动、广告活动、礼仪活动等，发挥公共关系的浓厚感情色彩的优势，以达到"以情动人"。

3）营业推广。营业推广也称销售促进，是酒店企业用来刺激早期需求或强烈的市场反应而采取的各种短期性促销方式的总称。目的在于劝诱消费者购买某一特定产品。推广酒店，可用产品展销、现场操作、赠送样品等多种促销方式。营业推广的各种方式既能使消费者产生强烈而又快速的反应，能用来表现产品的特点，也能用来使消费者低落的消费情绪得到回升。营业推广在短期时间内是有效的，但用于建立长期品牌效应结果并不理想。

4）人员推销。这种方式比较古老，但却是效果最好、费用最高的促销手段。人员推销是指通过人际交往的方式向客人进行介绍、说服等工作，促使客人了解、爱好、购买本酒店的产品或服务，如联系走访代理商、中间商、机关、团体零散客人等。这种促销方式的优势在于强化了交往过程中的感情色彩，有利于培养稳定的交易关系，但缺点是促销人员成本偏高。

2. 酒店新型"4C"营销组合策略

"4C"营销组合策略是在20世纪90年代后为提升服务业的市场营销效果，根据服务行业的特点而提出来的一种新型市场营销策略。它以"承诺和信赖同在"为根基，在传统营销组合策略的基础上，提出了以客人（Customer）、成本（Cost）、便利（Convenience）及沟通（Communication）为主要内容的"4C"营销组合策略。

"4C"营销组合策略认为现代企业应先研究客人的需要和欲望，并将其作为企业营销的起点和终点，企业不是卖自己所能提供的产品或服务，而是要卖客人想要购买的产品或服务。酒店应暂时忘却定价策略，去了解客人的需要和欲望以及其愿意付出的成本；忘却分销策略，去考虑如何让客人更方便地购得产品和服务；忘却促销，学习沟通技巧，减少因为信息沟通不充分而产生的交易摩擦或交易成本。由于酒店具有产品无形性、消费随意性、销售本体性（即以酒店作为销售场所）等特点，因此关于沟通、成本客源等的研究就显得尤为重要。对于酒店等以提供无形产品为主体的企业而言，"4C"营销组合策略更富有实践指导意义。其主要内容如下：

（1）客人　要以客人为中心，以满足客人的消费需求、提供优质服务、提高服务质量为根本出发点。

（2）成本　酒店在市场营销和优质服务过程中，要十分重视成本。这里的成本主要是指酒店市场营销、客源组织过程中，要千方百计方便客人，帮助他们节省货币成本、时间成本、精力与体力成本和信息成本，最大限度地满足客人消费需求，使酒店获得优良经济效益。

（3）便利　酒店从设计、建造、设施设备配置、服务用品配备、服务程序安排，直到对客提供现场服务等，都要充分考虑，既为客人提供方便，又为酒店员工创造良好的工作条件，以确保提供优质服务。

（4）沟通　因为酒店客人是有思想、有感情、有需求的人，所以服务过程中酒店必须与客人加强沟通。酒店只有与客人充分联系、感情交流，才能有针对性地提供优质服务。

3. 酒店新型"4R"营销组合策略

针对"4C"营销组合策略存在的问题，美国学者提出了"4R"营销组合策略。"4R"营销组合策略认为现代企业营销的关键在于能否与消费者建立关联（Relative）、能否提高市场反应速度（Reaction）、能否开展关系营销（Relation）、能否得到回报（Reward）。根据这一理论，面对竞争性市场中的动态性客人，酒店企业要赢得长期的稳定的市场，就要做到：

1）通过某些有效的方式与客人建立一种互助、互求、互需的关系，减少客人流失。

2）建立快速的市场反应机制，提高反应速度和反应能力。

3）注重关系营销，把服务、质量和营销有机结合起来，通过与客人建立长期稳定的关系实现长期拥有客人的目的。

4）注重营销活动的回报。一切营销都必须以为客人及企业创造价值为目的，回报是维持和发展市场关系的必要条件。

总之，无论何种营销组合策略，都有其适用的企业和适用的市场，因而酒店企业应根据外部环境和自身条件，适时选择合适的营销组合策略，并将其综合运用，以期提高营销效果。

三、酒店营销观念的创新

随着酒店市场的日益成熟，竞争日趋国际化、全球化。在这种新形势下，出现了一些新型的营销理念。这些营销理念丰富了酒店营销管理的内容，推动酒店营销活动走上了一条全新道路，如主题营销、机会营销、网络营销、绿色营销、服务营销等。

进入21世纪，创新已是企业生存发展之根本。经过几十年的发展，我国的酒店业已进入一个新的历史阶段。过去这几十年我国酒店业发展的重点在于逐步实现标准化，努力与国际水平接轨，那么进入 21 世纪后，我国酒店业进一步发展所需要的将是变革和创新，特别是由于环境的变化、市场的变化和顾客的变化，创新对处于酒店经营管理核心地位的酒店营销来说，更具有重要的意义。

1. 大市场营销

大市场营销是世界著名市场营销专家菲利普·科特勒教授提出的一种新的营销观念和战略思想。它是指企业为了成功地进入特定市场或者在特定市场经营，而应用经济的、心理的、政治和公共关系的各种技能，赢得若干参与者的合作，从而达到预期的目的。大市场营销战略在"4P"的基础上加上"2P"，即权力（Power）和公共关系（Public Relation）成为"6P"市场营销组合，将营销理论进一步扩展。

传统的"4P"营销组合是建立在开放市场基础上的。20 世纪中期以来，社会政治因素对经济的影响越来越大，贸易保护主义抬头，市场壁垒增加，市场封闭性倾向出现。面对封闭性市场，传统的"4P"营销组合显得无能为力，因此在市场营销组合中还要加权力和公共关系这两个因素，从而形成大市场营销观念。利用权力和公共关系开展市场营销活动，对扫清市场障碍，变封闭性市场为开放性市场有不可低估的作用。

大市场营销观念中的权力包括法定权力、专家权力、信仰权力、参照权力和奖惩权力等，这些都可能为营销活动创造机会。

大市场营销观念中的公共关系，就是要通过各种有效的公关措施，加强与客人的沟通，培养诚信客人。

2. 动态营销

当今世界由于环境因素的急剧变化，企业生存空间充满了变化，包括营销渠道、竞争者、市场需求以及政策法令的变化等。一成不变的营销方式已不能适应多变的环境，动态营销观念应运而生。动态营销可以分为以下三个层次：

第一层次的动态营销是在营销环境发生变化时立即采取行动，随机应变，改变营销策略，适营销环境的变化。

第二层次的动态营销是正确预见营销环境的变化趋势，主动采取行动来迎合未来的变化，即"未雨绸缪"，走在变化趋势的前面。

第三层次的动态营销是"创造潮流型"的动态营销，即通过细心观察和环境监视，把环境变化引入企业的规划，纳入正常的考虑范围，据此制定营销策略，并且努力利用企业现有的资源影响环境，使环境朝着有利于本企业经营的方向变化。这类企业不仅能走在时代前沿，而且它本身就是潮流的创造者。

3. 开拓营销

在供不应求的市场里，企业只有提供更多的产品和服务才能赢得顾客，占领市场。当市场由卖方市场转变为买方市场时，许多企业面对同样的顾客需求，提供同样的商品和服务，要想赢得顾客，与别人分享市场，那就要花费更大的代价，得到的收获也不一定理想。开拓营销不强调与别人争夺现有市场，而是强调努力去开拓新的市场。

在社会和技术变革日新月异的现代社会中，新的产品、新的服务、新的设施不断涌现，酒店的顾客也无法充分认识自身的需求。如果酒店一味强调以当前的顾客需求为导向，酒店就处于被动受支配的地位，不能创造新的市场，实质上这损害了顾客、酒店和社会的长远利益。开拓营销要求酒店善于把最新技术进展、应用前景、消费趋势的有关信息不断地提供给顾客，使顾客赞同酒店的观点，充分认识自身的需求，主动购买酒店的产品和服务，从而使酒店培养出一个新的顾客群体，开发和创造出全新的市场。实践证明，科技进步、消费日益多样化、人口结构的新变动，以及国际经济、贸易、文化、人员等交流日趋频繁，使得开拓一个新的市场有时比和别人瓜分一个已有市场更有利。

4. 全球营销

过去许多国内酒店很少关注国际市场。因为这些酒店的市场在国内，对它们来说，国内市场安全、简单而且充满机会。但是今天情况发生了很大改变，随着计算机网络的广泛应用，通信、交通、现金流动加快，时间和空间壁垒被打破，经济全球化逐步推进，中国的市场将更加开放。当前全球酒店业竞争正在不断加剧，许多国际性酒店集团正积极进入中国市场，许多从没考虑外国竞争对手的国内酒店蓦然间发现竞争对手已来到自家门口。固守国内市场安全经营的酒店可能不仅会失去进入国际市场的机会，而且还有失去本国市场的风险。全球性企业的数目在不断增加，今天全球性的酒店集团已达数百家，因此以全球市场为营销目标是酒店企业国际化的重要内容。

第二节　酒店产品和服务的创新

酒店要在日益激烈的市场竞争中取胜，必须要用卓越的产品和服务去占领市场。因此酒店必须追求产品和服务创新，不断用新产品和服务来替代老产品和服务。酒店产品和服务创新能力的强弱，不仅反映了一家酒店的综合素质，而且集中反映了酒店在市场竞争中的潜力。

一、酒店产品和服务创新的重要意义

酒店之间的竞争集中表现在产品和服务方面的较量。能否研究、开发、生产出适销对路的新产品和提供高质量的服务，是关系到酒店生存与发展的大问题。

(一) 产品和服务创新是提高酒店市场适应力的重要途径

与所有产品和服务一样，酒店产品和服务也有其寿命。在进入衰退期时，销售量会大幅度下降，利润也会不断减少。在这种情况下，即使增加推销、广告等费用，也很难避免销售

量和利润的下降。酒店只有利用新产品和服务去替代老产品和服务，使自己的产品和服务处于最佳竞争状态，才能适应市场的需要。

（二）产品和服务创新是酒店开拓、创造新市场的金钥匙

能满足市场需求、适应市场变化的企业，虽然可以取得一定成功，但它们还不是优秀的企业。世界上的优秀企业，不是消极地满足市场的需要和适应市场的变化，而是不断开发出新产品和服务来创造新的市场。只有掌握了产品和服务创新这把金钥匙，酒店才能使自己永远走在同行们的前列。

（三）产品和服务创新是推动酒店技术进步的动力

酒店中只有手工操作而没有科学技术的状况已成历史。今天，越来越多的现代技术在酒店中得到广泛的应用，技术的先进性已成为酒店竞争力的一种体现。酒店的产品和服务创新与技术进步之间有着密切的关系，一项新技术的应用，会为新产品和服务的研究与开发创造条件，促进新产品和服务的研究开发。而酒店许多新产品和服务的研究、开发、生产也会要求有先进技术来保证，新产品和服务所取得的收入反过来会支持酒店的技术更新，促使新产品和服务的进一步开发和研究，从而使酒店走上技术进步的良性循环之路。

（四）产品和服务创新是提高酒店竞争力的重要手段

面对日益激烈的市场竞争，酒店为了保持自己的竞争优势和提高经济效益，采用的最有成效的战略之一就是产品和服务创新，不断以新产品和服务代替旧产品和服务。

国内外竞争力很强的企业一般有四个档次的产品和服务：第一档是正在生产销售的产品和服务；第二档是已经研究开发出来，等待适当时机投入市场的产品和服务；第三档是正在试验、改进的产品和服务；第四档是正在构想或开始试验的产品和服务。有了这几档产品和服务，企业就可以立于不败之地。

二、酒店产品和服务创新的新趋势

面对激烈的市场竞争，面对日新月异的技术进步和社会环境的影响，酒店产品和服务创新也出现了以下趋势。

（一）研究开发高技术含量的酒店产品和服务

以电子信息生物工程、新材料、新能源、航天和太空技术为核心的新技术革命对人类社会的影响，在广度和深度上都将大大超过前几次的技术革命。不仅传统酒店的改造更重视高新技术的应用，而且酒店新产品和服务的开发更加离不开高新技术，正在大力研究开发的具有设备自动化、消防自动化、保安自动化、办公自动化、通信自动化（即"五化"）功能和良好服务的智能酒店就具有极高的科技含量。

(二) 研究开发高附加值、多功能的酒店产品和服务

今天的酒店住客不再满足于酒店仅提供简单的住宿和就餐服务，住店客人除了要在酒店住宿和就餐外，还需要办公、商务、健身、保健、娱乐、美容等多元化的需要。因此，酒店在研究开发新产品时，必须在重视食宿等基本功能的同时，力图使酒店新产品和服务具有更多的附加功能，以便给消费者更多的方便，满足现代消费者对酒店的多元化需要。

(三) 研究开发个性化的酒店产品和服务

酒店产品和服务主要是无形的，酒店产品和服务的质量最终是由客人评价的，客人评价质量的标准是需要被满足的程度。随着市场经济向深层次发展，包括酒店业在内的各行各业，都已经从卖方市场转为买方市场，已进入了顾客选择和挑剔的时代。客人的需要千差万别，因此酒店要经得起顾客的选择和挑剔，就必须满足客人的个性化需求。个性化服务已成为世界酒店业发展的潮流。

(四) 研究开发体现民族特色的酒店产品和服务

酒店需要接待来自各国的旅游者，应该尊重客人的宗教信仰、文化传统、风俗习惯。同时，越是民族性的就越有国际性。在研究开发酒店新产品和服务时也应尽可能地体现民族特色与地方风格，发挥我国在文化传统方面的优势，使客人进店后能明显地感受到东方文明，在让客人休息好的同时，使得酒店本身也能成为客人欣赏的对象。

(五) 研究开发保持自然特色的酒店产品和服务

随着各种人造、合成的物品泛滥，人们对纯自然产品的需求越来越多。为满足人们的需求，酒店在研究开发新产品和服务时要把如何保持自然特色作为考虑的重点。如：在食品原材料方面，应使用天然的色素添加剂等，不使用含激素饲料喂养的肉类家禽，纯自然食品、绿色食品越来越受到消费者欢迎；在各类布件方面，尽量使用自然纤维；一些牙膏、香水等也应使用由自然原料生产的产品；酒店的布置也应尽量保持自然特色和自然色彩，使人有返朴归真的感觉。

(六) 研究开发保护生态环境的酒店产品和服务

如果人们盲目追求经济高速度发展，盲目追求眼前经济利益，盲目追求高消费等，就会对人类生态环境造成严重的污染和破坏。地球环境的污染和破坏给世界各国人们敲响了警钟，保护人类生态环境已成为全世界人们共同的呼声。追求生活品质的消费者，已不满足于对于物质享受，他们更希望拥有美好的生活环境，这种希望也反映在他们对酒店的要求中，旅游业发展的实践已经证明，把旅游业称为"无烟工业"是错误的。旅游业包括酒店业，也可能对人类生态环境造成污染和破坏。因此，为了适应人类文明的进步和满足消费者的要求，酒店应重视开发及保护生态环境的酒店产品和服务。

第三节 客房定价法与价格策略

一、客房价格的构成

客房的价格是由客房的成本和利润构成的。如图 8-1 所示,客房的成本包括建筑投资、利息、客房设备、修缮费、物资用品、土地使用费、客房人员工资福利、经营管理费、保险费和营业税等,利润包括所得税和客房利润。

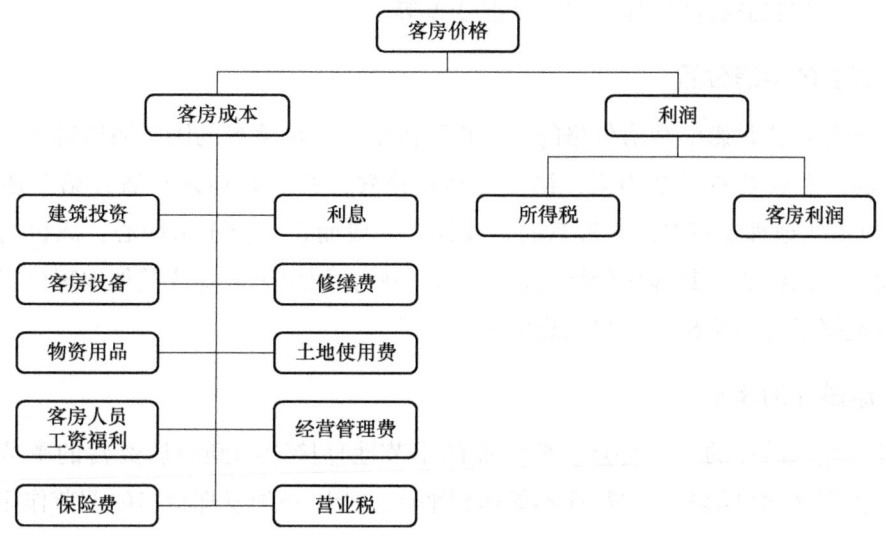

图 8-1 客房价格的构成

二、影响客房定价的因素

(一)定价目标

定价目标是指导客房定价的首要因素,客房定价应围绕定价目标进行。

(二)成本水平

成本水平是影响客房定价的基本要素。客房定价时,必须考虑客房的成本。一般而言,价格应确定在成本之上,否则,酒店将亏损,长期下去,酒店将难以生存。

(三)供求关系

当供过于求时,将不得不考虑降低价格;当供不应求时,则可以考虑提高价格;而当供求平衡时,当前的市场价格即为合理的价格。供求关系是不断变化的,平衡是暂时的,而不平衡则是绝对的。因此，客房价格应随供求关系的变化，不断调整。

（四）竞争对手的价格

竞争对手的价格是酒店制定客房价格时的重要参考依据。制定客房价格时，应首先与相同档次的其他酒店的客房价格对比。一般来说，新的客房价格应略低于同档次其他酒店的客房价格，这样的客房价格才具有竞争力。但是，酒店也不能一味地靠低价格取胜，因为有些客人会把到某一价格较高的酒店住宿看成是表明自己身份和地位的象征，价格过低，会使酒店失去对这部分客人的吸引力。此外，一个值得注意的现象是，价格过低会使酒店员工产生这样的认识，低档价格只能配以低档服务，从而自觉或不自觉地降低服务质量标准，导致服务质量的下降，如服务态度变坏、卫生状况变差等。

（五）酒店的地理位置

酒店的地理位置是影响客房价格的又一重要因素。一位著名的国际酒店管理专家曾经说过："酒店的经营成功有三个因素，第一是地理位置，第二是地理位置，第三还是地理位置。"这足以说明地理位置对酒店经营的重要性。一般而言，位于市中心，离机场、车站比较近，交通便利的酒店，其客房价格可适当提高一些，而位于市郊或其他地理位置不好的酒店则应相应地降低客房价格，以提高竞争力。

（六）旅游业的季节性

季节性强是旅游业的一大特点。旅游业的季节性直接影响到酒店经营的季节性。在淡季、旺季，由于客房供给和需求往往不能达到平衡，所以必须发挥价格的调节作用来刺激客人需求。

酒店在淡季、旺季价格调整的幅度，取决于酒店所在城市或地区旅游业在淡季"淡"的程度和在旺季"旺"的程度。不少国家酒店的客房价格在淡、旺季之间的升降幅度达 10%~50%。

（七）酒店服务质量

在定价时，除考虑作为酒店硬件的设施、设备的豪华程度以外，还应考虑作为酒店软件的服务质量的高低。美国"酒店大王"希尔顿说过："酒店出售的东西只有一个，这就是服务。卖劣质服务的酒店就是劣质酒店；卖好服务的酒店就是好酒店！"这句话充分说明了酒店服务的重要性。因此，在进行客房定价时，必须考虑酒店的服务质量，即员工的礼貌礼节、服务态度、服务技巧、服务效率和服务项目等。

（八）有关部门和组织的价格政策

客房定价还要受政府主管部门及行业协会等组织机构对酒店价格政策的制约。如为了维护中国进出口商品交易会（广交会）客人的利益，广州市物价局对广州市所有星级酒店，在广交会期间的最高房费做了限制，规定五星级、四星级、三星级和二星级酒店最高房费分别不得超过 2400 元、1500 元、1000 元和 550 元。

（九）客人的消费心理

客人的消费心理也是在客房定价时应该考虑的因素之一，尤其要考虑"价格门槛"，即客人对一种商品的愿意接受的价格上限和下限。在一定生活水平的基础上（通常指较高的生活水平），对于某一产品，消费者不但会在其价格过高时不愿意购买，在价格过低时也不愿意购买，因为此时他们会怀疑商品的质量有问题。

三、客房价格体系与平均房价

（一）客房价格体系

酒店的房价依其接待对象、时间等的不同，分为多种类型，它们一起构成酒店客房价格体系（见表 8-2）。

表 8-2　酒店客房价格体系

类　型	说　明
门市价（Rack Rate）	门市价是客房的标准价，又称牌价、散客价，即在酒店价目表上明码公布的各类客房的现行价格。该价格不含任何服务费或折扣等因素
协议价（Contracted Rate）	酒店与旅行社、航空公司等在某个时间段签订的协议房价，通常为保密价格
公司价（Corporate Rate）	酒店与有关公司或机构签订房价合同，并按合同规定向对方客人以优惠价格出租客房，以求双方长期合作。房价优惠的幅度视对方能够提供的客源量及客人在酒店的消费水平而定
团队价（Group Rate）	主要是针对旅行社的团队客人制定的折扣价格，其目的是与旅行社建立长期良好的业务关系，确保酒店长期、稳定的客源，提高客房利用率。团队价格可根据旅行社的重要性、所能组织客源的多少以及酒店淡、旺季客房利用率的不同加以确定。为了吸引团队客人，很多酒店给予团队客人的优惠价往往低于酒店标准价的 50%
小包价（Package Rate）	酒店为客人提供的打包报价，除了房费以外，还可能包括餐费、交通费、游览费（或其中的某几个项目）等，以方便客人
折扣价（Discount Rate）	酒店向常客或长住客或其他身份特殊的客人提供的优惠房价
淡季价（Slack Season Rate）	在营业淡季，为了刺激需求，提高客房利用率，为普通客人提供的折扣价。通常是将房价在标准价的基础上下浮一定的百分比
旺季价（Busy Season Rate）	在营业旺季，为了最大限度地提高酒店的经济效益，将房价在标准价的基础上上浮一定的百分比
白天租用价（Day Use Rate）	在下列情况下，酒店可按白天租用价向客人收取房费：①客人凌晨抵店入住；②客人离店超过了酒店规定的时间；③入住与退房发生在同一天（钟点房）。大部分酒店按半天房费收取，也有些酒店按小时收取
免费（Complimentary）	由于种种原因，酒店有时需要为某些特殊客人提供免费房。免费房通常只有总经理才有权批准

（二）平均房价

平均房价反映酒店房价的平均水平，同时也是酒店行业用来分析、比较和判断酒店经济效益的常用指标。反映酒店平均房价水平的指标有以下两个：

（1）平均房价　平均房价（Average Daily Rate，ADR），是指酒店已出租客房的平均房价。

（2）每间可售房平均收入　每间可售房平均收入（Revenue Per-available Room，RevPAR），是指酒店每个可售房间的平均收益。与 ADR 相比，RevPAR 更能反映酒店客房的盈利能力和酒店经营状况，是酒店经营的重要指标。

四、客房定价的方法

（一）随行就市法

随行就市法是将同档次竞争对手的客房价格作为定价的依据，从而制定出本酒店客房价格的一种定价方法。

（二）千分之一法

千分之一法是根据客房造价来确定客房价格的一种方法，即将每间客房的出租价格确定为客房平均造价的千分之一。

例如，某酒店拥有客房 400 间，总造价为 4000 万美元，若每间客房布局统一，则平均每间客房的造价为 10 万美元，按照千分之一法，房价应为 10 万美元/1000＝100 美元。按照酒店业的一般规律，平均每间客房造价在 10 万美元的酒店，应为四星级以上豪华酒店，显然对于这样的酒店而言，房价确定在 100 美元/每天左右是比较合理的。

千分之一法是人们在长期的酒店建设和经营管理实践中总结出来的一般规律，可以用来指导酒店（尤其是新建酒店）确定客房的价格，判断酒店现行客房价格的合理程度。

（三）收益管理的差异定价法

酒店业传统的定价方法有目标利润法、随行就市法、千分之一法、折扣定价法等，这些定价方法的依据是利润、成本和竞争对手的价格等；而收益管理采用的差异定价法是一种新的、更有效的方法，它可以依据不同的客人、未来时期客人对酒店的预订情况以及酒店客房的储备情况，在不同的季节、不同的时间以及一天中不同的时段，随时调整和改变客房价格，以期实现酒店收益的最大化。

除了上述定价法以外，还有客房面积定价法、赫伯特定价法等，其中客房面积定价法是通过确定客房预算总收入来计算单位面积的客房应取得的收入，进而确定每间客房应取得的收入的一种定价方法。

五、客房价格策略

为了在激烈的竞争中处于有利地位，酒店可选用以下几种客房价格策略。

（一）高牌价、高折扣价格策略

高牌价可以维护与酒店星级相适应的高档次市场形象，高折扣政策（包括对散客）则有利于提高酒店的竞争力。这种价格策略可以在不损害酒店市场形象的前提下，提高酒店客房的利用率和竞争力。

（二）随行就市价格策略

大部分酒店都采用随行就市的价格策略，即客房的价格根据淡旺季的不同、时段的不同、客房预订情况的不同、开房率的不同而变化，以期最大限度地提高酒店客房的利用率和经济效益。这种价格策略的缺点是会影响酒店在消费者心目中的形象。

（三）相对稳定价格策略

一些酒店为了取信于消费者，维护酒店在消费者心目中的良好形象，在一段时间内会采取相对稳定的价格策略，即使客房供不应求，也不随意调高价格。这种价格策略的缺点是可能会使酒店在短期内丧失很多潜在的获取利润的市场机会，但对酒店的长期发展有利。同样，有些酒店即使在市场竞争激烈的情况下，也不轻易下调房价，目的也是维护其高档次的市场形象。当然，相对稳定并非绝对不变，最终要不要上浮或下调价格，还要看客房供不应求的程度或市场竞争的激烈程度，以及这种供不应求（或供过于求）是暂时的还是长期的。在供不应求（或供过于求）的状况长期存在或很严重的情况下，如果一味地为了稳定价格而保持价格不变是不可取的，会使酒店长期蒙受损失或失去竞争力。

（四）中低价价格策略

对外公布的牌价始终保持同档次酒店中的中低价水平（不打折或打折幅度很小），给客人以价格稳定、实惠的印象，以此来吸引客人，取得竞争优势。

第四节　酒店销售人员的销售艺术

一、直接销售

直接销售是酒店传统的销售方式，也是酒店主要的销售形式之一。酒店销售人员直接与客人交流沟通，推销酒店的产品、服务，解释或答复对方的疑问。这不仅仅是销售人员和客人或潜在客人之间的双向信息交流，还提供了面对面的服务，促使销售人员与客人建立起友谊，形成长期友好的合作关系，维系稳定的客源。

此外，销售人员直接与客人接触，能够及时收集客人的意见和竞争对手的情况，有利于酒店调整销售策略，改进服务程序，提高服务质量，并增强酒店的竞争力。

（一）销售准备

酒店销售人员在拜访客户或洽谈业务之前，一定要准备好酒店的简介，如宣传册、价目表、预订单目表、预订单、明信片、销售记录卡、名片以及有关酒店产品和服务的其他资料。

访问重要客户或大客户前要拟订销售拜访计划，明确拜访目的，比如是为了获得订单，为了达成某个协议，希望被访者租用酒店的宴会厅、会议室，或者希望被访者介绍新客户等。

（二）拜访对象的确定

销售人员不可能拜访所有潜在客户，只能通过筛选排出顺序，根据具体情况做好准备，明确对方的需求，知己知彼，提高拜访的成功率。对客户的筛选要依据酒店的销售目标，如果商务客人或散客减少，则要加强与旅行社或中间商的联系，争取它们的客源。淡季散客少时，可以多接待一些团体或会议客户。

（三）拜访结束后的工作

拜访活动结束后，要立即填好记录卡，将预订的情况及时向有关部门（如前厅部、客房部、餐饮部、宴会部等）通报，做好接待计划。

二、酒店 MICE 销售

MICE 代表会议（Meetings）、奖励旅游（Incentives）、大型企业会议（Conferences）以及展览（Exhibitions）。MICE 是很多大型酒店（特别是会议型酒店）销售的重中之重，是酒店市场销售部工作的重要组成部分，对于提高酒店营业收入和利润水平具有重要意义。那么，销售人员如何才能提升 MICE 销售业绩和利润水平呢？销售人员应该明白以下要点。

（一）不是所有的 MICE 需求都是大型的

事实上，在酒店里举行的大部分会议的与会者为 30 人左右或者更少。许多酒店服务业销售人员常犯的错误是，以为所有 MICE 都涉及使用 400 人房间的大型活动，而对小型 MICE 不够重视。

（二）要学会站在客户的角度，为客户策划和组织成功的活动

许多酒店销售人员常犯的错误是更多地关注房间的销售，而非如何帮助客户组织一项成功的活动。有效的酒店 MICE 销售，要求销售人员学会从客户的角度出发策划和组织活动。

为此，酒店的销售人员要学习和掌握 MICE 的组织和策划技能。

（三）不要把活动主办方当作建筑师或者室内设计师

活动主办方不是建筑师或者室内设计师，他们不需要知道 1000m² 或者 500m² 是多大，只需要知道活动场地能够容得下多少人。所以在销售时，销售人员要使用活动主办方能够听得懂的表述方式。

（四）要学会向客户展示酒店的 MICE 产品

销售人员可以向客户展示一些电子图片，介绍过去几年内酒店内部成功举办的各项活动。

（五）重视客户的 MICE 体验

虽然硬件设施非常重要，但是 MICE 嘉宾更关心的是一种体验，即从到达酒店开始一直到离开酒店的体验。同样，活动主办方会对酒店销售人员所做的确保活动顺利举行的努力表示欣赏。

（六）为客户提供一站式服务

活动主办方讨厌听到的借口是销售人员说："我已经通知餐饮部去做了……"活动主办方会期待销售人员对所有的结果负责，不管是好的结果还是不好的结果。

（七）多为活动主办方提供服务

活动主办方在举办活动时可能不得不更换到另外一家酒店，即使这样，他们还是会非常欣赏酒店员工为帮助他们策划一场出色的活动而做的所有努力。在这种情况下，销售人员应该积极主动地为他们联系一家与自己的酒店有合作关系的酒店。如果销售人员经常这样做，被推荐的酒店也会投桃报李。

所以，酒店销售的目标是帮助活动主办方组织成功的活动。只有这样，酒店销售才能实现会议房间或者餐饮及相关设施的销售目标。

第五节　预订业务管理

预订（Reservation）是指在客人抵店前对酒店客房的预先订约。在预订得到酒店的确认后，酒店与客人之间便确立了一种合同关系，因此酒店有义务以预先确定的价格为客人提供他希望使用且已得到酒店确认的客房。

预订部通常设在酒店的市场销售部。对于客人来说，预订可以保证自己的住房需要，尤其是在酒店供不应求的旺季，预订具有更为重要的意义。而对于酒店来说，便于它提前做好一切接待准备工作，如人员的安排、设施设备的更新改造、低值易耗品、食品和饮料的采购等。此外,预订还可以使酒店提前占领客源市场,提高客房利用率。

为了有效控制客房预订,提高酒店的开房率和经济效益,预订部要与酒店前厅部进行充分、有效的沟通,掌握预订规律,合理控制团队客人与散客的预订比例。

一、预订的方式

预订客房的方式多种多样,有不同的特点,客人采用何种方式进行预订,受预订的紧急程度及客人设备条件的制约。当前,客人的预订方式主要有以下几种。

(一) 口头预订

口头预订即客人(或其代理人)直接来到酒店,当面预订客房。在接受客人口头预订时,预订员应注意下列事项:

1) 书写清楚,客人的姓名要大写,不能拼错,必要时可请客人自己(或其代理人)拼写。

2) 在旺季,对于不能确定抵达时间的客人,可以明确告诉客人,预订保留到18:00。

3) 如果客人不能确定停留的确切天数,也要尽量确定其最多和最少的天数。

(二) 电话预订

电话预订比较普遍,它的特点是速度快、方便,而且便于客人与酒店沟通,根据酒店客房的实际情况及时调整预订要求,从而订到满意的客房。但由于语言障碍、电话的清晰度以及对话人的听力水平等的影响,电话预订容易出错,因此,预订员必须将客人的预订要求认真记录下来,并在记录完毕之后,向对方复述一遍,得到客人的确认。

在接受电话预订时,预订员要注意不能让客人久等。因此,预订员必须熟悉本月、本季可提供的客房情况,如因某种原因不能马上答复客人,则应请客人留下电话号码和姓名,待查清预订情况后,再通知客人是否可以接受预订。

(三) 互联网预订

通过互联网进行预订,是目前国际上比较流行的订房方式。随着计算机的广泛使用,越来越多的散客开始采用这种方便、快捷、先进而又廉价的方式进行预订。客人主要通过酒店官网(如万豪酒店官网,见图8-2)、旅游预订网站、国际知名预订网站来预订酒店的产品。单体酒店更倾向于通过旅游预订网站即第三方平台来实现预订,第三方平台如携程、艺龙、美团、飞猪等。万豪酒店在携程网上的订房页面如图8-3所示。

在美国,30%的旅游产品是在互联网上预订的。为了扩宽预订渠道,酒店除了在互联网上建立自己的网站外,还可以将自己的网页与国内外著名旅游预订网站做友情链接,使客人能够更方便地了解酒店的信息和预订服务。

图 8-2　万豪酒店官网

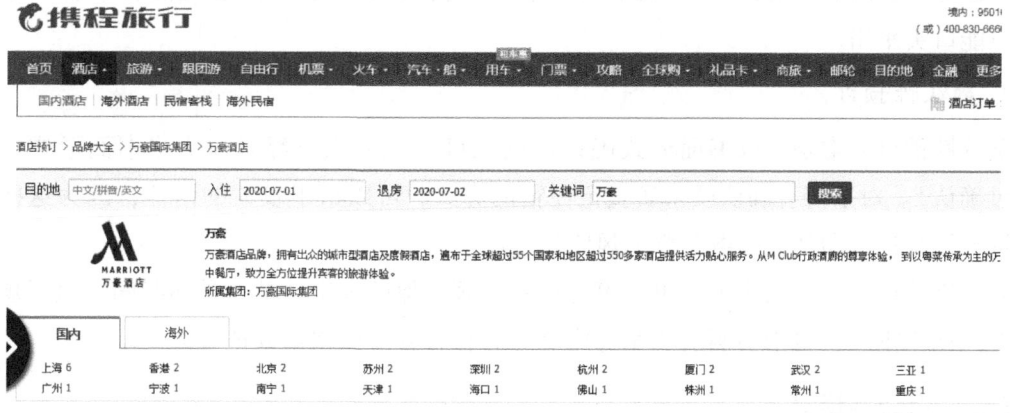

图 8-3　万豪酒店在携程网上的订房页面

（四）手机网络预订

手机预订是一种最新的订房方式，它同时结合了电话预订和互联网预订的特点，既有电话的便利，又有互联网的查询和搜索功能。

（五）传真预订

传真预订是一种较为正式的订房方式，一般为旅行社、团队等单位和组织所采用。其特点是方便、快捷、准确、正规，可以将客人的预订资料原封不动地保存下来，不容易出现订房纠纷。

(六)合同预订

酒店与旅行社或商务公司通过签订订房合同,达到长期出租客房的目的。

二、预订的种类

酒店在处理客人的预订时,一般分为非保证类预订和保证类预订。

(一)非保证类预订

非保证类预订分为临时性预订(Advance Reservation)和确认性预订(Confirmed Reservation)。

1. 临时性预订

临时性预订是指未经书面确认或未经客人确认的预订,通常酒店会与客人约定将客房保留到18:00,如届时客人未到,该预订即被取消。

通常,客人在即将抵达酒店前很短的时间内或者在到达的当天联系订房时采用此方式。在这种情况下,酒店一般没有足够的时间给客人寄去确认函,同时也无法要求客人预付定金,只能口头承诺。

2. 确认性预订

确认性预订通常是指以书面形式确认过的预订(或客人已经以口头或书面形式对预订进行过确认)。对于持有确认函来店登记住宿的客人,可以给予较大的信任,因为这些客人的地址已被验证,向他们收取欠款的风险比较小。

对于确认性预订,酒店依然可以事先声明为客人保留客房至某一具体时间,过了规定时间,客人如未抵店,也未与酒店联系,则酒店有权将客房出租给其他客人。

(二)保证类预订

保证类预订指客人保证前来住宿,否则将承担经济责任,因而酒店在任何情况下都应保证和落实该预订。目前常见的保证类预定有以下三种类型。

1. 预付款担保

预付款担保即客人通过交纳预付款而获得酒店的订房保证。假如客人预订住房时间在一天以上,并且预付了一天以上的房租,但届时未取消预订又不来入住,那么,酒店只应收取一天的房租,把余款退还给客人,同时取消后几天的订房。如果客人在临近住店日期时订房,酒店没有足够的时间收取定金,则可要求客人使用信用卡作为担保,预订客房。

2. 信用卡担保

除了预付款担保以外,客人还可用信用卡作为担保预订酒店客房。这样,如果客人届时既未取消预订,也不来登记入住,酒店就可以通过发卡公司收取客人一夜的房租,以弥补酒店的损失。比如，按照美国运通公司（American Express）的"订房担保计划"（American Express Assured Reservation Plan），运通卡的持有人若要订房，则打电话到酒店提出订房要求，并告诉酒店自己的姓名和信用卡号码，说明是美国运通卡担保订房即可。酒店据此为客人保留客房至第二天的入住时间，如客人届时未到（也未通知取消预订），则酒店可依据客人签寄的信用卡号码、姓名以及酒店的"订房担保计划"记录向美国运通公司收取一夜房费。

3. 合同担保

合同担保方式虽不如预付款担保和信用卡担保那样得到广泛使用，但也不失为一种行之有效的订房担保方式。酒店与经常使用酒店设施的商务公司签订合同，当商务公司的客户要求住宿时，商务公司与酒店联系，酒店便为其安排客房，即使客人未入住，商务公司也保证支付房费，同时客房也被保留一个晚上。

对于保证类预订，酒店无论如何都要保证客人一到就有房间入住，若酒店没有空房间可提供，应代找条件相似的酒店房间。在后一种情况下，酒店要代付第一夜的房费以及其他附带费用，如出租车费等，这就是"第一夜免费制度"。

三、预订的渠道

了解客人的预订渠道对于促进酒店销售、提高开房率具有重要意义。客人的订房渠道通常有以下几种：

1) 散客自订房。
2) 旅行社订房。
3) 商务公司订房。
4) 各种国内外会议组织订房。
5) 分时度假组织订房。
6) 国际订房组织订房。
7) 网上订房中心订房。随着互联网技术的发展和普及，国内外出现了网上订房中心，如携程、艺龙等网站。这类订房在酒店销售中所占比重越来越大，呈逐年攀升的趋势。几乎每家大型酒店都与数十家网上订房中心签署了订房协议，个别酒店甚至与60多家网上订房中心签署了协议。实际上，因为存在管理成本问题，酒店签约的网上订房中心不是越多越好，所以酒店应每年对网上订房中心梳理一次，淘汰一批，再新签一批。

计算机客户端在线预订渠道如今是主流的方式，但移动客户端预订渠道逐渐开始占据市场，微信、酒店官方App、移动端在线旅游（OTA）的应用越来越普遍。但是移动客户端的便捷性是计算机无法取代的，移动客户端必将成为主流预订方式。国内某机构调查的国内酒店的主要预订渠道如图8-4所示。

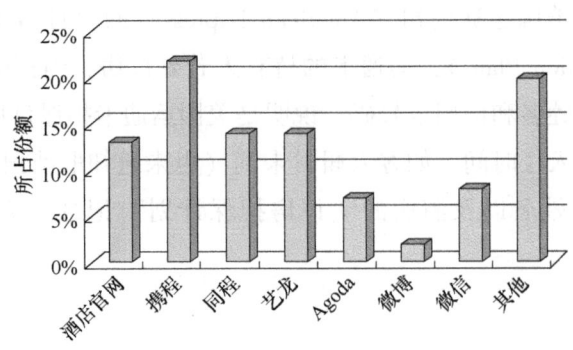

图 8-4　国内某机构调查的国内酒店的主要预订渠道

四、预订业务管理

预订业务管理通常包括接受预订、确认预订、拒绝预订、候补预订、核对预订、取消预订、更改预订以及超额预订管理等。

(一) 接受预订

预订员接受客人预订时，首先要查看计算机，如有空房，则立即填写预订单。预订单上通常有客人姓名、抵离店日期及时间、房间类型、价格、结算方式、餐食标准（团队）和种类等项内容。

(二) 确认预订

预订员在接到客人的预订要求后，要立即将客人的预订要求与酒店未来一段时间客房的利用情况进行对照，决定能否接受客人的预订。如果可以接受，就要对客人的预订加以确认。

确认预订的方式通常有两种，即口头确认（包括电话确认）和书面确认。如果条件允许，酒店一般应采用书面确认的方式，向客人寄发"确认函"。

(三) 拒绝预订

如果酒店无法接受客人的预订，就应对预订加以婉拒。婉拒预订时，不能因为未能满足客人的最初要求而终止服务，而应该主动提出一系列可供客人选择的建议。比如建议客人更改房间类型、重新选择来店日期或变更客房预订数等。拒绝客人时，应询问客人是否可以将其姓名、电话号码等登记在"候补类预订单"上，以便一旦有了空房，能够立即通知客人。

总之，用建议代替简单的拒绝是很重要的，它不但可以促进酒店客房的销售，而且可以在客人心中树立酒店良好的形象。

婉拒预订时，要向客人签发致歉信。

(四)候补预订

在酒店预订客满或者超额预订时,虽然不能马上满足客人的订房要求,但是仍可将客人的订房要求记录到计算机中,将其列入"候补类预订单"。一旦有房空出(如其他客人取消预订或提前离店),就可立即通知客人,满足客人的要求。

(五)核对预订

有些客人提前很长时间就预订了客房,在预订到入住的这段时间内,有的客人可能会因各种原因取消预订或更改预订。为了提高预订的准确性和酒店的开房率,并做好接待准备,在客人到店前(尤其是在旅游旺季),预订员要通过书信或电话等方式与客人进行多次核对,询问客人能否如期抵店,住宿人数、时间和要求等是否有变化。

根据客房的紧张程度(利用率状况),核对工作通常有三次:第一次是在客人预订抵店前一个月进行,具体操作是由预订部文员每天核对下月同一天到店的客人或订房人;第二次核对是在客人抵店前一周进行;第三次则是在客人抵店前一天进行。在核对预订时,如果发现客人取消或更改订房,则要及时修改预订记录,并迅速做好因此而闲置的客房的补充预订。如果变更或取消预订是在客人预计抵店前一天进行的,补充预订已来不及,则要迅速将更改情况通知前台接待处,以便及时出租给其他未预订而来店的散客。

以上是针对散客预订而言的,对于大型团体客人而言,核对工作要更加细致,次数更多,以免因团队临时取消或更改订房而造成大量客房闲置,使酒店蒙受重大经济损失。

(六)取消预订

由于各种缘故,客人可能在预订后、抵店之前取消预订。此时,预订员不能在电话里表露出不愉快,应让客人明白,酒店欢迎他今后随时光临。正确处理取消预订,对于酒店巩固自己的客源市场具有重要意义。在国外,取消订房的客人中有90%以后还会预订。

客人取消预订时,预订员要做好预订资料的处理工作,修改计算机上的预订资料,并在备注栏内注明取消日期、原因、取消人等,将预订资料作为重要资料保存。

如果在客人取消预订以前,预订部门(或总台)已将该客人(或团体)的预订情况通知各有关接待单位(如客房部、餐饮部等),那么在客人取消预订后,预订部门就要将这一新信息通知以上单位。

如客人在原订住店日期当天未到,则由总台接待员办理有关事项(但仅限住一天),接待员应及时与旅行社或其他预订单位或个人取得联系,询问是取消预订,还是预订而未到。如属前者,接待员同样要通知有关部门;如属后者,则要根据实际情况,必要时为客人保留房间(如住一天以上,转交预订员处理)。

为了防止因客人临时取消预订而给酒店造成损失或使酒店工作陷入被动,酒店可根据实际情况采取措施,比如在旺季,要求客人预先支付一定数额的定金,尤其是对团体客人,可以预收相当于一天房费的定金,并在客人抵达前一个月通知对方付款,收款后将有关资料送交前台收银处,待客人结账时扣除。

(七) 更改预订

更改预订是指客人在抵达之前临时改变预订的日期、人数、要求、期限、姓名和交通工具等。

在接到客人要求更改预订的申请后,预订员首先应查看计算机或有关预订控制记录,看能否满足客人的要求。如果能够满足,则予以确认,同时填写"预订更改表",修改有关预订控制记录。如在此之前已将客人的预订情况通知各有关部门,则应将变更信息重新传达上述部门。假如不能满足客人的变更要求,则要求预订员将酒店空房类型与有空房的日期告知客人,并与之协商解决。

(八) 超额预订

1. 超额预订的概念

由于各种原因,客人可能会临时取消预订,或出现"预订而未到"现象,或提前离店,或临时改变预订要求,造成酒店部分客房闲置,这就迫使酒店进行超额预订,以减少损失。超额预订是指酒店在一定时期内,有意识地使其所接受的客房预订数超过其客房接待能力的一种预订现象,其目的是充分利用酒店客房,提高开房率。

超额预订应该有个"度",以免出现因"过度超额"而不能使客人入住,或因"超额不足"而使部分客房闲置。通常,酒店接受超额预订的比例应控制在10%~20%。各酒店应考虑以下几点,合理掌握超额预订的"度":

1) 酒店订房资料统计。
2) 掌握团队订房和散客订房的比例。
3) 根据预订情况分析订房动态。
4) 本地区有无其他同等级同类型酒店。
5) 未来几天的天气情况。

2. 超额预订的处理

对于超额预订,从实践来看虽然是可以理解的,但是,酒店接受了客人的预订,就意味着在酒店与客人之间确立了关于客房出租的某种合同关系,而酒店进行超额预订,势必会在某一时间使客人不能按"合同"约定的条件(预订要求)入住,这就相当于酒店单方面毁约,因此客人有权利起诉。对此,酒店经营者应当有清醒的认识,妥善处理客人因超额预订而不能入住的情况。

如果因超额预订而不能让客人入住,按照国际惯例,酒店方面应该做到:

1) 诚恳地向客人道歉,请求客人谅解。

2）立即与另一家相同等级的酒店联系，请求援助。同时，派车将客人免费送往这家酒店。如果找不到相同等级的酒店，可安排客人住在另一家级别略高的酒店，高出的房费由本酒店支付。

3）如属连住，则店内一有空房，在客人愿意的情况下就把客人接回来，并对其表示欢迎（可由大堂副理出面迎接，或在客房内摆放花束等）。

4）对提供了援助的酒店表示感谢。

如客人的预订属于保证类预订，则除了采取以上措施外，还应视具体情况为客人提供以下帮助：

1）支付其在其他酒店住宿期间的第一夜房费，或客人搬回酒店后可享受一天免费房的待遇。

2）免费为客人提供一次长途电话或传真的服务，以便客人能够将临时改变地址的情况通知有关方面。

3）排房时首先考虑此类客人的用房安排。大堂副理应在大堂迎候客人，并陪同客人办理入住手续。

第六节 酒店网络营销

随着信息技术的迅速发展和广泛应用，网络正以革命性的力量改变着人们的工作和生活方式。对于酒店而言，网络营销蕴藏着无限的潜力。如何有效地利用信息网络开展营销工作，已成为酒店业面临的重大课题。

一、网络营销的特点

网络营销，是指以互联网为传播手段的营销活动。它是目标营销、顾客导向营销、双向互动营销、远程全球营销、无纸化营销、自助式营销等一系列先进营销方式的综合体。与其他营销方式相比，网络营销具有以下特点。

1. 全球化

互联网技术使企业的商业活动向全球化方向发展。通过连接互联网，企业经营者不仅可以即时获得有关政治、经济、社会、文化等方面的最新信息，还可以与世界各地的人和组织进行直接的交流。互联网就像一个通往世界的窗口，使这个世界变得"更小"了。

2. 个性化

与传统营销方式相比，网络营销具有较强的个性化特征。互联网技术赋予了消费者更大的自由选择权，个性消费的回归使消费者的主动性大大增强，网络营销可以使企业与消费者进行及时、有效的交流，企业可以实时了解消费者的消费倾向，从而使其个性化需求得到最大限度的满足。

3. 跨时空性

由于互联网能够打破时间约束与空间限制进行信息交换，因此使得脱离时空限制进行交易成为可能。企业可每周7天、一天24h不间断地为消费者提供全球性的营销服务。

4. 经济性

对企业而言，采用网络营销方式可以提高服务效率，拓宽信息渠道。这样，企业在进行交易时可以节省大量的时间和资源。对消费者而言，足不出户就可以了解产品的相关信息，选择和预订自己所需的产品，即刻完成身份确认并支付电子货币，省去了许多琐碎的手续和程序。

5. 互动性

传统媒体与用户之间是单向交流的，由媒体向用户传播内容。基于网络的新媒体则实现了媒体和用户之间的双向交流，这是新媒体的一大特点。此外，大部分新媒体都具有强大的连通性，可将多种媒体形式融合到一起。

二、酒店网络营销的应用

（一）网络调研

调研市场信息，从中发现消费者的需求动向，从而为市场细分、目标市场定位提供依据，这是大部分酒店开展营销活动的重要内容。网络能够及时地提供大量信息，这为市场调研工作提供了极大的帮助。酒店可根据不同的情况、不同的目的采用不同的调研方法。营销人员可在酒店网站上发出电子调查问卷，通过提供各种奖励的方式来吸引访问者参与调研，然后利用计算机对访问者反馈的信息进行整理和分析，得出调研结果。营销人员也可以先收集目标顾客的电子邮件地址，然后直接向他们发送电子调查表，请他们对电子调查表中所列的问题一一作答。酒店还可以建立网络消费论坛，借此了解宾客的各种意见和建议。

酒店引进了一套宾客点评信息收集系统

前不久，宾客李小姐在微博上晒出了她今年入住某度假酒店获得的小礼物，开心地说："没想到有那么多惊喜，而且是我想要的礼物，不得不给酒店一个'赞'。"这条微博在网上快速传播，并被该度假酒店第一时间捕捉到。

原来，该酒店今年推出了一项"感动服务计划"，在标准化服务的基础上为宾客创造满意+惊喜的体验。为了让这一计划的实施更加有效，酒店引进了一套宾客点评信息收集系统。该系统能够全面收集主要酒店专业点评网站上的宾客意见，酒店可以对收集到的信息进行分析，对服务质量进行改进，对"感动服务计划"进行优化。为保障计划的实施，该酒店还出台了专项制度，向提出意见的宾客提供优惠住房机会。如果服务员做法得当且得到好评，酒店也会给予奖励。

（二）网络广告

无论是传统广告还是网络广告，其本质都是通过与目标受众有效沟通，最终达到使目标受众做出购买决策的目的。相对于传统广告，网络广告具有高扩张度、跨越时空限制、内容详尽、形式多样、更新及时、交互性强等优势。

随着网络技术的不断发展，网络广告的形式不断创新。目前发布网络广告的方式主要有以下六种。

1. 利用自己的网站来发布广告

采用这种广告方式，酒店可对广告的内容、画面结构、互动方式等进行全面的、不受任何约束的策划。但这种广告方式要求酒店的网站必须能够提供丰富的信息，有较高的访问率。如果酒店的网站只发布广告，不能提供其他信息，那么肯定不会有众多的访问者。网站无人问津，自然不会取得好的广告效果。

2. 在他人的网站上发布广告

为了取得尽可能好的效果，酒店应选择访问率高的网站发布自己的广告。但酒店所选择的网站应有明确的受众定位，这样才能将广告有效地传递给酒店的目标受众。

3. 使用旗帜广告互换服务网络

对于酒店来说，把酒店搬上网络，然后坐等客户上门是远远不够的，酒店必须不断采取主动措施来赢得潜在客户，确保潜在客户知道自己的网站，并鼓励和吸引他们来自己的网站。这时最好的方法就是与潜在客户建立起网上伙伴关系，将自己的网站与他人的网站链接起来，而这其中最方便的也是最经济的方法就是广告互换了。通过广告互换，在相关网页间建立交互连接，所有的网络加盟者之间本着互惠互利、互相免费的原则，开展全球范围内旗帜广告的交流活动，酒店的潜在客户可以在搜索引擎上找到酒店的伙伴后通过链接找到酒店，这样酒店的网站的可见度就提高了。

4. 利用其他媒体发布广告

利用其他媒体发布广告，是指在传统广告中加入 Web 网址，从而将人们吸引到自己的网站上来。

5. 电子邮件广告

酒店根据自己的客户信息建立电子邮件列表，或通过正常渠道收集信息，此后便可以定期以电子邮件方式向目标受众发送广告信息。

6. 使用新闻组或讨论组发布广告

酒店可以建立不同的新闻组或讨论组，然后在这些新闻组或讨论组中发布广告，这是一种经济、实用的方式。

(三) 网络预订

网络预订主要通过下列方式来实现。

1. 计算机预订网络

由企业运营的计算机预订网络主要有两种：中央预订系统（Central Reservation System, CRS）和全球分销系统（Global Distribution System, GDS）。中央预订系统通常由大型酒店集团建立和拥有，如假日集团的 Holidex、万豪的 Marsa。全球分销系统是由航空公司订票系统发展而来的，20 世纪 80 年代之后，全球分销系统不仅可以预订机票，而且能够预订酒店、出租车、景点门票和剧院门票等。全球分销系统将各种旅游企业及相关企业加以整合，目前在西方已成为旅游产品的主要销售途径。

2. 营销联合体

营销联合体是指由专门的组织或酒店建立的旨在进行联合促销的销售组织。由于单个酒店无力单独积聚经营所必须具备的巨额资金、先进技术及市场营销设施，或者由于风险太大而不愿单独冒险，或者期望能带来更大的协同效应，一些组织和酒店组成营销联合体，在营销领域开展广泛的合作。营销联合体的运作模式与中央预订系统相似。著名的世界一流酒店（The Leading Hotels of the World）组织、小型豪华酒店（Small Luxury Hotels）组织、SRS 世界酒店（SRS World Hotels）组织、高峰酒店与度假酒店（Summit Hotels & Resorts）组织、斯特林酒店与度假酒店（Sterling Hotels & Resorts）组织等都是典型的酒店营销联合体。

3. 网上旅游公司

随着旅游产业规模的扩大和技术的发展，基于计算机和互联网的分销渠道应运而生。目前许多网上旅游公司通过网络进行企业对企业（B2B）和企业对消费者（B2C）的产品组合与分销，其销售模式为：旅游产品生产者—网上旅游公司—消费者。酒店可通过网上旅游公司这一平台为客人提供预订服务。

三、酒店网站建设

酒店网站是酒店重要的营销渠道，也是酒店网络营销的平台。酒店网站为酒店提供了一个与客人见面和交流的机会，可以减少对通过第三方来实现网络预订的依赖。在互联网时代，有效的电子分销渠道管理必须从酒店独立操作的网站做起。酒店自身的网站必须成为成本最低但毛利率最高的分销渠道之一。因此，酒店必须重视并做好自己的网站建设。

(一) 网站建设的原则

在建设酒店网站时，要充分考虑酒店的经营服务特色，在制定方案时要注重网站的实用性、可靠性、先进性和经济性原则，另外还要注意网站的扩展性，为以后升级打好基础。

（二）酒店网站的主要内容

1. 书面内容

一个网站的书面内容应该包括访问关于酒店的疑问的答案，例如酒店的类型、地点和价格，并鼓励访问者预订房间。关于酒店的关键信息应该在网站上有所展现，酒店的宣传册、促销信息和市场营销材料中的内容，应设计后放在网站上。其他重要内容包括周边有吸引力的场所、活动和当地的风景旅游区等。

2. 视听内容

一个网站的视听内容包括酒店的标识、外观图、数码照片和其他视听内容。随着越来越多的网络用户使用高速网络，酒店经营者应该在网站上增加视听内容。但是必须注意的是，不是所有的访问者都愿意在详尽的视听内容上花时间，因此应该避免因有太多下载内容而造成访问者用时延长和等待。

3. 预订设置

客人可以直接通过酒店的网站预订房间。潜在客人希望立即知道他们所需的房间是否可以预订，因此网站必须有一个预订设置可以实时地显示预订信息。如果没有这项设置，很多访问者会在几秒钟内转向其他酒店网站。

4. 适当的链接

高效地链接网站是重要的战略。与其他网站链接可以提升酒店的知名度，提高浏览量和点击率。

（三）酒店网站首页的设计方案

首页的设计要突出酒店行业的特殊性，在设计上尽量个性化，并动态展示酒店的整体形象，使浏览者能够全方位了解酒店。首页要简要说明酒店的概况、特色、接待能力和服务宗旨，还可以介绍酒店的成功案例、接待的重要人物及举办的大型活动，推荐不同档次的房间来满足不同层次的消费者，可采取图文结合的方式以取得更直观的展示效果。

（四）酒店网站建设存在的主要问题

"高、大、全"是酒店网站建设的主要误区。"高"即应用最新、最先进的技术，以花哨的设计来吸引人的眼球，极力体现出与众不同。"大"即以自我为中心，忽视网站的受众人群，毫不理会访问者的感受。"全"即不分主次，一味追求内容丰富、形式多样、资料完整、功能齐全。

在酒店建立门户网站的初期阶段，强调"高、大、全"似乎取得了一定的效果。然而近年来，360°全景展示、大量flash动画效果已不再令人关注，过分的花哨和炫耀不但无法吸引眼球，反而令人生厌。极具个性的风格、曲高和寡的格调也无法得到访问者的认同，标新立异的展示往往失败，纷乱繁杂的内容令浏览者失去耐心。

纵观当前国内外知名酒店的网站，不再看重"高、大、全"，温馨简单成为主流风格。

（五）如何建设有吸引力的酒店网站

要建设有吸引力的酒店网站，就要让网络用户真正喜爱上酒店的网站。如果酒店网站仅有访问量，而不能为酒店带来效益，就不能视为成功的项目。网站要将有意浏览网站的访问者和无意路过的普通浏览者转化为使用者，并最终成为酒店的客户。要实现这个目标，仅仅靠合理有效的设计、运营和管理是不够的，只有给现有的和潜在的客户提供真正的方便与实惠，才能吸引和留住他们。这就需要真正从客户的角度去思考网站建设方案。

一个好的酒店网站应具有以下特点：

（1）方便性　应让浏览者可以方便地访问网站。

（2）更新及时性　鉴于酒店网站的便捷性、准确性和有效性，以及基于互联网管理的操控性，酒店网站内容的及时更新显得十分重要，要让客户第一时间浏览到最新的房间价格、消息及优惠活动。

（3）实惠性　要设法使网站访问者享受到真正不同的体验。例如：通过酒店网站订房有较高折扣，比从网络订房公司预订更优惠；会员比非会员可以享受到更多个性化服务。

（4）特色　各家酒店的网站都有在线预订系统，要在千篇一律的在线预订系统里脱颖而出，必须做出特色。

（5）高效性　在线客服的回应要及时准确，这一点十分重要。

（6）渠道多样性　考虑到各种营销模式和渠道，为了方便客人，酒店网站要能够提供酒店微博的链接通道、集团旗下各家成员酒店网站链接，还要有在线的自动客服、人工客服、微客服等各类客服通道。

（7）多平台　网站不仅要提供给计算机终端的用户浏览，还要能够为时下流行的手机、平板计算机等移动终端提供 WAP 版本的平台和 App 客户端的应用。

第七节　酒店新媒体营销

酒店新媒体营销主要是指以互联网为平台的网络营销，主要包括微博营销、微信营销、微电影营销等。酒店新媒体营销逐步得到了重视。

一、微博营销

相对于传统媒体单向陈述式的宣传方式，微博传播是点对点互动式交流，针对性更强，交互性也更强。

三亚君澜度假酒店令宾客难忘

2017年6月，三亚君澜度假酒店通过宾客点评收集系统了解到，一对宾客通过微博发布了即将入住酒店的信息。这对宾客提到这是他们第三次入住该酒店，他们第一次入住时还是情侣，如今两人牵手成功，在度蜜月时将邀请双方的父母一起入住酒店。三亚君澜度假酒店得到该信息后，立即对他们要入住的房间进行了特殊布置，还放置了小礼物，留下了欢迎信。当六位宾客抵达前台办理入住时，服务员微笑地欢迎他们第三次选择本酒店，并送上欢迎花环。宾客进入客房看到眼前的情景时，十分惊喜，感谢酒店的细心与周到，并称三亚君澜度假酒店是他们终生难忘的酒店。三亚君澜度假酒店公关部经理说，这是酒店借助微博开展营销服务的真实案例。

（一）酒店开展微博营销的意义

1. 降低酒店营销成本

酒店开展微博营销，从注册账号到发布信息，都不需要任何费用。通过微博与粉丝直接沟通交流、解决问题，既简化了服务流程，又降低了酒店营销成本

2. 促进酒店品牌推广

酒店利用微博提供文字、图片、视频、链接等达到更佳的宣传效果，使酒店微博成为消费者认知酒店的主要渠道。酒店通过微博宣传酒店服务与产品、发布酒店新动态、开展促销活动等，以达到促进酒店品牌推广的目的。

3. 提高酒店营销精准度

传统营销方式是将酒店信息大范围地传播给消费者，但并不能确定接收到信息的人群就是酒店的目标消费群。而关注酒店微博的粉丝一定是对酒店感兴趣或认同酒店文化的消费群，因此酒店通过微博发布的营销信息精准度更高。

4. 快速应对酒店突发事件

酒店利用微博的搜索功能，可随时监控、跟踪、发现酒店突发事件信息，快速应对，遏制负面信息的进一步传播，为酒店进行危机公关赢得时间，使酒店避免被动应对舆论危机的尴尬局面。

5. 利于酒店客户关系营销

酒店可以通过微博这个双向沟通的平台，了解客户的需求与喜好，对客户加以细分，做好客户关系营销，从而在现实中提供更有针对性的服务，以提高客户的满意度与忠诚度。

（二）微博营销的方法

1. 制定酒店微博营销发展战略

1）将微博营销纳入酒店总体发展战略规划，制定科学的微博营销发展目标，由高层管

理者主抓微博营销。

2）充分发挥酒店竞争优势，提高微博营销核心竞争力。

3）制定酒店微博营销激励机制，充分调动员工的积极性。

2. 组建专业化的微博营销团队

要打造优秀的微博营销人才队伍，应要求其成员具有计算机专业知识、大众传媒从业经历以及市场营销实践经验等；应加强相应的岗位培训，通过定期外派进修、学习考察不断提升营销人员的职业素养与专业水平。

3. 提高酒店信息传播力

1）发布具有吸引力的微博内容。在研究目标受众的喜好、需求的基础上投其所好，多发布既与酒店身份相符又能与粉丝互动的内容。

2）选择合适的发布频率和时间，以便将最重要的信息在粉丝最活跃的时间发布，使更多粉丝接收到酒店希望传达的信息。

3）正确选择微博表现形式，最好用简短的文字配上图片或视频，以吸引粉丝的关注。

4）运用灵活多样的信息发布手段，如可以设置悬念引起粉丝的好奇，利用有奖竞猜、投票等活动吸引粉丝参与，创造富有特色的语言风格以吸引粉丝转发和效仿。

4. 科学运用微博营销方式

（1）情感营销方面　酒店要关注自己的粉丝，评论或转发粉丝的微博，在线回答粉丝的咨询；在情感交流过程中，让粉丝逐渐对酒店产生好感和信任，进而产生消费欲望。

（2）名人营销方面　酒店可以邀请与自身形象相符的名人为酒店做代言，以增加酒店的粉丝数量。

（3）互动营销方面　酒店可以通过微博举办各种活动来提高知名度，以实现宣传推广酒店品牌的目的。

（4）在体验营销方面　单纯地通过在线交流很难让粉丝产生消费欲望，酒店可以通过秒杀、体验客房等活动，为粉丝提供一个亲身体验酒店设施与环境的机会，进行体验营销，进而让粉丝认同酒店的企业文化，成为酒店的忠诚顾客。

5. 有效监控和化解酒店公关危机

当微博成为酒店信息发布的官方平台后，便为酒店监测、预防、处理危机公关提供了便利。

微博营销人员要随时监测酒店相关信息，及早捕捉危机苗头，积极采取措施将负面信息的影响降到最低。危机的处理要讲究策略，有效解决问题；跟踪粉丝的反应，以评估危机的影响；时调整危机公关策略，树立酒店良好的公关形象。

6. 提升酒店微博营销的核心竞争力

提升酒店微博营销的核心竞争力是酒店微博营销成功的重要前提。

1) 在微博营销中要充分利用酒店自身优势、打造特色，以吸引粉丝的高度关注。
2) 充分挖掘微博营销的潜力，把握商机，尽早实现微博订餐、订房等功能。
3) 形成良好的微博营销模式之后，还应不断改革创新，以提升酒店微博营销的核心竞争力。

（三）微博营销应注意的问题

1. 要有强有力的管理团队

酒店的官方微博、微博营销在酒店的品牌塑造中非常重要。要有效利用微博，需要酒店有一个强有力的管理团队，线上线下能够联动，使微博营销与酒店整体宣传保持一致。为了更好地达到营销目的，管理团队要让酒店微博凸显自身的特色。

2. 保持活跃度

酒店微博更新频率要高，以保持微博活跃度。

3. 重视所发微博质量

酒店在微博上发布的信息质量较高，才能吸引粉丝、网友很好地互动，酒店才能更好地了解粉丝的真实需求以及感受，从而实现营销目标。

二、微信营销

如果说微博在个人计算机端创造了一种令人关注的现象，那么微信就是手机端的新的引领者。作为一个新兴的公众平台，微信引起越来越多大众的关注。

微信是一个重要的新媒体营销平台。早在 2012 年 11 月 12 日，布丁连锁酒店宣布微信客户端订房功能正式上线。喜达屋 SPA 俱乐部也开通了微信服务。2013 年 1 月 15 日，腾讯微信团队公布微信的用户数量已达 3 亿多。2020 年，腾讯三季度财报公布新数据，腾讯微信及 WeChat 月活跃用户数达 12.1 亿。因此，酒店开展微信营销是国内酒店业营销的新趋势。

酒店利用微信这一社交平台进行营销，一是可以对酒店形象及其产品和服务进行宣传推广，二是可以实现即时预订。

布丁连锁酒店的微信营销

布丁连锁酒店是国内第一家时尚、新概念连锁酒店。2012 年 11 月 12 日，布丁连锁酒店微信客户端订房功能正式上线。截至 2013 年 5 月，布丁连锁酒店的微信用户已达 55 万，入住成功的订单中，新用户占 61%，日均订单 264 个。

如果你的认识还只停留在用微信预订酒店，说明你真的落伍了，布丁连锁酒店通过与腾讯官方密切合作，已把一个改变酒店营销模式的产品呈现出来。

布丁连锁酒店微信客户端完成了个性化的菜单定制，在微信底部的对话栏中提供"我的布丁""预订""最新活动"三个菜单选项，这与原先用户主动发起的对话式交互相比有了很大的进步，布丁连锁酒店微信客户端不再只是推送消息与回复。增加了自定义菜单后，原有的布丁连锁酒店账号瞬间变身成为一个轻 App。之前，用户订房需要好几个步骤，比较烦琐。现在打开布丁连锁酒店微信账号即可直接选择订房，大大缩减了预订流程。据了解，自定义菜单上线后，布丁连锁酒店的订单量有了一个大幅提升。

在布丁连锁酒店官网中，每家门店都有单独的详细介绍页面，为用户预订提供了很好的参考。通过不断研究与优化，现在布丁连锁酒店微信端同样也加入了每家门店单独的主页（门店详情页），更适合移动端用户，也更符合微信用户群的习惯。单独的主页包括门店基本资料（门店照片、价格、地址、电话等）、特享优惠、交通、美食等内容。

尽管微信将对旅游业营销产生重大影响，微信营销是未来酒店市场营销的发展趋势，但冷静地看，微信营销也存在一些困难，主要是微信粉丝的增长比较困难：①信息不像微博一样可以快速传播、转发，评论仅限于朋友之间；②信息转发超过一定范围，分享便会失效，微信并不鼓励大规模信息传播（由此可以看出微信产品的精确定位，即微信是沟通工具，而不是媒体工具）；③用户并不能一键关注微信号；④微信禁止大号互转互推。

三、微电影营销

除了微博营销和微信营销以外，近年来还出现了微电影营销，引起了一些酒店的重视，并取得了良好的营销效果。

济南万达凯悦酒店内部联欢时员工跳舞的视频被传到网上后，半个月内点击量高达 50 万，而且据报道，该酒店的知名度和营业额也直线上升。

2012 年 9 月，开元酒店集团拍了微电影"盗宝畸兵"，整部影片将开元酒店的产品及服务与故事情节有机融合，用电影手法细腻呈现了开元酒店品牌的内涵及诉求，将品牌的宣传和推广融入整个故事。

四、短视频/直播营销

在流量红利逐渐消失的互联网时代，短视频所带来的全新流量成为各方角逐、深耕的新战场。以短视频、直播为核心载体的内容营销贯穿在了品牌营销、传播、销售、运营的各环节。"内容"成为核心变量，改变着传统品牌建设的时间成本，也改变了品牌营销传播的预算结构。2019 年，短视频一枝独秀，成为移动互联网使用时长和用户规模增长最快的细分领域之一，短视频日活跃用户规模逼近在线视频的 2 倍。

第八节 营销管理经典案例

案例一 酒店营销策略——重视渠道模式与忠诚消费

从 2009 年开始，酒店与渠道商卷入了"直销还是分销"的论战。渠道商凭借其强大的旅行会员资源，大大助力酒店提升入住率，在一定程度上弥补了酒店自身分销力量的不足，协助酒店摆脱区域化的营销困境。同时渠道商的出现，还带动了酒店品牌提升，推动了酒店行业的内部竞争，有助于酒店行业的整合，提升整个行业的服务水平。但是酒店本身直销能力不足，会对渠道商产生依赖心理。随着渠道商因发展迅速而逐渐强势，酒店才开始意识到"话语权"的重要性，并开始采取行动试图挽回局面。

事实上，跨国酒店集团在发展过程中，形成了以品牌宣传、预订网络、全球主流城市销售中心和各分支酒店销售力量为体系的销售系统，其自身直销体系已非常成熟，只有在边际效益无法继续提升的情况下，才会借力第三方分销渠道商。第三方分销渠道商作为跨国酒店集团销售的一种有益补充，而不是完全依托。国际知名酒店管理集团旗下的品牌酒店，对其酒店通过代理商或者订房中心预订酒店的比例是有严格控制的，香格里拉酒店集团旗下酒店通过代理商订房比例不超过7%。洲际、喜达屋等酒店集团比例控制在10%左右。希尔顿酒店集团旗下酒店通过直销方式完成的业务量比其在所有在线旅行社和代理商的业务总量之和的5倍还要多。

但以目前情况来看，尽管几乎所有酒店都希望在不影响入住率的前提下提高直销比例，但很少有酒店能够完全摆脱分销渠道。说到底，直销与分销不过是两种帮助酒店提升入住率、销售客房的途径，对于酒店来说，如何提升入住率才是最重要的课题。正如洲际酒店集团分销及网络营销全球副总裁所言：非常高兴能与某一位合作伙伴建立直连业务，但也不否认会继续在全球开拓（分销）合作伙伴，并与它们建立良好的关系。"因为对于酒店集团而言，尽可能一对多的吸引订单更重要。"一位酒店营销总监也表示："中国市场从来不是一个技术导向的市场。对于酒店行业来说，不论模式是不是相同，能否带来订单才是最实际的问题。既然酒店离不开渠道商，又不能完全依靠渠道商解决问题，那么依托网络平台，变革渠道模式不失为一项有效策略。

以此看来，网络营销作为一种新营销模式被越来越多的酒店重视和采用。酒店可以通过互联网进行企业形象宣传，让客人以更清晰、全面、快捷的方式了解所需要的信息（设施设备、内部环境、特色服务和价格等），同时酒店也可以在第一时间了解客人需求和意见，形成互动，进而达到新、老客人直接在线预订的销售目标。

目前，越来越多的高端酒店已经把"个性"作为奢华的新标签。无论是在一线城市还是二线、三线城市中，个性化酒店的"蓝海"时代正在到来。近期在中国开业的国际品牌酒店呈现出多样化、极具个性的形态。华美酒店顾问机构首席知识管理专家认为："20世纪80年代，欧洲的酒店开始发生变化，出现多元化的特点；同时，北美的数据又显示，连锁酒店份额正在下降，而特色化、个性化的酒店份额正在上升，这也是中国酒店的变化趋势。"

分销商利用其庞大的资源系统促成酒店与客人之间的第一次交易之后，酒店就要思考如何获得、保持和维护客人忠诚度的问题。如果不能吸引客人继续选择本酒店，就是酒店自身存在问题了。客人不仅需要所享受的服务具有良好的性价比，更需要售前、售中和售后各个环节的综合体验。通过有针对性地开发个性化、趣味性酒店服务，来培养忠实客人，是酒店在关系营销过程中应该把握的方向。注重对客人价值进行挖掘、创造和传递，吸引并留住客人应该成为酒店真正需要解决的营销难题。

案例二　携程直播带货 1000 万元，如此预热只为抢占旅游业复苏后的市场

2020 年，在全面复苏之前，众多旅游企业纷纷想趁此机会提前营销一波，抓住危机后的回潮机会。在 2020 年 3 月 23 日，携程旅行的创始人在海南三亚进行了其第一场直播带货，在这场直播中卖出了 1000 万元的酒店套餐，这不禁让人感叹："不愧是旅游行业的扛把子。"

除此之外，在直播带货之前，携程还投入了 10 亿元的基金来推动旅游复兴计划的实行。不少人好奇，究竟是什么样的企业能够在疫情的冲击下不慌不乱，既投资又直播。在 2020 年 3 月 19 日，携程公布的 2019 年财务报告就说明了一切，报告中显示：在 2019 年携程全年营收突破 350 亿元大关，同比增长 15%。同时归母净利润[①]为 70 亿，受到 2018 年负增长的影响，归母净利润同比增长高达 530%。

携程之所以能够在 2019 年取得如此成就，最关键的一点在于其市场份额的拓展：一是通过推动国内业务的增长，携程收获了国内二线、三线市场 60% 以上的新用户；二是在国际业务中，携程与日本的铁路公司达成合作，成功拿下超 50 个国家的国际火车票产品线；三是携程拥有了覆盖欧美和东南亚多个国家的打车服务，满足了客户在国外的出行需求。

从微观数据分析来看，携程的收入主要可以分为住宿、交通票务、旅游度假和商旅管理四个板块。而这四个板块在 2019 年的全年营收情况十分出色。其中：住宿板块营业收入更是突破百亿元大关，同比增长近 20%；交通票务板块营业收入和旅游度假板块营业收入的增长幅度均在 20% 左右。

通过细化的数据我们不难发现，目前携程主要的收入还是依托住宿板块，这也是携程创始人会选择直播带货来促进酒店预订的原因。一方面是为了面对疫情的短时冲击，另一方面则是在为疫情后旅游业的复苏打下基础。虽然携程目前凭借着 2019 年成绩在疫情中站稳了地位，但是高额的退单也让携程面临着不小的压力。疫情期间，携程收到的退单数量高达数千万单，总金额更是突破了 310 亿元。对此，携程也有其应对方法。

众所周知，一家以平台为主要阵地的企业，客户对平台的满意度很大程度上影响着企业收益。因此当前对携程而言，最关键的就在于如何提升客户对平台的满意度。因此携程的无损退订等项目恰好为其解决退单问题提供了一定的帮助，如此一来，满意度的提升也为携程在疫情后的市场竞争中提供了强有力的支持。不论是直播带货还是提升客户满意度，携程这

[①] 归母净利润为归属于母公司所有者的净利润。

些措施都是为了抢占旅游业复苏后的市场。

> **延伸阅读**
>
> ### 酒店营销新场景带动品效合一新时代：中国场景整合营销
>
> 近年来，5G 商业化正式开启，以数据为关键生产要素的数字经济为我国经济社会发展提供强劲动力。工业和信息化部 2021 年 3 月 19 日发布的数据显示，"十三五"期间，中国数字经济年均增速超过 16.6%。相关部门负责人表示，数字经济持续快速增长，质量效益明显提升，到 2020 年年底数字经济核心产业增加值占 GDP 比重达 7.8%。同时，随着互联网基础设施不断完善，国内新媒体在用户数量、产业规模、服务质量等方面有快速提升，发展活力不断增强。
>
> 在互联网新媒体迅速发展和创新技术普遍应用的今天，酒店行业正面临从过往相对较为保守与传统的经营模式，向创新型经营模式转型的关键时期。互联网时代消费者为王，营销模式从单线程的推送和说服模式进入场景化的体验和互动式营销模式，场景整合营销时代已然来临，场景化的营销变革驱动着的场景媒体价值也日益凸显。
>
> 随着大数据、人工智能技术的不断成熟，在流量越来越贵、质量却参差不齐的情况下，MarTech（营销科技）近年迎来了高速发展时期，2020 年中国 MarTech 行业投融资规模总额达 129.9 亿元。MarTech 产业持续创新为企业赋能，使企业拥有将数据资产沉淀和精细化运营的能力。
>
> 近年来，移动互联网流量红利越发触顶，随着流量红利的消亡，市场竞争越发激烈，企业的获客成本不断攀升，以拉新获客为中心、进行粗放式流量扩张的方法已无法满足存量时代的需求。MarTech 时代，企业更加注重对存量用户的运营，利用 MarTech 大幅提升体验及成本效率，甚至助力整个的流程体系效率、管控效率的提升。
>
> 随着企业营销的数智化不断升级，许多行业正在向数智化转型。较为保守与传统的经营模式，向创新型经营模式转型，酒店业的数智化也在其中。我国现有 66 万多家酒店，平均每个地级市拥有约 851 家酒店，但整个酒店行业的净利润仍处于较低水平，这其中存在巨大的长期的增长潜力，数智化将是酒店业的增长突破口。同时，近年来文化旅游产业相关板块的大数据得以广泛应用，这表明旅游酒店业的大数据应用条件已经成熟，使得"酒店+"营销模式具有了巨大的市场空间。
>
> 同时，互联网时代下 5G、大数据、人工智能等技术为营销赋能，场景整合营销成为现实，产品卖点与用户需求相对接，有效地触动了用户的痛点，建立了良好的互动关系，并形成了良好的用户黏性和忠诚度。相比其他场景，商旅酒店场景是一个拥有巨大市场空间的营销场景。在科技驱动和创新驱动的时代，商旅酒店场景营销将为旅游业这一传统产业赋能，通过科技创新，以行业数据分析、智能用户洞察与策略化运营，助力酒店商户提升场景运营效率，提高增值收益，通过精准的商旅信息的推荐，提升用户体验。

央视市场研究（CTR）调查数据显示，酒店媒体受众平均每人每天在酒店驻留时间为13.8h，平均电视观看时长4.7h，酒店WiFi登录时长9.6h，酒店信息广告的消费转化率为62%。酒店场景媒体的优势价值正逐渐凸显。

除此之外，从大数据看，酒店已经成为人们生活轨迹中，家庭、交通、办公之外的第四大场景入口，这表明对于消费者而言，他们希望在入住期间获得除睡眠外的更多、更丰富的服务。比如"酒店+新零售"模式通过电视大屏精准引导，把当地手信、伴手礼特产直接呈现给住客，满足住客的需求，同时也让酒店成为一个天然的文化载体。因此，酒店场景媒体因具有独特的人群精准度高、停留时间长、环境舒适等场景化优质体验优势而正在迅速崛起。酒店场景整合营销日益受到各类品牌广告主、酒店业主、代理商、科技公司、投资基金、服务公司等各类企业的重视与关注。

思考与习题

1. 简述酒店营销管理的主要内容。
2. 酒店营销人员要如何做好销售工作？
3. 酒店的超额预订如何处理？
4. 新媒体营销趋势下，结合一家酒店现有的营销模式，分析其应增加哪些模式。

第九章 酒店人力资源与财务管理

学习目标

了解人力资源管理的基础知识和基本方法。

理解酒店经营过程中的财务活动和财务关系。

熟悉酒店财务管理的内容、特点和方法。

培养学生进行营运资金管理、实施产品定价、有效控制成本、组织部门预算、进行财务分析的基础能力。

重点

酒店经营过程中的财务活动和财务关系。

酒店财务管理的内容、特点和方法。

营运资金管理、实施产品定价、有效控制成本、组织部门预算、进行财务分析。

难点

酒店财务管理的内容、特点和方法。

营运资金管理、实施产品定价、控制成本预算、进行财务分析。

导入案例

案例一　　　　　　　　星级酒店半年亏损 180 万元

某星级酒店注册资本 8000 万元,职员 240 余人,服务项目涉及餐饮、娱乐、客房、健身等。餐饮营业面积 1500m^2,客房 160 间。该酒店自 2010 年开业后仅仅半年时间亏损额就达 180 万元。财务部对该酒店进行了全方位的调查了解,发现酒店的各项管理制度都采用酒店管理公司制定的标准化制度模式,通过对基层部门的执行情况进行了解发现,执行层面出现了问题:控制不力。其一,采购环节漏洞较大,采购的瓷器和低值易耗品价格高;其二,验收部门不认真，计量单位差价计算失误；其三，后厨没有严格按照标准菜谱操作，而且菜品定价政策不明造成餐饮毛利率低于酒店要求。以上因素造成该酒店餐饮成本率高达58%，比行业规定高18%。另外，布草报废率、低值易耗品报废率都超出行业标准，水、电、气等能源浪费严重，人员编制不合理，财务税收没有合理的筹划。

思考：酒店的投资者、企业经营者及员工对酒店财务管理有哪些影响？

案例二　　　　　　　　亚朵酒店4年可收回投资

自2013年7月在西安南门开出第一家亚朵酒店，截至2019年5月6日，亚朵已经入驻全国153座城市，开业327家门店，签约726家门店和超过1800万会员。业务版图不断扩大，品牌生态日益完善。2016年12月23日，亚朵在北京举行了以"新住宿时代的商业进化"为主题的融资发布会，宣布完成C轮融资，共获得君联资本和个人投资合计1亿美元（约为6.94亿元）。此前，亚朵已获2轮融资，2014年4月A轮融资1600万美元，2015年1月B轮融资3000万美元。此外，亚朵还获得浦发银行、交通银行、招商银行等三家银行近4亿元的授信额度。

华住酒店集团发布的2015年全年财报中有如下表述："以全季（亚朵旗下）为代表的中高端品牌表现抢眼，其中经营超过18个月的成熟酒店全年RevPAR上升6.5%，达到247元，ADR上升5.5%达290元，入住率上升0.8%达85%，业绩保持稳健增长。"亚朵三大数据的齐升，而2015年五星级、四星级酒店整体的RevPAR和ADR都是双双下降的表现。

亚朵规模性扩张的动力源于加盟商的快速增加，而对于亚朵的加盟商而言，投资回报的数据大致如下：亚朵每一间客房的综合造价为12万元，当前的RevPAR在350~500元之间，酒店的毛利率为65%，即使不算未来增长，4年内就可收回投资。

思考：酒店的财务管理给投资者、企业经营者、员工和消费者带来哪些影响？

第一节　酒店人力资源管理

酒店提供的产品具有无形性，这种无形性决定了酒店人力资源管理将贯穿酒店服务的全过程。为了全面提升酒店的服务质量，提高酒店管理水平，必须将酒店人力资源管理纳入酒店管理的理论体系中。

一、酒店人力资源管理的内涵

（一）酒店人力资源管理相关概念

人力资源是发展经济和社会事业所需要的，具有必要劳动能力的人口，反映了一个国家或地区人口总体所拥有的劳动能力。酒店人力资源又称劳动力资源或服务资源，它是酒店全体员工所有劳动力的总和，具体表现为员工的生产或服务能力。

酒店人力资源管理是指以提高劳动效率、工作质量以及取得效益为目的，运用现代管理学理论中的各项管理职能，对酒店的人力资源进行有效的开发与利用，实现人力资源价值最大化的一种全面管理。

在酒店管理中，既要继续实行一般性劳动人事管理工作，又要采用现代科学管理的方法和手段，关注员工的需求，激发员工的积极性和创造性，从而实现酒店经营管理目标。

（二）酒店人力资源管理的特点

1. 综合性

酒店人力资源管理主要是对组织内的人的全面管理，需要综合考虑多方面的因素，如环境因素、经济因素、文化因素、心理因素、生理因素等，涉及社会学、经济学、管理学、心理学、组织行为学等学科。在实际操作中，针对酒店员工的素质考察也是全面、综合、系统的。除了具有丰富的综合知识、专业的操作技能、较强的信息沟通能力、良好的服务态度和服务意识外，酒店员工还必须具备良好的政治思想素质、品德修养和职业道德等。这些都突出体现了酒店人力资源管理的综合性。

2. 科学性

酒店人力资源的日常管理工作应该实行标准化、程序化、制度化和定量化，从而保障其科学性。标准化是指对酒店所有工作制定有关数量、质量、时间和态度等详细、具体和统一的要求，如服务工作就应有质量标准。程序化是指将酒店各项管理工作的过程科学地分阶段，并规定每个阶段的先后顺序、工作内容、标准、责任者、完成时限等。制度化是指酒店人力资源管理必须有严格的规章制度做保证，使录用、招聘、考核、选拔等工作顺利进行。定量化是指管理者要经常进行测试、统计和定量分析，以制定或修改定额，进行合理定员，为酒店考核系统提供科学的数量依据等。

3. 动态性

人力资源的动态性管理体现了现代人力资源管理强调的因人而异、因地制宜的权变思想。酒店人力资源的动态性管理体现在两个方面：其一，管理者要根据酒店的整体目标选拔合适人才，对酒店员工的录用、培训、奖惩、晋升和退职等全过程进行管理；其二，要注重在员工工作的动态过程中的管理，即重视员工的心理需求、了解员工的情绪变动和思想动态，并采取相应措施调动员工工作积极性，使全体员工发挥潜在能力。

4. 服务性

服务性是酒店行业的重要特征，也是酒店人力资源管理的重要特征和理念。美国罗森帕斯旅游管理公司总裁曾向"顾客就是上帝"的传统观念挑战，认为"员工第一、顾客第二"是企业成功之道。他认为只有把员工放在第一位，员工才有"顾客至上"的意识。由此可见，酒店人力资源管理是酒店实施服务竞争战略，高质量完成服务过程，实现酒店组织目标的必要保证。酒店人力资源管理始终体现着以人为本的管理理念，通过柔性化、人性化的管理，在营造酒店良好的组织文化和竞争氛围的同时，从员工的实际需求出发，进行谋求员工利益和企业利益共同发展的一系列服务活动，所以酒店人力资源管理体现的是一种为员工服务的特点。

（三）酒店人力资源管理的原则

为了合理开发和利用人力资源，有效地挖掘员工的潜力，激发员工的工作积极性和创造性，酒店人力资源管理应当遵循如下三个基本原则。

1. 任人唯贤，唯才是举

酒店管理人员应注重选拔和重用德才兼备、成绩突出的员工，反对和杜绝任人唯亲，推荐和晋升员工要以素质能力和业绩贡献为标准。重视人才的使用是创造良好人事环境的重要举措。这不仅会给酒店培养出一批年轻有为的后备军，而且会直接创造出极大的财富。

2. 合理流动，最佳组合

在酒店人力资源管理中应注重量才适用、知人善任、因事求才、因材施用、适得其人、人尽其才，通过工作分析和人事配置形成最佳组合的状态。酒店组织作为一个有机体，要保持活力，就要不断新陈代谢，补充新成员，辞退不称职员工。只有保持酒店员工的合理流动，才能给酒店带来新的生机与希望，防止员工队伍老化。

3. 注重实绩，有效激励

酒店各级管理人员都要充分认识到人才资源开发利用的重要性，加强对员工职业道德、业务水平、工作能力和工作态度的考核，并把考核结果作为员工晋级、奖励、惩罚的依据，真正做到赏罚分明、奖勤罚懒，对于做出突出贡献的优秀员工要给予重奖表彰，树立标杆与典范。

二、酒店人力资源管理的内容

酒店人力资源管理的内容体系按照模块的方式可以划分为六大部分：人力资源规划，人力资源招聘，员工培训，员工绩效考评，薪酬管理，劳动关系管理。

（一）酒店人力资源规划

人力资源规划是一种战略性和长期性的活动，与酒店的总体经营战略目标有很大的关系，是酒店发展战略及年度计划的重要组成部分，是人力资源管理各项工作的前提。

1. 酒店人力资源规划的含义

酒店人力资源规划是根据酒店人力资源管理战略目标和任务要求，通过分析酒店人力资源现状，科学地预测酒店人力资源需求与供给状况，制定出一系列政策和措施，以确保酒店在所需时间内和所需岗位上有足够数量和质量的员工,并使他们的利益与酒店的利益保持长期一致。

酒店人力资源规划的核心是对人员、工作、时间和资金的合理安排与配置,其基本要素主要包括:时间区段(从何时开始到何时结束)、计划目标(数字化的人力资源供需目标)、情景分析(目前状况、未来状况)、计划内容(执行时间、责任人、检查人、检查日期和预算等)、计划制订者(如董事会、人力资源经理等)、计划制订的时间(如董事会正式通过或总经理批准的时间)等。

2. 酒店人力资源规划的主要内容

完整的酒店人力资源规划应该主要包括以下几个部分内容:

(1) 总计划 人力资源总计划重点阐述人力资源规划的总原则、总方针、总目标。具体包括与人力资源管理相关的企业文化、人力资源总量、员工素质结构、人力资源管理的绩效标准和员工满意度标准等,并对各种中、短期人力资源计划起指导作用。

(2) 职位编制计划 职位编制计划主要描述酒店的组织结构、职位设置、工作说明和工作规范要求等内容。

(3) 员工配置计划 员工配置计划需要根据酒店战略与经营发展,对酒店员工定岗定编,阐述酒店每个职位的员工数量、职位空缺补充途径以及各类职务的序列等。

(4) 员工晋升计划 员工晋升计划是酒店晋升政策的一种公布方式,一般涉及晋升条件、资格审查程序、晋升比例以及未晋升人员安排等。

(5) 员工需求计划 通过总计划、职位编制计划、员工配置计划可以得出员工需求计划。员工需求计划中应阐明需要的职位名称、员工数量、希望到岗时间等。

(6) 员工招聘计划 员工招聘计划是员工需求计划的对策性计划,主要阐述员工招聘的方式(外部招聘、内部招聘等)、员工内部流动政策、员工外部流动政策以及员工招聘的程序等。

(7) 员工培训计划 员工培训计划主要包括培训科目、培训讲师资格认证、培训内容、培训形式、培训考核以及如何甄别培训需求等。员工培训计划的制订要注意与职位编制计划、员工配置计划等联系在一起,这样就容易明确培训的目标,培训的效果也会明显提高。

(8) 人力资源管理政策调整计划 人力资源管理政策调整计划需要明确在一定的计划期内可能影响酒店人力资源政策调整的因素、调整步骤和允许调整的范围等。

(9) 薪酬及福利计划 薪酬及福利计划通常与员工配置计划、员工晋升计划密切相关,并要结合酒店所在地区的经济发展水平、物价指数波动水平以及最低工资限制额,制定工资调整周期和幅度、奖励政策,以及福利待遇的适用范围和标准。

(二) 酒店人力资源招聘

酒店人力资源招聘是根据酒店的经营目标、人力资源规划及业务部门对所需员工的工作要求，由酒店人力资源管理部门主持进行的，招聘、考核与挑选优秀、合适员工的业务活动过程。人力资源招聘是确保员工队伍良好素质的基础，关系到酒店的生存和发展。

1. 招聘原则

（1）遵守法规　招聘要符合国家的相关法律政策，坚持劳动法所规定的相关用人条款，实现平等就业，照顾特殊群体，男女平等，有效订立劳动合同等。

（2）双向选择　酒店和劳动者之间建立起来的平等选择机制是人力资源配置的基本原则。它一方面促使酒店为招揽人才而不断提高自己的效益，提高应聘率；另一方面又能使劳动者努力提高科学文化知识和专业技能，增强竞争力。

（3）公开竞争　公开竞争是指以广告或其他方式发布招聘公告，造成社会舆论，形成竞争局面，达到广招人才的目的。公开竞争提高了招聘的透明度，体现了机会均等、人人平等的公平竞争原则。同时公开招聘也为求职人员提供了信息，便于他们选择中意的酒店和工种。

（4）考核择优　考核是对应聘者业务水平、工作能力和工作态度的考查。考核择优是在对应聘者进行全面考核的基础上选优任用，做到任人唯贤。这是保证所招人员质量的前提，也是应聘者平等竞争的重要条件。

（5）效率优先　效率优先是指力争用尽可能少的成本招聘到适应酒店需求的高素质人才。招聘成本包括：招聘费用；因招聘不慎而重新招聘时的费用，即重置成本；人员离职给酒店带来的损失，即机会成本。高的招聘效率体现在用最低的招聘成本招聘到相关岗位的最适合者。

2. 招聘程序

酒店人力资源招聘包括两个环节，即招募和甄选。招募是酒店为吸引更多、更好的求职者前来应聘而进行的一系列前期活动；甄选则是通过各种方法和手段选取最符合工作需求的求职者，招聘可以分为以下四个阶段：

（1）筹划阶段　筹划阶段主要包括：其一，根据酒店经营情况和内外劳动力资源状况制订招聘计划；其二，根据招聘量的大小和招聘对象的重要程度，成立招聘小组，并挑选和培训招聘工作人员；其三，确定招募途径是内部选拔还是外部聘用，是员工推荐还是广告招聘，是聘用应届毕业生还是聘用有工作经验者等，并拟定招聘简章。

（2）宣传阶段　宣传阶段主要包括：其一，大力宣传，吸引和鼓励求职者踊跃应聘；其二，求职者填写求职申请书，酒店通过求职申请书可以大致了解求职者的基本条件（现在多用简历替代，也有部分公司保留了求职申请书的形式）。

（3）测试阶段　测试阶段是招聘工作的关键所在。主要包括：其一，核查求职者个人资料。其二，初次面谈。通过与求职者面对面接触，可以确定求职者仪表、表达能力等是否符合酒店的要求。面谈包括无计划的面谈、结构化的面谈、复式及团体面谈、压力式面谈等。其三,测试。测试的目的是了解求职者的知识和专业技能水平。测试的内容与方式,以职位所要求的范围和标准为基础。

(4) 录用阶段　在录用阶段,将各种考核和测试结果进行综合评定,确定出录取的人员名单。主要包括:其一,任用面谈。在基本确定录用后,在正式任用之前,还要对求职者的个性、经验、兴趣、技能、抱负做进一步的了解,确保人适其职。其二,体检。体检是酒店招聘中非常重要的一环。其三,审查批准,确定录用名单。其四,以书面形式通知被录用者,签订劳动合同。其五,对未被录用者表示感谢和歉意。其六,对新员工进行岗前培训、试用与安置。

(三) 酒店员工培训

酒店是劳动密集型的服务型企业,更需要员工的个体素质和组织的群体素质作为保证。所谓酒店员工培训,就是酒店按照一定的目标,有计划、有组织地通过讲授、训练、实验和实习等方法向员工传授服务、管理知识和技能以及企业文化,使员工的行为方式在理论、技术和职业道德等方面有所提高或改进,从而保证员工能够按照预期的标准化水平完成正在承担或将要承担的工作与活动。

从酒店角度看:员工培训可以使酒店市场竞争水平不断提升,竞争的重心转移到人才的竞争;可以提高管理人员的管理决策水平;可以降低损耗和劳动成本;可以促进员工掌握新技术和先进正确的工作方法,大大提高服务质量等。从员工的角度看:员工培训可以提高员工素质,通过"培训-工作-再培训-再工作"的持续循环,不断加强员工素质;可以为员工的自身发展提供条件,使其不仅能出色地完成本职工作,也能更好地完成更复杂和更困难的工作,为其职业人生进一步发展提供条件和保障。

1. 培训内容

酒店培训内容涵盖多个方面与多个维度,需要加强对员工素质的拓展训练,使其全面发展。培训内容应包括入职培训、安全培训、技能培训、企业文化培训、培训技巧培训、个人素质拓展、职业道德培训等方面。酒店的培训内容应该以酒店的真实需要,即将在岗员工的培训需求以及在岗员工自身发展的特点相结合,在注重员工技能培训的同时,加强对员工个人综合素质的拓展培训。培训可分为工作技能培训和职业发展培训。

(1) 工作技能培训　工作技能培训主要针对新员工,侧重技能性培训,使员工正确掌握操作技能,保证更高的服务质量,从而使酒店获得更高的效益和忠诚员工。对管理人员进行管理培训的同时也要增加一些技能的培训,使他们更清楚各岗位的工作技巧和工作规范,从而使其在管理过程中能够发现不足,以提高和改善服务质量。

(2) 职业发展培训　职业发展培训主要针对管理层员工,培训的重点是培养和发展管理人员的观念意识与决策督导技能,要求管理人员全面了解和掌握酒店内外的经营环境和酒店自身的竞争实力,扩大管理人员的经营视角,从而更好地实施各项管理服务职能。

2. 培训类型

（1）岗前培训　岗前培训是指对新招聘的员工在正式上岗之前的企业文化和业务培训。目的是让他们能尽快适应岗位职责的要求，能顺利完成本职工作。

（2）在职培训　在职培训是指对在职员工进行的，以提高本岗位工作能力为主的培训，常采用不脱产培训形式。在职培训有利于改善现有人员素质不适应工作需要的局面，从多方面提高员工的业务水平，同时又不影响正常工作的进行和酒店的运转。

（3）转岗培训　转岗培训是指员工由于工作需要或个人能力的突出体现，需要从一个岗位转向另一个岗位，使转岗人员在短时间内能适应新工作岗位的培训。

（4）技术等级培训　技术等级培训是按国家或行业颁布的技术等级标准，为受训人员达到相应级别的技术水平而进行的有关级别的训练活动。技术等级培训多集中培训与所评技术等级相关的内容和技能。

3. 培训方法

（1）专题讲授法　专题讲授法适用于酒店管理人员或技术人员了解专业技术发展方向或当前热点问题，一般聘请资深行业专家或知名学者进行课堂式教学，事先确定好讲授的主题，围绕主题进行理论讲解或组织交流讨论。

（2）操作示范法　操作示范法是对专业操作技能要求较高的岗位培训所设置的，为了使受训者熟练掌握正确的操作方法，安排部门专业操作技能很好的员工，在工作现场或模拟的工作环境中，利用实际使用的器材进行讲解和示范的培训方法。操作示范法包括技术能手讲授示范和操作学员模仿两道基本程序。

（3）职务轮换法　职务轮换法是对有潜力的员工实施在不同部门相应职位或不同职位上轮岗工作，以提高员工整体素质和能力的方法。职务轮换法可以发现员工的优势所在，从而充分发挥其工作的积极性，提高其工作效率。

（4）见习带职培训法　见习带职培训法是酒店对新聘用员工的一种适用机制，在见习期内实施岗位的培训工作，见习期满后进行考察，合格者可进一步留在酒店就职。

（5）角色扮演法　角色扮演法是让员工模拟实际情景扮演工作中的不同角色，进行训练。培训者可以选取工作中主要的、常见的、特殊的场景要求，由受训者扮演工作所涉及的不同角色，实现角色互换，让受训者体会到工作的不同侧面，从而提高服务的质量和水平。

（6）参观考察法　参观考察法是酒店组织受训者参观本酒店或其他酒店，甚至是出国考察学习，让受训者在参观考察中进行横向和纵向的比较，发现自身的不足和先进者的优势所在，学习借鉴别人的先进工作经验和工作方法。

（7）案例研讨法　案例研讨法是指针对一些工作中的重要问题，进行集体讨论的培训形式。在对特定案例的分析和辩证中，受训者集思广益、畅所欲言、各抒己见，不断汲取新的思想，开阔视野，学习经验和方法。案例研讨法的案例要有典型性、普遍性和实用性，以便提高员工解决实际问题的能力和技巧。

（8）视听教学法　视听教学法是指运用现代高科技的电子技术和成果，将影像、网络等运用于培训教学中，提高培训的质量和效率，降低成本。

4. 培训流程

科学、高效的酒店员工培训流程一般包括培训需求分析、培训规划设计、培训组织准备、培训现场管理和培训效果评估五个环节。

（1）培训需求分析　一是对员工培训需求的分析。培训工作应涵盖各个领域，照顾到不同职业阶段员工的需要。二是对酒店培训需求的分析，应着重分析酒店不同部门、不同岗位的素质与绩效要求，以及实际绩效与目标绩效之间的差距，从而确定基本的培训范围、强度与方向。

（2）培训规划设计　"凡事预则立，不预则废"。要做好培训工作，培训规划必须先行，一般来说酒店培训规划需要在培训前2~3个月开始。具体内容包括培训对象、培训内容、培训讲师等的确定。

（3）培训组织准备　成立培训项目小组来协调工作安排，并对小组成员进行明确分工，召开培训动员大会，落实培训场所及辅助培训工具。

（4）培训现场管理　加强对培训过程的实时监控，每一个培训项目、每一堂培训课都要形成一个完整的戴明（PDCA）循环。为了取得良好的培训效果，培训组织者还要根据现场实施情况及时与培训讲师沟通和协调，调整培训节奏，营造既有竞争又有合作的培训氛围。

（5）培训效果评估　一般来说培训效果评估可以分为知识评估、行为评估和成效评估。知识评估一般在培训刚结束后进行卷面测试、专题答辩或实际操作等，评估受训者对所教授的相关原理、方法、技能、规程等掌握的程度如何。行为评估是在受训者返岗后，对其进行行为观察、绩效考评、人员访谈等，评估其行为是否规范熟练，或是否有所改进。成效评估一般是在培训一段时间以后，从定性和定量两方面，通过酒店业绩的实际情况，来衡量培训工作是否有助于酒店业绩的提高。酒店人力资源管理部门还要做好档案管理，以便为后续培训提供参考资料和考评依据。

（四）酒店员工绩效考评

酒店员工绩效考评是酒店人力资源管理部门依照一定的工作标准，采取科学的办法，考核和评定员工对其职务的理解程度和职责履行程度，以确定其工作成绩的管理办法。员工绩效考评的主要目的在于通过对员工全面素质的综合评价，判断他们的职务贡献，并以此作为酒店人力资源管理的基本依据，切实保证员工培训、报酬、调职、晋升、奖励、惩戒或辞退等工作的科学性。

1. 绩效考评的内容

绩效考评包括员工素质评价和员工业绩评价，具体包括德、能、勤、绩四个方面。德，是员工的精神境界、道德品质和思想追求的综合体现。能，即员工在工作中所体现的能力素质，包括体能、学识、智能和技能等方面。勤，指员工的工作态度和敬业精神，强调员工的责任感和事业心。绩，是员工的工作业绩，包括工作的数量和质量、经济效益和社会效益，也是员工绩效考评的核心内容。在了解整个酒店业务管理流程的基础上，根据不同的考评目的，将德、能、勤、绩分解成若干个子项目予以考评。

2. 绩效考评的方法

（1）业绩评定法　业绩评定法是一种被广泛采用的绩效评定法，要求评价者根据员工的表现来对各个细化的评价指标进行判断、打分。优点在于简便、快捷、易于量化，缺点在于容易受主观因素和社会关系的影响。

（2）工作标准法　工作标准法是将员工的工作成效与酒店制定的劳动定额相比较，以确定员工绩效的考评方法。优点是有明确的量化参考标准，易于做出评价结果；缺点是对于难以量化的工作，无法准确做出判定。

（3）排序法　排序法是把限定范围内的员工按绩效表现从高到低进行排列的评定方法。这种绩效表现既可以是整体绩效，也可以是某项特定工作的绩效。优点是简单易行、速度快，可以避免主观误差；缺点是标准单一、绩效结果偏差较大，容易使员工的自尊心受到打击，而且不同部门间无法进行比较。

（4）硬性分配法　硬性分配法是把限定范围内的员工按照一定的分布划分为几个等级，每一个等级规定一定的人数的评定方法。例如规定10%为优秀，15%为良好，60%为合格，15%稍差，把员工划分到不同等级中。缺点是在实际实行中缺乏公平性和客观性，优点是可以减少误差。

（5）关键事件法　关键事件法是管理者把员工在考察期内所有的对部门效益产生最大积极或消极影响的关键事件都记录下来，经过汇总后就能反映员工的全面表现的评定方法。该方法的针对性强，结果不易受主观因素的影响，但是容易产生以偏概全的误差，如果考察期较长，还会给管理者增加很大的工作量。

（6）目标管理法　目标管理法是绩效评价者与员工经过共同讨论制定员工在一定时间内所需达到的绩效目标，同时还确定出实现这些目标的方法和步骤的方法。绩效评价者起到了顾问和咨询的作用。这种方法具有充分的民主性和培养性的特点，增强了员工的工作自主性和独立性，能促进员工的工作满意度，进而以更积极的态度投入工作中。

（五）酒店薪酬管理

薪酬泛指员工因工作关系而从酒店获得的各种财务报酬，包括工资、福利及各种奖金。薪酬有直接和间接两种表现形式：直接薪酬由工资和各种奖金组成；间接薪酬又称福利，由法定福利、统一福利和专项福利组成。

1. 工资

(1) 结构式工资制　结构式工资制是由若干具有不同功能的工资组合而成的分配制度。工资主要包括基础工资、职务工资、工龄工资、效益工资、津贴等部分。结构式工资制在一定程度上体现了按劳分配的原则，具有操作简单、直观简明的特点，适合中小型酒店。

(2) 岗位等级工资制　岗位等级工资制是按照各个不同岗位和每一个岗位中的不同等级来确定工资标准的工资制度。岗位等级工资制综合评定岗位规模、职责范围、工作复杂程度、人力资源、市场价格等因素，利用点数法分析和测定酒店各个岗位的点数，根据不同的点数将岗位划分为不同的等级、同级岗位内部的不同等级，从而确定各个等级的工资水平。

(3) 计件工资制　计件工资制最初是从工业产品制造中开始的。酒店行业的计件工资制是根据员工所完成工作，如按客房出租率、餐厅营业额、商品销售量等衡量要素的数量、质量，以及所规定的计价单价进行核算并支付劳动报酬的一种形式。这种工资制最好与其他工资制结合使用，以达到较好的效果。

2. 各种奖金

奖金是酒店基于员工付出的超额劳动或优秀表现而支付的一种劳动报酬。奖金是工资的一种必要的补充形式，能够及时、准确地反映员工的劳动成效，能够起到很好的激励作用。按照奖励内容，可以分为单项奖和综合奖；按照奖励的对象，可以分为个人奖和集体奖；按照时间，可分为月度奖、季度奖和年终奖。

3. 福利

福利泛指酒店内所有的间接报酬，多以事务或服务的形式支付，是直接薪酬的一种有效补充形式。常见的福利形式有：集体福利，包括员工餐厅、职员公寓、医务室、阅览室、活动室等；福利补助，包括工伤抚恤金、通勤补助、住房补贴、度假旅游补贴等；休假，包括带薪休假、婚丧假、事假、年休假、产假、哺乳假等；保险，包括劳动保险、医疗保险、养老保险等。

(六) 酒店劳动关系管理

劳动关系主要是指酒店所有者、经营者、管理者、普通员工及其工会组织之间在酒店经营活动中形成的各种权、责、利关系。酒店劳动关系主要涉及两个方面的内容：劳动者同用人单位之间在有关工作方面形成的劳动关系；代表劳动者利益的工会同用人单位之间形成的劳动关系。劳动关系的管理涉及各方的利益，具有一定的复杂性。

1. 劳动合同及其管理

劳动合同是劳动者与酒店确定劳动关系、明确双方权利和义务的协议。劳动合同的签订是劳动者与酒店劳动关系确立的标志。《中华人民共和国劳动法》规定，劳动合同依法订立即具有法律约束力，当事人必须履行劳动合同规定的义务。这为稳定酒店员工劳动关系、降低流动率、建立长期的合作和提高员工的忠诚度提供了可能。

劳动合同的管理包括：劳动合同内容的确定，劳动合同的期限约定；劳动合同的订立与变更；无效合同的判定；劳动合同的终止和解除；违反劳动合同的责任；等等。

2. 劳动安全与劳动保险

在酒店员工的日常工作中，需要随时注意安全因素。员工的人为失误、机器故障、危险物质和能源的储存不当等，常常造成无法弥补的安全事故。因此要在实际操作中提高安全意识，实施严格的安全责任制，制定安全操作规范，紧抓安全事故的防范和预防，从而保证全体员工在一个安全的环境中全身心地投入工作。

劳动保险是一种社会保险，是保证员工在遇到各种特殊困难时，能够得到一定的物质帮助，以尽快恢复正常生活的一种安全保障形式。劳动保险包括：员工因公负伤、致残、死亡保险；员工非因工负伤、致残、死亡保险；员工疾病的公费医疗保险；员工生育保险；员工退职、退休保险；员工直系亲属的保险；等等。

3. 工会组织

工会组织是以协调雇主与员工之间的关系为宗旨而组成的团体，包括员工工会、雇主商会，以及由员工与雇主组成的其他合法组织。这里主要是指员工工会，它是以员工利益为基础，与雇主进行有效沟通的一种组织形式。员工可以通过工会获得教育、援助、福利和优惠服务。

三、当前难点问题

目前酒店人力资源管理面临很多难点问题，酒店需要结合企业现状和实际人才市场情况找到有针对性的、适用的办法。由于新冠肺炎疫情使得酒店整体发展遭遇重创，因此酒店人力资源管理也要将疫情防控常态化纳入以后的人力资源发展规划过程中。

1. 劳动关系问题

当前酒店人力资源管理部门的工作重心已从人事管理走向人力资源支持与援助。总体原则是以法律为基础，加强双方的沟通与理解，化解矛盾与冲突，为企业运行提供良好的人际关系氛围。因此酒店人力资源管理部门需要严格执行《中华人民共和国劳动法》《集体合同规定》《最低工资规定》以及《职工带薪年休假条例》。

2. 员工流动问题

近五年来，酒店业员工流动率较高，招聘常态化。中国旅游协会人力资源开发培训中心对国内23个城市33家二星级至五星级酒店人力资源的一项调查结果显示，近五年酒店业员工流动率高达23.95%，随着酒店业竞争的日趋激烈，员工流失率一直居高不下。酒店为了维护正常的经营活动，在原有员工离职后，需要重新招聘合适的人才来填补空缺职位，招聘成为常态化的工作内容。

酒店人力资源管理部门需要重视并满足员工职业期望。员工离职的主要原因是期望无法得到满足。一般企业员工的职业期望包括工作氛围期望、经济安全期望、职业成就期望、机会空间期望、社会认同期望等方面。酒店员工面临的常见问题是薪酬过低、缺乏归属感和职业发展指导、职业发展通道过窄、工作辛苦、服务业难以得到社会认可等。

3. 工作生活平衡问题

酒店员工面临的一个主要问题是工作家庭的冲突，包括基于时间的冲突、基于压力的冲突、基于行为的冲突。酒店需要通过对员工的关注和引导，帮助员工平衡工作和生活，使其达到时间平衡、心理平衡、满意平衡。

4. 女性员工就业问题

酒店的年轻女性员工数量较多，这部分员工在任职期间多会面临结婚生育的问题，可能无法完全投入工作。酒店既需要在人力资源配置上保持合适的男女比例和年龄结构，也要给予女性员工更多的关心与照顾。

5. 员工职业发展问题

目前多数国际酒店对客服过程中为保证服务质量，只从数量上考虑。以数量取胜的配置模式使得酒店人才水平每况愈下，特别是酒店一线员工往往缺乏对自身的职业规划，这也加剧了员工流失。酒店要做好员工职业规划，为员工提供内部晋升的机会，同时鼓励内部调岗，拓宽员工晋升的空间。

6. 劳动用工多元化问题

酒店劳动用工多元化，可能使员工产生不公平感。目前酒店的产品或项目配置愈发多元、如康体、会议等不同产品或项目，不同的产品或项目会激发不同的员工需求。酒店要恰当地对待不同用工体系的员工，促进员工和谐相处。通过培训让不同用工体系的员工都能充分了解酒店的文化、价值观，更好地展示酒店的服务。

第二节　酒店财务管理概述

一、酒店财务管理的概念、目标和任务

（一）酒店财务管理的概念

财务管理是现代酒店经营管理的核心，是酒店企业可持续发展的命脉。酒店要从增长企业价值出发，实现顾客满意和企业利润的双赢。财务管理的理念和方法可以帮助酒店实现高效率、低成本、高产出的管理。

酒店财务管理是指酒店根据国家政策法规和资金运动规律，组织财务活动和处理财务关系的一项经济管理活动，是酒店管理的重要组成部分。其中财务活动是酒店以现金收支为主的资金运动，即筹集、运用和分配资金的活动。

（二）酒店财务管理的目标

1. 酒店的发展对财务管理的要求

酒店的经营过程中要满足生存、发展和获利三个条件，这对酒店财务管理提出了三个基本要求。

（1）生存　生存下去的基本条件是以收抵支和到期偿债。酒店生存的主要威胁来自两个方面：一是长期亏损（企业终止的内部原因），二是不能偿还到期债务（企业终止的直接原因）。企业力求保持以收抵支和偿还到期债务的能力，减少破产的风险，以便能够长期、稳定地生存下去，是对酒店财务管理的第一个要求。

（2）发展　企业的发展集中表现为扩大收入。扩大收入的根本途径是提高产品和服务的质量，扩大销售的数量，这就要求不断更新设备、技术和工艺，并不断提高各种人员的素质，也就是要投入更多、更好的物质资源、人力资源，并改进技术和管理。在市场经济中，各种资源的获得都需要付出货币，因此企业的发展离不开资金。可见筹集企业发展所需的资金，是对酒店财务管理的第二个要求。

（3）获利　建立企业的目的是营利。酒店作为企业只有能够获利，才有存在的价值。从财务上看，盈利就是资产在扣除投资成本后获得的利润回报。在市场经济中，没有免费使用的资金，资金的每项来源都有其成本。每项资产都是投资，都应当是生产性的，要从中获得回报。财务主管人员务必要使企业正常经营所用的和从外部获得的资金能以产出最大的形式被利用。因此，通过合理、有效地使用资金使企业获利，是对酒店财务管理的第三个要求。

2. 酒店财务管理的目标

（1）利润最大化　利润最大化是指酒店管理者把在较短时间内获得最大的利润作为酒店财务管理的目标。可以从两个方面去理解利润最大化：一是利润总额最大化，二是资本利润率最大化。资本利润率是净利润/资本额。财务管理工作的最终目的是不断增加企业利润，使企业利润额在一定时期内最大化。优点是便于考核，应用范围广。缺点是没有考虑利润的取得时间，没有考虑所获利润和投入资本额的关系，没有考虑获取利润所承担的风险大小，可能会导致企业短期行为。

（2）股东财富最大化　股东财富最大化是指通过财务上的合理经营为股东带来最多的财富，一般来说在股票数量一定的情况下，股票价格最大化时，股东财富达到最大化。酒店通过经营管理，采用最优的财政政策，在考虑资金的时间价值和投资风险价值的前提下，不断增加股东的财富，使酒店总价值达到最大化。或者，酒店通过尽力将酒店股票市场价格最大化，尽可能地使股东财富达到最大化。优点是把酒店的利润和股东投入的资本联系起来考察，考虑了资金的时间价值，考虑了风险因素，比较容易量化，便于考核和奖惩。缺点是重视上市公司股东的利益，而对酒店其他关系人的利益重视不够，并且股票市价受到多种非可控因素的影响。

（3）企业价值最大化　企业价值最大化是指通过酒店财务上的合理经营，采用最优的财务政策，充分考虑资金的时间价值和风险与报酬的关系，在保证酒店长期稳定发展的基础上，使酒店总价值达到最大。优点是考虑了资金时间价值和风险因素，有利于克服短期行为，有利于兼顾酒店各关系人的利益。缺点是如何量化是一个难题。

（三）酒店财务管理的任务

酒店财务管理的主要任务：围绕酒店经营目标，提供保证酒店经营活动顺利进行所需的资金，制定财务决策，做好财务控制和实施财务监督。

1. 制定财务决策

财务决策是酒店经营决策的核心内容，而资金决策又是财务决策的中心内容。资金决策包括筹集资金和投放资金两方面。

1) 以经营活动为中心，及时筹措资金，做好财务预算，保证业务经营活动的需要。从数量上保证资金的来源，从结构上控制资金的来源方式。酒店筹集资金决策的任务之一是要寻求一个最优的资金结构，以降低资金成本。

2) 合理配置资金，降低成本，增加盈利，提高资金投放的使用效果。首先必须明确各部门应具有的资产数量及成本消耗定额，挖掘潜力，充分利用现有的设备设施，加速资金周转，提高资金的使用效率。其次建立一套严格的管理制度，杜绝一切人为的浪费，力争以尽可能少的资金占用来实现尽可能多的利润。

2. 做好财务控制

必须采取各项管理措施对财务活动进行经常、系统的控制：加强经济核算，严格财务控制，努力增收节支，增加利润，保证财务目标的实现。同时要注意，一定要按照国家有关法律、法规办事。

3. 实施财务监督

实施财务监督是酒店财务管理的一个重要方面，通过控制财务收支和分析检查财务指标来进行。通过监督：可以合理控制财务收支，并能在发现不合理情况时及时纠正，保证财务收支的正确性；同时可以了解各部门的经营状况及其资金的使用状况。而这一切都建立在财务核算的基础之上，因此要建立和健全酒店的财务核算制度。

二、酒店财务管理的特点与方法

（一）酒店财务管理的特点

酒店提供的产品与其他产品不同，因此酒店财务管理有其自身的特点。

1. 产品销售的时间性

酒店经营活动中生产和消费的统一性决定了其产品具有时间性，特别是客房这种产品。如果今天不能出售，到了第二天，前一天的价值就永远失去了。这就要求酒店必须积极支持营销推广活动，努力扩大客房销售，增加营业收入。

2. 对客结算的即时性

客人入住酒店后，其所有消费都可赊销记账，在离店时一次性结清，因此一切账务处理都必须在客人离店前迅速完成，并准确无误。不论客人何时离店，都能立即办理结账手续，防止出现错账、漏账、跑账。

3. 投资效益的风险性

酒店是一个资金密集型企业，它的房屋及其附属设施设备要占全部资产的 80% 以上，需要在开业运营后很长时间才能逐渐收回成本。市场形势不好，就必然导致投资效率的低下，这种高风险性就要求酒店必须重视投资决策。酒店的选址、定位、规模等在重建时就要周密规划，做好可行性分析。

4. 更新改造的紧迫性

酒店资产设备具有商品的特性，设施设备新颖与否对营业的影响很大，因此为适应消费需求，酒店对各项设施设备要经常进行装修、改造和更新，同时需要寻求最佳的更新改造时机和维修保养方法，也取得了较好的经济效益。

5. 经济效益的季节性

季节性特征主要受气候、节假日和旅游方式的影响，酒店产品需求的季节性导致了酒店现金流入流出的季节性，使得经济效益出现间接性波动，所以酒店应开发多种旅游项目、新产品，尽量使得"淡季不淡"。

（二）酒店财务管理的方法

酒店财务管理的方法主要包括：进行财务预测，制定财务决策，编制财务预算，组织财务控制，开展财务分析，实行财务审计。我们将在后面的学习中逐步运用这些方法来解决酒店财务管理中的各种问题。

1. 财务预测

财务预测是根据财务活动的历史资料，考虑现实的要求和条件，对企业未来财务活动和财务成果做出科学的预计和测算。财务预测是财务决策的依据、财务预算的前提。其工作程序为：明确预测对象和目的；收集和整理资料；确定预测方法；确定最佳方案。

2. 制定财务决策

财务决策是指根据财务管理目标的要求，从几个可供选择的财务活动运作方案中选择最优的方案。酒店财务决策的主要内容包括筹资决策、投资决策、成本费用控制决策及收益分配决策等。首先选择决策目标，科学的决策目标要符合四个要求，即针对性、具体明确性、全面系统性、可行性。其次是选择措施方案，科学的方案决策要符合以下两个要求：一是方案执行结果应能有的放矢地实现所定的决策目标；二是实现目标所付出的代价最小，而且方案实施后所产生的副作用要尽可能小。

3. 编制财务预算

编制财务预算是指运用科学的技术手段和数量方法，对未来财务活动的内容及指标所进行的具体规划。在财务预测的基础上编制财务预算，是财务管理的重要方法之一。财务预算一般包括销售预算、成本费用预算、利润预算、现金预算、预计资产负债表等。

编制财务预算一般包括四个步骤：一是进行财务预测；二是编制部门预算草案；三是在各部门的预算指标基础上编制酒店财务预算草案，财务部门对各部门的各项指标进行核对和研究，本着综合平衡的原则编制出酒店财务预算草案；四是由总经理召开预算会议，由总会计师（财务总监）宣布财务预算草案的各项指标，经过充分讨论修订后，可订出正式预算并下达给各部门。

4. 组织财务控制

财务控制是以财务预算指标和各项定额为依据，对资金的收入、支出、占用、耗费等进行计算和审核，找出差异，采取措施，以保证预算指标实现的一系列活动。首先要制定控制标准，其次要制定日常执行标准。

5. 开展财务分析

财务分析是以会计核算资料为主要依据，对酒店财务活动的过程和结果进行分析对比，对预算完成情况及财务状况做出评价，提出改进措施。通过财务分析：一方面可以掌握财务预算的完成情况，发现影响财务成果实现的因素及影响程度；另一方面可以总结经验，发现问题，为下一轮财务预算工作的改善提供依据。

6. 实行财务审计

财务审计以核算资料为主要依据，对酒店经济活动和财务收支的合理性、合法性、有效性进行审计，这是实现财务监督的主要手段之一。

三、酒店财务管理的组织结构

酒店企业财务管理的组织机构主要包括收银部、总出纳、稽核部、信贷收账部、成本部、计薪部、应付账款部、总账部、计算机部等。酒店财务管理工作的常用组织结构示例如图9-1所示。

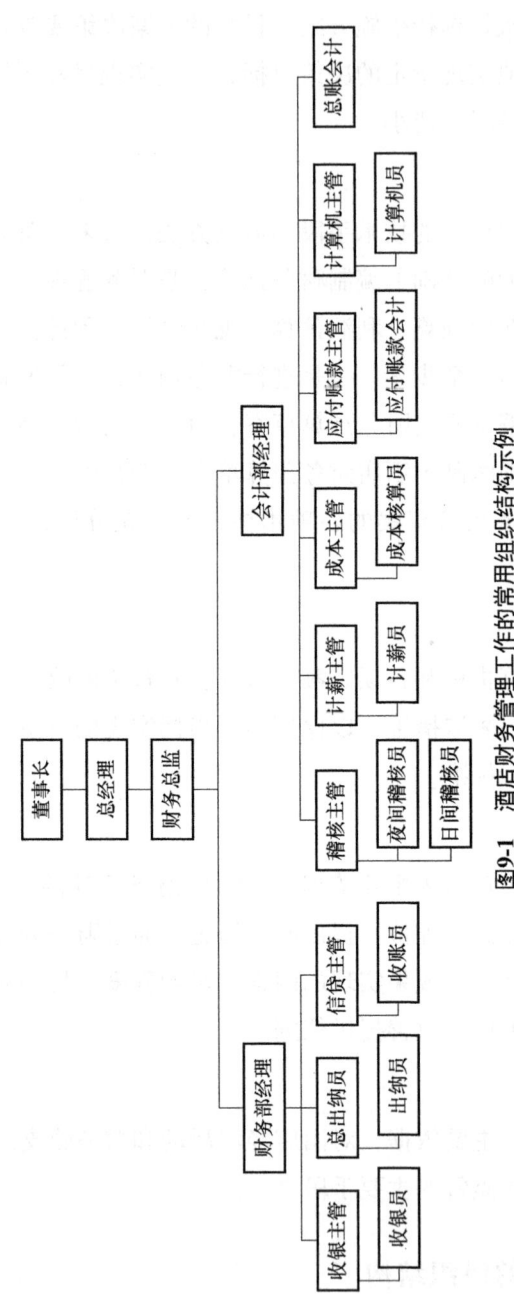

图9-1 酒店财务管理工作的常用组织结构示例

第三节　酒店成本费用管理

一、酒店成本费用的内容、分类及其控制

（一）酒店成本费用的内容

酒店在经营中发生各种耗费，为便于管理和控制，一般将其直接支出部分列入成本，未列入成本的各项耗费列入费用。酒店的成本费用可以分为营业成本和期间费用。

1. 酒店的营业成本

酒店营业成本是指酒店在经营过程中发生的各种直接支出。营业项目少的酒店，其营业成本主要包括餐饮原材料成本和其他商品进价成本等。营业项目多的酒店，其营业成本还包括其他营业项目所耗费的原材料成本。酒店以提供服务为主，服务往往是综合性的，对于哪种服务花费了多少人工费用，常常没有一个较合理的标准和分摊依据，所以人工费用一般不直接计入营业成本，而计入营业费用。

2. 酒店的期间费用

酒店期间费用是指酒店在经营过程中为了赚取某一会计期间的收入而发生的，与该会计期间的经营管理有关的费用。期间费用应从企业的营业收入中得到补偿，直接计入当期损益。

酒店的期间费用一般划分为营业费用、管理费用、财务费用。

（1）营业费用　营业费用是指酒店各营业部门在经营过程中发生的各项费用，如客房部、餐饮部发生的人工费用、物料消耗等。

（2）管理费用　管理费用是指酒店为组织和管理经营活动而发生的费用以及由酒店统一负担的费用，主要包括两大部分内容：一是酒店为组织和管理经营活动而发生的费用；二是涉及酒店若干部门的，难以区分或不必区分，由酒店统一负担的费用，如行政部、财务部发生的人工费用、办公费用等。

（3）财务费用　财务费用是指酒店在筹资活动中发生的费用。

3. 酒店的经营费用和非经营费用

美国酒店业会计制度认为，在当期发生对损益产生影响的无法归为成本的耗费可分为两大类：一是经营费用；二是非经营费用。

（1）经营费用　经营费用是指由酒店经营管理者控制和负责的费用，如人工成本、布草费、洗涤费、餐厨具费、办公费、能源费用等。

（2）非经营费用　非经营费用是指与酒店经营管理没有必然联系，需要由酒店所有者

承担的费用，如折旧费、董事会费用、中介费、固定资产大修理费、财产保险费等。

（二）酒店成本费用的分类

1. 按照成本费用与经营业务量的关系分类

（1）固定成本　固定成本是指在较短的时间内（如一年），其总额不随经营业务量的增减而变动的成本，如客房的折旧费。

（2）变动成本　变动成本是指其总额随着经营业务量的变化而成比例变化的成本。

（3）混合成本　混合成本是指其总额中既包括变动成本也包括固定成本，如电话费。

2. 按照管理责任划分

（1）可控成本　可控成本是指在会计期间一个责任单位有权确定开支的成本费用，如营销部的广告费、餐饮部的原材料。

（2）不可控成本　不可控成本是指在一定期间内责任单位无法控制成本费用的发生的成本费用，如利息支出、折旧费。

（三）成本费用控制的原则与方法

1. 成本费用控制的原则

酒店成本费用控制必须做到既符合国家的有关法律法规，又切合酒店业的实际，因此在成本费用控制中必须按照以下原则实施：严格遵守国家规定的成本开支范围及费用开支标准；正确处理降低成本与保证服务质量的关系；健全成本管理责任制，实行全员成本管理；从酒店实际出发，实行目标管理，进行实权控制。

2. 成本费用控制的方法

（1）预算控制法　预算控制法是指以预算指标作为控制成本费用支出的依据，通过分析对比，找出差异，采取相应的改进措施，保证成本费用预算目标的实现。具体做法为：在经营业务量不变的情况下，报告期实际发生额小于或等于预算数据。

（2）制度控制法　制度控制法是指利用国家法律法规及酒店内部各项目成本费用管理制度来控制成本费用开支，如资金支付审批管理制度、物料消耗定额管理制度等。

（3）标准成本控制法　标准成本控制法是指通过精确的调查、分析和技术测定而制定的，用来评价实际成本，衡量工作效率的一种预计成本方法。基本步骤为：制定标准成本，进行成本差异分析，找出差异，分析原因，找出酒店可以控制的因素。

（4）主要消耗指标控制法　主要消耗指标控制法是指利用营业收入、营业成本、营业费用之间的内在关系，检查成本费用是否按计划支出的方法，如餐饮成本率、物料消耗定额、毛利率、费用率等。

二、酒店餐饮成本控制

餐饮成本包括酒店的食品成本和饮料成本。食品成本是指在制作菜品过程中发生的原料、辅料和调料成本。饮料成本是指在饮料制作过程中的成本。餐饮成本控制主要是指通过制定标准菜谱，统一各种食品成本和饮料成本的生产标准，加强采购、验收、储存、发料、生产、楼面服务等环节管理，进行成本差异分析，及时发现问题。

（一）标准菜谱的制定

酒店餐饮部门在经营中用到的食谱有菜谱、面点谱和酒水谱。菜谱是餐饮成本控制中最常用的工具，也是餐饮各环节工作的起点。标准菜谱是指对每道菜品所需各种用料的名称、数量、价格，以及烹制时间、所需器具、制作过程、制作样图等做出详细说明的清单。有了标准菜谱，就可以保持菜品质量稳定性。标准菜谱（成本）卡如图9-2所示。

菜肴	编号 3	名称 全麦土司（片）								
项目	原料编码	原料名称	进货价(元) 单价	单位	出成	食谱单价 单价	单位	用量		成本(元)
主料	09010063	全麦粉	220.00	22700 g	1	0.010	g	500	g	4.846
	09010109	金像粉	165.00	22700 g	1	0.007	g	800	g	5.815
	08010275	韩国幼砂糖	282.00	30000 g	1	0.009	g	150	g	1.410
配料	08020088	黄油	945.00	25000 g	0.96	0.039	g	150	g	5.906
	04020001	鸡蛋	10.00	1000 g	0.9	0.011	g	300	g	3.333
	08040078	酵母	21.50	500 g	1	0.043	g	40	g	1.720
调料				g		-	g		g	-
				g		-	g		g	-
				g		-	g		g	-
器皿						总成本(元)				23.03
口味特点						可做(份数)				18
						单位成本(元/片)				1.28
做法描述		菜品照片								
备注										

图9-2 标准菜谱（成本）卡

（二）加强各环节控制

1. 采购环节控制

食品原料采购的目的在于以合理的价格，在适当的时间，从安全可靠的货源，按照规定标准和预定数量，采购餐饮服务所需的各种食品原料，保证餐饮服务顺利进行。从成本控制的角度看，主要控制以下几个方面：①坚持使用原料采购规格标准；②严格控制采购数量；③采购价格必须合理。

2. 验收环节控制

由酒店验收人员根据订货单以及交货通知单，检查所购货品是否按时，货品数量、质量、价格是否准确,并详细记录检查结果,对合格的货品准予入库或直接拨到使用部门,对不合格的货品予以拒收。货品的验收包含两个环节:一是检验;二是收货。

3. 储存环节控制

必须对仓库存货进行定期或不定期的清查,通过实地盘点,编制盘存表,准确掌握实存数、金额,纠正账实不符,盘活资产,发现管理漏洞。

4. 发料环节控制

从成本控制的角度出发,发料控制的基本原则是只准领用食品加工烹制所需实际数量的原料,且未经批准,不得领用。发料控制主要应做好以下几个方面:①使用限额领料单;②规定领料次数和时间;③正确计算成本。

5. 生产环节控制

1)制定标准成本卡。

2)确定标准成本率。

3)进行差异分析,即分别查找不利差异和有利差异,分析差异原因并提出改进措施。产生差异的原因主要有合理的差异和不合理的差异。合理的差异包括销售品种构成变化、食品原料价格突然大幅度变化、会计核算程序、收款方法等发生变化。不合理的差异有原材料进货过多、原材料保管不妥、未按标准配方进行生产等。

4)控制紧急采购次数,反思问题,提出解决措施。

5)严格内部调拨手续。

6. 楼面服务环节控制

1)领发菜控制:防止缺货、缺记,应考虑设置出菜检查员岗。

2)进餐服务过程控制:提高点菜记录的效率和准确率,提高顾客满意度,降低相对成本;加强对新员工的培训,增强员工服务意识,提高员工服务技能,降低人力成本。

3)收银环节控制:建立健全顾客账单控制体系。

(三) 餐饮成本的计算与差异分析

1. 餐饮成本计算

(1)月食品成本　月食品成本=期初存货+本期进货-期末存货,这里的期初和期末分别指每月第一天和最后一天。

(2)日食品成本　首先计算日耗用食品成本,日耗用食品成本=直拨原料成本+仓库发料成本+调入调整数额-调出调整数额。其次,扣除员工餐成本,日食品成本=日耗用食品成本-员工餐成本。其中员工餐成本是指酒店免费向员工提供工作餐所耗用的成本。

2. 餐饮成本差异分析

(1)实际成本与标准成本比较分析法　该方法是指将酒店一定时期内发生的实际成本

与标准成本对比分析，以发现成本差异的方法。计算公式：餐饮成本差异＝餐饮实际成本－实际营业收入×标准成本率。

（2）本期成本与历史先进水平比较分析法　历史先进水平是指酒店在经营中取得的较好的成本控制水平，也是酒店通过努力可以实现的目标；同行业、同档次的先进成本水平是本酒店的标杆，也是本酒店的努力方向。

（3）实际成本与预算成本比较分析法　实际成本与预算成本比较分析法是指酒店将编制成本费用预算作为成本管理的手段，将每期发生的实际成本数与预算成本数进行对比分析的方法。

三、酒店人工成本、能源费用和其他费用控制

（一）人工成本控制

1. 人工成本

人工成本是指酒店向员工支付的劳动报酬，包括工资、津贴、福利、奖金等。各酒店薪酬职级体系划分不同，人工成本包括的内容会有所区别。

2. 人工成本控制的方法

（1）设置科学的薪酬体系　薪酬体系的设定要与酒店规模、星级标准及运行管理模式相匹配。

（2）合理调配内部人员　酒店要与员工建立一定的融洽合作关系，充分调动员工的工作积极性，挖掘其潜力，让其为酒店创造更多的价值。

（3）招聘合适人才，降低招聘成本　酒店应该以岗招人，而非以人设岗，对任何岗位的招聘都要充分吸纳合适人才。

（4）制定人工成本预算标准　酒店通过制定各部门的人工成本预算来控制费用支出。

（二）能耗费用控制

1. 能耗费用控制的内容

能耗费用主要包括水、电、气、燃料等能源的消耗费用，大多数酒店每年的能源消耗费用要占收入的5%～15%。能耗的影响因素有建筑结构、功能布局、设备系统的优劣、节能意识、管理水平等。

评价指标：能耗率＝能耗费用/营业收入。

2. 能耗费用控制的方法

（1）预算控制法　各营业部门的能耗预算计算公式：某营业部门的能耗费用＝部门营业收入×能耗率。

酒店整体能耗预算计算公式：能耗费用=酒店预算期营业收入×能耗率。

（2）定额控制法　国际集团酒店一般将能耗费用作为酒店公共事业费用，不分配到各部门，而是在会计核算中设置能耗费用会计科目，统一核算，集中考核。

（3）制度控制法　酒店可以建立分级管理制度，即把能耗费用分摊到各营业部门进行核算。这种方法将目标责任制与奖惩制度结合在一起，以对能耗实行有效控制。

（三）其他费用控制

1. 客房费用

客房部经营过程中发生的各项支出是通过营业费用进行核算的。客房费用可以分为固定费用和变动费用两部分。固定费用总额不会随出租率的高低而变化，但每间客房分担的固定费用随着出租率的提高而减少。变动费用总额随着出租率的提高而增加，但每间客房的变动费用是个常数。

控制客房费用支出的手段：①降低单位固定费用。提高客房出租率，但如果依赖降低客房售价提高出租率，可能造成利润下降，得不偿失。②控制单位变动费用。按照客房消耗品标准费用控制单位变动费用。消耗品定额是控制依据，制定消耗品的配备标准，责任落实到人，做好记录，制定奖惩措施，减少不当使用损耗。

2. 行政管理费用

应采用精细化管理，开源节流。如：酒店的信用政策太过宽松，则会导致收账费用增加；打印纸、签字笔虽然单价低，但若管理不善，偷盗和浪费会增加。

3. 市场营销费用

酒店的每一项营销活动都应有详细的计划及创收能力分析，以便管理层决策以及合理分配资源。

4. 维修保养费用

应采用预防为主与维修和计划检修相结合的措施，建立日常巡检制度，建立设施设备保养制度；建立设备大修理制度，使设备经常处于良好状态，保证设备设施的长期、安全、稳定运转，以满足酒店各项工作的需要。

第四节　酒店营业收入控制

一、酒店营业收入概述

酒店营业收入是酒店在一定时期内从事生产经营活动所取得的各项收入，包括出租客房、提供餐饮、出售商品及其他服务所取得的收入。从收入项目上看，主要包括客房收入、餐饮收入、商品销售收入、会议场租收入、小酒吧收入、洗衣收入、商务中心收入、停车费收入、专项销售收入等。其中，客房收入和餐饮收入是酒店的主营业务收入，其他则属于酒店的其他业务收入。

酒店应加强对营业收入的控制，使营业收入及时准确收回，保证资金的正常循环和周转，以及酒店经营活动的正常、不间断进行，从而创造更好的经济效益。

影响酒店营业收入的两大因素是酒店产品的销售价格和销售量。在销售量一定的条件下，营业收入的高低取决于价格的高低，价格越高营业收入就越多。但是当价格超过某一限度时，就会对销售量和营业收入产生负面影响。所以，营业收入管理的基本目标是制定合理的销售价格，以最大限度地提高销售量，从而实现营业收入和净利润的最大化。

二、酒店营业收入的控制要点

营业收入的控制目标是保证营业收入的真实完整性，维持应收账款的合理性，保持销售折扣的适度性，实现退赔处理的科学性。为了能够实现目标，需要做好以下两大控制要点。

（一）时间确认

营业收入的确认时间是否合理，直接关系到当期损益的准确性。按规定，酒店应采用权责发生制来确认和计量营业收入：凡是在本期内取得的收入，不论其款项是否已经收回，都应被视为本期收入；凡是不属于本期形成的收入，即使款项在本期收到，也不能作为本期收入。所以，酒店应在提供服务或产品完成、收取价款的凭证确认后，再确认营业收入的实现。当期发生的销售折扣及销售退回，应冲减当期的营业收入。

（二）数额确认

一般来说，影响营业收入数额的因素有以下几个。

1. 价格

在销售量一定的条件下，酒店营业收入的高低取决于价格的高低，所以，酒店应合理定价，最大限度地提高销售量，以实现营业收入的最大化。

2. 折扣

折扣属于销售调整的项目，它对营业收入数额的准确性影响最大。销售的实际入账金额等于发票价格减去商业折扣后的净额。为了鼓励客户及时付款，酒店通常会给予一定的现金折扣。其处理方法有两种：一种是以现金净收入额作为营业收入，如果将来没有发生现金折扣，则将现金折扣作为追加收入计入营业收入；另一种是以发票价格作为营业收入，将来如果发生现金折扣，再冲减营业收入。

3. 退赔

在经营过程中，由于酒店自身的过错，而造成消费者权益损失的，按国家或行业规定，消费者有权要求退赔。当退赔或折让实际发生时，原来计入的营业收入应全部或部分冲销。

4. 坏账

应收账款无法收回时，就会产生坏账。酒店应采用一些方法按期估计坏账损失，计入当期费用，同时建立坏账准备，待实际发生坏账损失时，冲销已计提的坏账准备和相应的应收账款。所以，坏账的发生并不直接影响营业收入。

三、客房营业收入的控制

客房收入是酒店营业收入的重要来源，虽然客房的建造投资大，但却具有耐用性强、消耗低、利润高的特点；客房销售还可以带动餐饮、娱乐、洗衣、商品等其他产品的销售，为酒店创造更高的收益。酒店对客房收入的控制，是以客房收入为对象，对收入的发生、计算、取得、汇总等一系列过程进行管理控制的活动，主要包括接受预订、预收押金和入住登记、记账入数、结账、缴款、稽核等环节。

1. 预订

这是客人与酒店发生接触的第一步，也是酒店进行销售的第一个环节。预订部通过电话或网络预订平台等方式获知客人的预订信息后，填写客房预订单，在客人抵店前，将预订信息、房间号及房价录入酒店管理系统。当客人抵店后由前厅部在酒店管理系统中进行入住登记操作即可。

2. 预收押金和入住登记

客人抵达酒店后需到酒店前台进行入住登记，对于已经预订过的客人，前台需调出预订信息，与预订单核对无误后，在酒店管理系统中进行标注后即可入住。对于没有预订的客人，需填写"酒店入住登记表"，确认客人需要的房型，告知相应的房价，以及确认客人的结算方式，一般有现金、转账、信用卡、挂账等几种方式。另外，为了保证客人不出现超出其经济能力的消费行为，保证酒店的利益不受损害，酒店还需对客人收取预付款，即押金，押金的金额一般为房费金额的 1.5~2 倍。收取押金时，前台收银员需开立押金单。押金单一式三联，第一联交给客人，第二联放入客人账单夹中，第三联交稽核人员审核。客人办理完这些入住手续后，便可领取房卡。

3. 记账入数

客人办理入住手续的同时，前台也为客人建立了一个唯一的客账，即消费账户，如果是团队客人，则必须开立团队总账账户和每个客人的个人分账账户。客人在酒店期间的各项消费都应计入客账，进行入数。

4. 结账

客人离店前，将房卡交到前台，进行结账。收银员电话通知客房部查房，通知前厅部关闭客房电话，并询问酒店各营业部门是否还有该客人的账单没有及时传递到总收银台，防止跑账漏账。收银员还需利用等待时间，将客人客账中所有原始单据及消费账单取出，与酒店管理系统记录进行核对，防止出现未入账项目。当接到客房部通知查房无误后，收银员打印明细单，请客人对在各营业场所的总体消费签字确认。

5. 缴款

酒店收银员在一个工作班次结束后，需要清点当班所收取的现金、信用卡、签购单、支票等，按分类金额填报缴款单。同时，根据已经结账离店的账单编制"收银员收入明细表"，与酒店管理系统中收入日报进行核对后，编制"收银员收入日报表"。一联与现金、票证一起装入缴款袋，经旁证人复核后，签封缴款袋并投入专用的投款保险箱，第二天由总出纳和相关人员开箱清点；另一联与收入明细表、账单第二联一并交给稽核员。

6. 稽核

客房收入是酒店收入的重要组成部分，酒店每天都会发生几百甚至上千笔房费收入，再加上每天可能发生的加收房费、冲减房费等各种业务，前台的工作量是相当繁重的，收银员既要录入计算机并打印账单，又要进行各种款项的收付。由于人员的思想素质、业务水平各不相同，因此容易发生一些差错。为了及时、准确地了解客房收入情况，加强内部管理，提高酒店核算质量，保证酒店收入的安全与完整，防范与杜绝货币资金流失，必须对客房收入采用内部稽核制度。

客房收入的稽核包括夜间稽核和日间稽核。夜间稽核又称夜审，是夜间进行的核数工作。由于酒店是24h营业的，因此营业收入每时每刻都处于变动之中，而且酒店各营业部门营业时间不尽相同，这些都给收入审核工作带来了较大的不便。为了便于统计、审核营业收入，酒店一般将审核工作定在午夜12点后至次日凌晨5点前，这个时间段内抵店离店的客人相对较少，而且营业部门也基本结束了当天的营业，收入金额变化不大，比较稳定。日间稽核又称日审，是酒店营业收入的第二次稽核，日审的工作对象是夜审员审核后交来的账单、报表以及夜审员未审核到的个别部门交来的账单、报表。日审也是对夜审工作质量的监督和检查。

第五节 酒店财务分析

一、酒店财务分析指标

财务报表中有大量的数据，可以根据需要计算出很多有意义的比率，这些比率涉及酒店经营管理的各个方面。

酒店财务比率分析主要有四个方面的内容，分别衡量酒店的偿债能力、营运能力、盈利能力、发展能力。以上四个方面的内容相互联系、互相补充，对酒店的财务状况、经营成果、现金流量以及市场发展前景进行了全面的描述和综合分析，可以满足不同使用者的需要。

为了便于说明问题，下面各财务比率的计算将主要以某酒店数据资料为实例，该酒店的资产负债表（见表9-1）和利润表（见表9-2）如下：

表9-1　某酒店资产负债表　　　　　　　　　　（单位：万元）

资产	年初数	年末数	负债及所有者权益	年初数	年末数
流动资产：			流动负债：		
货币资金	325	350	短期借款	17	30
交易性金融资产	12	10	交易性金融负债		
应收票据	11	8	应付票据	150	160
应收账款	199	228	应付账款	255	320
预付账款	4	22	预收账款	40	52
其他应收款	22	23	应付职工薪酬		24
存货	126	90	应交税费	3	5
一年内到期的非流动资产			应付利息		
			应付股利	2	4
流动资产合计	699	731	其他应付款	160	160
非流动性资产：			一年内到期的非流动负债		
可供出售金融资产	50		流动负债合计	627	755
持有至到期投资			非流动负债：		
长期应收款			长期借款	50	150
长期股权投资	100	140	应付债券		
投资性房地产			长期应付款		
固定资产	960	1230	专项应付款		
在建工程			预计负债		
工程物资			递延所得税负债		
固定资产清理			非流动负债合计	50	150
无形资产	23	21	负债合计	677	905
商誉			所有者权益：		
长期待摊费用	10	8	实收资本（或股本）	1000	1000
递延所得税资产			资本公积	20	20
其他非流动资产			盈余公积	35	45
非流动资产合计	1143	1399	未分配利润	110	160
			所有者权益合计	1165	1225
资产合计	1842	2130	负债及所有者权益合计	1842	2130

表 9-2　某酒店利润表　　　　　　　　　　（单位：万元）

项　目	上年实际	本年累计
一、主营业务收入	1850	2000
客房	1086	1230
餐饮	666	665
其他	98	105
减：主营业务成本	260	276
客房	17	19
餐饮	220	232
其他	23	25
减：营业税金及附加	98	91
二、主营业务利润	1492	1633
加：其他业务利润		
减：营业费用	687	719
管理费用	340	355
财务费用	36	38
三、营业利润	429	521
加：投资收益	24	30
营业外收入	4	2
减：营业外支出	1	
四、利润总额	456	553
减：所得税	114	138
五、净利润	342	415

二、偿债能力分析指标

偿债能力是酒店对债务清偿的承受能力或保证程度。酒店债务偿付的压力主要来自于两个方面：一是一般债务本息的偿还；二是纳税义务的依法履行。

该指标反映了酒店财务状况的好坏。由于经营的需要，酒店在经营过程中需要承担一定的负债。按债务偿还期限的不同（通常以一年为限），酒店偿债能力可分为短期偿债能力和长期偿债能力。

（一）短期偿债能力指标

短期偿债能力是指酒店以流动资产支付流动负债的能力，因此一般又称为支付能力。短期偿债能力不仅是酒店履行短期债务能力的一个标志，也可以反映酒店营运能力。酒店短期偿债能力一般取决于营运资金和资产变现速度。短期偿债能力的指标主要有流动比率、速动比率、现金比率等。

1. 流动比率

流动比率是流动资产与流动负债的比率，它表明酒店每1元流动负债有多少流动资产作为偿还的保证，反映酒店运用可在短期内转变为现金的流动资产偿还到期流动负债的能力。其计算公式为

$$流动比率=\frac{流动资产}{流动负债}$$

一般认为，酒店合理的最低流动比率为2。这是因为流动资产中变现能力最差的存货金额约占流动资产总额的50%，剩下的流动性较大的流动资产至少要等于流动负债，企业的短期偿债能力才会有保证。计算出来的流动比率，只有和同行业平均流动比率、本酒店历史的流动比率进行比较，才能知道是高还是低。到底保持何种水平的流动比率，主要视酒店对待风险和收益的态度而定。

2. 速动比率

速动比率又称酸性试验比率，是速动资产与流动负债的比率，它表明酒店每1元流动负债有多少速动资产作为偿还的保证。其计算公式为

$$速动比率=\frac{速动资产}{流动负债}=\frac{流动资产-存货}{流动负债}$$

通常认为正常的速动比率为1，低于1的速动比率被认为是短期偿债能力偏低。这仅仅是一般的看法，行业不同，则速动比率会有很大差别，因此没有统一、标准的速动比率。

例如，采用大量现金销售的商店，几乎没有应收账款，大大低于1的速动比率则是很正常的。相反，一些应收账款较多的酒店，速动比率可能要大于1。

3. 现金比率

现金比率是指酒店现金类资产（货币资金和短期有价证券）与流动负债的比率，它表明酒店的即时偿债能力。其计算公式为

$$现金比率=\frac{货币资金+短期有价证券}{流动负债}$$

计算现金比率以评价和分析酒店短期偿债能力的原因在于：速动资产中的应收账款存在发生坏账的可能性，某些到期的账款也不一定能够及时收回，这势必影响到对酒店偿债能力的准确评定。基于以上考虑，分析者在怀疑应收账款的变现能力时，就可以用现金比率进行评价和分析。

根据表9-1的数据资料计算的流动比率、速动比率和现金比率，见表9-3。

表 9-3 短期偿债能力指标表

指标名称	计算结果	数据来源说明
流动比率	0.97	表9-1中"流动资产"年末合计数与"流动负债"年末合计数之比

(续)

指标名称	计算结果	数据来源说明
速动比率	0.85	表9-1中"流动资产"年末合计数扣除"存货"后的金额与"流动负债"年末合计数之比
现金比率	0.48	表9-1中"货币资金"与"交易性金融资产"年末金额合计与"流动负债"年末合计数之比

(二) 长期偿债能力指标

长期偿债能力是指酒店偿还长期债务的能力。酒店对一笔债务有到期偿还本金和利息的义务,分析某酒店的长期偿债能力,主要是为了确定该酒店偿还债务的本金和利息的能力。长期偿债能力分析主要是通过财务报表所示数据来分析权益和资产间的关系及权益间的内在关系;通过计算出一系列比率,来分析酒店的资本结构是否合理,评价酒店的长期偿债能力。

1. 资产负债率

资产负债率是负债总额与资产总额的比率,即每1元资产所承担的负债数额。它是衡量负债偿还保证的指标,换言之,该比率反映在酒店总资产中有多少是通过举债获得的,同时它也是衡量酒店在清算时保护债权人利益的程度的指标。其计算公式为

$$资产负债率 = \frac{负债总额}{资产总额} \times 100\%$$

资产负债率有以下几个方面的含义:

1) 从债权人的角度看,如果股东提供的资金与酒店资金总额相比,只占较小的比例,则表明酒店的风险将主要由债权人负担,因此债权人希望酒店负债比率越低越好。

2) 从股东的角度看,他们关心的是全部资金利润率是否超过借入资金的借款利息率。资金利润率超过借款利息率,不仅会使股东利润增加,还可以使股东在付出有限代价的条件下保持对酒店的控制权;如果资金利润率低于借款利息率,则借入资金的利息要用股东所得的利润来弥补。

3) 从经营者角度看,如果负债比率很高,超出债权人心理承受程度,则导致酒店筹资困难;如果负债比率过低,则说明酒店畏缩不前,利用负债资金进行经营活动的能力差。

2. 产权比率

产权比率是衡量酒店长期偿债能力的又一重要指标,它是指酒店负债总额与股东权益总额之比。它反映了债权人提供的资本与股东提供的资本的比例关系,是酒店财务结构稳健的标志,说明了债权人投入资本受到股东权益保障的程度。该比率也被称为债务股权比率。其计算公式为

$$产权比率 = \frac{负债总额}{股东权益总额} \times 100\%$$

产权比率指标反映酒店基本财务结构是否稳定。一般而言,产权比率高是高风险、高报酬的财务结构;产权比率低是低风险、低报酬的财务结构。产权比率这个指标的评价标准一般不应小于1。产权比率小说明股东权益较高,尽管这能够使得酒店的长期偿债能力提高,但可直接影响酒店负债的财务杠杆效应。在评价产权比率时,除应考虑偿债能力外,也要注重获利能力,即在保障债务偿还能力情况下,注意提高获利能力。

3. 权益乘数

权益乘数是资产总额与所有者权益(股东权益)总额之比,是反映酒店负债程度情况的指标。其计算公式为

$$权益乘数 = \frac{资产总额}{所有者权益总额}$$

一般情况下,权益乘数越大,表明酒店的负债程度越高,股东投入的资本在资产中所占比重越小,酒店财务风险越大;反之,权益乘数越小,酒店财务风险越低,对债权人利益有较大的保障。

根据表9-1的数据资料计算的资产负债率、产权比率和权益乘数见表9-4所示。

表9-4 长期偿债能力指标表

指标名称	计算结果	数据来源说明
资产负债率	42.49%	表9-1中"负债合计"年末数与"资产合计"年末数之比
产权比率	73.88%	表9-1中"负债合计"年末数与"所有者权益合计"年末数之比
权益乘数	1.74	表9-1中"资产合计"年末数与"所有者权益合计"年末数之比

三、营运能力分析指标

酒店评价营运能力主要是通过计算资产管理比率来进行的。资产管理比率是用来衡量酒店在资产管理方面的效率的财务比率,是指通过酒店生产经营资金周转速度的有关指标所反映出来的酒店资金利用的效率,表明酒店管理人员经营管理、应用资金的能力。酒店生产经营资金周转速度越快,表明酒店资金利用的效果越好,效率越高,酒店管理人员的经营能力越强。营运能力分析指标主要包括存货周转率、应收账款周转率、流动资产周转率、固定资产周转率和总资产周转率。

1. 存货周转率

存货周转率是衡量和评价酒店购入存货、生产、销售、收回现金等各个环节管理状况的综合性指标。它是销售成本与平均存货之比,反映在一定时期内酒店存货资产的周转次数。用时间表示的存货周转率就是存货周转天数。其计算公式为

$$存货周转率 = \frac{销售成本}{存货平均余额}$$

一般来讲，存货周转速度越快，存货的占用水平越低，流动性越强，存货转换为现金或应收账款的速度就越快。提高存货周转率可以提高酒店的变现能力，而存货周转速度越慢则变现能力越差。存货周转分析的目的是从不同的角度和环节上找出存货管理中的问题，使存货管理在保证生产经营连续性的同时，尽可能少地占用资金，提高资金的使用效率，增强酒店短期偿债能力，促进酒店管理水平的提高。

2. 应收账款周转率

应收账款也是流动资产中的重要组成部分。及时收回应收账款，可以增强酒店的短期偿债能力，也能反映出应收账款管理方面的效率。应收账款周转率，即年度内应收账款转为现金的平均次数。用时间表示的应收账款周转率是应收账款周转天数，也称为平均收现期，它表示酒店从赊销产品到收回款项，转化为现金需要的时间。其计算公式为

$$应收账款周转率 = \frac{赊销收入净额}{应收账款平均余额}$$

一般来说，应收账款周转率越高，平均收账期越短，说明应收账款的收回越快。否则，酒店的营运资金会过多地呆滞在应收账款上，影响正常的资金周转。

3. 流动资产周转率

流动资产周转率是销售收入净额与流动资产平均余额的比值，它反映酒店在一定时期流动资产可以周转的次数。其计算公式为

$$流动资产周转率 = \frac{销售收入净额}{流动资产平均余额}$$

流动资产周转率反映流动资产的周转速度。周转速度快，会相对节约流动资产，等于相对扩大资产投入，增强酒店盈利能力；而周转速度慢，则需要补充流动资产参加周转，造成资金浪费，降低酒店盈利能力。

4. 固定资产周转率

固定资产周转率是衡量酒店资金周转状况的一个重要指标，它是指酒店销售收入净额与平均固定资产净值的比值。其计算公式为

$$固定资产周转率 = \frac{销售收入净额}{平均固定资产净值}$$

固定资产周转率高，表明酒店固定资产利用充分，固定资产投资得当，结构合理，能够充分发挥效率；反之，则表明固定资产利用效率不高，提供的生产成果不多，酒店营运能力不强。

5. 总资产周转率

总资产周转率集中反映了总资产的周转状况，它是指销售收入净额与总资产平均余额（也称平均资产总额）的比值。其计算公式为

$$总资产周转率 = \frac{销售收入净额}{总资产平均余额}$$

总资产周转率高,表明酒店全部资产的使用效率高,营运能力强;反之,则表明资产使用效率差,营运能力差,最终会影响酒店的盈利能力。

根据表 9-1 和表 9-2 数据资料计算的存货周转率、应收账款周转率、流动资产周转率、固定资产周转率和总资产周转率见表 9-5。

表 9-5 营运能力分析指标

指标名称	计算结果	数据来源说明
存货周转率	2.56	表 9-2 中"主营业务成本"本年累计数与表 9-1 中"存货"平均数之比
应收账款周转率	9.37	表 9-2 中"主营业务收入"本年累计数与表 9-1 中"应收账款"平均数之比
流动资产周转率	2.80	表 9-2 中"主营业务收入"本年累计数与表 9-1 中"流动资产合计"平均数之比
固定资产周转率	1.83	表 9-2 中"主营业务收入"本年累计数与表 9-1 中"固定资产"平均数之比
总资产周转率	1.01	表 9-2 中"主营业务收入"本年累计数与表 9-1 中"资产合计"平均数之比

注:平均数为(年初数+年末数)/2。

四、盈利能力分析指标

盈利能力就是酒店赚取利润的能力。不论是投资人、债权人还是酒店经理人员,都日益重视和关心酒店的盈利能力。反映酒店盈利能力的指标有很多,常用的主要有销售毛利率、销售净利率、成本费用利润率、总资产净利率、净资产收益率等,酒店上市公司还可使用每股收益、市盈率、市净率等指标评价酒店的市场价值。

1. 销售毛利率

销售毛利率是销售毛利与销售收入的比值,它反映酒店销售收入的收益水平,可用来评价酒店通过销售赚取利润的能力。其计算公式为

$$销售毛利率 = \frac{销售收入 - 销售成本}{销售收入} \times 100\% = \frac{销售毛利}{销售收入} \times 100\%$$

销售毛利率表示每 1 元的销售收入扣除销售成本后,有多少可以用于各项期间费用及形成盈利。销售毛利率是酒店销售净利率的最初基础,没有足够大的毛利率酒店便不能盈利。

2. 销售净利率

销售净利率是指净利润与销售收入的比值。其计算公式为

$$销售净利率 = \frac{净利润}{销售收入} \times 100\%$$

该指标反映每 1 元销售收入带来的净利润的多少，表示销售收入的收益水平。从销售净利率的指标关系看，净利润与销售净利率成正比关系，而销售收入与销售净利率成反比关系。酒店在增加销售收入的同时，必须相应地获得更多的净利润，才能使销售净利率保持不变或有所提高。通过分析销售净利率的变动，可以促使酒店在扩大销售的同时，注意改进经营管理，提高盈利水平。

3. 成本费用利润率

成本费用利润率是指酒店一定时期的利润总额与成本费用总额的比值，它反映酒店生产经营中发生的耗费与获得的收益之间的比例关系。它不仅可以评价酒店获利能力，也可以评价酒店对成本费用的控制能力和经营管理水平。其计算公式为

$$成本费用利润率 = \frac{利润总额}{成本费用总额} \times 100\%$$

成本费用总额是酒店为获取利润而付出的代价，主要包括销售成本、税金，以及附加和期间费用等。成本费用利润率越高，说明酒店为获取收益而付出的代价越小，酒店的获利能力越强，成本费用管理水平越高。

4. 总资产净利率

总资产净利率又称投资报酬率，是酒店一定时期的净利润与平均资产总额的比率，它反映酒店总资产的综合利用效率。其计算公式为

$$总资产净利率 = \frac{净利润}{平均资产总额} \times 100\%$$

一般来说，总资产净利率高，说明资产的利用效率高，即酒店在增收节支方面取得了很大的效果；反之，则说明资产的利用效率低。

5. 净资产收益率

净资产收益率又称权益净利率，是酒店一定时期的净利润与平均净资产的比率，它反映投资者投入酒店的权益资本及其积累获取净收益的能力，是评价酒店资本经营效益的核心指标。其计算公式为

$$净资产收益率 = \frac{净利润}{平均净资产} \times 100\%$$

净资产收益率是反映酒店获利能力的一个重要指标，有很强的综合性。一般来说，净资产收益率越高，说明权益性资本的获利能力越强。

根据表 9-1 和表 9-2 中的数据资料计算的销售毛利率、销售净利率、成本费用利润率、总资产净利率和净资产收益率见表 9-6。

表 9-6　盈利能力分析指标表

指标名称	计算结果	数据来源说明
销售毛利率	86.20%	表 9-2 中"主营业务收入"本年累计数减去"主营业务成本"本年累计数，与"主营业务收入"本年累计数之比
销售净利率	20.75%	表 9-2 中"净利润"本年累计数与"主营业务收入"本年累计数之比
成本费用利润率	37.39%	表 9-2 中"利润总额"本年累计数除以"主营业务成本""营业税金及附加"与期间费用（包括营业费用、管理费用、财务费用）本年累计数的合计
总资产净利率	20.90%	表 9-2 中"净利润"本年累计数与表 9-1 中"资产合计"平均数之比
净资产收益率	34.73%	表 9-2 中"净利润"本年累计数与表 9-1 中"所有者权益合计"平均数之比

五、发展能力分析指标

发展能力是酒店在生产经营活动中所表现出的增长能力，如盈利的持续增长、经营规模的不断扩大、市场竞争力的增强等。酒店发展能力的分析指标主要包括盈利增长能力分析、资产增长能力分析及资本增长能力分析三个方面。

（一）盈利增长能力分析指标

1. 营业收入增长率

营业收入增长率是指酒店本年营业收入增长额与上年营业收入总额的比率，是评价酒店成长状况和发展能力的重要指标。其计算公式为

$$营业收入增长率 = \frac{本年营业收入增长额}{上年营业收入总额} \times 100\%$$

营业收入增长率指标大于 0，说明酒店本年营业收入有增长。营业收入增长率越高，表明收入增长速度越快，酒店未来发展前景越好；若营业收入增长率小于 0，则说明酒店获取收入的能力在下降，未来发展前景不好，也可能是市场不景气或酒店产品服务质量不佳等原因。

2. 净利润增长率

净利润增长率是指酒店本年净利润增长额与上年净利润总额的比率，是用于评价酒店发展能力的指标。其计算公式为

$$净利润增长率 = \frac{本年净利润增长额}{上年净利润总额} \times 100\%$$

净利润增长率越高说明酒店经营效益越好，发展潜力越大。当然，在计算该指标时，不

同酒店因为享受的所得税率不同而导致净利润增长率的变动，对此应做具体分析，不能一概而论。

3. 营业利润增长率

营业利润增长率是指酒店本年营业利润增长额与上年营业利润总额的比率，是衡量酒店经营效益的指标，反映了在不考虑非经营利益所得情况下，酒店管理层通过经营获得利润的能力以及酒店未来发展潜力。其计算公式为

$$营业利润增长率 = \frac{本年营业利润增长额}{上年营业利润总额} \times 100\%$$

营业利润增长率越高，说明酒店产品越适销对路，盈利能力越强，未来发展前景越广阔；如果营业利润增长率太低，则酒店应考虑调整产品或服务结构，以扩大市场规模，提升盈利能力以获得长期发展能力。

4. 营业收入三年平均增长率

营业收入三年平均增长率是指酒店营业收入连续三年的增长情况，反映了酒店的持续发展趋势和市场扩张能力，也可衡量上市公司的持续盈利能力。其计算公式为

$$营业收入三年平均增长率 = \left(\sqrt[3]{\frac{本年营业收入总额}{三年前营业收入总额}} - 1 \right) \times 100\%$$

一般而言，营业收入三年平均增长率越高，说明酒店的市场扩张能力越强。分析该指标时应注意区分导致增长的因素是主营业务还是临时投资，以防止酒店利用非主营业务利润的提升掩盖持续发展能力的不足。

假定某酒店三年前营业收入总额为1540万元，其他数据资料见表9-2，试计算该酒店盈利增长能力各指标。

解答：

$$营业收入增长率 = \frac{本年营业收入增长额}{上年营业收入总额} \times 100\% = \frac{2000-1850}{1850} \times 100\% = 8.11\%$$

$$净利润增长率 = \frac{本年净利润增长额}{上年净利润总额} \times 100\% = \frac{本年净利润总额-上年净利润总额}{上年净利润总额} \times 100\%$$

$$= \frac{415-342}{342} \times 100\% = 21.35\%$$

$$营业利润增长率 = \frac{本年营业利润增长额}{上年营业利润总额} \times 100\% = \frac{本年营业利润总额-上年营业利润总额}{上年营业利润总额} \times 100\%$$

$$= \frac{521-429}{429} \times 100\% = 21.45\%$$

$$营业收入三年平均增长率 = \left(\sqrt[3]{\frac{本年营业收入总额}{三年前营业收入总额}} - 1 \right) \times 100\% = \left(\sqrt[3]{\frac{2000}{1540}} - 1 \right) \times 100\% = 9.10\%$$

(二) 资产增长能力分析指标

资产增长能力反映酒店资产规模扩张的能力，常用分析指标为总资产增长率。总资产增长率是本年总资产增长额与年初资产总额的比率，是衡量酒店本期资产规模增长情况的指标。其计算公式为

$$总资产增长率 = \frac{本年总资产增长额}{年初资产总额} \times 100\%$$

总资产增长率越高，说明酒店本期内资产经营规模扩张的速度越快。但要注意资产规模扩张的质量和数量的关系，不能为追求数量的增长而忽略了酒店后续发展能力的积淀。

(三) 资本增长能力分析指标

1. 资本积累率

资本积累率是酒店本年股东权益增长额与年初股东权益总额的比率，反映酒店资本的积累能力，是用于评价酒店发展潜力的重要指标。其计算公式为

$$资本积累率 = \frac{本年股东权益增长额}{年初股东权益总额} \times 100\%$$

该指标说明了酒店当年资本的积累能力，反映投资者投入酒店资本的保值性和增值能力。资本积累率越高，说明酒店资本积累越多，酒店资本保值性越强，应对风险及持续发展能力越强；如资本积累率为负数，则说明酒店资本出现流失情况，管理层应予以重视。

2. 资本保值增值率

资本保值增值率是酒店年末所有者权益总额与年初所有者权益总额的比值，它反映酒店资本保全和增值状况，是评价酒店财务效益状况的辅助指标。其计算公式为

$$资本保值增值率 = \frac{年末所有者权益总额}{年初所有者权益总额} \times 100\%$$

资本保值增值率是根据"资本保全"原则设计的指标，充分体现了对所有者权益的保护，能够及时、有效地发现侵蚀所有者权益的现象。如果资本保值增值率为100%，就是保值；如果大于100%，就是增值；如果小于100%，就是减值。

3. 资本三年平均增长率

资本三年平均增长率表示酒店资本连续三年的积累情况，在一定程度上反映了酒店的持续发展水平和发展趋势。其计算公式为

$$资本三年平均增长率 = \left(\sqrt[3]{\frac{本年末所有者权益总额}{三年前所有者权益总额}} - 1 \right) \times 100\%$$

资本三年平均增长率越高，说明酒店所有者权益获得的保障程度越高，酒店可以长期使用的资金越充足，抗风险能力和持续发展能力越强。通过对该指标的分析，可以看出酒店资

本积累或资本扩张的阶段发展状况，以及酒店未来发展趋势是否稳定等。

假定某酒店三年前所有者权益总额为950万元，其他数据资料见表9-1，试计算该酒店资产增长能力及资本增长能力相关指标。

$$总资产增长率 = \frac{本年总资产增长额}{年初资产总额} \times 100\% = \frac{年末资产总额 - 年初资产总额}{年初资产总额} \times 100\%$$

$$= \frac{2130 - 1842}{1842} \times 100\% = 15.64\%$$

$$资本积累率 = \frac{本年股东权益增长额}{年初股东权益总额} \times 100\% = \frac{年末股东权益总额 - 年初股东权益总额}{年初股东权益总额} \times 100\%$$

$$= \frac{1225 - 1165}{1165} \times 100\% = 5.15\%$$

$$资本保值增值率 = \frac{年末所有者权益总额}{年初所有者权益总额} \times 100\% = \frac{1225}{1165} \times 100\% = 105.15\%$$

$$资本三年平均增长率 = \left(\sqrt[3]{\frac{本年末所有者权益总额}{三年前所有者权益总额}} - 1\right) \times 100\% = \left(\sqrt[3]{\frac{1225}{950}} - 1\right) \times 100\% = 8.84\%$$

财务分析的最终目的在于全方位地揭示与披露酒店经营的状况，并据此对酒店经济效益的优劣做出合理的评价。显然，上述有关偿债能力分析、营运能力分析、盈利能力分析及发展能力分析等财务指标所揭示的仅是酒店经济效益的某一侧面的信息。酒店只有将上述几个彼此孤立的分析以系统化视角相结合，做出系统的评价，才能从总体意义上把握酒店经营财务状况及经济效益状况。

第六节　酒店财务管理经典案例

案例一　中小酒店定价法

本案例以王小姐接手一家酒店为例，按照关于"三年内收回投资，且每年有100万元营收"的要求，推演酒店客房的成本价格、销售价格，以及利用推演出的销售价格，向各销售渠道和细分市场投放，并完整演示客房定价六大步骤。

1. 酒店的投资回报要求

王小姐的朋友投资571.2万元建造了一家酒店。王小姐以入股的形式参与，成为酒店董事兼总经理。酒店以"MK"命名，以下简称MK酒店。酒店概况：酒店共有客房100间，其中大床房50间、双床房30间、套房20间。装饰特色为浓郁的民族文化特色。

投资回报要求：酒店虽然定位于精品主题酒店，但王小姐心里明白，这种小体量酒店在行业内的同质化极其严重，竞争对手很多，很难有10年以上的生命周期，所以王小姐要求

必须在最短的经营周期内收回投资。经过酒店业主内部论证,有了以下决议:

1) 三年内必须收回投资成本,即每年追回成本 190.4 万元。
2) 每天出租房间数不低于 80 间,即出租率不低于 80%。
3) 在追回每年平均成本的同时,每年要有 100 万元的收益。

王小姐深知每天保持较高的客流量对于收入的提升有良性的促进作用,即"有人气就有财气",所以她要求每天要有较高的出租率。

在收入一定的前提下,每天出租量(售出房间数)越高(多),平均房价就可以相对越低,这样更有利于和竞争对手竞争。

MK 酒店客房出租量与客房平均房价见表 9-7。

表 9-7 MK 酒店客房出租量与客房平均房价

日 期	12月15日	12月16日	12月17日	12月18日	12月19日	12月20日	12月21日
日收入/元	10 000	10 000	10 000	10 000	10 000	10 000	10 000
日出租量/间	30	35	40	45	50	60	80
平均房价/间	333.33	285.71	250.00	222.22	200.00	166.67	125.00

每天的收入都是 1 万元。12 月 15 日出租了 30 间房,平均房价是 333.33 元;12 月 19 日出租了 50 间房,平均房价是 200 元;12 月 21 日出租了 80 间房,平均房价仅为 125 元。

王小姐的思考方式借鉴了动态定价模式,在客源量少的时候,可以压低价格,在客源量高的时候,可以涨价,便于平衡和控制每天的收入增长。

王小姐接下来分析了 MK 酒店的市场资源及竞争环境了。3km 商圈内共有酒店 47 家,日供应房间数 4150 间,其中三星级以上酒店 11 家(200 元以上),日供应量约为 1160 间,辐射有效竞争酒店 36 家、竞争供应 2990 间。

2. 客房定价 3 大优选程序

王小姐摸清了市场情况后,开始考虑自己的客房该如何定价。她所掌握的资料显示,竞争对手的价格差异很大,价格从 80 元到 300 元不等。与 MK 酒店规模基本相同的其他酒店,房价基本处于 98~198 元的价格区间。那么,MK 酒店定出什么样的价格才能保证既好卖又能盈利呢?王小姐有点迷茫。于是,她找了一个让自己清醒的算法:算出酒店客房的成本价格。

特别说明:客房定价的方法有很多,比如量本利定价法、成本加成定价法等。本案例中借鉴成本加成定价公式。

$$客房价格 = \frac{(客房单位变动成本 + 客房单位固定成本) \times (1 + 加成率)}{1 - 增值税税率}$$

需要说明的是,本案例中基于王小姐的要求,酒店每年必须在追回当年固定成本的基础上,再实现营收 100 万元的计划,所以在计算时要将这 100 万元/年的费用一并列为固定成本考虑。同时，案例中的加成率为5%，这意味着目标价格中有5%的利润率。但考虑到酒店竞争激烈，王小姐在必要时需要通过产品附加值来提高酒店的竞争力，比如向客人免费提供睡前牛奶、洗衣液、小礼品（争取好评）、零食、饮料等，这就会增加额外变动费用。因此，在目标增收100万元的前提下，依然用5%的加成率，来控制酒店在增加额外附加值时的投入比例与盈利平衡。

确认酒店成本价格的主要思路是：以年度为单位，用酒店的综合成本，除以一年内计划销售的房间总数。而酒店的综合成本分为固定成本和变动成本两部分。我们先来了解一下MK酒店在100万元年度营收目标下的平均房价，具体情况如下：

1）平均每年的投资成本：571.2万元/3年＝190.4万元。
2）每年额外营收：100万元；
3）每日计划出租房间数：80间。

客房目标出租率计算公式为

$$客房目标出租率 = \frac{每日计划出租房间数}{每日计划可用房间数} \times 100\% = \frac{80}{100} \times 100\% = 80\%$$

4）在酒店年度营收100万元的前提下每间客房应达到的平均房价为

$$客房目标平均房价 = \frac{平均每年的投资成本 + 计划额外营收}{客房数量 \times 客房目标出租率 \times 年度营业天数}$$

$$= \frac{\left(\frac{5\,712\,000}{3}\right) + 1\,000\,000}{100 \times 80\% \times 365} 元/间$$

$$= 99.45 元/间$$

但这样算出来的只是酒店的部分成本，还有一部分经营成本没有考虑进去，酒店客房成本的构成如图9-3所示。

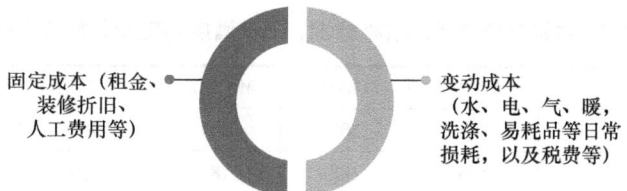

图9-3 酒店客房成本构成

中小酒店成本构成占比情况见表9-8，而酒店的成本约占收入的57%。

3. 客房定价的六大步骤

王小姐对年度运营成本进行了初步测算：每一间房含水、电、气、暖、易耗品、洗涤等，按照年度计划费用总额进行预算，再除以365天，算出每一天每间客房的变动成本即客房单位变动成本约为30元。同时，酒店成本的加成率按照5%计算，增值税税率按照6%计

算。王小姐运用公式推算酒店达到经营预期的平均房价（目标平均房价）为

$$目标平均房价 = \frac{(客房单位变动成本 + 客房单位预算成本) \times (1+加成率)}{1-增值税税率}$$

$$= \frac{(30+99.45) \times (1+5\%)}{1-6\%} 元 = 144.60 \approx 145 元$$

表 9-8 中小酒店成本构成占比

成本分类	成本构成	在收入中的占比	合计
固定成本	租金	10%~11%	约 31%
	装修折旧	9%~10%	
	人工费用	9%~10%	
变动成本	税收	6%	约 26%
	日常损耗	15%~20%	
合计		57%	

此处，客房单位预算成本是指 MK 酒店在年度出租率 80% 的情况下，在固定成本不追加且每年目标营收 100 万元的前提下的客房平均房价。

在求出 145 元的目标平均房价后，王小姐清楚地知道了自己要在三年内收回成本、每年有 100 万元营收，在平均出租率达到 80% 的情况下，MK 酒店的平均房价应控制在 145 元及以上。平均房价越高，投资回报周期就越短。

在确定了酒店目标平均房价后，应以此为参照标准，结合竞争对手的具体情况与酒店房型结构情况，对各个细分市场进行对标定价。酒店客房价格体系需确定两个重要环节。

1. 锁定竞争对手，差异确定各房型价格

对标竞争对手的价格情况，MK 酒店确定竞争性价格标准见表 9-9。

表 9-9 对标竞争对手的价格情况，MK 酒店确定竞争性价格标准　　（单位：元）

房型（占比）	A 酒店	B 酒店	MK 酒店	C 酒店	D 酒店	E 酒店
豪华套房（20%）	288	308	345	380	450	420
商务大床房（20%）	168	188	185	199	199	125
豪华大床房（30%）	158	168	175	180	199	120
豪华双床房（30%）	158	148	165	145	130	110

王小姐的思考方式如下：

1）竞争对手的双床房价格一般低于大床房，所以 MK 酒店的双床房价格也要低于大床房的价格。

2）相比其他酒店，MK 酒店最新，而且王小姐对 MK 酒店的细节服务标准很有信心，所以她认为自己的各个房型的价格，相比竞争对手不能过高，也不能过低。

3) MK 酒店房型价格与竞争对手的差异：①豪华双床房价格，高于竞争对手的双床房价格，但低于其大床房价格；②豪华大床房价格，居于五个竞争对手的中间，不过高，也不过低，保持适当的价格竞争力；③商务大床房价格，采用与豪华大床房相同的定价策略。

2. 房型对应细分市场，确定市场投放价格

酒店房型对应细分市场，价格见表 9-10。

表 9-10　酒店房型对应细分市场价格表　　　　　　　　　（单位：元）

房型（占比）	挂牌价	前台/OTA 价	会员价	协议单位价	团体包房价
豪华套房（20%）	688	345	288	298	420
商务大床房（20%）	368	185	165	168	125
豪华大床房（30%）	348	175	155	128	120
豪华双床房（30%）	328	165	145	118	110

MK 酒店基于周边市场资源环境，有良好的商务客户及前台自来散客资源，所以，王小姐对酒店的目标细分市场确定如下：前台自来散客、OTA、会员、协议单位、团体包房类（旅行社类）五个细分市场。

价格定位原则：

（1）挂牌价　挂牌价即酒店门市价。其他细分市场价格的折扣价以此为基础计算。

（2）前台/OTA 价　前台指自来散客，OTA 指网络渠道来的客人。这两个渠道的价格都具有临时变动的可能性，即具备变价的弹性。在常规情况下，酒店前台在售卖时应尽可能优先销售高价房。由于 OTA 渠道的价格具有公开、公示、透明的特性，因此酒店在临时变价时，要注意前台和 OTA 渠道同步变价。

（3）会员价　会员通常为储值类会员。酒店发展会员，是希望通过会员折扣价，提高客人的忠诚度，增加客人的消费频率，所以会员价通常低于酒店公开渠道的任何销售价格，但该价格属于保密价格。

（4）协议单位价　协议单位是公费消费，有一定的报销额度标准，价格只要在报销标准范围内即可。协议单位具有长期消费能力，是酒店稳定客户来源的重要细分市场。协议单位价通常要低于酒店公开销售渠道的价格，该价格属于保密价格。

酒店的协议单位价低于酒店会员价，主要考虑两个方面：第一个方面是会员系个人消费行为，协议单位是公司消费行为；第二个方面是协议单位相对于个人消费，其单次消费的房间数和收入贡献、年度收入贡献高于个人消费，所以价格可适当下调，以刺激更大的需求量，确保酒店价格政策对该类客户有持续的吸引力，避免协议单位客户流失，甚至流向竞争对手。

（5）团体包房价　团体消费一般指会议团队、旅行团队，其单次用房量大，所以价格比较低，一般用来突击提高酒店未来某个销售时期的出租率，为下一步收入提升（涨价）

做前期预订数量的保障。包房类指长住客人，入住时长一般为半个月以上，甚至一年，所以价格可以放低。

客房定价六大步骤总结如下：

1）推算成本：计算酒店年度固定成本及每销售一间房将产生的变动成本。

2）计算目标销售房价：通过公式，计算在目标收入预期及目标出租率情况下，酒店每间房应达到的平均价格。

3）市场调研：调研竞争对手各房型的价格，了解哪一种价格的市场销量较好，或哪个酒店的出租率较高，然后进行针对性或参考性的价格投放。

4）房型定价：根据调研情况，确定酒店各房型在市场上计划投放的价格。

5）细分市场定价：根据各房型计划投放的价格，对应到每一个细分市场进行定价，即每一个房型在每一个细分市场的价格应不同。

6）确定价差：每一个房型都应保持适当的价差，酒店各房型之间应保持合适的价差，避免两个房型之间价差过大，导致客户流失。一般建议房型之间的价差保持在 5%~10%，节假日等黄金周期间的价差可视情况适当增大。

案例二　淡季经营营销失败案例

某酒店有 100 间房，在每年三月份是淡季，出租率不到 30%，为了提高出租率，酒店推出了促销活动，在大堂布放了水牌公示，内容如下：

尊敬的客人：

您好，本酒店 3 月 10 日—4 月 15 日期间，隆重推出预订标准双床房均享受超低价 120 元/间的特惠活动。

您只需拿起您的手机，任意拍我们酒店三张照片，发布在您的朋友圈，告诉大家您在×××酒店，特惠房价只需 120 元。

活动执行期间，经常见到这样的情况：酒店的会员/协议客户，在前台办理入住时，发现特惠活动比自己的价格还要低 40 元，于是参与了 120 元/间的特惠活动。

前厅经理非常高兴，他很好地完成了"每天扩散 20 人"的目标。然而，酒店总经理自活动开展以来，心情一直不好，因为活动开展 15 天以来，收入、平均房价、单房收益都下降了，具体如下：

1）该酒店在去年同期（三月份）的经营情况：出租率为 27%，平均房价为 176 元，3 月 1 日—15 日的收入为 71 280 元，单房收益 47.52 元。

2）该酒店目前的经营情况：3 月 1 日—15 日，出租率为 35%，平均房价 104 元，收入为 54 600 元，单房收益 36.40 元。

3）同期对比：出租率上涨 8 个百分点，但是平均房价下降 72 元，收入减少 16 680 元，单房收益下降 11.12 元。

降价了，配套的宣传推广也做了，出租率也上来了，为什么收入反而下降了呢？

1. 酒店价格政策诊断

从表9-11可以看出，酒店目前120元的特惠价格，远远低于所有销售渠道/细分市场的价格。酒店的目的是通过高性价比的价格吸引更多客人来订房。

会员和协议/OTA客人享受低价后，又陆续开始投诉，认为自己并没有得到价格上的更多关照。随着投诉的增多，客人的不满开始累积，流失的可能性增加。

表9-11　酒店价格政策　　　　　　　　　　　　　　　（单位：元）

房型	门市价	前台价	会员价	协议/OTA价
标准双床	380	268	160	180

2. 定价没有区分细分市场

酒店做特惠活动的目的是通过低价获取更多新的市场流量，即为了更好地扩展客源。但是，这种不做任何限制的定价，反倒让原来一直愿意以160元价格入住的会员现在以120元价格入住。于是，很多会员以及协议单位的客人，都不再用原来的高价入住，都享受了120元的特惠价格，这导致酒店的平均房价下降，收入也下降了。

3. 最好卖的房子，用了最低的价格

该酒店的标准双床房共有30间，属于相对好卖的房型。要注意的是，无论是在淡季还是在旺季，畅销的房型永远是畅销的，不好卖的房间永远是不好卖的。比如酒店的套房，永远是最难卖的。

案例酒店出现的问题，是对最好卖的房子进行了大幅度降价，以为可以带来更多新的预订。尴尬的是，最好卖的房型用最低的价格卖出去了，剩下的都是不好卖的房型，而且价格都比这个高，客人接受度会更差。

4. 房型没有实施动态定价

从收益管理角度看，每一个房型对应一个细分市场，也对应一个销售渠道，不同细分市场的价格不同，不同销售渠道的价格也不同。同样，不同的细分市场对房型的需求量也不同，不同的销售渠道对某个房型的预订进度也不一样。酒店应该根据某房型在不同销售渠道的预订进度，执行动态房价。例如：今天的双床房，有今天的预订，也有昨天的预订，还有前天甚至更早时间的预订，如果每一天都以同样的价格接受预订，必然导致这个房型很快被订完——因为畅销的房型永远是畅销的。

假设在今天早上9点，酒店发现双床房以120元的优惠价格已经被预订了20间，那么今天只有10间双床房可以销售了，酒店就应该考虑将双床房房型的价格提高20元或者恢复到原价进行售卖。但这样就出现了一个问题，因为促销活动政策里说明，只要客人分享三张酒店照片到朋友圈，就可以享受120元/间的价格。如果涨价，客人肯定会投诉。那么，从这个问题中就可以看出，酒店在制定营销政策的时候，缺乏收益思维，不懂得如何控制销售进度，不懂得如何进行容量控制。

所以，这个促销活动政策是有缺陷的，至少应该增加一条提示：本特价房为限量供应。但这样一来，又会出现一个新问题：既然特价房是限量供应的，为什么以160元订双床房时，酒店就有房间了呢？这不是欺诈吗？这就涉及产品设计策略的问题了。

5. 产品设计问题

假设酒店依然要用标准双床房（共30间）来做这个促销活动。在推出120元/间低价时，应该对这个房型进行细分。比如，给这个房型另取一个参与活动的名字，叫特惠双床房。具体设计如下：

（1）特惠双床房　每天供应房间数20间，特惠价为120元。每天卖够20间，该房型就满房，停止用这个价格接受预订，即当天的特惠活动结束。

（2）标准双床房　原名称不变，每天供应10间房，会员价为160元，其他细分市场价格维持原价。

这样就可以让一个房型既卖120元的特价，也能卖160元的高价。差别仅在于酒店目前的预订量是否达到了预期。

6. 升级引流问题

这个时候，肯定会有人说，酒店推出促销活动的目的，就是提高出租率，即使把30间双床房都卖出去，出租率也只有30%，并没有达到酒店的预期。酒店应这样看这个问题：引流房的设定是为了吸引更多的流量。如果促销活动的价格政策引流效果好，即使这个双床房的房型满房了，也可以继续售卖，把客人升级到下一级房型，如豪华双床房。

常见的升级策略有如下几种：

1）如果客人接受豪华双床房的价格，推荐客人加房费（补差价）升级。

2）如果客人不接受豪华双床房价格，可以用标准双床房价格免费升级。

3）刺激客人接受豪华双床房的价格，可以增加一些附加值，比如可以延迟退房到下午4点，可以赠送早餐，赠送下次入住时可以使用的代金券等。

4）淡季是出租率较低时期，通过低价引流，在一定要把客人留下的前提下，尽量通过增加其他附加值的方式，让客人可以更好地接受相对较高的价格。酒店可以努力实现低价引流，以提高出租率，并通过附加值提price来增加酒店收入。

综上所述，淡季营销政策的制定，是酒店开展收益管理的重要组成部分，酒店一定要认真把握好收益管理的五个要素：在合适的时间，把合适的产品，以合适的价格，通过合适的渠道，销售给合适的客人。

> **延伸阅读**

迪士尼的培训效果

在迪士尼，员工被称为"演职人员"，培训新演职人员从学习企业文化开始。迪士尼创办了世界上第一所公司大学——迪士尼大学，负责给新演职人员培训的老师是迪士尼的优秀员工。

（1）迪士尼宗旨　迪士尼的宗旨是："我们创造快乐，为全世界所有年龄段的人们呈现最好的娱乐体验。"迪士尼通过培训把这个宗旨深入员工的行为和思想，从而使每一位员工在迪士尼工作都有兴奋感和自豪感。创造快乐的主体是员工，每一位员工都有自己的特质与独特的才能，都能为迪士尼团队贡献自己的力量。迪士尼通过对员工的赞美，潜在地激发出员工想要为迪士尼贡献出自己的力量的意识。

（2）迪士尼成功的四大关键要素　迪士尼把服务视为重要的企业文化，其企业文化是十分重要的一个方面。迪士尼的企业文化可总结为"SCSE"，即安全、礼仪、表演、效率。第一，安全即保护每位游客、演职人员及幻想工程师免受伤害，每个人均有责任一直创造并维护安全的环境。第二，礼仪是提供卓越服务的要诀。在迪士尼，礼仪是指提供亲切、体贴的服务，使每位游客都感受到自己是受人尊重的独立个体。第三，表演即保证演出充满神奇，每一场成功的演出都仰仗于每位员工的努力。在迪士尼，为游客创造奇妙体验的，就是台前幕后的演职人员和幻想工程师们。第四，效率即在满足以上三项准则的前提下保证工作具有高效率，效率使员工可以不断为游客呈现更好的服务和体验，通过在不同工作地点实行有效快捷的措施，减低成本、缩短游客等候时间，使游客感到愉快。

1. 迪士尼旅程培训

这一培训的重点在于让新员工通过实地考察熟悉迪士尼的文化，尽快进入工作角色。培训老师带领新员工到各个园区进行实地考察，参与各项娱乐活动，使他们尽快熟悉度假区环境、度假区构建、度假区旅游线路，了解度假区文化及自己的工作职责，从而能够做好自己的本职工作，在之后的工作中提高工作效率，推动度假区经营目标的实现，为度假区创造无限价值。

2. 迪士尼岗位培训

迪士尼派遣优秀员工给新员工讲解其本职工作内容，以及注意事项、紧急事件应对、游客满意服务。使新员工对自己的工作有更加深入的了解，明确自己的工作职责。由优秀员工带领新员工到度假区的相应岗位，对新员工所要操作的机械进行一一指导，实战演练，最后进行考核。岗位培训可以提高新员工胜任工作的能力，从而提高企业的运营效率。

如何做好酒店财务管理工作

以前说到酒店财务，大家就会想到记账、算账；说到酒店财务管理，大家会认为那是计财部的事，与其他部门没关系。而现代酒店财务管理已成为酒店经营管理的核心，任何一个部门、任何一个人都和财务管理发生着关系，涉及酒店资金流向的每一个环节，从采购、加工、销售、资金回笼再到采购，都渗透着财务管理。酒店资金的循环过程称作酒店供应链体系，供应链体系是否高效、有序运转，决定酒店财务管理目标的实现。

目前，酒店行业的财务机构一般根据酒店规模、等级和内部管理的需要而设置，没有固定的、一成不变的模式。大部分酒店财务管理共由五部分组成，即会计核算、审计、收银、采购和供应（仓库）。财务总监直接分管财务部以及采购、供应；财务部则是由总经理直接领导的一个重要部门，财务部的机构设置决定了财务部的特殊地位。从实践中，财务机构设置的优势体现在以下六方面：

其一，可以建立相应的职能机构和组织体系，以协调管理人员的日常工作。

建立相应的职能机构和组织体系，有利于节约和调动人力、物力、财力；统一控制和调动，加速资金周转，保证会计核算工作顺利进行，充分发挥财务与会计的"反映和监督"的职能。使酒店财务管理工作的各个环节能环环相扣，做到以经济主体运行的有序性来应对市场经济环境的非确定性。财务部设置成本控制部及成本经理（中小规模），直属财务经理或财务总监管理。这种设置对于整个酒店成本的控制、毛利率的调整、成本的核算、合理库存量的调整等，能起到决定性作用。成本经理管辖食品控制员、饮料控制员、烟酒控制员、物料用品控制员，使他们对自己分管的项目各司其职，各负其责，形成层层把关，有利于酒店总成本的控制。成本控制部的工作范围就是成本核算，尤其是餐饮成本核算（一般酒店均配置2~3名工作人员）。按惯例，餐饮部各餐厅菜单上的每一道菜肴，都必须有一份标准的成本核算单，这是一项工作量巨大又十分烦琐细致的工作（又称菜单工程），每一份菜肴的所有原料、辅助配料的分量、单价都必须一一核算并记录在案。这项工作就是由成本控制部与厨师共同完成的，完成后的"标准菜单配方"是各个餐厅厨师日常操作的样板和"圣经"，主要菜单经过试制整盘，还要拍照立样，形成菜单资料库。成本控制部要据此进行成本核算和控制，发现有不正常的成本信号时，则有向厨师长提出预警的职责。有了成本控制部的合作，餐饮部可以在每个月心中有数地完成部门的目标利润。试想一下，如果没有成本控制，餐饮部工作就会缺乏理性指导而只能"跟着感觉走"。

其二，采购部与仓库直属财务部。

采购部与仓库直属财务部，便于酒店了解商业、市场行情，降低经营成本，防止滥用资金和积压物资。其优点是：

1）有利于酒店采购成本的控制。酒店采购价格的确定，直接影响成本的水平。国际酒店对采购成本的确定一般是由采购部与财务部共同派员调查确认，对任何一个"采购申请单"都要充分调查，实行货比三家，最后由财务总监决定。对食品原料货物的采购，由于其价格随季节变化频繁，因此一定要由餐饮部、成本控制部、采购部共同派员进行市场调查，根据调查结果扣除一定的批零差价，最后确定采购价。采购价格不会由采购部和供应商说了算。

2) 有利于调控成本率。餐饮部成本率水平以及如何变化与采购部进货价关系密切，如果餐饮成本率出现异常，财务部门就可以立即采取行动，降低采购品种和质量，从而调整到适当的价格和成本率。

3) 采购部直属财务部除了有利于财务部了解价格行情、及时监控并降低成本外，还有利于避免部门分散、互相扯皮等情况的发生。

其三，设置专职的日审与夜审。

对收入的确定是国际酒店十分重要的工作，为了保证收入准确、及时，国际酒店专门设置了日间稽核员（日审）和夜间稽核员（夜审）。由收款员到夜审、日审核对收入，层层审查、层层把关，确保酒店的收入不受损失，也保证了客户应收账款的及时回收。餐厅收款员下班后，他们负责的收款机要由夜班核数员去清机，因为清机号码和钥匙由夜班的专人掌握，清机的同时打印出当班收入报告及收款员的值班报告；日审将餐厅送来的菜单订单与报表进行核对，从管理制度上保证了收入的准确无误。夜班审核专门在晚上22：00点到次日早上6：00点进行，主要负责审核各营业点交来的收款报告和账单，做销售总结报告，并与前厅接待报告核对，当天的收入报告在第二天早上8：30前报给财务总监。通过夜审、日审工作，保证收入的及时入账、结账，不易跑账、漏账，十分科学。曾经听说，某酒店新来了一位不熟悉业务的总经理，他曾经怀疑收款主管存在收款不入账的问题，因此下令进行核查。一查才知道，严格的内部稽核制度，经过日审、夜审的工作，根本不可能存在主管收入不入账的问题。

其四，餐厅和其他收银由财务部管理。

收银员不直接同客人接触。通过服务员的媒介，避免在收银员、客人、服务员之间出现漏洞和差错，同时也便于互相监督和控制餐饮成本和营收。

其五，总出纳集中管理酒店资金的统收统支。

国际酒店对现金流量的控制与管理十分重视，"现金是金"的理念深入人心。内部控制程序严谨又十分清晰。财务部对库存现金（含银行存款）要求必须每日盘点，并向财务总监提交"每日现金流量表"。现金的盘点人是由日审（稽核）担任的，目的是保证库存现金的安全和合理使用。按规定，每月财务部必须按期编制现金流量计划与供应商付款计划，并向总经理报告付款情况，以保证现金按规定计划流动，确保酒店的正常运营。酒店对现金的支付程序的要求也十分严格，每一笔现金支付都要经过部门经理、主管领导、财务经理、财务总监和总经理的审签同意。对总经理的开支，财务总监审批后还要报上级主管审批。缺任何一项签章，现金都不能支付出去。各行政与营业部门均无权对外直接采购物品，都必须通过"采购申请单"这一个渠道，按规定逐级批准后，由采购部集中办理采购业务，经财务部验货、业务使用部门收货后，此笔采购费用方可支出。传统酒店对现金流量的管理重视程度不够，不能说没有计划性，但毕竟线条较粗，更不可能做到天天盘点，天天编制现金流量表。传统酒店中，一些部门对本部门使用的物品，在本部门申请资金后立即就可指派采购或者由本部门员工去购买,在总经理签字后即可到财务部报销支款,中途甚至不必验收。

其六,通过健全酒店财务管理制度,实现对营业收入的控制。

控制是管理的基本职能之一,酒店营业收入控制是酒店内部财务管理的重要部分。由于营业收入控制环节中涉及岗位很多,包括酒店服务员、收银员、房务中心、厨房、酒吧、前台、稽核员等多个岗位,因此要想做好酒店营业收入控制,必须明确各岗位权限且协调统一,只有这样才能达到良好控制效果。酒店空间广、人员流动性大、客人类别和层次不一(有当地客人、团体客人、住店客人和非住店客人之分),控制难度非常高。另外,酒店必须树立"以人为本"的成本控制理念。人是管理与经营的根基和土壤。成本控制和实施的主体是酒店全体员工,仅靠财会人员或成本控制人员是不够的,必须靠全体员工积极参与,才能做好成本控制工作。"以人为本"的成本控制观念,就是充分认识人的价值,挖掘人的潜力,激发人的活力,有效地提高人的素质,并使其得到最优的结合和积极性的最大限度发挥。酒店员工最熟悉酒店经营程序、服务规程和经营工作中的一切物料消耗及费用开支情况,也最有办法控制成本,他们的参与可以实现事事有人控制,处处有人把关,随时找差距,随时做调节,能够大大提高成本控制的效果。酒店应充分发挥员工的潜能,激发员工控制好成本的自觉性。

总之,传统的酒店财务管理一般侧重于核算管理,而忽视了调控管理。例如,有的财务经理或财务总监常常是总经理签字同意的就全力办理,从不考虑正确与否。一个人的能力有限,不可能每个决策都正确,必须有相关部门当好参谋,提供领导决策的依据;所以一张采购单,必须先经过部门经理、财务总监审核签字后,总经理才能最后签发。各环节缺一不可,否则决策中就容易有失误发生。酒店应强调财务管理工作的重点不仅是会计的核算,还有财务的控制。要对食品、物品的采购价进行严格控制,财务总监要经常做市场调研,而且没有财务总监的批准不准随意采购。

现代意义上的财务总监是企业重要的战略决策的制定者和执行者之一,是金融市场和价值管理之间的不可或缺的角色。随着全球经济一体化进程的深入,传统的财务管理知识已远远不能适应现代企业的需要。当今的财务管理人员及企业管理者,不仅要遵循某些传统的原则,还必须了解瞬息万变的资本市场及财务管理发展趋势,要掌握最新的策略与技术,以便高效地完成工作,给企业所有者和股东们提供强有力的利益保障与支持!

思考与习题

1. 酒店财务管理的特点有哪些?

2. 某酒店拥有房间250间,每天分摊固定费用15 000元,客房出租房价为150元,单位变动费用为30元,客房部要求实现利润15万元。请计算月保本销售量、月保本销售额、月保本出租率、目标销售量、目标销售额、目标出租率。

3. 评价酒店发展能力的指标有哪些?

第十章 酒店信息与安全管理

学习目标

理解酒店信息的含义。

理解酒店管理信息系统的概念。

理解并掌握酒店管理信息系统的特征、作用和应用类型。

理解酒店决策与酒店决策支持系统的概念。

熟悉酒店决策支持系统的功能。

理解酒店安全管理的定义与特点。

掌握酒店安全管理工作。

重点

酒店管理信息系统的特征、作用和应用类型。

酒店决策支持系统的功能。

酒店安全管理工作。

难点

酒店管理信息系统的应用类型。

酒店安全管理工作。

导入案例

让智慧酒店信息化触"网"可及

随着酒店市场主体更新迭代,"90后""00后"的消费习惯成为市场风向标。他们依赖互联网,喜欢使用互联网手段办理酒店入住、支付、吃饭、购物等一站式服务。这使得传统酒店竞争中的酒店装潢、客房数量、房间设施等质量竞争和价格竞争退居二线,互联网功能的较量相应地行至台前。这种变化形成的风口，也让以前无法同星级酒店竞争的中小酒店，有了获取市场话语权的机会。与此同时，拥有完善智能化体系的智慧酒店悄然兴起，发展迅猛，大有将传统酒店取而代之之势。

智慧酒店是什么？比传统酒店强大在哪里？简单来说，智慧酒店是指拥有一套完善的智能化体系的酒店，其服务可通过数字化与网络化实现一键操控，简化了各环节流程。因此，智慧酒店相较于传统酒店，拥有更多的降本增收空间。而支撑这一优势的信息化系统，则成为酒店智慧化建设的重头。

以信息化为着力点，把传统酒店与现代信息化管理有机结合，通过降人力、提服务实现降本增收。降本，即降低人力成本、能耗成本，提升酒店运维效率。增收，即以互联网运营能力升级产品和服务，打造一张更大的酒店生态网，实现跨界营收；而由科技力量支撑的高阶人性化服务，所带来的入住体验提升，则能帮助酒店吸引更多新顾客，增加"回头客"，以维持较高的入住率。

第一节　酒店信息管理

一、信息的定义

关于信息，至今还没有一个各方都认可的定义。但学者们从不同角度给出了一些关于信息的描述。例如：从获取的角度来看，信息就是经过加工的数据；从经济的角度来看，信息就是有价值的数据；从使用的角度来看，信息则是指能对接收者产生实际影响的数据。

从管理学的角度来理解信息，信息就是经过加工处理，具有一定含义，能够反映客观事物运动变化的，可以被人们所接收和理解的，对人们的行为决策有重要价值或者潜在价值的各种数据资料。信息既是人们管理的对象，又是各项管理活动的基础。这些管理活动的结果又表现为大量的信息资料，这些信息资料同时也是人们从事各项决策和管理活动的依据和基础。

二、信息的特征

通过对信息概念的分析和表述，可以总结出信息具有以下一些基本特征：

1. 真实性

信息的真实性是信息最重要的属性，主要是指信息的内容应真实反映客观事物。如果信息失真，不但没有任何价值，还可能会带来危害。因此，对于管理信息系统来说，收集真实的信息、把控数据的准确性是一切工作的起点。

2. 时效性

信息的时效性是指信息在被发送之后，接收、传递、加工到使用的时间和信息的使用价值之间的比例关系，这种比例关系在大多数情况下表现为一种正比例关系，即信息发送和利用的时间越早，信息的价值就越大；反之，就越小。

3. 可压缩性

信息的可压缩性指的是信息在被加工的过程中，经过合理的压缩后，仍保留其原本的性质和价值。酒店可以利用信息的可压缩性，对所获取的信息进行合理的加工、提炼与分析，提高信息的含金量，使信息从较低的级别上升到较高的级别，即实现信息的升值。

4. 等级性

信息的等级性有两个方面的含义：一方面，信息可以根据价值的大小而进行分级；另一方面，可以根据信息的作用，把信息分成战略级、策略级和执行级。战略级的信息可能会对酒店的长远利益产生作用；策略级的信息可能对酒店当前利益产生作用；而执行级的信息则将对酒店的局部利益产生作用。

5. 传输性

信息的传输性指的是信息是可以向外扩散和传播的，特别是在互联网时代的今天，信息的传输速度往往非常快。信息的传输性包括了空间传输和时间传输两个方面：空间传输是指信息可以实现不同地域之间的信息传递；时间传输是指可以实现检索历史信息的功能，以发挥历史信息的作用。

6. 共享性

信息的共享性指的是信息可以同时被千千万万人使用。信息是一种无形的资源，其共享性可以实现信息在时间和空间上的有效利用，可以提高酒店的工作效率，节约酒店的生产成本。但与此同时，信息的共享性也会给酒店信息安全带来一定的隐患，酒店信息存在被复制和被盗取的风险。

7. 不完全性

信息的不完全性，主要指的是许多客观事实相关信息难以一次性就全部获取，这与酒店相关人员认识事物的程度有着直接关系。很多时候，人们无法收集一个事物的全部信息，只能根据实际情况，正确地取舍信息，分析信息，从而更好地使用信息。

8. 价值不定性

任何信息都有其特有的价值，但信息的价值并不是统一的、一成不变的。一方面，信息的价值会随着信息需求的不同而发生变化；另一方面，信息的价值会随着时间的推移而发生变化。信息的价值可能会提升，也可能会降低。这就要求酒店决策者根据实际情况，准确地把握信息的最佳使用时机。

第二节　酒店管理信息系统

一、管理信息系统的概念

如今，在激烈的市场竞争中，管理信息系统是各个企业在经营管理中的重要投入。酒店的管理者和决策者需懂得如何把信息看作有价值的资源，重视信息在当今社会中的主导作用，并认识建立管理信息系统的重要性。建立酒店管理信息系统，是酒店决策部门和经营管理部门的客观需要，也是现代酒店的一种基础性建设。

管理信息系统的概念，是随着人们对其的认识不断提高和完善的，也是随着社会信息化的深入而不断拓展和深化的。

20世纪60年代，美国经营管理协会及其事业部首次提出了建立管理信息系统的设想，也就是通过建立一个行之有效的信息系统，使得各级管理部门都能了解本企业所有相关的经营活动，为各级管理者和决策者提供所需要的信息。然而，受到当时的硬件水平、软件水平以及落后的开发方法的限制，管理信息系统并没有取得明显的效果。

20世纪70年代之后，科学技术的发展尤其是计算机等信息技术的突飞猛进，以及经济管理理论模型得到了一定的实际应用，使得管理信息系统在信息系统的基础上得到了很大的发展，逐步形成了管理信息系统学科体系。"管理信息系统"一词最早起源于1970年。1970年，Walter T. Kennevan给刚刚出现的"管理信息系统"一词下了定义："以口头或书面形式，在合适的时间向经理、职员以及外界人员提供过去的、现在的、预测未来的有关企业内部及其环境的信息，以帮助他们进行决策。"很明显，这个定义是出自管理学理论的，而不是出自计算机的。它没有强调一定要用计算机，强调的是使用信息支持决策，也没有强调应用模型。

到了20世纪80年代以后，随着各种技术尤其是信息技术的飞速发展，管理信息系统也得到了同步发展，管理信息系统的概念逐步得到了充实和完善。1985年，管理信息系统的创始人，明尼苏达大学的管理学教授Gordon B. Davis给了管理信息系统一个较完整的定义，即"管理信息系统是一个利用计算机软硬件资源，手工作业、分析、计划、控制和决策模型以及数据库的人机系统。它能提供信息支持企业或组织的运行管理和决策功能"。这个定义全面地说明了管理信息系统的目标、功能和组成，并且反映了管理信息系统当时已达到的水平。这个定义还说明了管理信息系统的目标是在高、中、低三个层次，即在决策层、管理层和运行层上支持管理活动。

"管理信息系统"一词在我国最早出现于20世纪70年代末80年代初，根据我国对其的应用特点，许多从事管理信息系统工作的我国学者也给管理信息系统下了定义，其中最具有代表性的定义是：管理信息系统不仅是一个能向管理者提供帮助的基于计算机的人机系统，而且是一个社会技术系统。这个定义说明管理信息系统的应用不仅依赖于信息技术本身，还依赖于组织中的人和外部环境。这是对管理信息系统的社会技术属性的充分认识和肯定。

从以上对管理信息系统定义的分析中，我们可以发现：管理信息系统是基于信息技术的人机系统，也是需要综合考虑系统环境的社会技术系统；管理信息系统提供的信息能够支持企业或组织的运行管理和决策功能。了解了管理信息系统的各种概念后，我们可以重新描述和总结管理信息系统的定义：管理信息系统是以人为主导，充分利用计算机软硬件系统、网络通信等技术，对信息进行收集、传输、加工、存储、更新和维护，支持组织的高层决策、中层管理、基层运作，从而提高组织的管理效率、创造核心竞争优势的人机系统。管理信息系统具体包括以下部分：

（1）人机系统　管理信息系统是一个人机系统，并且是以人为主导的。

（2）提供支撑　管理信息系统能够从基层业务、中层管理、高层决策三个层次支持组织管理。

（3）系统功能　管理信息系统的功能包括信息的收集、传输、加工、存储、更新和维护。

（4）系统组成　管理信息系统由人、计算机软硬件系统、数据及其存储介质、通信网络、办公设备、规章制度等组成。

二、管理信息系统的作用

管理信息系统是现代企业在经营和管理中不可或缺的技术系统，它不但能促进企业的科学化管理，也能使企业组织扁平化，更可以促进企业流程的再造，创造企业的竞争优势，支持企业组织的战略执行和实现。

（一）促进组织科学管理

企业在经营和管理中，可以通过运用管理信息系统的信息通信、移动互联网等先进技术，结合其他学科和领域的先进理念，使用定量分析的科学管理方法，通过预测、计划、分析、优化、管理、调节和控制等手段进行管理决策。运用管理信息系统可以避免管理者和决策者凭借个人经验和直觉进行判断和决策的弊端，同时也避免了空谈管理学做决策所带来的盲目性和不必要的损失，从而提高了企业管理、决策和运行的效率，提升了企业的管理效率和各种效益。

（二）促进组织机构扁平化

传统企业的组织结构多采用"金字塔"式的、纵向的、多层次的集中管理。这样容易造成信息传输速度慢、传输过程容易失真、管理效率低下等问题。管理信息系统的引进，可以改变企业的组织结构，促进企业组织结构向"扁平化"方向发展。在扁平化的组织机构中，管理层级简化，信息流动顺畅，组织内部信息交流的成本得以降低，企业向无边界网络化组织迈进。

（三）有利于业务流程再造

管理信息系统是一个"人机社会系统"，所以企业内部的业务、管理流程必须与管理信息系统的流程相适应。在构建管理信息系统初期，企业必须充分考虑组织内部的业务流程的优化，这样可以逐步实现组织内部的业务流程再造。近年来，随着互联网技术和电子商务的发展，管理信息系统已突破原有的界限，成为组织内部业务流程和组织外部商务流程集成的平台，也就是跨组织的信息交流平台。在这种业务流程下，管理信息系统不仅能有效地改造组织中过时、僵化的业务流程，提高组织内部流程的效率，同时也能提高企业组织与外部交易过程的效率，一举两得。

（四）支持组织战略执行和实现

企业的竞争优势是在企业开展各种活动的过程中展现的。企业通过各种生产、经营和管理活动，为顾客创造价值。然而，企业所创造的价值，通常是以顾客愿意支付企业产品或服务的总和来进行评估的。企业是否盈利就要看它所创造的最终价值能否超过本身业务的总成本。要在激烈的竞争中赢得优势，企业就必须向顾客提供更具有竞争力的价值。那么，如何实现更具有竞争力的价值呢？企业可以通过比竞争对手更高的效率，或以独特的方式创造更高的顾客价值、以合适的产品价格来取得竞争优势。通过管理信息系统，企业可以实际检测内部各种活动过程的运行情况，利用过去的数据预测未来，从全局出发辅助经营决策，制定战略，并利用信息指导企业行为，帮助企业实现发展目标。

三、酒店管理信息系统的概念

酒店管理信息系统是信息系统在酒店行业的具体应用，是管理信息系统的一个重要分支。国内学者和业界对"酒店管理信息系统"一词有很多类似的称呼，主要有酒店信息系统、酒店信息管理系统、酒店计算机管理信息系统、酒店计算机管理软件、酒店综合管理信息系统等。这些称呼在一定程度上反映了人们对酒店管理信息系统的理解，也反映了信息系统在酒店业应用的变化过程。

我们可以借鉴前面对管理信息系统的定义，实现对酒店管理信息系统的概念界定。酒店管理信息系统是由人、计算机、网络等组成的能够对酒店信息进行收集、传输、加工、存储、使用和维护，并以人为主导，为酒店经营、管理和决策服务的人机系统。它能实时反映酒店经营的各种情况，预测酒店经营的未来，帮助酒店实现经营目标。对于该定义，我们需要理解以下几个方面的内容。

（一）酒店管理信息系统是一个信息处理系统

酒店管理信息系统是一个信息处理系统，这主要是从技术层面来理解酒店管理信息系统的最基本含义，也就是酒店管理信息系统可以收集、传输、加工、存储、使用和维护酒店的信息，这是酒店管理信息系统应用的较低层次，属于初级应用。酒店可以通过构建分析型的软件、硬件和其网络应用系统，来实现酒店经营与管理方面的信息反馈，并通过该系统，衍生出新的信息，以辅助酒店经营管理者进行决策，实现信息系统的中级和高级应用。目前，我国大部分酒店对管理信息系统的应用也仅停留在初级应用层面。

（二）酒店管理信息系统是一个经营管理系统

酒店管理信息系统是一个经营管理系统，这是从应用角度来理解的定义。人们开发并使用酒店管理信息系统，主要是为了解决酒店的经营和管理问题，如办理入住登记、退房结账、房态查询、客史档案管理等。酒店行业的服务对象是"人"，属于"信息密集型"行业。为了能够了解和满足客人的需求，酒店服务与管理人员需要获得大量的信息，包括客人的习惯和喜好、酒店实时的客房状态、食品库存状态、酒店的出租率和预订情况等。酒店管理信息系统的使用，可以为酒店的常规经营提供技术手段，使员工从烦琐的工作中解脱出来，提升工作效率和管理效率。同时，酒店管理信息系统也可以将经营情况数据化，有效地为管理者和决策者提供有价值的信息，作为管理和决策的参考依据，帮助酒店提升经营和管理的竞争优势。

（三）酒店管理信息系统是一个人机系统

不少人误认为酒店管理信息系统是一个纯技术系统。然而，酒店管理信息系统不仅是一个技术系统，还是一个人机系统，并且是以人为主导的人机系统。人机系统是指由人和机器组成，并依赖于人和机器的相互作用才能完成一定业务功能的系统。人机系统的研究开始于第二次世界大战期间，在设计和使用高度复杂的军事装备时，人们逐步认识到必须把人和机器作为一个整体去考虑，系统设计和使用必须考虑人的因素，只有这样才能使系统可靠、高效地发挥作用。由于酒店管理信息系统涉及管理科学、系统理论、计算机科学和信息学科等多个领域，是一门交叉性非常强的边缘性新兴学科，因此如果仅将其限制为技术系统，那么它是很难发挥理想的作用的。必须充分考虑经常与酒店管理信息系统接触的"人"，包括系统各个层面的使用者、系统的开发者、维护者等因素，这样的酒店管理信息系统才能真正可靠且高效。机器是"死"的，人是"活"的，所以酒店管理信息系统除了考虑系统本身，还需要考虑人、人所在的组织、人所在的社会环境。

四、酒店管理信息系统的特征

酒店管理信息系统是一个综合性的应用系统，酒店又是一个服务性很强的行业，尤其需要服务的敏捷性和灵活性，因此需要了解酒店管理信息系统的一些特征。

（一）信息更新快

酒店管理信息系统必须能够反映酒店当前的经营状况和变化趋势，包括最新的客房预订率、客房入住率、客房营业额、餐厅营业额、宴会销售情况、各部门物料库存情况等。这是管理者能够根据酒店的现状正确地制定决策的基本要求和基本保障。信息的实时性特征要求酒店管理信息系统的信息更新要快，否则不能很好地让管理者做出正确的决策。

（二）信息种类繁多、数量庞大、处理复杂

酒店在经营和管理的过程中，除了需要掌握员工的信息、设施设备的信息、销售信息、财务信息、服务与产品信息外，还需要掌握客人的消费信息、客人的偏好、客人的满意度、客源市场的构成信息、客人的消费趋向信息以及当地的旅游服务信息等。酒店要求酒店管理系统的信息，不仅要能够反映当下的状况，还要记录了过去的状况以及信息的变化过程。因此，酒店管理信息系统具有信息种类繁多、数量庞大、处理复杂的特征。

（三）开放型系统

酒店的业务涉及旅行社、景区或度假区以及合作企业等，是全天候开放的，因此酒店管理信息系统属于开放型系统。在酒店管理信息系统中，每天都输入源源不断的各种信息，这些信息经过加工后，产生不同类型的输出。另外，酒店管理信息系统也开放了各种信息资源的使用权限。酒店根据自身的需要和实际情况，对酒店管理信息系统灵活地设置不同的功能权限。不同的员工在使用酒店管理信息系统的过程中，会根据不同级别、不同权限，而看到不同的操作功能栏目，并且获得不同的使用功能。

（四）综合协调性

客人在酒店消费期间，酒店的对客服务工作不是光靠一个部门就可以实现的，还需要酒店各部门之间的协调，需要酒店与其他企业之间的协调。酒店内部的部门与部门之间、员工与员工之间、员工与部门之间，酒店与旅行社、景区之间的工作需要协调一致，保证酒店向住店客人提供优质服务。酒店管理信息系统必须具备能够反映酒店各部门之间协调工作的功能。例如，销售部门必须将当天及未来一段时间预计要到达酒店的预订客人和团队客人及时地通知各接待部门，如前厅部、餐饮部、宴会部、客房部等，以便让各部门做好接待客人的准备工作。客房服务员在清洁房间的过程中，如果发现房内设施、设备不能正常运作，要应及时报告客房服务中心，以便通知工程部前来维修，并及时修改房间状态。

五、酒店管理信息系统的作用

酒店管理信息系统在酒店经营与管理的过程中，可以提高工作效率、提升顾客体验、改

变酒店的商业模式、驱动酒店的服务创新、创造酒店的竞争优势等。

（一）提高工作效率

通过使用酒店管理信息系统，可大大提高酒店的业务运作速度和准确性。前台接待员无须手工填写客人资料，可将客人资料直接输入计算机系统，再打印出入住登记表和预付金收款单，简化入住登记手续，缩短客人等待时间；酒店管理信息系统的夜间稽核所产生的报表功能完备，为管理层提供决策数据，彻底结束手工报表的历史；计算机资料的正确保持避免了抄写客人名单的低效工作；电话费自动计费、电话开关程序控制、叫醒服务设置等，使话务员从烦琐的话务台管理中解放出来；多样化的房态显示，可以为相关部门提供详尽、清晰的房间使用信息，方便员工快速查询可售房信息等。

（二）提升顾客体验

如果每位光临酒店的顾客在入住、就餐、会议、娱乐期间，都能够拥有非常好的消费体验，那么这样的酒店将在市场竞争中立于不败之地。酒店管理信息系统处理信息的速度很快，可以大大缩短客人入住、退房结账的等候时间，提高对客服务质量、提升顾客体验。在顾客决定预订酒店服务和产品的过程中，酒店可以通过信息技术提供实时预订服务，第一时间为顾客提供高效、准确及互动的订房或订餐服务。酒店管理信息系统的"客史档案"功能，可以自动识别回头客，对黑名单客人会自动报警，VIP客人也能够立即识别。另外，酒店管理信息系统中，详细记录了每一位客人的住宿信息和特殊要求，方便酒店根据客人的个人习惯提供个性化服务。众多成功的酒店都非常重视客史档案，通过对顾客的统计分析改变酒店的经营策略，通过个性化服务满足顾客的特殊要求，提升顾客的体验感，成功地保留了固定客户群，也不断吸引新的客户加入，最终形成了自己的市场定位，在市场竞争中立于不败之地。

移动端沟通成时尚

基于客人从计算机端移向移动端的消费习惯的变化，香格里拉、四季等国际品牌酒店集团都致力于在移动端"精耕细作"，通过智能手机上的软件搭建与客人的便捷沟通平台。

香格里拉酒店集团近期宣布推出全新升级版的手机应用程序。该程序的主要功能是根据顾客意见调查结果而设计的，包括轻松便捷的客房预订、手机办理入住/退房手续、"贵宾金环会"账户管理和奖励兑换。较之前的应用程序，全新升级版手机应用程序界面更为简单易用，新增了企业客户价格预订版块、可按名称或目的地搜寻酒店、附实时地图和目的地信息、可通过"一键通"即时联络香格里拉酒店的当地订房中心等功能。四季酒店集团也已上线了最新的移动端聊天功能，客人拿起手机就可以像和亲朋好友聊天一般，以短消息来往的形式与酒店工作人员保持实时沟通联络。目前通过四季酒店官方App、Face-book Messenger聊天应用、微信和短信的任何一种方式，客人就可以咨询酒店信息、告知入住需求喜好、管理餐饮娱乐预订、呼叫客房服务、进行离店后沟通联络等。四季酒店官方App

还能针对包含中文在内的100多种语言进行实时互译，解决沟通中的障碍。

来源：《中国旅游报》，陈静。

（三）改变酒店的商业模式

信息技术的出现，彻底改变了酒店与酒店之间、酒店与消费者之间的沟通模式，进而改变了商业模式。传统的酒店企业扩张，需要大量熟悉酒店管理模式的管理人员。但是，利用酒店信息管理系统可以快速复制酒店的营销模式和管理模式。酒店管理信息系统的流程设计，可以很快为新的酒店所利用，并且所产生的经营数据和统计数据也采用了相同标准，有利于酒店的快速扩展。如开元旅业集团，就是利用集成的酒店管理信息系统，实现了企业复制，在短短的5年时间里，从旗下拥有20多家成员酒店，迅速扩展成拥有120多家成员酒店的国际酒店集团。国际连锁酒店的发展史，也是一个很好的证明。经过长时间的发展，大多数国际连锁酒店都拥有了比较成熟的酒店管理信息系统，这些管理信息系统往往成为酒店的发展模式，也改变了酒店与顾客沟通的方式，使酒店与顾客的一对一营销和互动式营销成为可能。近年来，随着移动技术的发展，微博、微信、抖音、小红书等传播途径在酒店上的应用，又为酒店的商业模式提供了新的发展契机。

开元酒店集团推进数字化运营

2019年8月，以"域见·未来"为主题的开元酒店集团与邱客网络科技战略合作签约仪式在杭州开元名都大酒店举行，双方共同发布酒店数字化产品，通过电视和手机双屏互动打通数字和线下服务，为消费者提供无缝连接的个性化到店体验，打造"基于酒店场景的目的地体验社区"。

开元酒店集团董事长表示，在数字化转型的道路上，开元酒店集团立足于平台化、数据化、智能化、数字化发展，拉近与消费者的距离，并重构商业空间，为消费者提供更好的"数字化+线下服务"的商旅体验。

提升非客房收益、激活会员系统，通过此次战略合作，开元酒店集团的数字化运营能力得到快速提升。未来，双方还将联合共同开发基于酒店客房场景下的人工智能技术——个人私助"多莉羊"。"多莉羊"的出现将实现"千人千面"的差异化服务，邱客网络科技将根据开元酒店集团的用户需求，定制不同的目的地体验方式与服务内容。

来源：《中国旅游报》，戴秀隽。

（四）驱动酒店的服务创新

信息技术的飞速发展，使得许多产品的技术和功能的同质化水平越来越高，通过提高产品质量、降低产品生产成本来竞争的空间越来越狭窄，因而服务创新成为酒店进行市场竞争的重要武器。实践证明，酒店的服务创新超过50%来自于信息技术，信息技术是服务创新的重要驱动力。相关调查研究表明，酒店的服务创新多是通过信息技术和信息系统软件实现的，通过在不同的服务环节挖掘信息技术应用的切入点，持续不断地实现服务创新。例如，杭州黄龙饭店为了提升客户体验，将酒店的菜单换成 iPad 点菜。客户可以通过 iPad 点菜系统查询菜品的图片、做法、营养结构等知识，点完菜后，还可以保留 iPad 在身边直到用餐结束。这时候，iPad 就不仅具备点菜的功能，还可以成为顾客打发等待时间的好伙伴。杭州黄龙饭店点菜系统切换之初，媒体竞相报道，引发了不少顾客慕名前来就餐。

客房越来越"智能"

如果说在酒店大堂、客房装置一些高新科技设备，让客人自助办理入住登记手续、用手机 App 选房和开启房门、在房间内和机器人聊天、感受窗帘自动拉开等已不是什么新鲜事，那么利用物联网打造智能客房可以算是一个新尝试。近日，雅高酒店集团（以下简称雅高）就用物联网技术推出了新型的智能概念客房。

据了解，雅高的智能概念客房内放置了一款平板电脑和谷歌的 Google Home 语音助理，客人可以通过这两者中的任意一个控制客房内的各种设施，比如照明、电视和窗帘等。客房内的其他功能配置包括：Dodow 照明装置，这种小型装置工作原理类似于节拍器，会周期性地调整照明的亮度，帮助客人入睡；Dreem Head Band，是一种利用生物反馈和神经调节来提升睡眠质量的可穿戴设备；LED 照明系统，可以感测客人活动并自动开关灯光，让客人半夜起床时无须在黑暗中摸索电灯的开关；Sen-sorwake 闹钟，会在提醒客人起床的同时，为他们模拟咖啡、茶等其他让人放松的气味。

除了以上智能设备外，智能概念客房的电视也可以 180° 的转向，确保客人可以在房间内的任何一个位置观看。目前这种智能概念客房处在早期测试阶段，雅高相关负责人表示，雅高将通过为客人免费提供平板电脑并加入声控系统来控制室内设施。

希尔顿酒店集团也在 2018 年开始推进互联网客房的部署，住客可以通过移动端 Hilton Honors 应用个性化服务、控制灯光和温度等客房设备。

我国本土企业首旅如家酒店集团也已与场景智能化服务商合作，在酒店智能房间、智能公共区域、智能"小镇"等方面进行探索。据悉，首旅如家集团酒店正尝试引入智能健康、智能娱乐、智能商务、智能环境管理等多种智能设备，虚拟现实动感单车、智能睡眠枕、智能空气净化设备等都有望配置在智能客房中。

来源：《中国旅游报》，陈静。

（五）创建竞争优势

信息技术到底能不能创造竞争优势？不管是国内还是国外，都有学者为这个问题争论。信息技术首先是一项技术，技术本身是不能直接带来经济效益的，但利用技术来改善管理，可以间接提升竞争优势。对于酒店而言，通过信息技术创造竞争优势的主要路径应该是，通过先进的酒店管理信息系统改变酒店的运营模式（如酒店操作流程），通过改进不合理的流程，并将改进后的流程推广到酒店的每个部门，落实到每位员工，以保证这些流程能够始终如一地执行。通过不断地寻找酒店不合理的流程并加以完善以及实施改进后的流程，最终将打造出一套与酒店自身管理相契合的操作流程，在不断创新过程中，实现经营的竞争优势。

智能客房"实现全线上入住办理"

2019年12月23日，深圳福田香格里拉大酒店部分客房已完成升级改造，实现全线上入住办理、蓝牙房卡和智能客房控制等全新功能。客人可以线上办理入住、退房，无须去前台排队，还可直接用手机解锁房门、控制客房灯光等。

据介绍，客人可通过香格里拉App、官网、微信小程序等渠道线上预订。抵达酒店前，客人使用手机登记入住信息，并通过腾讯E证通小程序完成身份验证。到达酒店后，只需通过手机获取蓝牙房卡，即可直接解锁电梯及开启客房门锁。通过"全线上入住办理"，客人再也不用排队等候，也不必担忧遗失或者忘带房卡。

据悉，此次落地的智慧酒店升级方案由香格里拉集团技术发展中心和腾讯云联合开发。借助香格里拉在酒店行业丰富的运营经验和腾讯云在技术、产品上的积累沉淀，双方合力为客人提供从预订到离店的全流程智能体验。

来源：《中国旅游报》，邓敏敏。

六、酒店管理信息系统的应用类型

管理信息系统在酒店的各个部门、各个环节都展开了应用，目前已经形成了各式各样的酒店管理系统应用形式，常见的有酒店前线管理信息系统、酒店后线管理信息系统、酒店电子商务系统等。下面就这些应用形式进行简单介绍。

（一）酒店前线管理系统

酒店经营管理中，直接对客服务的部门统称为前线部门，主要是为客人提供预订、接待、住房、餐饮、康乐等服务。从客人与酒店发生联系开始，一般要经历预订、登记、住店消费和结账离店四个环节。酒店前线管理系统围绕这些环节为客人提供完善的服务，主要包括客房预订系统、前台接待系统、前台收银系统、客房管理系统、市场营销管理系统、账务审核系统、餐饮系统、报表管理系统、宴会销售系统等。

1. 客房预订系统

该系统主要通过快速、准确地提供客房类型、客房数量和客房价格等信息，协助预订员销售客房。通过客房预订系统，可以使酒店预订部快速地处理各种订房需求，并及时准确地向各线上旅行社等分销渠道实时发布客房信息。同时，客房预订系统也可以生成关于客房销售预测、未来收入预测等报告。客房预订业务不仅能够为客人在抵达酒店前做好相关准备，而且有助于酒店更好地预测未来的客源情况，及时调整销售策略。

2. 前台接待系统

接待是酒店对客服务中最重要的环节之一。高效的接待过程是十分关键的。为了提升酒店为客人办理入住登记的效率，很多酒店在工作操作流程标准中规定，前台接待员必须在 3min 内为客人办理好入住登记手续。通过前台接待系统，接待员可以快速获取客人的预订信息，或者有针对性地向未预订的客人销售客房并快速办理入住手续。目前，大多数酒店信息管理系统都能够链接身份证识别系统，前台接待员只需要刷客人的身份证，客人的性别、姓名、身份证号码等信息就会立即录入登记窗口，前台接待员只需要在前台接待系统中输入客人住店时间、房间类型和房间号码，打印入住登记单给客人签名，并通过前台接待系统制作房卡给客人，就完成了入住登记工作。这不仅提高了接待客人的效率，也提高了信息输入的准确率。

3. 前台收银系统

收银是酒店工作中非常重要，却又容易出错的环节。为了预防逃账、赖账行为，酒店一般要求客人预付相当于 1.5 倍房价的押金。前台收银主要完成押金入账、消费入账、客人结账的工作。为了便于客人消费，酒店往往给客人提供在餐饮、康乐等部门的签单挂账服务。前台收银可以通过前台收银系统控制各个营业点的挂账功能，以控制酒店的经营风险。当客人预付的押金不足时，前台收银只需要在前台收银系统关闭该客人的挂账功能，客人就无法在其他营业点挂账，必须现付或者再支付押金。前台收银系统不仅可以采用多种账务显示方式，如汇总、分项汇总、明细，也可以采用多种处理方式，如账务分拆、部结、转结、提前结算等，操作简单快捷，方便财务核算。当客人要退房时，前台收银只需要打印账单，并完成收款工作，就可实现快速给客人办理退房。

万达酒店微信简化"开票"流程

万达酒店及度假村于 2017 年 3 月宣布旗下万达瑞华、万达文华、万达嘉华酒店实现智能开具增值税发票，让宾客开具发票更加便捷。

据了解，大部分商旅客人在结账开具增值税发票时都需要提供发票抬头、纳税人识别号、地址等六项信息，再由酒店前台员工在计算机上手动输入，核对后打印发票，整个过程虽然经过严格训练可以快速实现，但是遇到客人行程紧张或者信息缺失的情况，就会带来不小的麻烦。万达酒店及度假村在其微信公众号平台上推出了智能开票辅助功能，将整个开票流程简化成极易操作的两个步骤：宾客可先关注"万达酒店及度假村微信公众号"，在相应"我的专区"内设置"我的发票"，输入发票抬头信息，公众号平台会自动生成一个二维码；需要开票时，宾客直接向前台员工出示此二维码，酒店通过扫描该二维码，数秒即可完成开票。

此项功能的运用，提升了开票效率和准确率，也为客人创造了愉悦的入住体验。

来源：《中国旅游报》，陈静。

4. 客房管理系统

该系统主要维护酒店最新的房态信息，使酒店及时掌握房态的整体情况，并掌握实时房态信息，如净房、脏房、维修房等。当客人离店或者信息系统过了夜审之后，客房状态自动变成脏房。客房主管通过查阅当天的预离店房和住店脏房等，合理分配客房服务员的清洁工作量。客房服务员清洁完成后，由客房中心的员工进行房态更改设置。这样前台接待员就可以根据实时的房态来安排客人的房间。客房管理系统可以把酒店房态冲突的可能性降到最低，有效地提高客房出租率和收入。

科技创新预见酒店未来

2017年12月，以"遇见未来"为主题的"2017华住世界大会"在上海举办。华住酒店集团（以下简称华住，拥有漫心、诺富特、全季等多个品牌）创始人兼董事长在大会上表示：未来酒店业全球化进程将进一步加快，华住将继续以中国智慧和中国力量，打造"求真、至善、尽美"的企业。

华住在此次大会上展示了前沿科技融入住宿体验中的全新尝试。在现场可以看到，漫心的智能灯光控制、诺富特的智能电视以及智能门锁等。而这些技术，不仅为华住旗下品牌服务，还将以模块化方式向全行业输出，为酒店业打造以大数据、人工智能等为技术基础的酒店管理系统，在为客人带来便捷、酷炫的入住体验的同时，全面变革酒店传统的管理流程，提效酒店运营。

"我们的'易客房'已经在华住全部酒店进行推广。使用'易客房'体系后，所有客房主管和员工都可以用手持设备及时记录房间状态，带来的直接效果就是整个'出房'速度缩短了44min。客房周转效率的提高，让客人可以更快入住，经营同时得到有效提升。"华住酒店集团创始人说，"我们还全面推广了'易发票'，可以大大节省开发票时间，目前在华住的应用超过了1000万人次，为客户和前台员工节省了82万h。"

据悉，华住已经在全季完成了"华掌柜"的全面推广。目前，入住全季的43%的客人是通过"华掌柜"完成入住手续的。据统计，凡是实行"0秒"退房的客人，84%是通过"华掌柜"完成的。科技的运用大大提升了效率。

来源：《中国旅游报》，汝乃尔。

5. 市场营销管理系统

该系统主要进行销售管理和客户档案管理。市场营销管理系统能够自动统计销售员的业绩，随时掌握销售员的工作情况和工作业绩，实现量化考核，以实现最有效的激励机制。市场营销部可以通过市场营销管理系统提前设置好各个分销渠道的佣金计算模式，到了月底，市场营销管理系统可以自动产生佣金统计报表，大大减少了财务统计的工作量，并帮助酒店改善服务质量，帮助酒店市场营销部制定具有竞争力的营销策略，分析酒店各业务利润来源，有效提高酒店经营的收益。

6. 账务审核系统

账务审核系统是酒店的重要系统，是保障酒店营业收入统计正确的最后一道关卡。账务审核系统一般由财务部负责，通过对前台、后台的应收账款进行审核，对各个收银员的入账信息进行审核，可以及时发现一些错误，保证酒店统计数据的准确性。酒店业传统的操作都是由夜审员先借助财务审核系统来完成对当天数据的核对，然后再进行夜审，由此产生当天的营业报表。

7. 餐饮系统

餐饮系统是前线管理系统中，相对独立的一个应用系统，主要完成餐饮的预订、点单、打印账单、结账等工作。近几年，随着餐饮业的蓬勃发展，餐饮系统的发展很快。从计算机处理，发展到电子触摸屏自助点单，再发展到手机扫二维码点单。所有的餐单信息都可以通过无线网络实时传输到厨房、收银台。餐厅服务员不需要在厨房和餐厅之间穿梭了，客人点菜、催菜等都可以通过服务员手中的无线智能点菜系统实现传输。

8. 报表管理系统

报表管理系统可以提供各个管理岗位所需要的报表。报表管理系统包含了所有关键的管理报表，能够生成各式各样的报表，统计酒店的营收情况，使酒店管理层能够及时获取重要的财务信息，并掌握客房入住率、平均房价和各部门收入等基本信息。常见报表有入住客人报表、团队报表、客房布置情况报表、营业日报表等。

9. 宴会销售系统

宴会销售系统是许多国际高星级酒店会选择使用的系统。宴会销售系统主要是为了需求多、服务程序多的宴会服务的。与前台收银系统、客房管理系统不同的是，宴会销售系统的主要服务对象是企业客户，而不是个体的客人。企业的商务客户和会议客户是酒店稳定收入来源之一，他们不仅可以提高酒店的入住率，也可以给餐饮、康乐等部门带来可观的收入。宴会销售系统可以有效管理宴会客户，包括客户所在的地区、行业、潜在消费能力、消费预算、企业差旅标准等，特别是企业客户档案数据的建立，不仅可以使酒店内部销售人员随时了解客户相关资讯，掌握销售的主动权，也可以为管理信息系统实现智能化辅助销售提供依据。

（二）酒店后线管理系统

后线部门是与前线部门相对的，主要是为前线部门服务客户提供支持工作，以及提供相关的保障。这些后线部门使用的软件称为后线管理系统。酒店后线管理系统需要与前线业务紧密结合，在管理的深层次上实现对业务流的控制与动态分析，从而使管理更加顺畅和严谨，使酒店提高经营利润、降低成本真正成为可能。酒店后线管理系统主要包括财务管理系统、人力资源管理系统、办公自动化（OA）系统、库存管理与采购系统、工程设备管理系统、成本分析系统、安保管理系统等。

1. 财务管理系统

该系统主要用于处理酒店财务相关数据，一般包括应付账款处理、分类总账、固定资产管理、报表工具等模块。财务管理系统的数据与前线管理系统同步，以完成每日统计分析。财务管理系统存储的数据是酒店最重要的数据，必须有一套安全数据管理机制，并且一定要有灾难恢复功能，以保证整个系统运行的数据安全。

2. 人力资源管理系统

该系统的主要功能有个人档案管理、组织岗位管理、合同管理、工资管理、绩效管理、考勤管理、报表等，主要是为了实现人力资源的开发和利用，有效地控制人工成本。其中：绩效管理是对员工的绩效指标进行设计、考查，并提供实施建议的系统；考勤管理主要完成员工的考勤工作，通过指纹识别等技术，智能识别员工的到岗情况，并且能够导出报表，减少人力资源部考勤统计工作量。

3. 办公自动化系统

酒店办公自动化系统的主要功能是提高酒店办公自动化水平和处理事务的效率、节约纸张能源。酒店每天需要处理大量的公文、信函、文件、报告等，各种统计报表需要上报，内部文件资料需要传递，办公自动化系统就是为解决这些工作的问题而设计的。利用办公自动化系统，可以实现办公事务的自动化管理，提高酒店行政事务的处理效率。

4. 库存管理与采购系统

该系统具有采购管理、库存管理、计划管理等功能，主要用于加强对采购和库存的控制。对于仓库管理员来说，只需要进行简单的单据录入工作，库存管理与采购系统就自动按照录入的单据进行商品分配，实现商品价格的记录、应付账款的记录、领用量及购入量的汇总、结存统计、计划完成统计、商品超限检查、积压物品进出统计等功能，将仓库管理员从烦琐的手工单据中解放出来。当库存低于警戒线时，库存管理与采购系统可以进行提醒，采购员通过该系统进行采购申报单填写，各级审批部门也在网络上进行层级批示，整个流程便于追踪控制。当物品送达时，在库存管理与采购系统中确定验收和入库，物品会自动转化为库存状态，这样大大减少了操作的重复性和工作量，同时也避免了作弊现象的发生。

5. 工程设备管理系统

该系统通过接口与前线各部门紧密结合，可以完成报修、派工、维修、保养及验收等一系列工程部的日常工作，并与库存管理与采购系统连接完成设备管理与备件管理。工程部管理系统通过建立酒店各种设备的档案，记录其基本信息，如设备开箱记录、随机工具及备件明细、设备技术文件、调试记录、易损件明细、润滑明细、设备检修记录、故障记录等。工程部管理系统可以根据维修计划和保养周期提醒相关人员定期完成设备的日常维修和保养任务，可以根据库存量提醒及时补充库存备件以保证日常维修工作的正常进行。另外，工程部管理系统还可以根据部门、设备类型等统计分析维修费用及设备故障率。例如，前线部门发现设备存在问题时，直接在工程部管理系统中报修，当工程部受理报修时，该系统可以直接指定具体的维修工作人员，并且可以记录具体的维修记录和维修成本等，这样就可以有效检测工程设备的运行状况、故障发生频率、维修效率和维修成本等。同时，酒店通过设置设备的运行模式，可以很好地控制酒店运行的能源费用。

6. 成本分析系统

成本分析系统是介于前线管理信息系统及库存管理与采购系统之间的分析系统，根据前台的销售以及菜品定义的成本计算出各种原料的理论用量，从库存的领用及二级库的盘点中计算出各部门的真实用量，从而获得理论与实际的用料情况并形成分析报告。酒店通过对理论成本、真实成本的分析可以监督各部门的用料情况，从而减少浪费及意外损失；酒店还可以通过对销售额及理论毛利率的分析，得到前线部门的销售额情况，并及时调整产品定价；通过成本用量差异分析，酒店可以看出采购中是否存在产品质量低下等问题。

7. 安保管理系统

该系统实现对酒店安全的智能集中式管理，主要包括闭路电视监控系统、防盗报警系统、门禁控制系统、火灾报警系统、灭火系统等。闭路电视监控系统与防盗报警系统、门禁控制系统联动，能够根据需要自动把现场图像切换到指定的监视器上显示，并自动录像和复核图像。门禁控制系统主要实现酒店各个通道、出入口的监控，通过系统设置可以进行门禁授权管理，查看各通道口通行对象和通行时间、巡逻计划完成情况、防区报警情况等，并进行相应的实时控制。防盗报警系统主要用于重要区域，如收银处、财务室、贵重物品存放室、仓库、网络中心、数据中心等区域的安全防护。当出现强行入侵的情况时，防盗报警系统会产生报警信号，主机接收到报警信号时，会自动将相应区域的摄像机画面弹出到监视器上显示，同时硬盘录像主机对该摄像机进行实时录像。

（三）酒店电子商务系统

电子商务是20世纪信息化、网络化的产物，进入21世纪，电子商务已成为新业态。近年来，随着知识经济的发展和信息高速公路的建设，酒店电子商务已是当今酒店业发展的有力辅佐。通过电子商务系统连接国际互联网，酒店向全球多姿多彩、声情并茂地展示自己的风貌、特色，推销自己的客房和各种服务，并可依此组成酒店连锁业，组成战略联盟，以强劲灵活的营销手段向全球市场进军。电子商务可以向众多的客户提供面对面的营销方式；它开拓了市场的广度和深度，这些都是平常方式下的人力、物力所无法比拟的；它代表了最新和最有效的一种营销方式，为酒店开发客源市场带来了无限的商机。电子商务在酒店预订方面的主要应用有全球分销系统（Global Distribution System，GDS）和中央预订系统，在酒店网络营销方面的主要应用有建设独立的酒店网站和利用旅游电子商务平台来开展酒店电子商务。

1. 全球分销系统

这是将酒店、航空公司、旅行社、汽车租赁等企业的计算机预订系统用互联网或专用网络连接在一起，形成一个能获取世界范围内旅游资源的销售系统，为该系统的使用者提供快捷、方便的信息查询和预订等服务。目前，大约 50 多万家旅行社在使用 GDS。酒店、航空公司和旅行社在与 GDS 供应商签订协议后，可以在 GDS 平台上发布产品和服务信息，旅游中介公司、旅行社、航空代理售票点等与 GDS 供应商签订协议后，可获得在 GDS 上查询酒店客房供应情况和价格、机票座位数及价格的许可并进行在线交易，例如查询某个飞机航班的座位情况及价格。GDS 运营中依靠智能转换器（Smart Switch）将预订业务转换成不同网络所需的数据格式，实现在不同预订系统上共享数据。GDS 对酒店房态、开房率等私有数据提供安全机制，保护酒店的数据不外泄。近年来，互联网和信息技术的迅猛发展，使得酒店建立自己的网站的计算机硬件和软件的价格不断下降，促进了酒店、航空等企业在自己网站上开展预订业务，减少了使用 GDS 的次数，节约了 GDS 的交易费。同时，为酒店、航空公司提供预订业务的旅游网站也对 GDS 产生了巨大的冲击。这些都会使 GDS 的业务量减少。

2. 中央预订系统

中央预订系统分为会员制和非会员制两种类型。一般酒店集团或连锁酒店会采用会员制中央预订系统，一个中央预订系统可以帮助酒店集团或连锁酒店同时管理下属的上千家酒店的客房、价格和预订业务。酒店集团或连锁酒店通常会设置预订中心来统一提供预订服务。预订中心的预订员可以在中央预订系统上查询旗下所有酒店的价格和房间预订的情况，为客人提供预订服务。中央预订中心、全球分销系统、第三方酒店预订系统连接成一个整体，各方的预订都将汇集到中央预订系统。酒店集团或连锁酒店的中央预订中心通过接口与下属酒店预订系统相连，进行数据交换，具有以下功能：统一对外销售客房；自动更新可用房状态；统一管理客人信息档案并提供客户关系管理；按收益管理所定的策略控制整个酒店集团或连锁酒店的客房价格；实现对不同酒店、不同时段、不同房型的多级房价管理；产生集中佣金报表；保证金/退款账务操作；等等。例如，中央预订系统通过与下属酒店预订系统互联，将客房销售限制条件的变化传送到下属酒店预订系统，实时同步更新价格、房间数量，共享预订信息，酒店可方便地下载预订信息供前厅人员办理客人入住登记等。

非会员制中央预订系统是将众多签约的单体酒店组织在一起，提供统一的酒店营销和预订，使这些单体酒店也能享受只有酒店集团或连锁酒店才能实现的统一宣传、统一销售和统一预订的功能。签约的单体酒店负责向中央预订系统提供准确的可用房数据，并随时更新。非会员制的中央预订系统一般只能简单地以房态为基础，房间类型也只能简单地分为"开"或"关"来表示是否可以接受预订，不能像会员制的中央预订系统那样以房间类型和房费的多级价格目录为基础，只能在一定限度上实现酒店潜在收入和住房率的最大化。

3. 建立独立的酒店网站开展电子商务

随着信息技术和互联网的飞速发展以及计算机软硬件价格的不断降低，许多酒店，尤其是单体酒店越来越注重创建自己的网站。自建网站的开展是酒店网络营销的基础，它促进了酒店品牌推广、产品与服务展示、信息发布、网上预订、顾客服务等电子商务活动的开展。酒店自建网站所提供的网上预订，实际上是一种企业对顾客（B2C）服务。酒店直接面向客人，为酒店开展客户关系管理、深入挖掘有价值的客户创造了有利的条件。虽然自建网站的预订业务不能完全替代全球分销系统和中央预订系统的，但在很大程度上可以降低全球分销系统和中央预订系统所带来的交易成本。

酒店自建网站所带来的益处是显而易见的，即通过网站推广来提升酒店形象。酒店建立自己的网站并不能马上使酒店的销售业绩上升，其初始作用更类似于酒店在报刊、电视上所做的宣传，不同之处在于酒店网站容量更大、成本更低，酒店可以将想要对外发布的信息都放入网站，如图片、文字、视频等，然后借助各种广告宣传酒店的网址，吸引客户访问网址的内容，达到提高酒店知名度的目的。利用网络的双向性和多媒体功能加强酒店的广告宣传。传统媒体的信息传递是单向的且信息量有限，广告受众只能被动地接收信息。而网络的信息传递是双向的且内容丰富，网站能够利用文字、图片、动画等多媒体手段来宣传自己的产品，并可在最短的时间内更新内容，为酒店的广告宣传开辟了新的渠道。

通过信息发布系统、预订系统和支付系统实现电子商务功能，以达到酒店提高预订率和降低交易成本的目的。酒店利用网络互动功能，能够服务老客户并争取新客户。互联网的开放性，使得客户可以主动地找到酒店网站，只要酒店能够利用网络营销手段将酒店网址推介出去，就能使潜在的客户很容易地找到酒店网站，为酒店争取新客户带来了便利条件。同时酒店网站还可以提高对老客户的服务质量，通过在线咨询、网站论坛、调查问卷、电子邮件等手段，既可以回答大多数客户关心的问题，又可以得到大量客户反馈意见和建议，有效地提高了客户满意度，也为酒店开展客户关系管理打下良好的基础。通过互联网最大限度地获取市场动态信息，有助于酒店对市场进行细分和设计出独特的产品，扩大产品差异性。通过与其他酒店、航空公司、汽车租赁公司、豪华邮轮、旅游景点、文艺、体育和娱乐公司等企业的相互链接，实现网上数字联盟，共同提升销售业绩。

酒店自建网站的过程中，很重要的一个环节就是网络营销，它可以帮助酒店提高知名度、扩大客户群、提供个性化服务、增加销售额、提升客户满意度，进而提高酒店的竞争力。酒店网站通过搜索引擎优化、网站资源合作、网络广告、许可电子邮件营销、微博营销、微信公众号营销、会员制营销等网络营销手段促进酒店网站的推广和酒店业务的拓展。

4. 借助旅游电子商务平台开展酒店电子商务

中小型酒店由于资金和技术力量的限制，自己建立和维护网站有一定的困难，可以借助第三方旅游电子商务平台来发布信息和开展预订业务。这种营销业务外包模式能有效弥补酒店营销能力的不足，降低营销成本，提高入住率。

旅游电子商务平台通常由专业的网络公司建设和运营，它们拥有强大的客户数据库和大量的潜在市场信息，会在不同地区甚至不同国家设立办事处，开展有针对性的促销活动。近年来，越来越多的酒店意识到第三方旅游电子商务平台能为酒店的销售带来更多的客户，在销售客房方面具有很大的优势。旅游电子商务平台所提供的预订服务，实际上是一种B2B2C的销售模式，即酒店-旅游电子商务平台-客人的销售模式，酒店不需要单独开发预订系统。酒店利用旅游电子商务平台的优点包括：无须投入大量资金创建和推广网站，也不需要高薪聘请维护网站的技术人员，只需购置最基本的联网设备，将酒店的信息上传到旅游电子商务平台，就可以发布信息；酒店选择了具有很高知名度的旅游电子商务平台，也就选择了一条成功的销售渠道，这是由于这种平台已经拥有很大的客户群，其访问量和预订量都非常高，并且拥有一支专业的网络营销队伍，能有效地提高酒店的销售水平；费用低，酒店只需要交纳年金和佣金，还可以参加旅游电子商务平台推出的营销活动，吸引更多的客户。其缺点是平台上的信息较多，中小型酒店很难受到重点关注，而且由于平台规定了酒店发布信息的标准格式，难以体现酒店个性化信息。

酒店与旅游电子商务平台运营公司之间的销售模式通常有两种。第一种是零售模式。这种模式是酒店拿出一定数量的客房给运营公司经销，运营公司可在酒店规定的底价上，提高一定百分比价格向市场出售，当售出一间客房时，运营公司把酒店规定的底价付给酒店，留下提高的部分作为自己的收入。第二种是代销模式。这种模式指的是酒店拿出一定数量的客房给运营公司代销，客房价格由酒店决定，酒店通常会给运营公司10%～15%的佣金。两种模式相比，代销模式的好处是酒店完全掌握客房的定价权，使得同类客房无论通过什么渠道，其价格都保持一致，有助于维护酒店的整体形象。零售模式的好处是电子商务平台运营公司有一定的自主权和积极性。酒店一般愿意采用代销模式，但在市场需求较低时，酒店为了降低客房的空置率，也会采取零售模式，给出底价，给电子商务平台运营公司决定销售价格的权利，调动它们销售的积极性。

开元酒店集团宣布与携程达成深度战略合作

2019年4月23日，开元酒店集团（下称"开元酒店"）对外宣布，与携程达成高度紧密合作共识，在酒店分销、会员互通、产品创新、营销推广、信息技术等领域开展深度合作，并就此签署战略合作协议。

据了解，此次合作双方将进一步拓宽合作的深度和广度，包括：向用户推荐开元酒店旗下高品质的酒店；在携程上开设开元酒店旗舰店；会员权益互通，双方不同等级的会员提供相应特色权益和专属待遇，共同开发忠诚计划；在营销推广领域开展深度合作；双方将探讨在大旅游业务、多领域信息技术等方面的合作。

作为我国领先的酒店集团之一，开元酒店主要在我国从事中高档连锁酒店的经营及管理，目前拥有开元名都、开元度假村、开元芳草地乡村酒店、开元观堂、开元·曼居酒店等12大酒店品牌。根据行业统计报告，截至2018年3月31日，按我国在营及待开业高端酒店客房数量计算，开元酒店是第三大酒店集团及最大的国内品牌酒店集团之一。开元酒店的多品牌战略满足消费者从中档到高档，从商务差旅到休闲度假，以及个性化、品质化需求。双方通过广泛性、整合性地利用各自在产品销售、品牌建设及市场营销、大数据赋能及消费者体验等方面的产品和服务，助力开元酒店的业务实现更具营利性的增长并加快数字化转型。

携程作为全球领先的在线旅游运营商，持续构建"一站式"旅游服务能力，为用户提供机场、酒店、机票、火车票、景点等全方位出游体验。酒店业务是携程核心的业务板块之一，同时携程也以中高档酒店业务见长。在开元酒店新店推广、老店综合收益提升等方面，携程将通过平台及其相关资源优势全面助力开元酒店，持续提升开元酒店旗下品牌的影响力和竞争力。

据悉，双方将共同深掘用户价值，挖掘市场潜力，借助大数据实现更精细的运营。这种深层次的战略合作，将会给携程用户、开元酒店及业主带来多赢的局面。

来源：中国旅游新闻网，王玮。

第三节 酒店管理决策与酒店决策支持系统

一、酒店管理决策的概念

决策是人们在改造客观世界的过程中为实现主观目的而进行策略或方案选择的一种行为。在企业管理中，存在着许多决策问题，其范围很广，例如销售计划的确定、政策制度的制定、系统目标的确立、投资规划的设计、发展战略的筹划等都是决策。著名的管理学家赫伯特·西蒙曾经说过："管理就是决策"，可见科学的决策在企业管理中的重要性。

酒店管理决策，是指酒店管理决策者根据其掌握的知识、信息、经验等，遵守决策的原则，采用科学的方法，确定酒店未来的目标，在两个以上备选方案中选择一个合理方案的分析判断过程。

二、酒店管理决策的阶段

决策过程实际上就是管理者对问题作答和执行所选方案的过程，主要包括信息收集、方案设计、方案选择和方案实施四个阶段，各阶段所要做的工作如下：

1. 信息收集阶段

信息收集阶段主要是认识和确定潜在的困难和机会。该阶段也被称为决策诊断阶段，它包括发现那些需要引起注意的征兆并加以解释，如客人对酒店客房的期望值、酒店自助餐的合理定价等。

2. 方案设计阶段

方案设计阶段是确定问题解答的所有可选择的方案。例如，为了提高客人对酒店服务质量的满意度而设计出各种可能的解决方案，该阶段要尽可能地找出所有可能的解决方案。

3. 方案选择阶段

方案选择阶段是对方案设计阶段所提出的每种方案进行评价，找出每种方案的优缺点，并对它们可能出现的实施结果进行评估，然后从中选择出一个最优的方案。最优方案是由多种因素来决定的，如时间、成本、人力资源等因素。这个阶段是决策的重要阶段，方案的执行策略也是在此阶段做出的。

4. 方案实施阶段

方案实施阶段要实施选中的方案，评审实施的结果，并做出必要的调整。在实施方案的过程中，要根据实施的阶段性结果对其进行及时调整，尤其对复杂问题的解决或问题所处的环境变化更应如此。

在决策过程中，四个阶段并不一定是线性排列的，有可能在决策的某一阶段发现需要返回到前面的阶段才能解决问题。例如，在方案选择阶段选定一个方案后，发现可能在设计阶段遗漏了另一个可能的方案，于是需要回到方案设计阶段，将这个新发现的方案加入其中，然后再回到方案选择阶段，比较这个新方案和以前其他方案的优劣。

三、决策支持系统

决策支持系统（Decision Support System，DSS）是指以信息技术为手段，应用决策科学和有关学科的理论和方法，综合利用大量管理数据和众多数学模型，通过人机交互，为决策者提供决策所需要的数据、信息和背景资料，并对各种方案进行分析、比较、评价、判断和优选，辅助各级决策者实现科学、正确的决策。

早期的决策支持系统大多是模型导向型，这类系统一般是独立开发的，其分析能力主要基于模型，通过人机对话系统使模型易于使用。随着数据仓库、数据挖掘技术、神经网络的不断进步，决策支持系统向数据导向型发展，其所分析的数据既来源于企业，又来源于互联网，它通过在大量信息中提取和加工出对决策有价值的信息来辅助决策。具体来说，数据导向型决策支持系统通过数据仓库对作业层产生的数据和在网络上收集的有用数据进行存储，并利用联机分析处理（Online Analytical Processing，OLAP）技术来分析信息以及利用数据挖掘（Data Mining，DM）、联机分析挖掘（Online Analytical Mining，OLAM）等技术从大量的数据源中分析信息，最后得到有价值的信息来支持决策。其中，数据挖掘技术比联机分析处理技术更能找到相对价值高的信息。

（一）联机分析处理

联机分析处理是在多维数据库上进行多维分析的技术，包括多维型（MOLAP）和关系型（ROLAP）。多维型是按主题定义的联机分析处理所要的数据，生成多维立方体并存放在多维数据库中，同时通过计算生成一些汇总值；当用户提出需求时，系统不是从数据仓库中提取数据，而是从多维立方体中得到数据，这大大缩短了用户的响应时间。但多维立方体会增大数据的存储空间，而且也不可能存储大量的细节数据，所以分析的粒度较粗。关系型不生成多维立方体，只存放数据模型与数据仓库之间的映射关系；在做多维分析时，根据定义的模型从数据仓库中抽取数据后进行实时分析。其优点是数据只存储一次，节省了存储空间，并且分析的粒度较细、灵活性较强，可以进行多因素分析预测。其缺点是用户响应速度较慢，但在计算机运算和网络不断提速的情况下，此缺点会越来越不明显。

（二）数据挖掘

在当今信息大爆炸的时代，最困扰人们的一个问题就是如何在信息的汪洋大海中发现有用的知识。在此背景下，数据挖掘技术应运而生。数据挖掘是从大量的数据中抽取有效的、未知的、综合的、活动的信息，并且用其辅助决策的过程。数据挖掘主要有以下几种功能。

1. 分类

分类（Classification）是根据现有的数据类别，推出一套规则来描述数据库中的数据类型。例如，酒店想留住老客户，分类可以帮助酒店找出可能失去的客户的特征，建立一个判别函数帮助酒店管理者预测哪些是将要失去的客户，酒店可提前采取措施留住他们。

2. 聚类

聚类（Clustering）是对数据库中的数据，依据事物的数值特征进行分类，是数值分类学和多元统计技术结合的结果。例如，对酒店客户的需求进行聚类分析，可以帮助酒店对市场进行细分并制定不同的价格政策来提高酒店收益。

3. 预测

预测（Prediction）是在数据库中自动寻找预测性信息，直接由预测信息本身得出结论。通常利用历史数据，借助预测模型来进行预测。例如，当酒店存有一年以上的运营历史数据后，可以利用预测模型和数据来对酒店的房价进行预测，制定动态的客房价格体系来指导房价。

4. 关联分析

当数据库中，两个以上的变量的取值之间存在某种规律性时，就称为变量之间存在关联（Association）。具体来说就是利用关联规则分析数据或记录间的关系，决定哪些事情将一起发生。例如，预订客房的客户中有60%同时预订自助餐，可以利用这个结果来做好有针对性的营销工作。

5. 序列

序列（Sequence）与关联规则相似，它增加了时间的属性，把数据间的关联性与时间联系起来。例如，如果客户入住酒店后满意度高并给予好评，在半年内有65%的可能性会成为回头客，在一年内有75%的可能性会将酒店推荐给亲朋好友。

(三) 联机分析挖掘

联机分析处理是在建立一系列假设的基础上，通过联机分析处理来证实或推翻这些假设得出结论，其本质是一个演绎推理的过程。数据挖掘不是验证某个假定的模式或模型的正确性，而是在大量数据中自动寻找模型，其本质是一个归纳的过程。前者建立在多维视图的基础上，强调对用户请求的响应速度，数据一般来源于数据仓库；后者建立在各种数据源的基础上，重在挖掘隐藏在数据中的深层次的高价值信息，一般不过多考虑用户请求的响应速度。将二者结合在一起就形成了联机分析挖掘技术。这种技术的特点是既有联机分析处理的在线性、灵活性，又有数据挖掘对数据处理的深入性，是目前分析数据和提供决策支持的发展方向。

四、酒店决策支持系统的概念

在现代酒店经营的组织、控制和协调等环节中，都存在着如何做出合理决策的问题，如服务承诺决策、原材料采购决策、市场营销决策、价格定位决策、人力资源管理决策、投资决策、财务规划决策、酒店企业形象规划决策等。在信息社会里，这些管理决策行为光靠人本身的智慧和判断力已经很难完成，必须借助计算机这个科学工具。

酒店决策支持系统（Hotel Decision Support System，HDSS）就是专门应用于酒店管理决策的系统。它提供了一种高效的辅助手段，帮助酒店高层管理人员进行决策，为酒店的经营管理服务；它能够将计算机的加工信息能力与信息化酒店决策者的思维、判断能力结合起来，从而可以解决更为复杂的决策问题。

五、酒店决策支持系统的功能

在整个现代酒店的决策过程中，无论是在范围上还是在能力上，酒店决策支持系统都是酒店管理人员大脑的延伸，它帮助管理人员提高决策的有效性。但是，需要指出的是，酒店决策支持系统只能起到"支持"作用而不能起到"代替"作用，因此，它只是由酒店管理人员控制的一个辅助决策的工具。在现实中，半结构化的决策问题在酒店业中大量存在，这正是酒店决策支持系统能够充分发挥作用的场所。总体来讲，酒店决策支持系统应当具备以下功能：

1. 便于操作

酒店管理人员很少有人是计算机技术人员，他们对计算机的工作原理和相关技术不是十分了解。因此，酒店决策支持系统必须便于操作和使用，能够通过人机对话方式来支持酒店管理人员进行决策。

2. 语言系统具备表达、识别、记忆和理解等功能

语言系统是信息化酒店管理人员和酒店决策支持系统对话的工具，为了实现人机交互的

方便性，要求其必须具备表达、识别、记忆和理解等功能。

3. 知识系统内容丰富

知识系统是酒店决策支持系统必须具备的功能。酒店决策支持系统的许多功能都来自于对酒店业领域知识的处理，这些知识通常都是酒店决策者没有时间收集的信息，而这些信息对于酒店的合理决策是非常重要的。酒店决策支持系统中的知识系统必须要以一种有组织的方式保存，并且要构造相应的操作规则，以便使酒店决策支持系统更好地发挥作用。

4. 问题处理系统应灵活

酒店决策支持系统的问题处理系统是信息传递和处理的主要环节，是保证信息输出能够为决策者提供帮助的核心部分，是酒店决策支持系统的职能所在，是酒店决策支持系统中最为关键的部分之一，它的灵活性将直接影响决策的正确性。

5. 要有数量众多的管理模型

有效的酒店决策支持系统需要有众多的管理模型作为支持，这些管理模型能够根据酒店所处的环境反映信息化酒店所面临的客观问题，并给出多个解决方案，以供决策者进行比较、选择。

第四节　酒店安全管理

一、酒店安全的定义

酒店安全主要指的是酒店在经营与管理的过程中，各相关主体一切安全现象的总称。酒店安全既包括了酒店经营与管理活动中各环节的安全现象，也包括了酒店经营与管理活动中，涉及人、设备、环境等相关主体的安全现象。酒店安全既包括人身安全，也包括了财产安全；酒店安全既关注住店客人的安全，也关注酒店员工与酒店财产的安全。

酒店安全管理就是要尽早发现并及时消除可能导致上述安全威胁事故的因素，从而保障酒店经营与管理工作的顺利进行。

二、酒店安全管理的特点

（一）复杂性

酒店属于公共场所，人流量大，安全管理涉及范围较广，涵盖了酒店的各个部门和各个工种。因此，酒店安全管理较为广泛和复杂，酒店安全管理既涉及人身安全、心理安全，也涉及财物安全、信息安全等，在不同类型的安全事件中，管理要求各不相同。

（二）服务性

酒店的安全管理工作，不同于其他企事业单位的安全保卫工作，既要做到保护好酒店客人与员工，又要做好对客服务，因此必须注意安全工作：在形式上应适应环境，表现自然；思想上保持高度警惕，防范各种安全隐患；在处理客人安全问题时，既要做到按规章制度办事，又要做到服务态度友善、谈吐礼貌、举止得体。

（三）政策性

酒店的安全管理，不仅涉及了酒店内部的规章制度，还涉及我国的法律法规、民族政策以及一些国际法律。因此，在进行酒店安全管理工作时，既要不违背我国的法律法规，又要注意内外有别，按照国际管理惯例行事。此外，酒店安全管理人员只有熟悉法律法规以及外交、侨务、宗教、民族等相关政策，才能更好地处理各种安全问题。

（四）全员性

酒店的安全工作涉及了酒店各个部门与区域，因此，酒店安全管理不仅是安全部门的事情，还需要酒店全体员工的重视和参与。只有群防群治，每个员工都树立起安全观念，才能真正把安全工作落到实处。

（五）预防性

酒店安全管理工作应体现预防为主的工作方针。因此，酒店应建立健全各项安全规章制度，提高全员的安全防范意识，并开展安全知识培训和技能训练，以预防和制止各种可能出现的不安全因素，并提高安全事故发生时的快速反应和处理能力。

三、酒店安全管理工作

酒店安全管理工作的主要目的是防止安全事故的发生，采取措施减少安全事故造成的危害，并尽快使酒店运营恢复正常。因此，酒店管理者可以从以下几个方面开展酒店安全工作。

（一）树立安全意识与理念

酒店员工树立安全意识与理念是酒店顺利开展安全管理工作的基础。因此，酒店必须将安全意识与理念融入企业文化建设中，让全体员工树立"安全第一"的思想，让每一位员工认识到安全是酒店开展各项经营与管理活动的基础，将安全工作落到实处。

（二）开展安全工作培训

除了让员工树立安全意识与理念外，酒店还应实施全员、全过程的安全管理培训。员工应聘时，人力资源部与相关部门就应考察员工的安全意识与理念，这是酒店安全经营与管理的第一道关。员工入职培训时，安全管理培训也是必不可少的重要内容，让员工了解安全管理的重要性,并让员工掌握消防、失窃、重病等安全事件的处理方法。员工入职后,各部门也应定时开展安全培训工作。

(三) 了解安全问题产生的因素

酒店管理者应充分了解酒店行业的特点以及本酒店的实际情况,关注酒店经营与管理中常见的安全问题,并了解安全问题产生的原因。例如,酒店常见的火灾、电梯事故、失窃、卫生等安全问题,在不同的酒店区域,其发生的原因可能会各不相同。因此,酒店管理者只有掌握了酒店安全问题产生的原因、特征和规律,才能真正做到有的放矢,有备无患。

(四) 掌握安全事故的处理方法

酒店应制定地震、火灾、食品卫生、公共卫生、治安事件、设施设备等安全事故处理的应急预案,并根据各项应急预案,对全体员工开展培训工作,让全体员工掌握各种安全事故的处理方法。一旦酒店发生安全事故,员工就可以有条不紊地面对和处理。

(五) 做好卫生防疫工作

酒店的卫生防疫工作指的是预防食物中毒和疾病传染,这也是酒店安全管理的重要内容。人们活动范围不断扩大,交往日益频繁,给一些传染疾病的传播创造了更多的机会。近年来,在全球爆发的高致病性流感、新冠病毒等传染性疾病,使得公共卫生成为一个全球性的共同话题。因此,酒店在经营管理的过程中,必须认真做好卫生防疫工作,使顾客在酒店可以放心消费。同时,酒店还应配合卫生防疫部门做好疑似病人的隔离与防控工作。

第五节 酒店信息/安全管理经典案例

案例一 酒店信息安全成为移动互联网时代的巨大挑战

2018年,某酒店客户个人信息泄露案以犯罪嫌疑人被警方控制暂时告一段落,但是关于酒店信息泄露话题的讨论远未结束。

信息泄露在中外酒店集团都发生过,与黑客的较量以后依旧会继续。信息技术是双刃剑,酒店集团要把信息安全建设放在"核心竞争力之一"的高度来重视。

四川大学旅游学院教授李原说:"安全是酒店第一要务,没有安全就没有一切。不同时代,安全的内容和要求有所不同,呈现出逐渐扩容、越来越敏感与强烈的趋势。移动互联网时代,在宾客人身安全、财务安全、酒店自身经营安全之外,宾客隐私安全中个人信息的安全成为一个非常重要的方面。"一旦发生信息泄露事件,无论原因何在,酒店事后采取多么完善的处理方法,都会对酒店自身品牌、对处于急剧变革中的我国酒店业构成伤害,这绝不是行业的个案。在移动互联网时代,酒店业必须高度重视信息安全。

1. 泄露事件频发的原因

北京第二外国语学院酒店管理学院系主任李彬认为，从大环境来看，数据与信息安全、网络安全是新时代下全球各个国家、各个企业都面临的巨大挑战，国外酒店和国内酒店也面临类似问题。我国酒店业在网络安全、信息安全防范方面与国外酒店业相比整体上差距仍然较大。首先，一直以来我国酒店业信息化程度偏低，特别是在当今新兴技术浪潮的冲击下，酒店业对信息技术使用缺乏系统、深入了解。其次，长期以来我国酒店业的发展一直存在着诸如行业结构有待完善，星级酒店的整体盈利情况不佳，重扩张速度、轻发展品质等顽疾，客观上使得很多酒店没有能力或精力顾及信息安全，相关投入明显不足。最后，我国酒店业大量的单体中小酒店以及部分酒店集团在酒店预订方面过度依赖旅游电商平台，使得顾客预订、交易数据掌握在旅游电商平台手中，酒店在数据方面的话语权较少，客观上使得这些酒店较少关注数据安全等问题。

一种观点认为：首先整个行业对新技术缺乏足够的了解以及专业意识不够，因而在新技术的安全防范方面缺乏完善的体系与要求，导致简单而完全引入的系统实则漏洞很多。其次，酒店业对移动互联网时代安全的内涵缺乏深入的分析，对宾客个人信息的属性没有完全理解；最后，一些酒店自身的管理比较粗放。

中国旅游研究院产业所副所长杨宏浩认为：从主观上看，一些酒店对于信息安全在思想上不太重视，数据管理在技术和制度层面都不完善；从客观环境来看，如今网络上活跃着一批黑客，一旦被他们盯上，很容易被抓住系统的明显漏洞进行攻击。

2. 扎紧信息安全的篱笆

对于酒店该如何避免泄露客人信息，酒店业也在积极寻找解决之道。一些业界人士对此有过深入思考，有些酒店也形成了自己的处理方法和经验。

成都西藏饭店总经理陈蓉认为：首先，酒店自身应当高度重视对客户信息的日常管理，尤其是要强化对员工法律知识的培训，提高员工遵纪守法意识。其次，制定相关的客户信息管理规定，明确酒店各区域对客户信息的处理和归档要求，指定专门部门或人员定期对客户资料进行清理和统一处理。再次，从前台操作系统软件上尽量屏蔽、禁止复制和输出，并指定专人负责必要的复制和输出操作。最后，加强对客户信息管理的日常检查和监督。

广州南沙大酒店总经理杨结认为：保障酒店信息安全应该从五个方面采取措施。第一，酒店网络应部署安全防火墙，以抵御外部的非法入侵，对服务器、客户机的操作系统应及时进行安全漏洞的修复。第二，应从数据的源头进行防控，酒店的客户信息存储在数据库中，在软件设计时应考虑对数据库的数据进行加密，以防数据库被人盗取，避免大量用户信息泄密。第三，对于涉及敏感信息的管理信息系统，在部署的时候应使用内网，与互联网隔绝；连锁酒店间的数据传输应使用虚拟专用网（VPN）通道，酒店内部的各业务系统应使用逻辑上相对独立的网络。第四，在内部信息系统的访问权限控制上应分级管理，对所有使用系统的人在权限上进行严格控制；酒店管理软件应具有强大的日志功能，保证对系统的所有操作都有方便查询的日志记录。第五，应建立酒店信息安全责任管理制度，酒店员工应具有信息安全防控意识。

李彬建议，相关政府管理部门应针对酒店、OTA、其他第三方数据公司等产业链上下游企业可能出现的信息安全问题，强化信息和重要数据的安全评估体系，强化对信息数据传输过程中的监管和审计，建立数据保护的诚信体系和数据滥用、泄露等淘汰惩罚机制，积极引导酒店及相关企业树立风险防范意识。酒店行业协会方面，还可以在全行业发布倡议，做好网络安全建设，做好信息安全、网络安全等方面的培训，并做好调查研究，为行业提供前沿的国内外网络安全建设资讯和研究报告。

来源：《中国旅游报》，沈仲亮。

案例二　东呈国际集团湖北地区酒店开展"安全主题月"活动

2020年4月，为帮助旗下湖北地区酒店尽快复工复产，东呈国际集团举行了"酒店安全主题月"活动，对分布在湖北各地的城市便捷、宜尚、怡程等品牌的酒店进行全面消杀，并通过更换全新布草、提供专供餐食等一系列举措，为客人营造安全舒适的住宿环境。

随着国内疫情防控形势好转，社会经济秩序日渐步入正轨，东呈国际集团开始重新审视市场需求和消费顾虑，围绕"安心、放心"两大核心要素主动强化安全服务措施。此次"酒店安全主题月"活动中，东呈国际集团联系了湖北省疾控中心与防疫指挥部指定专业消毒机构，对其旗下在湖北的400余家酒店的大堂、电梯、走廊、客房等区域进行全面专业消杀；联合湖北知名连锁餐饮——湖锦酒楼、老村长酒店、百艳青花酒店，为客人提供一对一专供餐食，确保旅客放心出行，安心入住。这也是继东呈国际集团宣布酒店卫生防疫安全管理措施长效执行之后，推出的又一项提升消费市场信心的举措。

据介绍，"酒店安全主题月"活动期间，东呈国际集团还将通过抖音在湖北各地景区进行"云旅游"直播，让客人通过线上游览了解湖北各地名胜古迹。此外，东呈国际集团其他地区完成征用任务的酒店，也将进行全面消杀、更新布草、提供餐食保障，为迎接市场复苏做好充分准备。

据了解，抗疫期间，东呈国际集团积极响应，全力支援防疫后勤工作。旗下在湖北的约270家酒店配合征用，累计接待医护人员23万个间夜，接待隔离疑似病患数千人，接待期间零感染，圆满完成了相关部门交付的防疫隔离任务。

来源：中国旅游新闻网，陈熠瑶。

延伸阅读

酒店信息化再迎战将：旅悦集团XPMS面向全行业开放

2019年3月11日，旅悦集团自主研发的基于云端的酒店管理系统——XPMS，正式开始向全旅游住宿行业提供服务。值得注意的是，日前钉钉刚在阿里总部西溪园召开峰会，讨论数字化酒店的商业前景。阿里、携程两大巨头于近日不约而同发力酒店信息化，这似乎是"产业互联网"思维已经更深入影响在线旅游业的某种体现。

据了解，旅悦集团成立于 2016 年，由携程战略投资，是一家集酒店管理、信息技术、采购贸易于一体的旅游产业集团。旅悦集团表示，开放 XPMS 的目的是帮助民宿、客栈、公寓、酒店等旅游住宿行业参与者，进行智能化和数据化的管理，尤其是希望帮助小型单体酒店获取更多的订单、更多的收益，实现更少的成本和更细化的目标。

此前，旅悦集团的 XPMS 主要服务于旅悦集团旗下的酒店。据了解，旅悦 XPMS 主要提供了以下主要解决方案：①在渠道管理方面，直连服务和分销服务提升用户体验、增加订单，多渠道集中管理，更加高效、便捷；②在经营管理方面，通过成本管理和收益管理，实现采购流程化，实时监控收益，方便进行库房管控、实时控制，并建立起预警机制，可智能调价；③在供应链方面，统一采购平台以降低成本，方便统一管控；④在核心业务上，XPMS 能够帮助酒店进行前台、餐饮、数据、财务和客户管理；⑤在智能硬件方面，智能门锁、客控系统、POS 机、入住机、公安系统、身份证阅读器、电子房价牌等都可接入 XPMS 进行统一管理。

除了提供系统支持外，旅悦集团还为用户提供包含 PMS 使用、渠道运营、成本管控和收益管理在内的全方位咨询服务，并通过在线培训、远程协助、在线咨询、VIP 客服顾问、在线报障、上门服务、定制开发来保障服务质量。作为一家大数据互联网公司的，旅悦集团，其 XPMS 充分实现了数据平台可视化、集团客户共享化、集团收入规模化和资金管理自动化。

不仅如此，旅悦集团 XPMS 着眼全球，为全球酒店用户提供多语言、多时区、多币种、多税收等策略，满足全球用户需求。同时，XPMS 基于 SaaS+PaaS 服务及 B/S 架构，实现云端服务，节省了用户服务器的维护成本。

未来，凭借先进的互联网智能技术、海量的大数据以及完善的酒店产业链体系，旅悦集团 XPMS 将通过技术和数据赋能旅游住宿行业，推动行业智能化、数据化的进程。

来源：迈点网，https://www.meadin.com。

思考与习题

1. 酒店管理信息系统有哪些特征？
2. 酒店管理信息系统的应用类型有哪些？
3. 酒店决策支持系统的功能有哪些？
4. 酒店管理者应从哪几个方面开展酒店安全工作？

第十一章　酒店危机管理

学习目标

理解酒店危机的概念和特点。
理解并掌握酒店危机的类型。
理解酒店危机管理的概念与特征。
了解酒店危机管理的职能。
掌握酒店危机管理的原则、注意事项与处理程序。

重点

酒店危机的类型。
酒店危机管理的原则、注意事项与处理程序。

难点

酒店危机管理的原则。
酒店危机的处理程序。

导入案例

锦江国际推出"返工安心住"活动

为应对已开启的"返程复工潮",锦江国际旗下众多酒店品牌,积极响应政府号召,纷纷推出"安心隔离房",为企业安全复工提供保障。在锦江国际旗下全球会员预订平台(锦江酒店 App)上,锦江国际根据当下防疫工作的重点,整合各品牌,推出了"返工安心住"活动。该活动为宾客提供了连住优惠、免费取消、全面消毒、在线问诊等多项疫情防控保障服务,助力锦江会员及广大企业快捷落实复工隔离住宿要求。

据悉,本次"返工安心住"活动,汇集了全国 2000 多家品牌酒店的"安心隔离房",

而且各酒店均已向属地政府相关部门报备。根据相关防疫要求，各酒店备足了防疫及消毒用品，严格执行酒店公共区域及客房的消毒防疫制度，并对包括酒店员工在内的所有出入人员实施体温检测、出入登记等防疫措施。部分酒店还通过多样化的智能设备，为客人提供无接触服务，以有效避免交叉感染。

据介绍，活动期间，凡预订酒店"安心隔离房"的会员和企业客户，不仅可享有酒店提供的各项安全防护措施，还可获得连住5天享7折、连住7天享6.5折、连住14天享6折的房费优惠。同时，如客人因疫情原因无法如期入住，锦江酒店App将提供订单免费取消政策保障。

此外，锦江酒店App还联合好大夫在线医疗平台，推出免费在线义诊服务，全面守卫客人健康。

来源：《中国旅游报》，丁宁。

第一节　酒店危机概述

一、危机

危机（Crisis）一词，最早来源于希腊语，用来表示一些至关重要的、需要立即做出决策的状况。《现代汉语词典》将危机界定为：潜伏的危险，严重困难的关头。在学术界，国内外学者从不同角度定义过危机。

英国著名危机管理专家迈克尔·里杰斯把危机定义为：一种能够使企业成为普遍的和潜在不适宜的关注承受者的事件，这种关注是来自国际和国内媒体以及其他群体，如消费者、股东、员工及其家庭，以及由于一种或多种原因而对环境保护组织的活动有着天然兴趣的环境保护主义者。这个定义揭示了危机的被关注性及利益的相关性，也就是说，危机只有构成了对某个群体的实际利益相关性时，才会成为真正意义上的具体危机。

美国著名学者罗森塔尔则将危机定义为：危机是指具有严重威胁、不确定性和有危机感的情境。他把危机描述为一种情境，也就是对一个社会系统的基本价值和行为准则架构产生严重威胁，并且在时间压力和不确定性很高的情况下，必须对其做出关键决策的事件。

美国学者福斯特则从危机的基本特征角度对危机做了一个界定，他认为危机有四个显著特征：急需快速做出决策，严重缺乏必要的训练有素的员工、物质资源和时间来完成紧迫性的任务。这就是非常著名的"三缺一急"：人员严重缺乏、物资严重缺乏、时间严重缺乏、紧急决策。这个定义主要是体现了危机管理的不可确定性及艰巨性，它与常态管理的有准备是完全不同的，这也就意味着管理者或决策者处理危机的差异会导致危机结果的差异。

美国学者赫尔曼对危机的定义是：危机是威胁到决策集团优先目标的一种形势，在这种形势中，决策集团做出反应的时间非常有限，而且形势往往朝着对决策集团不利的方向发展。这个定义强化的是危机本身的过程性及阶段性，即显示了危机的动态特征，这就说明了危机管理过程中存在无限的可能性，任何结果都是一个特定过程的必然结果，但是过程的复杂性会使结果呈现多样性。

我国学者冯建珍将危机定位为造成重大损失的意外事件：社会遭遇严重天灾、疫情或出现大规模混乱、暴动、武装冲突、战争等，社会秩序遭受严重破坏，人民生命财产和国家安全遭受到直接威胁的非正常状态。这个定义强调的是危机的类型。

清华大学学者薛澜等人认为：危机就是潜在的各种社会矛盾与社会问题积聚激化后的表现形式，或者说是冲突的人群试图通过非常规或极端的方式，促使有关政府部门解决没有预见或长期无力解决的问题。这个定义强调了危机的起因。

李云宏和吕洪兵将危机界定为：在任何组织系统及其子系统中，因其外部环境和内部条件的突变，对组织系统的总体目标和利益构成威胁，而导致的一种紧张状态。这个定义强调了危机是一种紧张的状态，并且这种紧张状态是组织的总体目标和利益受到威胁所导致的。

以上列举的危机定义，是不同学者从不同角度对危机的理解。综上所述，我们认为：危机是由组织内外部环境突变引起的一系列对组织有威胁的事件，组织决策者必须及时做出决策，采取行动解决危机。

二、酒店危机

（一）酒店危机的概念

酒店危机是指内部或外部的突发性重大事件，威胁到酒店的经营管理，甚至危及酒店的生存和发展。

（二）酒店危机的特点

1. 阶段性

酒店危机通常可以分为潜伏期、警讯期、预防期、爆发期、遏止期、扩散期、恢复期和学习期等阶段。

2. 严重危害性

危机事件所引发的后果往往非常严重，而且这种严重的后果不仅针对酒店企业，有时候还会波及和影响整个社会。从酒店的角度看，危机首先破坏了酒店正常的经营秩序，导致经营混乱或使经营陷入困境。危机的危害性还在于它对酒店企业形象的破坏是巨大的。

3. 不确定性

酒店危机的不确定性包括状态的不确定、影响的不确定、反应的不确定等。这些不确定性对酒店管理者的能力及组织的应变措施来说是非常大的挑战。

4. 时间上的紧迫性

当危机突然发生时，酒店管理者必须立即对危机做出适当的反应，在时间压力及信息不足的情况下，非常考验管理者决策的质量。

5. 舆论关注性

危机因其突发性和严重危害性而容易引起舆论的高度关注，会成为人们谈论的主题和媒体报道的焦点。特别是在互联网时代，任何危机事件都不可能成为秘密，因此危机一般都会成为舆论的焦点。

6. 普遍存在性

危机的普遍存在性是指任何一个企业在经营过程中都不可避免地会遇到危机。既然危机不可避免，酒店就应制定危机预警机制，及早发现危机萌芽，防微杜渐。

7. 双效性

危机有危险和机会双层含义，危机也是转机。危中有机，机中有危。

（三）酒店危机的类型

对不同类型的危机，处理的方法存在很大的差异。在处理危机前，酒店应该确定危机的类型，以便有针对性地采取对策。

1. 按酒店危机的性质分类

（1）决策性危机　决策性危机是指酒店经营决策失误造成的危机。如果酒店不能根据经营环境和条件的变化趋势正确制定经营决策，则会遇到困难，甚至无法经营。

（2）商誉性危机　这是指公众对酒店产品和服务的整体印象和评价不佳而导致的危机。例如，酒店没有履行对顾客的承诺，或是在广告宣传中夸大其词，都会引起顾客不满，甚至产生一系列纠纷，从而使酒店信誉下降。严重的情况下，还会给消费者带来损失或伤害，从而失去公众的信任和支持。

（3）经营性危机　这是指酒店经营管理不善而导致的危机，包括服务质量危机、环境危机、关系纠纷危机等。①服务质量危机。酒店在经营过程中忽略了服务质量，损害了顾客利益，由此引发顾客不满，顾客在追究酒店责任的过程中就会使酒店面临危机。②环境污染危机。酒店的废水、废气、固体废弃物处理不完善，造成环境污染、有害物质泄漏等事故，会使周边居民不满、环保人士不满并介入，从而引起危机。③关系纠纷危机。由于错误的经营理念、不正当的经营方式而造成顾客的不满或损失，容易引起关系纠纷的危机，例如顾客食物中毒、顾客财物丢失等。

（4）灾难性危机　这是指酒店无法预测或者不可抗力造成的危机，如地震、台风、洪水等自然灾害，以及战争、疫情、经济危机等造成的巨大损失危机。危机会给酒店带来巨额的财产损失，使酒店经营难以开展。

（5）财务性危机　这是指酒店投资决策失误、资金周转不灵、贷款利率和汇率调整等因素使酒店暂时出现资金断流，难以正常运转。严重的财务性危机会造成酒店停业。

（6）法律性危机　这是指酒店管理层或基层员工法律意识淡薄，在酒店经营过程中有违法行为，如偷税、漏税，从而使酒店陷入危机。

（7）人才性危机　这是指酒店人才频繁流出所造成的危机，尤其是酒店核心员工离职后，出现长时间职位空缺，导致酒店经营管理出现困难，从而带来危机。

（8）媒体性危机　这是指酒店有特殊事件发生后，由于媒体报道没有客观地反映事实或是出现报道失误，使公众对酒店有所误解而引起酒店的危机。

2. 按酒店危机发生的程度分类

（1）酒店一般性突发事件　这是指酒店突然发生的，对酒店人员人身安全、财产及社会秩序的影响相对较小的突发事件。

（2）酒店重大突发事件　这是指酒店突然发生的，造成或者可能造成重大人员伤亡、财产损失、生态环境破坏和严重社会危害，危机酒店及公共安全的紧急事件。

3. 按酒店危机发生的外显度分类

（1）酒店显性危机　这是指酒店遭受外部造成的危机时，没有及时处理并表现为重大经济损失，这种危机属于显性危机。

（2）酒店隐性危机　这是指酒店在遭受外部危机的过程中，受到了特殊扶助或者及时处理而减轻了损失，这种危机属于隐性危机。

（四）酒店危机的影响因素

酒店业处于一个不断变化的商业环境中，各种内外部因素的变化都容易引起危机，从而对酒店产生影响。从宏观上分析，酒店危机的产生主要有外部因素和内部因素。

1. 外部因素

外部因素是指酒店以外的引起宏观环境变化的因素，通常这些因素是不可控制的。而一些影响极大的外部因素可能会在短时间内给酒店带来突然的和严重的后果。

（1）政治因素　政治因素指的是由于政局变化、政权更迭、政策变化、罢工、战争、恐怖活动等引起社会动荡，给酒店业带来不利影响。

（2）经济因素　经济因素指的是由于宏观经济环境变化引起的危机和风险，如通货膨胀、汇率和利率的变动、国家经济政策变化等。

（3）社会因素　社会因素指的是个人或团体的不可预料事件所导致的危机和风险，包括瘟疫和疾病的流行与蔓延、社会思潮、意识形态等因素，这些直接或间接地波及酒店的经营与管理，给酒店带来负面影响。

(4) 自然因素　自然因素指的是由于自然力的作用而造成的人身伤亡和财产损害的危机和风险，如地震、洪水、泥石流、台风、海啸等。这些自然灾害不仅给顾客造成伤害，还会给酒店造成经济损失，还可能使顾客对酒店失去安全信任，从而带来负面影响。

(5) 其他外部因素　其他外部因素主要指的是一些除了上述类型因素外的特殊突发事件的诱因。

2. 内部因素

内部因素指的是发生在酒店内部微观环境的变化，这种内部环境的变化也会给酒店业带来危机以及巨大的打击。但和外部因素不同，内部因素在一定程度上是可以控制的。

(1) 管理者的决策　管理者的决策指的是由于管理者对酒店业的发展规律、行业的特性等认识的局限，或者由于希望进行内部自主性改变，如希望获得竞争性优势、改变企业文化等，从而产生决策失误，给酒店带来危机。

(2) 管理漏洞　管理漏洞指的是由于酒店管理不当或者管理措施不健全等人为因素而导致安全事故的发生，从而引发酒店危机，例如火灾、治安事故等。

(五) 酒店危机管理的重要性

1. 有助于控制事态发展，降低损失程度

危机管理最直接也是最根本的目的就是减少组织的损失，包括财产损失、信誉损失、形象损失、发展机会损失等多方面。及时地处理危机能迅速控制事态的发展，引导公众的看法，将酒店的损失减少到最低限度。

2. 有助于发挥舆论关注的积极作用，重塑酒店的良好形象

及时有效的危机管理可以使组织形象得到升级，获得良好的社会效益。组织形象是酒店的一种无形资产，每一个组织都极力塑造组织良好的形象，这需要循序渐进、日积月累。酒店在面临重大危机事件时处理得当，会使组织形象得以提升，起到"画龙点睛"的作用；如果处理不善则会使苦心经营的组织形象毁于一旦，从此一蹶不振。

3. 有助于维系员工忠诚度

危机发生时，酒店管理层的一举一动往往具有放大效应。管理层对危机管理不当，往往会导致员工对酒店管理层失去信心，从而对酒店的忠诚度下降；危机处理得当，则能提高员工对管理层的信任度，有助于维系员工的忠诚度。

4. 有助于维持酒店盈利水平

如果危机处理不当，伴随着酒店形象的受损，顾客对酒店及其产品失去信任转而购买竞争者的产品，酒店产品的销售量就必然下降，销售收入减少。酒店可能因为危机管理不当而出现各种资源供给不足，导致市场机会的丧失和市场占有率的下降；而在危机期间，却增加了许多正常情况下不会发生的费用，成本大幅度提高。收入减少与成本增加双重压力，使得酒店的盈利水平急剧恶化。为了避免这不利局面的发生，酒店必须重视危机管理。

第二节 酒店危机管理策略

一、危机管理的概念

关于危机管理的概念，不同学者有不同的见解。

美国学者史蒂文·芬克认为，危机管理是指对于企业前途转折点上的危机，有计划地除去风险与不确定性，使企业更能掌握自己前途的艺术。其主要观点是对风险与危机的规避艺术。

菲利普·汉斯洛夫则认为，危机管理是企业对任何发生危害组织的紧急情境的处理能力。他的观点是企业对危机的处理能力。

努纳梅克提出了危机发展的三个阶段，即危机爆发前、危机爆发期间和危机解决之后，并以这三个阶段作为指标进行探讨，规划各阶段所需的管理活动。这种观点强调的是危机的过程性管理。

日本危机研究会会长龙泽正雄认为，危机管理是将发现、确认、分析、评估、处理危机，作为危机管理的流程。在流程的每一个阶段，都将"如何以最小费用取得最大的效用"作为目标。他把"效用论"纳入了危机管理流程的各个阶段，对企业危机管理的研究层面较为广泛。

我国学者苏伟伦认为，危机管理是指组织或者个人通过危机检测、危机预防和控制、危机处理决策和危机处理的方法，达到避免、减少危机产生的危害，甚至可以达到将危机转化为机会的目的。这种定义强调的是危机管理的方法与机遇。

蔡澜等人认为危机管理包括了危机前、危机时、危机后所有方面的管理。有效的危机管理需要做到转移或缩减危机的来源、范围和影响，提高危机初始管理的地位，改进危机冲击的反应管理，完善修复管理，以便迅速有效地减轻危机造成的损害。这个观点是从危机生命周期的视角来界定危机管理的。

综上，我们认为危机管理是指企业在经营管理的过程中，对危机进行预防和预警、处理与善后、总结和分析，并能采取有效措施减少危机带来的损害，转危为机，让企业重回正轨。

二、酒店危机管理的概念

酒店危机管理就是酒店通过对危机的检测、防范、决策，建立快速反应机制，对危机进行及时处理，达到避免和减少危机的产生，甚至将危机转化为机会的管理过程。

三、酒店危机管理的特征

酒店危机的特点也决定了酒店危机管理有别于其他日常管理工作。总体来说，酒店危机管理有以下特征。

（一）可预防性

不管是外部因素还是内部因素造成的酒店危机，在危机发生之前往往是有迹可循的，通过建立健全酒店危机的预警机制，采取有效的管理手段进行检测和控制，可以避免危机的发生。

（二）系统性

酒店危机管理是一个系统性的过程，涉及组织领导管理、管理决策与评估、人力资源管理、信息管理、沟通管理、公共关系、财务管理等领域的内容，但这些内容并不是堆砌和叠加的，而是根据酒店危机的实际情况，形成有机联系的系统整体。酒店危机管理的系统性意味着要从宏观上把握酒店危机管理的整体性和综合性，优化酒店危机管理的策略，提高酒店危机管理的效率。

（三）决策非程序化

虽然酒店有规章制度和处理问题的程序，但是很多时候，酒店危机爆发后，留给决策者的决策时间是非常有限的。决策者必须当机立断、随机应变，简化危机处理的程序、缩短危机处理的时间，及时采取有效措施管理和控制危机。

（四）高风险性与不确定性

酒店危机发生时，由于危机的危害性和时间的紧迫性，决策者往往只能在有限的时间里，根据有限的信息进行判断和决策。另外，由于酒店危机管理不一定按常规程序进行决策和管理，在处理危机的过程中，可能会出现意想不到的情况。这些都会给危机管理带来高风险性和不确定性。

（五）复杂性

酒店危机的产生有可能是内部、外部的多个因素共同作用而形成的，如果这些危机的危害性较大、影响面较广，就会给酒店危机管理带来复杂性。特别是在信息高速传播的时代，酒店危机的影响也会高速传播，这也会给酒店危机的管理带来复杂性。

（六）灵活性

酒店危机管理的不确定性和复杂性，也使决策者要灵活处理酒店危机。在酒店危机管理中，决策者既要注意危机管理的系统性，也要兼顾酒店危机管理的灵活性，根据危机的实际情况，随机应变、灵活处理，迅速做出决策。

（七）动态性

酒店危机爆发后，其影响是处于不断变化中的。因此，酒店危机管理，要根据危机事件发展的不同阶段和不同影响，采取相应的措施进行检测、预警、控制、管理。可以说，酒店危机管理不论是在内容上还是措施上，都是不断发展变化的，具有动态性特征。

（八）开放性

酒店在应对危机时，也会面临来自各方面的挑战，如政府、媒体、顾客、供应商等。尤其是在网络时代，酒店在处理危机时，还要面临网络舆论的监督。因此，酒店危机管理的环境是开放性的，在危机管理过程中，酒店必须与社会各界保持良好的沟通和交流，取得各界的理解和支持，以达到将酒店危机的危害性降到最低的目的。

（九）艺术性

很多学者都提到，管理是一门艺术。其实，酒店危机管理也是如此。酒店危机管理的艺术性主要指的是决策者、管理者以及其他参与危机管理的人员，在危机管理的过程中，需要投入个人魅力和情感。个人魅力和情感的投入，往往能安抚在酒店危机中受到影响的人群，特别是同理心的投入，可以化解酒店内部因素造成的危机，取得相关人员的谅解。

四、酒店危机管理的职能

（一）计划职能

酒店危机管理的计划职能，是指酒店要未雨绸缪，事先做好设施设备、技术、物资资源、人力资源、财务预算等的统筹与规划，可以在危机管理时保证酒店平稳运营，也可以让酒店在处理危机的过程中将损失降到最低。

（二）预防职能

酒店危机管理的预防职能与计划职能息息相关，指的是在酒店危机爆发前的各种预防性的工作。酒店危机管理的目的是避免危机的产生或是减少危机的危害。因此，酒店平时必须对可能引起危机的各种因素加以关注，例如顾客满意度降低了，酒店管理层必须找出深层次的原因，提高顾客满意度，而不是等到顾客投诉甚至是顾客在网络上控诉后再进行危机管理。酒店危机管理的预防职能包括了日常性危机的预防，以及在危机爆发前紧急状态中的危机预防。

（三）决策职能

酒店危机管理的决策职能，指的是酒店管理层为了达到危机处理的预期效果，在有限的时间、信息、资源等条件约束下，完成应对酒店危机的处理方案，并采取相应的措施。酒店危机管理的决策必须遵循一定的程序和原则，选择最合适的方案，避免危机的产生或是减少危机的危害，甚至将危机转化为机会。

（四）控制职能

酒店危机管理的控制职能，是指根据危机管理的目标需要，不断跟进和修正所采取的措施，合理地运用约束机制，对危机影响到的事物运行方向进行合理的调整和规范，以达到危机管理的目标。管理控制的任务就是：保证危机管理的目标顺利实现，当发现态势发展偏离目标时，及时采取措施进行控制。酒店危机在爆发阶段、持续阶段和结束阶段，决策者都应该根据危机管理的计划、应急预案、危机决策等对危机采取有效的控制措施。如果控制职能实施得好，往往就能很快控制危机，将危机的危害降低。

（五）领导职能

酒店在面临危机时，往往成立危机管理小组，建立起危机管理的组织。在这个组织中，有合理的组织结构设置，能够有效整合组织内部成员，让每个成员各司其职。在处理酒店危机的过程中，危机管理小组的领导职能至关重要，是实施危机管理决策的重要保障。

（六）化解职能

酒店危机管理的化解职能，指的是危机解除之后，各部门恢复正常的运行状态，重新回到正常的发展轨道中。决策者在执行化解职能时，必须注意：危机一旦得到控制，酒店各部门就要立即恢复正常运营；危机的解决并不意味着危机带来的危害已经彻底消除，危害的持续性可能会影响到顾客对酒店的信心，或是影响员工的心态，这时候，酒店危机管理小组成员应该及时化解顾客的顾虑和员工的焦虑，努力重塑酒店形象，赢得各界的信任与支持。

（七）创新职能

酒店危机管理的创新职能，指的是在危机管理的过程中必须具备创新精神。危机具有不确定性、高风险性、隐蔽性等特点，酒店面临的每一次危机，其遭遇的时间、地点、人物和环境都各不相同。虽然酒店危机的管理要遵循一定的程序和原则，但只有根据实际情况，不断创新危机管理，才能更好地解决实际问题，并为下一次危机管理提供经验。

五、酒店危机管理的原则

酒店危机管理小组在处理酒店危机和实施酒店危机管理时，并不是随心所欲的。面对危机，决策者必须遵循一定的原则和程序，根据危机管理的目的和特点，妥善地处理危机。酒店危机管理应遵循以下原则。

（一）预防为主

酒店危机管理是对危机事件全过程的管理，其中在危机发生前进行管理，防患于未然，是酒店危机管理中的重要环节。应对酒店危机的最好办法就是了解各种危机发生的前兆，在危机发生前消除各种隐患。酒店投入预防危机工作中的时间和精力往往比投入危机解决工作中的时间和精力少很多，但却可以避免酒店危机的产生。

亡羊补牢不如未雨绸缪

2019 年，某酒店人员因拍摄客人隐私视频被拘留。客人的隐私安全如何保护，成为公众和酒店业界关注的热点话题。

尽管网上有很多教授外出住宿时如何排查是否有隐蔽摄像头的攻略，但随着拍摄设备微型化和技术的更新换代，过去的那些经验已经无法完全适用，预防此类事件的发生才是关键。

李原建议，酒店应该做好预防工作。首先，强化酒店内安全监控体系和安全巡视工作，发现可疑人员立即予以过问；其次，客人退房后，客房打扫程序中应增加电子摄像头的排查工作；最后，管理人员查房时应增加电子摄像头检查程序。只有经过两次探查后的客房才能出租给下一位客人。

对于民宿的客房安全管理，蔡红认为，一方面要出台统一规范的民宿管理办法与标准，也要针对多种不同类型的民宿进行具体规范。设计、制定具有针对性的民宿管理与规范办法时，还应明确房客、民宿经营者、预订平台各自的权益和责任。另一方面，民宿预订平台要在如何保障消费者的人身和隐私安全方面进行相应的研讨，提高房源准入标准，明确相关追责处罚机制。建立预订平台自有的评级体系，参考米其林餐厅的"美食侦探"的运作方式，匿名评审，选出优质房源。同时，对优质房源实施动态监管。"房源准入标准的不断提高，追责机制的逐步完善和建立，都将大大提升入住者的安全感与入住体验。"蔡红说。

途家网相关负责人表示，在房源上线前，预订平台对业主的教育、培训考核，反复申明此类行为的严重性和惩罚措施是非常必要的，可以在一定程度上实现预防的效果。同时，该负责人呼吁，未来民宿企业间，与地方政府、从业者之间应通过各种形式加强沟通交流合作，比如建立行业共享黑名单，可以通过行业联合抵制黑名单商户或用户来降低各种违法违规的行为。

北京第二外国语学院酒店管理学院李彬建议，如果民宿预订平台难以像酒店那样对客房进行逐个排查，可以聘请第三方专业公司明察暗访。此外，偷窥者的不法行为往往涉及高科技，民宿预订平台同样属于技术公司，可以尝试在技术上"赋能"，推出一些适用于民宿房源的"反侦察"手段。

"行业协会也应该承担起相应的责任，做好相关的培训、教育和监管工作。住宿行业的'偷拍'事件是一个国际性问题，需要政府、企业和技术公司等多方联手通过信息技术的手段来解决。"李彬说。

也有专家建议,预防偷拍事件,还需要强化源头治理。对于针孔摄像头等可以用于窃视的专用器材的生产、销售,必须更加严格限制,同时要严厉打击"偷拍"背后的黑色产业链。

来源:《中国旅游报》,王玮。

(二)统一指挥

酒店危机爆发后,酒店管理层应立即成立危机管理小组,并委任一位负责人作为总决策者来专门负责危机的处理工作。在决策者的统一指挥下,酒店的危机管理小组对危机的控制和处理进行统一组织和协调。统一指挥可以避免多人领导所造成的矛盾和混乱,以免延误危机处理的最佳时机。此外,酒店在对外联络和沟通时,也要遵循统一指挥的原则。例如,在向媒体通报危机处理的进展情况时,必须保持信息的正确性与一致性,避免由于信息不一致而引起公众的误解和不满,产生另一个危机。

(三)快速反应

有的酒店面临的危机往往危害性大,影响面广,不仅危及酒店的经营与管理,而且可能危及社会层面,如果不及时对危机进行控制,危害的波及面往往更广,危害程度也会越高。因此,在酒店危机爆发后,酒店管理层必须快速做出反应,以最快的速度成立危机管理小组,迅速调动人力、物力、财力等资源来处理危机。只有快速反应,才能遏制危机的危害性和影响范围,将损失降到最低。

(四)公共利益至上

酒店危机管理的最根本理念是维护公共利益。危机爆发后,可能会危害到各方的利益,如个人利益、部门利益、酒店利益和公共利益。公共利益应居于各种利益的首位。因此,酒店在处理危机时,应从全局的角度出发,做到局部利益服从集体利益,不能因为个人、部门或酒店利益而损害到了公共利益。

(五)主动应对

酒店面临危机时,决策者应积极面对、迅速决策,协调好各项危机管理工作,主动承担起各项危机管理工作,例如:主动向社会公众通报危机处理的进展,主动配合媒体采访和公众提问,主动与各界加强信息沟通。主动应对的原则实际上也是要求酒店把公共利益放在首位,积极主动处理危机。遵循主动应对的原则,有助于酒店在危机管理中树立良好的声誉。

酒店的舆情管理和危机

对于酒店的公关部门来说,2019 年并不好过。有的酒店因客房隐藏摄像头多次被媒体点名,有的酒店依然深陷在"卫生门"的泥潭中,有的酒店因诺如病毒集中爆发而引发客人对酒店食品安全的质疑……这些涉及人身安全、食品安全、服务质量管理的事件无不让酒店品牌在消费者心目中的美誉度处于岌岌可危的境地。不当的危机应对会给酒店帮倒忙，特别是"甲方思维"的生硬处理方式，常会引起消费者更强烈的反感。

与此同时，互联网主导下的传播环境发生了深刻的变化。传统媒体时代，危机传播呈线形和树形，企业可以知道明确的传播源，有可能在了解事实的基础上主动传播、引导，甚至控制。但是新媒体时代的生态完全不同，企业在事后无法分辨出坏消息传播的具体路径，但传播源病毒式扩散让控制毫无可能。

酒店如何直面这样的新形势？在上海申迪文化发展研究院副理事长金涛看来，舆情管理和危机应对是酒店行业最需要提升的管理环节之一。金涛说："对于服务业的企业而言，突发事件中，声明的主要功能就是表明态度、立场和观点。"声明要做好的就是五个方面的表达：回应大众关切，解释外界质疑，澄清不实谣言，表明负责态度，宣布补救措施。声明应信息准确，简明扼要，不超过500字。危机时刻的声明，态度要比事实重要，文字要软性，要体现真诚和谦卑。不要有对消费者提要求的表述，不要有自我溢美之词，不要有任何容易引发歧义的表述。

危急时刻往往考验企业是否有清晰的媒体战略。金涛提醒道："当问题发生，谣言的传播速度跑得比真相快时，快速表明一个负责任的态度，争取谅解和信任，恐怕是企业在任何时候都应该采取的一个策略。"不要在网上第一时间跟大家讲道理，首先要表明负责任的态度，争取谅解和信任，然后迅速和公众建立真诚的沟通。接下来，如果是事实类的负面新闻，企业自己要牢牢掌握话语权；如果是观点类的负面新闻，企业可以巧妙地通过第三方来辟谣。企业要快速对媒体做出回应，同时认真解决问题。

"众生喧嚣的社交媒体时代，媒体表达的法则是实事求是、返璞归真。酒店公共关系工作者只要保持一颗真诚面对公众的心，那么危机事件处理就没有什么大不了的。越是舆论喧哗，我们越要保持自己内心的冷静和坚定，这也是我们度过'至暗时刻'的一个心理法宝。"金涛如是说。

来源：《中国旅游报》，王玮。

（六）坦诚相待

当酒店危机爆发时，让公众恐慌和愤怒的往往并不是危机本身，而是酒店故意隐瞒或歪曲事实真相，不与公众沟通、不表明态度，使公众不能及时地了解与危机有关的一切真相，不尊重公众的知情权。这样往往会引起公众的反感、愤怒，甚至引发各种对酒店的猜疑和误解，从而引发另一波危机。因此，在酒店危机爆发后，酒店相关负责人应及时与各界沟通，通报酒店危机处理的措施、进展，回应各界的疑问，以取得公众的理解和支持。坚持坦诚相待的原则，可以使酒店处于更主动的地位，使危机管理工作更容易开展。

(七) 灵活处理

引发酒店危机的因素有很多，危机造成的危害也是各种各样的，因此酒店在危机管理时，要遵循灵活处理的原则，做到随机应变，具体问题具体分析，根据不同情况，采取有针对性的措施来处理危机。灵活处理原则，也要求酒店决策者在危机管理的过程中做到冷静和果断，可以说这是对决策者应对突发事件的考验。

(八) 全员配合

酒店危机的防范和管理工作，不是依赖危机管理小组就可以进行的一项工作，而是需要酒店全员配合、汇聚力量才能完成的一项重要工作。因此，酒店的每一位员工都应该树立危机防范意识，懂得处理基本危机。当危机爆发后，每一位员工都应该配合决策者做好各项危机管理工作，才能迅速消除危机带来的影响。全员配合的原则，也要求酒店各部门必须将各种危机处理的程序作为员工培训的内容之一，让员工懂得基本的危机处理的知识和技能。

(九) 善始善终

酒店危机爆发后，其影响力可能会延续到危机处理之后。因此，酒店必须善始善终，做好危机的善后工作，例如，对酒店的危机及危机管理工作进行分析、总结经验教训，开展对受危害群体的救济、补偿、心理辅导等工作。酒店危机管理的善后工作较为复杂，其工作效果会直接影响到酒店在公众心目中的形象和地位，因此需要决策者高度重视。

第三节　酒店危机处理

一、酒店危机处理的注意事项

在危机处理的过程中，酒店必须注意以下事项。

(一) 尽快确认危机

酒店处理危机的关键是尽快确认危机。如果危机发生后，酒店没有认识到问题的严重性，仍未察觉危机已经发生，就会延误处理危机的最佳时机。造成危机确认延误的原因有很多，例如：酒店设计的危机预警系统出现障碍，没有对可能发生的危机发出警报；酒店组织管理机构设置得不合理，造成危机信息传递延误；酒店相关人员害怕承担责任，隐瞒危机信息；酒店相关人员危机意识淡薄，缺乏警惕性。因此，要想快速控制并解决危机，首先要在第一时间确认危机。

(二) 保持冷静决策

面对危机的爆发，酒店的管理层必须保持冷静，沉着应对。如果酒店管理层在处理危机时，受到了公众情绪的影响，惊慌失措，那就很难对危机做出正确的判断，也很难对危机处理做出正确决策了。因此，酒店危机处理的决策者在酒店爆发危机时，要保持冷静决策，查明危机发生的原因，认识危机的性质、危机可能发展的趋势和造成的后果等，以找到解决危机的有效办法，做出正确的决策。

（三）迅速做出反应

危机爆发后，如果酒店不迅速做出反应，随着危机影响面的扩大以及媒体的介入，酒店危机的危害会加重。所以，在危机爆发后，酒店决策者要就危机处理的相关事宜进行诚恳的表态，如危机如何处理、危机处理的进展如何、会如何赔偿公众损失等。迅速做出反应，给公众满意的回复，可以避免酒店声誉在危机中再次受到损害。

（四）有重点地采取行动

酒店在危机爆发后，往往面临处理危机的时间、人力、物力、财力都受到限制的局面。这时候，如果酒店决策者不抓住重点采取行动，就会耗费宝贵的资源。因此，在处理酒店危机时，应有主次之分。决策者应集中资源处理危害较大的危机，再去解决其他问题。一般来说，对危机的受害者进行救治、补偿，阻断危机影响的途径，澄清事实的真相等都是最紧迫的事情，酒店应立即采取行动。

（五）主动纠错，赔偿损失

酒店发生危机后，必定会使公众利益受到损害，决策者应该主动承认错误、纠正错误，并及时赔偿受害者的物质损失和精神损失。例如当酒店餐厅出现大批客人吃饭后肠胃不适，有食物中毒迹象时，酒店应立即封存所有食品，关闭餐厅，对餐厅和厨房的环境、食品制作和运送的流程进行严格的检验，找出问题的原因，向受到损害的客人公开道歉，酒店相关人员应亲自拜访客人，对受到损害的客人给予相应的物质和精神赔偿，争取得到客人的谅解，将酒店危机的危害降到最低。

（六）积极邀请专家介入

酒店处理危机的过程中，邀请外部专家介入，有助于弥补酒店在处理危机时某些方面知识和经验的不足。在公众看来，专家更具权威性与公正性，由专家介入处理酒店危机，往往更容易赢得公众的信任。另外，因为外部专家不属于酒店成员，所以在分析和处理问题时，更为客观和冷静。可见，酒店在处理危机时，积极邀请外部专家介入，往往可以达到事半功倍的理想效果。

（七）重视政府部门与社会组织的作用

在公众心目中，政府部门和社会组织的权威性和公信力是其他机构和个人难以比拟的。酒店危机发生后，决策者应重视政府部门与社会组织的作用，配合政府部门与社会组织开展工作，主动寻求政府部门和社会组织的帮助，例如文化与旅游部门、旅游饭店协会、消费者保护协会等。这些政府部门和社会组织的权威发声，可以给公众足够的信赖感，有效帮助酒店扭转不利的舆论，帮助酒店在危机处理中塑造良好的企业形象。

二、酒店危机处理的程序

酒店危机处理的程序主要包括危机的预警、应对危机的准备、危机的确认、危机的决策、危机的控制与处理、危机的恢复、危机的善后共七个阶段。

（一）危机的预警

"预警"一词最早运用于军事领域，后来逐渐运用于经济、政治、文化、管理等不同领域。预警是指在危机发生之前，管理者根据以往总结的经验或观察得到的可能性预兆，向有关部门发出紧急的信号，报告可能发生的危险情况，以避免危机在不知情或是准备不足的情况下发生，从而在最大限度上降低危机所造成的危害的行为。

酒店危机的预警工作主要包括：建立危机预警系统、有序推进危机预警的工作等方面的内容。

1. 建立危机预警系统

酒店建立危机预警系统是为了能够采集到预测危机所需要的信号。这就要求要准确预警、及时预警、预警信号明确、预警系统的建立和合理使用。酒店危机预警系统一般包括信息收集子系统、信息加工子系统、信息决策子系统、信息警报子系统和信息咨询子系统五个部分。

信息收集子系统的任务是对影响酒店危机的风险源和征兆等信息进行收集，保证信息的全面性。因此，酒店必须明确危机风险源的分布情况，也就是哪些因素会导致酒店危机的产生以及各个因素的分布范围。例如客人满意度低往往是酒店的潜在危机之一。在信息收集子系统中，酒店应确定客人满意度是由哪些因素构成的，客人对酒店各个部门有何不同的期待等。如果在信息收集阶段，酒店没有全面评估客人的满意度，就会导致危机预警系统不完善，进而使管理者接收不到酒店危机的前兆信号。

信息加工子系统涉及酒店各部门对信息进行识别、归纳、整理等相关工作。目的是梳理收集来的信息，排除干扰、虚假信息，通过信息传递者、信息源、信息传递等环节进行判断，保证信息的准确性。例如，酒店可以通过回访客人、网络问卷、购后评价等多个渠道收集客人满意度信息，但要判断这些信息是否准确，以及在传递的过程中是否被篡改，是否被信息传递者瞒报。

信息决策子系统的功能是酒店各部门根据信息加工子系统的结果决定是否发出危机预警及确定危机的警报级别，并向信息警报子系统下达指令。很多酒店会以客人对满意度的评分来衡量满意度危机级别，分数低于某个临界值，则向有关人员发出危机预警，及时处理相关事宜。但值得注意的是，酒店面临的危机往往不是单一因素造成的，因此信息决策子系统应全面评估信息加工的结果，以确定预警的级别。

信息警报子系统的功能是向酒店危机管理小组或是潜在的危机受害者发出危机警报，使他们及时采取措施处理。信息警报子系统要求酒店管理信息系统要畅通，保证信息沟通的及时性和有效性。此外，信息警报子系统还要求酒店各部门员工通过培训和演习，熟悉并掌握危机信息警报的处理程序；否则，当危机警报发出时，相关人员仍无动于衷，则延误了危机处理的最佳时机。

信息咨询子系统的功能是发挥专家咨询的作用，保证酒店决策者的措施的科学性和专业性。实际上，酒店危机涉及的领域很多，需要借助各个领域的专家的知识和智慧，如心理专家、网络专家、法律专家、公关专家等。酒店危机管理小组应加强专家队伍的建设，构建起完善的专家咨询网络，使危机的决策能够得到专家的智力支持。

2. 有序推进危机预警的工作

酒店的危机预警工作需有计划地开展，具体工作主要包括：收集危机信息，即时监测和获取危机信号；对危机的信号做出评估与分析，科学判断危机发生的概率及危机发生后可能产生的损失；建立信息汇编制度，定期上报预警信息，紧急情况下可以启动特殊紧急汇报制度；通过对预警信息的汇总与整理，或由危机管理小组识别和判断危机信号，或由专家提供咨询建议，对危机信息做出一个准确的判断；根据危机的前期信息，进行预防工作或是控制工作，尽量将危机消除在萌芽状态。

（二）应对危机的准备

应对危机的准备是指在危机到来之前，做好各项准备工作，例如：设立危机管理小组，拟定危机管理预案，对危机处理程序进行培训和演练。

1. 设立危机管理小组

酒店应设立危机管理小组，在各部门选择合适人员参与，设置合理的组织机构，建立完备的、充足的沟通系统。危机管理小组的主要工作包括：协调组内成员；准备危机反应和恢复所需要的人力、财力、物力等资源；采取良好的沟通策略；媒体管理；形象管理；危机预警；危机处理的指挥、协调、控制等。

2. 拟定危机管理预案

酒店的危机管理预案是危机处理的具体行动指南。危机管理预案必须全面、系统、灵活，并且有具体的操作流程、报告流程、行动计划等。酒店危机管理预案还需要具有前瞻性、可操作性。

3. 对危机处理程序进行培训和演练

当危机处理的预案拟定好后，酒店必须向各部门员工培训危机处理的相关知识，包括危机意识的培养、危机处理程序的实施、部门间的紧急联动等。酒店应根据危机管理预案的内容，对常见危机的处理进行演练：一方面可以验证危机管理预案的可操作性，及时修正预案的不足；另一方面可以通过演练，让酒店危机管理小组和各部门员工明确自身职责、熟悉危机处理的程序，当真正危机来临时，才不至于手忙脚乱，可以沉着冷静地处理危机。

联防联控，形成合力

2020年2月，自新型冠状病毒性肺炎疫情发生以来，广州君达金城酒店（以下简称君达金城）针对周边小区出现多处疫情的情况，与属地单位联防联控，形成合力，团结一心坚决打赢疫情防控阻击战，确保入住宾客和自身员工"零感染"。

君达金城成立了疫情防控工作筹备组，并坚持以上率下，2020年1月30日起君达金城筹备组成员正常上班，2020年1月31日起筹备组唐耿华组长每日9点通过视频会议方式，组织酒店中层以上干部召开酒店疫情防控工作会议。注重发挥党员先锋模范作用，关键时间首先要求党员带头上、带头干。注重责任倒逼，对落实防控指令不坚决、措施不到位的，严肃追究当事人及部门负责人的相关责任。注重内外联防，加强与越秀区疾控中心、广东省人民医院、大东街社区卫生服务中心、大东街办事处的沟通联系，对接疫情防控应急工作流程，建立大东街办事处共建联防联控、群防群治工作机制，确保一有情况就能得到及时处置。在全力防控的基础上，预先筹划疫后经营，采取适当值勤与在家网络办公相结合方式，积极对接公司、地方政府业务部门等，为酒店下步正常运营打下基础。

来源：中国旅游新闻网，谭艳红。

（三）危机的确认

酒店危机管理小组在决定使用哪些危机决策前，首先要对危机进行确认，主要工作包括：收集与危机相关的信息，确认危机是否发生，确认危机的影响范围和可能带来的后果，找出危机产生的原因，对危机进行归类。

酒店危机的确认工作，一般按如下步骤进行：首先，酒店危机管理小组成员要对危机进行识别、判断危机等级，并将判断结果向上级汇报。其次，酒店危机管理小组成员对危机现场进行监控，并实时将信息反馈给决策者。最后，决策者对危机等级进行确认，召开对策会议，并将危机情况传达给酒店各部门。

酒店危机确认的全过程都应当根据危机的特定环境进行。危机确认的准确度不仅取决于危机信息量的多少，还取决于决策者对当时危机形势的准确把握，更取决于决策者的判断能力。因此在危机确认阶段，决策者只有向各方相关人员了解和评估更多的情况，才能客观、准确地对危机进行确认。

（四）危机的决策

危机决策指的是决策者在危机确认的基础上制定危机处理方案的过程。酒店决策者要根据前期对酒店危机的确认与判断，对造成危机的原因有充分的认识和了解，并领导危机管理小组对危机造成的损失进行估算，设计多种可行性方案，比较各方案的优缺点，选择最佳实施方案。危机决策的方案必须定位精准并迅速推行。酒店危机决策按程序进行，可以包括以下几个阶段。

1. 发现问题或机会

这是决策过程的第一步。决策是解决危机的过程，问题和机会往往蕴藏其中。发现问题，就可以发现更多的机会。但发现问题和机会都不是容易的事，必须通过缜密调查、分析、研究危机的实际情况，才能找到问题的关键。

2. 确定决策目标

能否正确地确定决策目标，关系到危机处理的成败。正确的目标一般要符合以下条件：有根据地制定目标，且要具体明确；酒店管理危机小组根据危机情况，将目标分解落实到各个部门；制定的目标需要有衡量的指标，如评分法、分级法等；确定多个目标时，应分清楚主要目标和次要目标，确定目标的优先顺序；确定目标的约束条件，如可能影响目标完成的人力、物力、财力等条件。只有确定好正确的决策目标，酒店危机管理小组才能朝着目标来处理危机，在处理危机的过程中不走歪路。

3. 探讨并拟定各种可行方案

任何危机的解决都不可能只有一种解决方案，只有经过比较、选择、决策，使解决方案适合酒店经营环境，才能更好地解决酒店危机，因此拟定多种解决方案是非常重要的。方案的拟定包括了大胆设想和精心设计两个阶段。大胆假设是指酒店危机管理小组的成员可以从不同的角度设想出各种可行方案，让决策者在处理酒店危机时有选择的余地。精心设计是指酒店危机管理小组成员细化方案的细节以及预测实施后果，例如日程安排、经费预算、组织工作、资源支持等。这个阶段的工作越细致，决策者在选择方案时就越有把握。

4. 方案的评价、比较和选择

酒店危机管理小组在方案的评价、比较和选择阶段，应注意以下标准：价值标准，即方案的作用、意义和效果等，价值标准可以衡量是否可以达到决策目标的要求；满意标准，这是最优原则的体现，即方案是否符合大众的要求，其实施后果是否符合大众的利益，让大众满意；期望值标准，即根据各种客观情况出现的概率计算出来的最大期望值标准平均值，任何方案都不可能满足大众的所有期望，但只要能达到最大期望值标准平均值，都可以视为可行的方案。

选择方案时，可以采用以下方法：经验判断法，即决策者根据已掌握的危机信息及以往的经验，经过权衡利弊后，做出选择决策；数学分析法，这种方法是指可以通过建立数学模型求出最优数值的方法，使决策达到准确化；试验法，即在小范围内进行试验，并在试验的基础上对方案进行改进。

5. 决策方案的执行和反馈

当决策者实施所选择的方案后，既要保证处理危机的决策顺利进行，还应通过不同的渠道来获取反馈信息。这样，当危机处理的过程中发现问题时，就可以及时修改方案或是修订目标。

（五）危机的控制与处理

酒店危机的控制指的是控制危机影响的扩散和危机造成的损失；危机的处理指的是解决危机的根源，从根本上消除危机。实际上，危机控制和处理是相互渗透的过程，控制过程就是处理过程，处理过程也是控制过程。危机的控制与处理，是酒店危机管理和应对工作的核心阶段，具体可以按照以下程序进行。

1. 迅速成立危机处理小组

酒店危机爆发后，酒店应根据危机的类型和级别迅速成立危机处理小组，成员由酒店管理层、相关部门负责人以及内外部专业人士组成。危机处理小组成立后，决策者应明确规定各成员的职责分工、相应的权限和沟通渠道。酒店危机处理小组是在酒店危机处理中的权威协调机构，有权力调动酒店资源，制定和审核危机处理方案和工作程序，监督危机处理工作的正确实施。

2. 启动危机处理计划

酒店危机处理小组应根据危机处理计划进行危机处理，做到分工明确、责任落实、配合有序。一方面，决策者和危机处理小组成员要熟悉危机处理计划及危机处理程序，保证危机处理工作有序进行。另一方面，决策者和危机处理小组要迅速控制危机的发展，避免其影响进一步扩大。

以客人投诉引起的酒店危机为例。客人在酒店因为客房服务员效率低投诉到前台。酒店在解决这次投诉危机的过程中：一方面要向客人道歉，找出问题的根源，必要时向客人赔偿，取得客人谅解；另一方面，应留意客人有没有将此事发布到网络平台，必要时可以请公关部介入协助处理。

3. 选择危机处理策略

酒店危机处理策略是对危机处理的整体性思考。选择合适的策略，可以帮助决策者厘清思路，改善危机处理的效果，减少危机对酒店带来的损害，甚至可以把危机转化为机会。常见的危机处理策略包括：

（1）危机中止策略　危机中止策略指的是针对危机产生的原因，中止事态进一步发展，例如当酒店洗衣房发生熨衣机使员工受伤事件时，应马上停止整个洗衣房的运行，检查每一台机器的安全性，这样可以避免洗衣房的安全危机进一步蔓延。

（2）危机隔离策略　危机隔离策略指的是将危机的负面影响隔离在最小的范围内，避免影响更多的人员，避免造成更大的损失。例如，当采购部发现某食品供应商发生信誉危机，会影响到酒店运营时，应通知危机管理小组，迅速停止与此供应商的供货关系，并及时向公众发表声明。酒店运用这种隔离策略，可以迅速切断与问题供应商的联系，缩小危机对酒店的影响。

（3）危机消除策略　危机消除策略指的是消除危机所带来的各种负面影响，转变公众对酒店的态度和看法。酒店危机涉及的负面影响可能是经济上的损失，如营业额下降，也有可能是精神上的损失，如管理层信心不足、员工士气低下等。

（4）危机利用策略　危机利用策略指的是酒店可以利用危机，使其成为酒店品牌和形象宣传的契机。这种策略比较适合运用在外部因素引起的危机上。例如2014年7月，海南遭受到了超级台风"威马逊"的重创，不少社区出现连续几天停电停水的情况。台风虽然给酒店带来财产损失和经营困难的危机，但有的酒店适时给市民推出了免费洗澡、低价入住的服务。不少酒店采用了危机利用策略，在这次危机中赢得了良好的公众形象。

各种危机策略并不是彼此孤立的，酒店在危机处理的过程中，往往要根据实际情况，综合运用多种策略解决酒店危机。

4. 拟定危机处理报告

酒店在处理危机时，需要及时对处理工作进行评估和总结，因此有必要拟定危机总结报告。危机总结报告的内容一般包括：总结酒店危机处理过程中的相关信息，对危机发生的原因、处理危机的措施等进行调查、分析、评价及整改；发现机会与优势；建立与整合公共关系，包括政府关系、媒体关系、消费者关系等；善后工作。

（六）危机的恢复

对于危机给酒店造成的损失，要通过危机的恢复来解决。在后期，危机的处理工作转向了危机的恢复工作。酒店可以通过危机恢复，对危机造成的损害进行评估和恢复，形成改进意见，将危机发展成为机会。危机恢复的工作程序如下。

1. 建立危机恢复小组

危机恢复小组的成员与危机处理小组的成员可以有一定的差异，因为两个小组的工作目的不同、职责不同，成员构成也会不同。危机处理小组常常邀请外部专家来共同处理酒店危机，而危机恢复小组往往都是由酒店内部人员构成的。

2. 获取危机处理的全部信息

酒店危机恢复小组成立后，可以从危机管理人员、危机受害者等人员处获取详细信息，并由法律、财务、医生等专业人士做出评估，掌握酒店遭受危机后声誉、财力、人力等方面的受损程度。只有获取足够详细的信息并进行专业评估，酒店危机恢复小组在决策时才有足够科学的依据。

3. 确定危机恢复的策略

确定危机恢复的策略,主要是指由酒店危机恢复小组对危机恢复对象进行确认,并对他们的重要性进行排序。

4. 制订危机恢复计划

危机恢复计划的主要内容包括:介绍危机发生的背景、原因、发展态势、造成的损失、危机处理的效果、危机处理的遗留问题、确定危机恢复的目标、危机恢复的预算、危机恢复所需要的资源、危机恢复的对象(如酒店形象、员工士气、顾客关系等)、危机恢复的措施、危机恢复的困难等。

5. 实施危机恢复的计划

实施危机恢复计划是危机恢复工作的重点。虽然危机已经过去,但这并不意味着危机恢复是件容易的事。相反,酒店危机恢复工作可能是个漫长的过程。例如,在自然灾害危机的影响下,酒店危机恢复工作涵盖:对自然灾害造成破坏的设施设备进行修复或重建;安置受灾人员;收集、清理和处理污染物;合理调配资金和物资;受灾人员的心理援助;等等。危机恢复工作中,既要关注物资方面的有形恢复工作,也要关注社会与精神方面的无形恢复工作。

酒店危机恢复小组在工作过程中,应注意以下基本要求:确定以人为本的危机恢复计划;保证恢复工作的连续性;确定合理、合适的恢复标准;确定合适的恢复机制。

(七)危机的善后

酒店危机的善后阶段,要设立由第三方担任的、独立的、权威的调查部门,对造成酒店危机事件的原因进行深入调查,明确危机事件的责任主体并采取相应的奖惩措施,并根据实际情况修订原来的危机管理预案和解决方案,总结危机处理中的经验教训和机会。

危机的善后工作,一般由两个环节组成:危机调查,总结与评价危机。

1. 危机调查

酒店危机的调查环节,指的是成立一个相对独立的调查小组,或是按国际惯例,委托第三方来完成危机调查工作。这样可以确保危机调查工作的独立性、公正性、公开性和权威性。危机调查工作主要是调查小组或第三方通过现场勘查、询问、观察、数据分析等一系列方法进行调查,分析酒店危机的原因、危机造成的危害、危机的预防与处理的执行情况、危机的反馈与危机管理的改进情况。

2. 总结与评价危机

实际上,对危机进行总结与评价,贯穿于危机管理的全过程,危机的预测、确认、决策、处理、恢复和善后,每一个阶段的工作都应有详细的总结与评价。总结与评价既包括了阶段性的,也包括了最后总结性的。阶段性的总结与评价,可以对本阶段的工作进行总结,也可以为下一个阶段的工作提供建议。而最后总结性的总结与评价，涉及了危机的所有方面和全部过程：对危机管理系统、危机管理制度、危机管理小组与危机处理小组的组织架构、危机管理者和决策者的能力、危机预警机制的效果、危机管理与处理计划的制订与实施、危机判断与决策方案的选择、危机处理的措施、危机管理的信息沟通与交流、危机管理过程中的公共关系、危机恢复机制的运用效果等。

对危机进行总结和评价，可以使酒店全员提高对突发事件的预警意识和处理能力；可以对酒店组织机构、运行机制、人员配置、管理方法等进行改革；可以督促各部门提高有效的危机防范和处理能力；可以推动和改进酒店与各界的公共关系。

第四节 酒店危机管理经典案例

案例 让酒店的"卫生文化"成为"战疫"后的品牌亮点

有人戴口罩是怕被别人传染，有人戴口罩是怕自己传染了别人。当考虑的角度从"利己"到"利他"转变的时候，社会上就形成了一种"口罩文化"，其表现就是：当一个人身体不适，在公共空间打喷嚏、咳嗽却既不戴口罩也不主动遮挡口鼻时，大家会向其投去异样的目光，"口罩文化"就开始形成了。

从经济型酒店到高星级酒店，从毛巾、口杯到热水壶，从床单到马桶等，近年来酒店卫生问题时有曝光。虽说出现问题的只是个别酒店，但当折叠式旅行热水壶、一次性马桶坐垫、旅行隔脏床单被套等大卖，客人的半个旅行箱里都装满了自备的个人卫生用品时，就难以避免地演化为整个酒店行业卫生方面的信任危机。

虽然酒店行业在新冠肺炎疫情中遭受重创，但是客人对于酒店卫生的要求和标准会更高。疫情已经引发了一场深刻的全民卫生反思。甚至有人预测说：以后家里不仅囤塑料袋，还会囤口罩和酒精了。面对心理已变化的客人，卫生不再只是一个酒店提供的基础产品和服务。酒店如果能够让自家的卫生理念和措施成为像"口罩文化"一样的独特的"酒店卫生文化"，这不失为疫情后酒店业务复苏和品牌重塑的一个着力点和亮点。

待到新冠肺炎疫情平息之后，酒店行业由"暂停键"重新启动成"运行键"后，并不是一切业务都会沿着原来的轨道继续前行，也不是继续走产品和服务的老路，再加大市场营销和渠道的力度就能恢复客流量的。酒店应该重新精准地把握客人心理需求的变化，调整经营策略。客人愿意入住感觉更加干净的酒店，酒店就应在卫生方面进行相应的卫生产品和服务的主动重塑，形成自己独特的酒店卫生文化，将其作为"战疫"后的品牌亮点，从而赢得市场和客人的关注。

目前酒店应启动以下三项工作：

首先，酒店应进行酒店卫生设施改造和酒店卫生服务高标准的布控与设计。要在酒店的整体功能布局、新风系统、给排水、垃圾处理、公共区域、餐厅、客房等设计上，考虑公共卫生方面的专业化设计。还要依据此次疫情中暴露出的薄弱环节，在酒店布草、杯具和餐具等客用品的消毒方面重新考量，如"最少触碰式"的电梯、水龙头、马桶开关设计等。在酒店卫生服务环节上，针对客人忌讳的"手接触部位"，发布"无接触式"服务特色和标准。比如，围绕"抗疫"以前被一些客人诟病的空调调节按钮、电视遥控器等消毒方面的问题，以及高标准的清洁剂的选用等。在加强酒店日常卫生服务工作的同时，还要做好酒店危机事件预案的及时更新、培训和演练等。

其次，当这些具体做法形成了酒店独特的卫生文化后，要善于提炼及总结，形成具有本酒店卫生特色的文字、图片及理念，积极地向市场和客人宣传，使自己独特的酒店卫生文化在同类市场上具有感知度、辨识度和美誉度。这样，不仅补上了以前酒店卫生信任危机的短板，还能形成酒店品牌文化的亮点，增强酒店"抗疫"后的市场竞争力。

最后，还要用智慧酒店建设和酒店管理效率来保障酒店卫生文化的落地。以往，酒店行业虽然不一定将自己的卫生服务上升到文化的高度，但却并不缺乏相关的卫生标准与规定，只是很多酒店在管理上并未形成卫生文化。究其深层次的原因，是在服务层面和管理层面上都还没有形成文化。这种情况下，一旦出现问题就把"板子"打在客房服务员身上，是很难从根本上解决酒店卫生问题的。只有当卫生问题被管理层有意识地提炼成一种卫生文化，再辅以酒店智慧化建设和管理制度的落实，才能真正地使酒店的卫生文化成为酒店品牌的亮点。

来源：中国旅游新闻网，刘德艳。

延伸阅读

疫情后酒店业的变革

作为一名经历过 2003 年 SARS 的老酒店人，笔者切身感受过那场疫情中的艰难及疫情过后酒店业的再次兴起，同时也体会到每次危机过后酒店业的变革与产品分化。针对此次新冠肺炎疫情，笔者想谈点看法，供行业同仁参考。

第一，触底反弹是必然过程。

疫情发生后，酒店业者最初担心的是后期的经营，其中也包括"报复式"消费、触底反弹等乐观的看法。从每次旅游业"短暂休眠"的情况看，迎来消费高峰是事实，比如"五一""十一"假期前后的冷清与节假日的高峰，消费曲线正是人活动状态的最好体现。任何事物均逃不过触底反弹的必然规律，除非是事物本身不存在了。

那么，复工期会面临什么问题呢？笔者以为，是对疫情的恐惧引发的顾客对酒店信任感的缺失。短程顾客会尽量安排当天往返不住酒店，远程顾客也会尽量选择通过召开视频会议的方式商讨解决问题。在短期内，酒店要想复工即恢复高峰，是不现实的。

如何消除顾客的恐惧心理？一方面是疫情得到彻底控制后，通过各类新闻媒体的宣传，让更多的受众了解真实情况；另一方面，疫情后至少在两个月时间内，酒店需要保持消毒、通风等措施，通过加强卫生管控及外部宣传，让更多顾客知道清洁及消毒的流程细节，对酒店产生信任感，从而选择入住酒店。

第二，再谈现金流已经滞后。

最近，很多培训都在谈现金流管理的方法，引导大家关注现金流。但笔者认为，此时谈现金流管理属于亡羊补牢。疫情发生后，所有企业都面临现金流问题。面对令人头痛的现金流问题，企业需要的不是理论上的引导，而是具体解决难题的方法，政府政策的扶持，需要引导银行及资本公司合理地评估企业现状、适当放款援助企业，这才是解决的途径。

国内企业的现金流管理有待改善，特别是一些小型企业，其资金的流向与管理非常散乱，没有意识到企业的发展必须是财务合理分析与科学管控的结合。笔者更希望，企业能够通过此次疫情，重新认识现金流的重要性。

第三，洗牌后的专业化分工。

近期，不少人都在探讨疫情后品牌洗牌的情况，大家谈到的多是小型酒店现金流断链支撑不住时，将导致大鱼吃小鱼的局面。事实上，笔者更想谈的是疫情后酒店的格局变化，企业在意识到风险后，如何在降低风险的同时保证酒店的收益。

首先，通过此次疫情，酒店业深知人工成本超负荷运转带来的致命打击。过去，酒店已有保洁外包服务，随着疫情结束，更多的酒店将会展开更广泛的合作，无论是通过共享员工形式还是外包服务形式，目的都是将更多的工作分包给其他企业去完成，通过服务合作降低员工成本和风险，形成互利互惠的状态。

其次，承包合作。传统酒店基本是全服务类型，从咖啡厅、行政酒廊到餐厅、客房等。而未来的酒店崇尚让专业的人做专业的事，将不盈利的部门通过发包方式，吸引专业的人来合作经营，采取合作或者收租的形式，通过合约上的条款约束，保证客人得到优质服务的同时，酒店也能获得更高收益。

第四，应用型机器人是方向。

2003年的SARS疫情引发互联网购物的兴起，2020年的新冠肺炎疫情促使物联网更快速发展。那么，酒店的物联及智能该如何体现呢？

在此次疫情中机器人无接触服务发挥的能效，有力地证明了物联的重要性。只有物联的贯穿，才能将应用部分惠及顾客，从而产生更高的收益。未来的酒店，不仅送物机器人将会得到大范围推广，而且智能公司研发将朝着更多的应用型机器人方向展开。

要满足酒店应用型机器人的应用需求，必须要了解酒店的服务构成，像清洁这类重复性较强的工作，完全可以由清洁机器人来完成。而中端酒店或者是大型酒店的员工食堂，也可以引入炒菜机器人。笔者在苏州某智能工厂，已经发现了可以调制咖啡的机器人，这些创新应用型机器人的出现也将改变酒店的产业结构。

未来，会有越来越多的机器人为酒店完成重复性工作，将真正有感情、有温度的事情交给人来完成，这是一个必然的方向。

来源：《中国旅游报》，夏子帆。

思考与习题

1. 请说一说酒店危机管理的重要性。
2. 酒店危机管理的职能有哪些？
3. 酒店危机处理的注意事项有哪些？

第十二章　酒店未来发展趋势

学习目标

了解酒店业未来发展几大趋势。

理解酒店业当前趋势背后原因。

思考酒店业的发展过程中需要的人才要具备哪些素质和能力。

重点

了解酒店业未来发展趋势与方向，分析与思考未来酒店业人才需求。

难点

理解酒店业当前趋势背后原因。

导入案例

机器人的应用

现在的酒店普遍面临人力成本过高、人力服务情绪化、服务内容单一等问题。传统酒店的服务常被大家所诟病的话题有服务员的态度差、服务质量不好等。是否能够部分使用服务机器人替代人力，从配送角度来看是可以的，已有多家企业的产品落地。

首先，服务机器人研发企业需要明白：服务机器人产品的本质是提供智能的服务。其次，具备一体化、全面化解决方案使服务机器人企业更能存活下来，更有竞争力。服务机器人按照定位的划分方式，主要分为商用机器人与家用机器人。在商用服务机器人范畴，可以分为交互类和功能类两种。

交互类产品的核心功能是与人交互，模仿人的行为，实现拟人化的功能。比如与人语音对话、握手、点头，观察人的表情；功能类产品以自主移动为核心，产品主要是以空间距离传感器，例如视觉传感器、激光雷达，获得环境的信息，主要帮人移动，做搬运和配送。市场人工智能的发展处于弱智能时代,"工具"比"人"更能落地。随着服务机器人行业红利的降低,市场需要真正"有用"的机器人。

美国时间 2020 年 1 月 7—10 日,全球最大的消费技术产业盛会——2020 CES 消费电子展在美国拉斯维加斯举办。大会上,由钛媒体主办的 2020 CES Talk to China Stage 成功举行。本次论坛聚集了来自全球诸多闪亮大咖就人工智能、5G 技术、智慧出行、企业出海等全球技术创新趋势的最前沿热门话题,进行头脑风暴,分享交流先锋科技思想。

基于对服务机器人行业数十年深耕及深刻理解,擎朗智能(中国无人配送机器人领先品牌)确定了无人配送机器人赛道,并找到无人配送机器人场景刚需,其做的部分行业环境-价格分析见图 12-1。

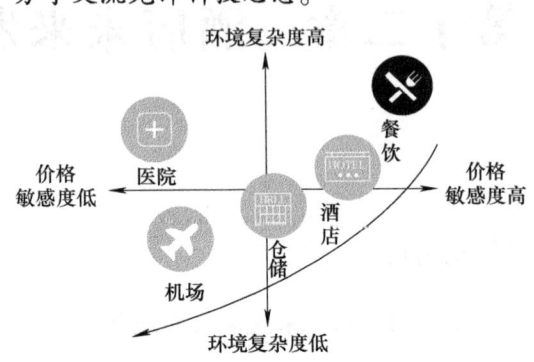

图 12-1　部分行业环境-价格分析图

餐厅/酒店场所传菜送物:室内配送,量大/速度要求快。

大型公共场合清扫:室外/内移动,覆盖面广/可重复度高。

仓储运输:仓储拣货、送货,替代劳动力,可重复度高。

快递外卖派送:室外/室内配送,主要工作在室内派送,量大/速度要求快。

医院医疗设备运送:室内配送,护士人工贵/放射、传染环境较危险。

思考:酒店行业哪些服务可以由服务机器人代替?替代后会有哪些变化或影响?

第一节　酒店品牌化和集团化

受益于国家经济的快速发展与人民生活消费水平的提高,我国酒店行业规模持续增长,我国的酒店行业正逐步走向大规模、高质量的发展时代。从酒店行业的市场表现、客户的住宿需求和消费观念等方面分析,酒店未来的发展有以下趋势:酒店品牌化和集团化、中高端酒店的兴起、经济型酒店的重新洗牌、绿色酒店、定制化服务、高科技应用等。

一、品牌化和集团化是大势所趋

(一)提升酒店的核心竞争力

随着国际酒店集团大举进入中国市场和中国酒店集团的崛起,以及市场环境给酒店业带来的影响,中国酒店业向品牌化、集团化、网络化发展是大势所趋。中国酒店业市场正进行重组与革新。五星级酒店领跑高端市场,经济型快捷酒店主导中低端市场,中端市场上则出现主题酒店和精品酒店二分天下的局面。但是占酒店总量 85% 以上的中小型酒店仍处于单体经营、管理粗放、效益欠佳的状态，既无明确的市场定位，也无适当的管理方法，造成了资源上的浪费。品牌不仅是酒店的核心竞争力，还是酒店重要的无形资产，关系到酒店的可持续发展能力。

（二）促进酒店业转型升级

酒店业从过去的重视资产运营转向重视管理品牌运营，从过去的不可持续的、消耗资源的重资产模式转向可持续的、租赁物业、重管理输出与品牌输出的轻资产模式。同时由于我国地产投资周期原因，现有存量物业规模较大，酒店自持物业成本过高。国家出台一系列"去杠杆"调控措施，坚定不移地将"解决资金空转、遏制资产泡沫、扭转脱实向虚"作为调控的目标，重资产类酒店转型升级迫在眉睫，必须通过出售资产、降低杠杆以达到增加现金流、降低财务成本的目的。

（三）符合国际酒店发展趋势

酒店企业在寻求更大的发展之时，扩大经济规模便成为其自然选择。集团化经营可以整合相关资源，形成规模经济和资金优势，集中资源做好、做快、做大。以中端酒店为主要对象对标海外酒店来看，发达国家的中端连锁酒店占比超过50%，美国的酒店连锁化率接近70%，当前我国中端酒店的连锁化程度非常低，有连锁概念的中端酒店仅在5000家左右，接近中端酒店存量的15%。而我国经济型酒店的连锁化率已近60%。由于中端酒店与品牌、品质等的天生关联属性，以及消费者对品质有更高追求、对品牌有更强忠诚度，中端酒店的连锁化率理应比经济型酒店的60%更高，我国的中端连锁酒店仍有较大的发展空间。

二、品牌化和集团化模式与方法

（一）集团化概念

酒店集团包括集团旗下酒店投资、酒店管理和品牌运营等业务，根据行业惯例分成豪华（五星级）、高端（四星级）、中端（三星级）、经济型（二星级及以下）四类档次。

我国酒店集团日渐崛起，逐步重组全球酒店业格局。酒店集团、现代或连锁经营是指酒店公司拥有或控制两家以上的酒店，这些采用统一的名称及标志、统一的经营管理方式和水准、统一的服务标准和风格、系统联合经营。

（二）酒店集团化经营的主要形式

1. 直接经营

直接经营是指有两个或以上的公司隶属同一母公司的经营形式，母公司可通过完全拥有、租赁建筑物或土地的方式来实现对子公司的控制，母公司在分享子公司利润的同时，对其经营损失承担风险。

2. 租赁管理

租赁管理一般是指某家酒店管理公司和租赁方（酒店所有者）签订租赁合同，在租赁期内由租方支付一定数额的固定租金，酒店所有者只对酒店资产保留所有权，酒店资产的使用权、经营权让渡给酒店管理公司。

3. 管理合同

本质上是酒店管理公司和业主之间的一个协议，酒店管理公司通过合同约定方式取得业主的经营管理权，运用法律约束手段明确委托人和受托人之间的义务、权利及责任。

酒店管理合同的特点是通过输出，对属下酒店进行紧密控制和直接的经营管理。酒店管理公司负责运营酒店并管理酒店业务的责任。业主不做出经营决策，但是要承担筹集营运资本、营业费用及偿还贷款的责任。酒店管理公司以业主的名义，使用酒店营业现金流量支付所有费用，保留管理酬金。

4. 特许经营

特许经营是指国际酒店管理集团将其具有知识产权性质的品牌，包括预订网络与营销系统、管理模式与服务标准等使用权出售给酒店业主，由酒店业主依照国际品牌的质量标准与规范营运要求自主管理酒店的形式。特许式的品牌输出，带来是酒店管理集团有形和无形资产的双重提高。

5. 战略联盟

战略联盟是指为了保持和加强自身的竞争力，酒店与其他企业在某些领域进行合作经营的形式。这种联盟不强调合作伙伴之间在各方面的相容性，重视的是合作伙伴经营资源的共同运用。根据不同的选择性，可以组成不同的合作联盟。

（三）酒店集团的优势

1. 市场方面的优势

酒店集团的声誉和实力，往往会产生品牌效应，从而赢得客人信赖；酒店集团拥有客源预订网络系统，可以争取到更多的市场份额，为各成员酒店预订客房、销售团队和会议业务，并处理集团之间推荐客源的业务；酒店集团在整体营销以及为下属酒店进行宣传方面具有单体酒店难以比拟的优势。

2. 财务方面的优势

酒店集团凭借实力雄厚、不动产资本庞大、融资信誉良好的优势，能使下属酒店比较容易地从金融机构或其他途径获得贷款或投资；酒店集团以入股、控股、合资、合作、贷款等形式，对下属酒店在资金上给予支持；酒店加入酒店集团，同时也就加入了一种财务管理系统，这种系统将有效防止出现财务困境。

3. 经营管理方面的优势

酒店集团的管理方案、设备标准、服务规范、信息系统、培训资源以及其他专业方面的资源,是酒店集团下属酒店共享的;酒店集团的介入,有利于产权和经营分离从而充分保证自主经营;酒店集团对下属酒店的专业化管理,有利于下属酒店经营水平的提高并实现良性循环;酒店集团对下属酒店的服务质量控制较严,有利于下属酒店的改进从而使其与酒店集团的水准保持一致;酒店集团可以利用本系统的信息网络,及时吸收先进管理理论和方式并传播给下属酒店,还可以组织业务交流,以促进酒店提高管理水平。

4. 人力资源方面的优势

酒店集团将拥有各种专业知识的人才,在下属酒店进行效调配,从而满足下属酒店对专业人才的需要;酒店集团内部,各级管理人员定期在地区以及岗位间进行调动,有利于下属酒店相互交流经验,增强酒店活力;酒店集团不断扩大下属酒店的数量,有利于选拔和提升有才能的员工,从而形成人才长效激励机制;酒店集团凭借实力,建设适合需要的人才培训基地,为下属酒店提高员工素质创造了有利条件。

三、酒店品牌化和集团化的注意事项

酒店品牌化的过程中,要注意多种方式创造酒店的知名度,这是因为没有知名度就没有业务。让顾客在酒店居住、开会、宴请与娱乐的体验超出期望,令顾客惊喜,从而产生良好的口碑宣传,创造美誉度。采用关系营销的方式不断提高顾客的回头率,积累顾客资产,努力创造顾客忠诚度,不断强化酒店品牌的联想度,使到酒店集团旗下酒店来居住、开会、宴请与娱乐成为顾客的一种生活方式。利用酒店的专利、品牌、营销网络与其他管理资源输出品牌与管理,进行酒店的无形资产经营。此外还应注意以下三点。

(一) 品牌创造

1. 科学的品牌定位

品牌定位的核心在于突出特色。酒店要通过研究目标顾客和竞争者,寻找自己的切入点,打造独特的经营理念和文化内涵,建立独树一帜的品牌与服务,获得自己稳定的市场份额。酒店形象犹如品牌的外衣,透露出品牌的独特性和文化内涵,是企业精神的外在流露,让顾客感觉温馨又印象深刻,在情感上引起共鸣。

2. 持续的品牌创新

品牌的创新核心在于创造有特色的优质产品和服务,超越顾客的期望值,使酒店与顾客实现利益最大化,从而更加有效地巩固品牌地位。品牌创新包括产品创新和管理创新。产品创新要突出特色,管理创新要突出高效。比如可以开设一些主题概念店、生态店、文化店、地域风情店,将空间的不同、地域的不同、时间的不同、文化的不同融入酒店经营当中,将酒店品牌发展为一种文化品牌，酒店不单纯提供住宿，而是提供一种文化、一种精神、一种娱乐、让顾客感受到超值的体验。

3. 正常的品牌维护

品牌维护是一个长期的系统工程，它需要各种因素的有机结合。首先是人的问题。"以人为本"是提升酒店品牌价值的关键环节，这就需要建立一支优秀的员工队伍。持续对员工进行职业培训和技能培训，优化员工队伍，用高质量的服务吸引顾客，形成独特的人才优势和品牌特色。其次是服务方式问题。酒店除了提供温馨舒适的住宿环境外，还要考虑到顾客的差异性需求，酒店结构与功能要不断优化，服务内容要紧跟市场需求，认真进行成本收益论证。品牌维护要防微杜渐，及时发现不良现象并及时改正，确保服务质量的进步。最后，要规范服务标准。我国酒店的发展必然要与国际逐步接轨，原有的硬件和软件标准已经不符合酒店的发展需求。

(二) 重视文化沉淀

我国的酒店管理的创新精神和本土特色有待加强，在品牌建设方面应进一步发力，才能在世界上独树一帜。世界上真正出名的酒店品牌永远是那些原创型的本土品牌，本土品牌有自己天然的文化特色的优势，因为越是民族的就越是世界的。中国在海外最受欢迎的音乐作品之一是小提琴协奏曲《梁祝》，最受欢迎的文学作品之一是《西厢记》，最受欢迎的酒店品牌肯定也是具有浓厚本土色彩的品牌。只有将中国传统文化与现代化的舒适巧妙地结合起来，发展具有中国特色的品牌，才能提高中国酒店业在国际上的竞争力。品牌和文化是相辅相成的，文化是品牌的基础，品牌是文化的提炼，因此中国酒店业要重视品牌研究和文化特色的研究，重视本土品牌的培育，争取有更多本土品牌的知名企业崛起于世界企业之林。

(三) 酒店集团品牌拓展

国内酒店品牌拓展的主要路径是发展连锁经营，以增强企业竞争力，达到规模经济。直营可以较大程度地规避管理风险，便于质量控制和管理控制，但是不利于酒店的规模发展，也不利于提升酒店品牌的影响力。酒店集团品牌拓展应积极发展各种连锁形式，包括特许加盟、单店联盟和兼并收购等。尤其当酒店市场及酒店管理日趋成熟、企业规模急剧扩张时，增大特许加盟的比重可以带来良好的品牌收益，实现优势互补，达到加盟店与特许方的双赢。

处理好酒店集团整体品牌与多个子品牌的关系。由于酒店竞争越来激烈，顾客需求个性化，为更好地满足顾客需求，国外酒店集团的品牌经营已从过去大规模营销单一公司转化为现在细分市场营销时代的多个子品牌经营。既要满足顾客个性化的独特需要，又要便于记忆和节约广告费，这就需要对每一个子品牌的目标市场进行准确定位，另外需要始终做到在宣传酒店集团的某一个子品牌时，同时宣传该酒店集团的整体品牌。

（四）本土酒店集团简介

锦江国际、首旅如家和华住在内的中国酒店集团，已经在数量上逐渐超越了一些其他国际酒店集团，成为中国酒店业的主流或主宰，并逐步重组了全球酒店业格局，输出了独具魅力的中国酒店品牌文化，将中国智慧和中国力量输出到全球。

2018年，锦江国际借助并购丽笙酒店集团，全球布局拓展到120多个国家，酒店数量超过1万家，客房100万间，拥有30多个全系列品牌，会员人数过亿，跃居全球第二，在规模上仅次于万豪国际集团。

华住市值突破百亿美元，堪称本土身价最贵、最富市场竞争力的酒店集团之一，从国民酒店到距世界级企业更近了一步。华住构建强有力的多品牌组合体系，旗下现有10多个品牌，从平价到高端，从国产自创品牌到外资合作品牌，一应俱全。从华住的发展布局来看，已经为下一步成为世界级企业、走向全球做好了充分准备。

当前中国酒店集团经营特色为规模快速增长，与国际酒店集团差距在缩小。境外游升温引发中国酒店企业在海外的投资潮。"互联网+"助力酒店业迈入移动互联网时代，营销多元化。"一带一路"助力酒店连锁化发展新机遇。

OTA渠道和酒店品牌之争日益激烈。唯有回归酒店行业本质，以用户至上，专注产品和服务，积极塑造酒店品牌，借助互联网降低酒店营销成本，对品牌进行口碑传播，才是互联网思维模式下的酒店营销。

第二节 中高端酒店的兴起

一、中高端酒店发展趋势良好

中高端酒店受益于消费升级和中产消费群体的快速扩大，加之受经济型、豪华型、奢华型酒店的消费转移的影响，近年来中高端酒店迎来行业红利时代，连续多年保持快速发展态势。

（一）中高端酒店发展仍有极大空间，未来将成为行业结构主体

根据对中国饭店协会数据的整理，目前我国酒店行业豪华型、中高端、经济型的比例约为8%、27%、65%，目前国内酒店市场由低端经济型酒店占主导。而欧美等发达国家成熟的酒店市场通常呈现两端小中间大的"橄榄形"结构，目前欧美酒店业豪华型、中高端、经济型的比例约为20%、50%、30%，未来我国酒店行业结构布局将向欧美等发达国家酒店行业结构靠近，呈现中高端酒店为主体的特征，中外各类型酒店比例情况见图12-2。从目前国内酒店市场结构来看，中高端酒店的发展仍有极大空间，未来我国的中高端酒店将进入

中长期的快速发展阶段。

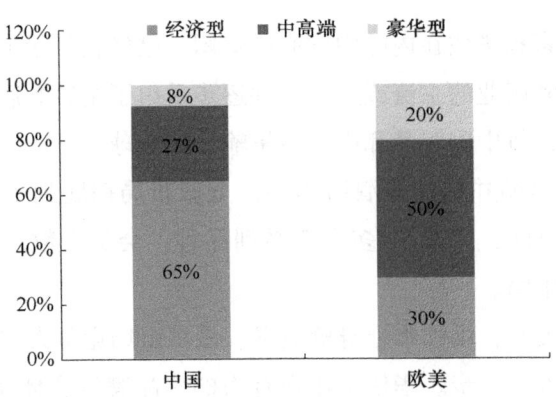

图 12-2　中外各类型酒店比例情况

数据来源：中国饭店协会、中商产业研究院，经整理。

（二）中高端酒店市场增势良好，头部企业领跑效应日趋明显

在市场整体消费升级和大众旅游快速发展的背景下，中高端酒店的消费群体不断扩大，为中高端酒店发展提供了充足的客源。与此同时，宏观经济增长放缓，房地产调控政策偏紧，酒店行业经营压力倍增，投资者对酒店开发越发谨慎，焦点也逐步从高档及以上定位酒店的开发转向投资回报率更高的中高端酒店。在需求端与供给端的综合作用下，酒店签约市场发展出现"格局性"转变，中高端酒店市场迎来了发展高峰（见图 12-3）。

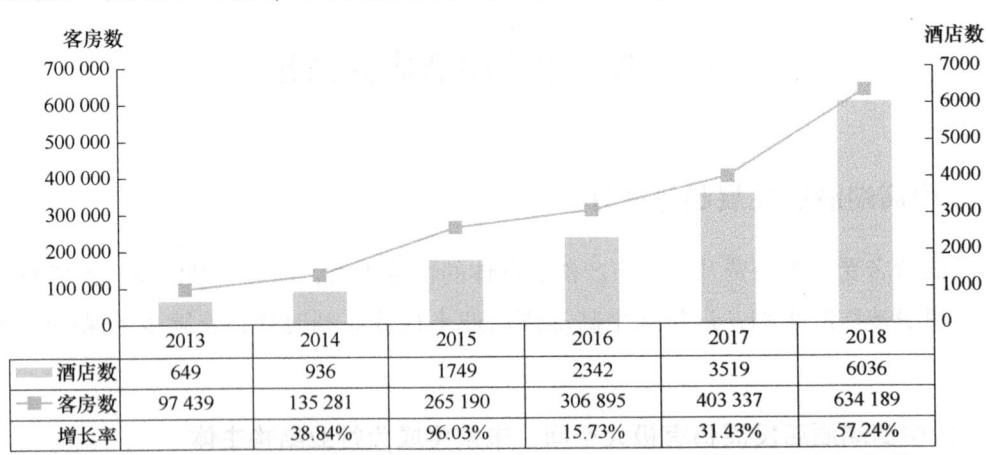

图 12-3　2013 年—2018 年中高端连锁酒店规模增长图

（三）中高端酒店市场增长加速，坚实的基本面支撑诞生中高端巨头

截至 2019 年 1 月 1 日，中高端酒店营业数 6036 家，客房数 634 189 间，客房同比增长 57.24%。中高端酒店规模增长的主要动因之一是：经济型酒店的发展碰上成本不断上升的

压力，部分大型连锁酒店集团就把公司资源直接倾向于快捷酒店的升级市场，所以形成中高端发展提速的现象。

目前我国中产阶级数量全球领先，为消费升级提供雄厚的消费能力支持。据麦肯锡预计：到2022年，我国中产阶级数量将增长至2.71亿家庭。国内中产阶级，将成为中高端酒店的消费主力。未来，我国中高端酒店市场的潜在消费人群有望以年增长10%左右的速度持续扩大。

中产阶级比重提升、消费升级推动中高端酒店需求增长，中高端酒店已成为市场新的投资热点，中高端酒店市场的主要品牌运营情况和增长势头均良好。中高端酒店市场迎来了发展高峰，以维也纳、全季为代表的中高端酒店头部企业领跑效应业日趋明显，发展规模遥遥领先，尤其是维也纳酒店门店规模超1000家，很好地验证了中高端酒店市场巨大的发展空间和良好的盈利模式。

二、连锁大型酒店集团与中高端酒店合作共赢

（一）开放特许经营权

业内专家认为，连锁大型酒店在中档市场开疆拓土将进入白热化，中高端酒店正成为国际连锁大型酒店争夺的新战场。国际酒店品牌纷纷放开了中高端品牌特许经营权，通过与中国本土酒店管理公司合作的方式，进行中高端品牌的大规模市场推广。如洲际、万豪、希尔顿、雅高、凯悦等酒店集团，纷纷与中国主要的中高端酒店运营商合作，以加快自身中高端品牌在中国的扩张速度。近年来，出现了全新的合作模式，共同投资、共同建立新品牌、由独立团队进行运营。这些双赢的战略联盟结合了国际集团的品牌效应及本土集团的拓展能力和经验，整合了会员系统和全球分销渠道，以实现强强联合。

（二）提供成熟的运营体系

大型酒店集团在多年的酒店运营中，摸索出一套行之有效的酒店运营模式。例如，集约化的产品采购带来初期投资成本的节省，成熟的运营体系保证了单房投资成本的经济性，规模经济带来费用节省，单一门店能够享受集团的会员资源、统一的后台信息技术支持和营销系统。

大型酒店集团在酒店运营领域已经拥有一套标准化流程，这就意味着其进入中高端酒店市场的过程中，软件得到了充分保证，只需将精力集中在硬件开发上，在市场竞争中拥有强有力的支持和保障。而单体的中高端酒店运营者，由于缺乏系统性支持，规模过小，没有议价能力，竞争力弱，在与大型酒店集团的角逐中难免落于下风。同时大型酒店集团的资金优势也是其竞争中的重要优势。中高端酒店市场的启动储备资金在1000万左右，目前大型连锁中高端品牌酒店的年开业数都在100~200家，其对资金的要求还是相对较高的。大型酒

店集团凭借其已有成熟酒店的优良现金流，可以同时筹备数十家店，可以快速布局一二线城市较好地段的中高端酒店物业，从而抢占先机。

第三节 经济型酒店重新洗牌

经济型酒店是指以客房为核心产品，并且不超过三星级酒店标准的消费水平（每晚300元以下），通过统一品牌与连锁化规模经营（两家门店以上）严格控制成本，为用户提供标准化住宿和餐饮服务的现代酒店业态。经济型酒店的代表企业包括如家酒店、汉庭酒店、"7天"酒店、锦江之星、格林豪泰等。

一、经济型酒店历史趋势

（一）规模增长逐步放缓

我国经济型酒店的发展起步于20世纪末期。1997年，锦江之星的第一家门店——锦江乐园店在上海开业，标志着中国住宿业进入了一个全新的发展阶段。主要由于市场发育还不充分的原因，锦江之星在之后几年的扩张速度一直不快，市场中也鲜有突出的竞争对手。从2002年如家酒店成立以后，2007年"7天"酒店和汉庭酒店相继进入市场，中国的经济型酒店市场进入了令人惊叹的高速增长期，中国经济型酒店数量增长详见图12-4。

2007年，我国的经济型酒店客房总数大约为18.9万间。到2016年，客房总数已经达到了213.5万间。10年期间客房总数增长了10倍多。

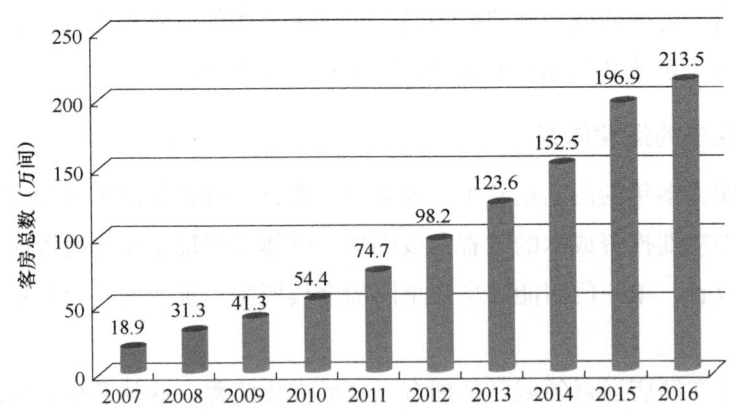

图12-4 2007年—2016年中国经济型酒店数量增长

进入2016年以后，客房规模增速明显下降。2016年全年新增客房规模约为16.6万间，是2010年来增速最慢的一年。进入2017年后，增速继续放缓。例如，2017年上半年，如家的经济型酒店系列新开店只有69家,华住的经济型酒店系列新开店只有80家,锦江的经济型酒店系列在2016年6月底到2017年6月底净开店的数量也只有80家。这些数据与前几年上述品牌每年动辄三四百家的新开店数量形成了较大的反差。这个趋势表明,经济型酒店市场中依靠增量扩大实现增长的外延式发展方式很有可能已经走到了尽头。经济型酒店发展的高速增长期即将结束,以如家、汉庭等连锁酒店为代表的经济型酒店在经历过高速增长高峰后,由于同质化严重和供给过剩,现已进入洗牌阶段。根据《2019中国酒店连锁发展与投资报告》中公布的数据,2018年全国经济型酒店共有241.99万间客房,2015年至2018年复合增长率为12.40%,经济型酒店的规模增长正逐步放缓。

(二) 行业格局面临转型突破

近年来,我国酒店行业发展在行业内部呈现明显的结构分化特征。以五星级酒店为代表的豪华型酒店受国家政策影响,消费需求快速萎缩,同时由于运营成本居高不下、地产投资高峰等多重因素影响,发展速度和规模增长速度呈现连年降低的态势。

为适应市场发展的需求,经济型酒店兴起,其具有高效回报经济效益、发展空间大等特点。在其发展过程中,主要注重个性化的体现及连锁发展模式,但在各大品牌的影响和冲击下,我国的经济型酒店发展受到阻碍。因此,经济型酒店需要不断调整运营方针,这样才能提高竞争力,才能持续稳定发展。

现阶段随着行业内核心企业的合并,如锦江国际收购铂涛酒店,首旅酒店合并如家酒店集团,经济型酒店基本形成相对稳定的市场格局。此外,人工租金成本上涨和产品的老化,也催动经济型酒店进入新一轮的转型突破。

二、经济型酒店行业现存问题

(一) 高速增长导致恶性竞争

高速增长带来的主要问题集中体现为两个方面:一是酒店品质的不断下降;二是经济效益持续降低。随着市场规模的扩大,企业之间的竞争升级,一方面各类资源投入品的价格抬高,另一方面销售难度加大,出租率持续下降。为了应付竞争而在各个方面压缩成本的做法,又使得产品品质无法得到保证,顾客满意度下降并开始流失;与此同时,越来越大的供给规模进一步分流,酒店之间抢夺客源;另外最近几年的房租、人力等成本的迅速上涨,使得经济型酒店的投资回收期越来越长,甚至开始出现很多投资收回无望的酒店。

白热化的竞争使得经济型酒店业的两个最重要客源群体,即酒店顾客和酒店加盟商都在逐渐远离这个市场。一方面,产品和服务质量的下滑不断把顾客推离这个市场。另一方面,近年来行业里出现的加盟商和品牌之间的种种纠纷愈演愈烈,各大品牌都大量出现关店潮

（由于新开店数量更多，因此门店净增长仍然较大）。这种状况持续下去，酒店的价值将开始贬值。有一些酒店即使还没有破产，但是它的价值已经跟以前没有办法相比了。

（二）高速增长的数据名不副实

1. 会员数量快速增长，但是会员并没有变成忠诚的客户

很多酒店在介绍自己成就的时候，都会提到每年新增了多少会员，新增往往都是百万或千万级别的。但是由于产品和服务本身的问题，这些会员有可能到酒店住过，可其中的大多数会员并没有变成酒店的忠诚客户，也就是说他们可能跟酒店产生一次联系之后，就不再是酒店的客户了。即使他们再次来酒店消费，也很有可能是因为市场中找不到更好的替代品。这不禁令我们想起一个类似的例子。在社交媒体竞相发展的时候，Google 凭借庞大的用户规模，用了 24 天时间就将其社交媒体平台 Google+ 的用户数提升到 2000 万，但是很多用户尝试几次后就不会再用了。Twitter 和 Facebook 都花了 3 年左右的时间，才将用户数增长到 2000 万，但是这些用户都变成了忠诚的客户。

2. 实现了高出租率和高经营毛利率，但是 RevPAR 在不断下降

以如家和华住两家在市场中规模较大、业绩较好的酒店为例，从 2011 年到 2016 年，整体来看这两家酒店的 RevPAR 处于下降通道中。由于房租、水电等刚性的成本难以缩减，不断降低人房比，对人员成本进行控制成为各大公司在 RevPAR 普遍降低的情况下确保盈利的重要做法。行业的人房比从 2005 年左右的 0.33，降低到 2010 年左右的 0.25，再降低到 2016 年左右的 0.2，有些公司降低到了 0.17。但是，减少人手使得维持品质难上加难。

3. 市场覆盖率快速提高，但是没有找到应对市场不均衡的好办法

目前，主流经济型品牌都覆盖了数百个城市，这种高覆盖率使得标准化运营的效率与不均衡的区域经济发展之间产生了矛盾。我国地域广阔，地区之间和不同类型城市之间存在消费水平和消费偏好的差异，一旦覆盖率超过某个临界点，就会出现消费者对经济型酒店的标准化产品和服务的不同理解，极大影响品牌认同并对酒店的绩效产生不利影响。

4. 基本上形成了全系列品牌谱，但是主流品牌却越来越不能够满足顾客升级的需求

一方面是新推出的品牌并未如主流品牌那样得到较大的认同，另一方面主流品牌由于不能够满足顾客升级的需求而显得越来越落伍。一些酒店已经意识到了这个问题并且开始做出改变。例如，华住的汉庭升级计划在 2019 年已升级为 3.0 版本。但是，花这样大的力气去做的企业，并不是太多。

5. 转型跨界成为热词，但是主业却没有做强

在很多的论坛会议上，酒店高管们都在谈转型和跨界，包括做与酒店产品和服务相关的知识产权（IP），例如枕头、洗浴用品等。笔者认为转型和跨界都应该是在酒店的主业做好、做大的情况下，才能够去做，是锦上添花的事情。如果酒店的主业还没有做强、做大，就去谈跨界、谈转型，则蕴含了很多的风险。这是因为酒店是一个长链条、多维度、高度复杂的服务产品，不做强做大做精，任何一个环节出问题，都会导致顾客体验差，并影响转型产品和跨界产品的业绩。因此酒店先要把自己的本分做好，再去谈转型。另外，转型不是转行，酒店应该围绕着住宿业的核心产品去做转型，这样的转型才是有基础的转型。

6. 开始拥抱互联网，但是发现线上企业纷纷走向线下

在经济型酒店强调走到线上的同时，很多大的线上企业在走向线下。例如，亚马逊在美国开设实体店；阿里提出新零售的战略；等等。实际上，酒店已经是一个很重要的线下流量入口，把这个入口的流量做好，线上的销售和获取客源都不会是大问题。例如，一个拥有30万间客房的酒店公司，如果每年的平均出租率能做到80%，也就是一天有约24万的顾客入住，一年差不多就有9000万顾客入住。9000万顾客里面，即便只有10%是新顾客，也相当于有900万新的流量进入酒店。但是，产品体验如果不够好，就可能使酒店把很多已经进门的顾客又放走了，从而丢失了这庞大流量带来的收益。

三、经济型酒店发展方向

（一）聚焦核心需求

在有限服务酒店中，顾客核心需求是什么？实际上有三个：睡个好觉、使用无忧、保持尊重。首先，顾客入住有限服务酒店，核心目的就是睡觉，而不是别的。如果有别的需求，他就可能不会住有限服务酒店了。其次，顾客使用酒店产品时不想有任何的担心，他的需求包括干净、快速、效率、安全等。最后，对住有限服务酒店的顾客，保持尊重即可，无须给予过多尊贵的服务。

经济型酒店应该满足顾客核心需求，促进质量驱动型增长。经济型酒店也需要以产品为核心，为顾客提供价值，为加盟商提供价值，为员工提供价值。

（二）实行多品牌发展战略

随着大众旅游的快速发展和旅游消费模式的多元化，中国经济型连锁酒店进入发展快车道。经济型酒店的市场由单一的价格竞争、质量竞争阶段逐步进入品牌竞争阶段。同时，虽然经济型酒店的发展速度非常快，但其规模发展在拥有的理念、管理技术、质量、数量、区域范围等方面水平不足，且价格混乱，这严重削弱了我国经济型连锁酒店的竞争力，阻碍了我国经济型连锁酒店的快速健康发展。这些因素也导致经济型酒店在品牌战略发展上的问题逐步凸显，如品牌知名度不足、品牌产品差异化程度较低、定位狭窄、品牌附加值不足、产品质量尚无优势等。

多品牌战略是指：一个企业在各个方面发展成熟后，利用自己的资源创建起一个品牌，并对更多的品牌进行延伸开发和发展的品牌战略规划，而且每个品牌都是独立存在的，多品

牌之间既互不干扰，又具有一定的联系，而不是相互脱离的。多品牌也分为两类：一类是一品一牌，即一种产品对应的品牌只有一个；另一类是一品多牌，即同一种产品却拥有不同的品牌。如华住酒店旗下有禧玥酒店、全季酒店、星程酒店、汉庭酒店等。

我国经济型连锁酒店在未来激烈的市场竞争中应实施品牌差异化发展战略，对酒店的市场、外观和品牌设计、文化打造、价格进行定位，形成自己的特色品牌，在此基础上进行差异化营销，建立差异化品牌，以质量为核心，大力提升品牌形象美誉度，同时注重创新、注重品牌整合和延伸，进而形成品牌优势，只有这样才能在日趋激烈的竞争中取胜。

第四节　绿色酒店倡导环保

一、绿色酒店

(一) 绿色酒店概念

绿色酒店是指为顾客提供健康安全的产品，提倡绿色消费，应用绿色管理模式，保护环境，实现资源优化配置的酒店。伴随着社会人士环保积极性的提高，号召绿色化发展的呼声越来越大。

在竞争日趋激烈的商业化和数字化时代中，社会公众的生活水平已经显著提高，国民素质明显提高，"绿色"走进人们的意识中，绿色浪潮的萌芽对世界经济产生永恒的影响。"绿色"并不是指外在包装颜色，而是指达到生态环境环保的标准。人们把减少空气污染、保护自然环境与绿色相结合，绿色产品、绿色产业毫无征兆地出现在大众视野内。酒店业也必然要加入"绿色"的队伍中去。

绿色酒店是一个崭新的酒店形式，它的存在无疑代表了现代经济与环保相结合的模式，绿色酒店存在的意义可以说是让人类接近自然、回归自然、感受自然。在健康方面，绿色酒店提供绿色客房、绿色餐饮，注重绿色食品安全，给予消费者益于身心健康的产品与服务。在环保方面，绿色酒店减少对环境的污染，尽量使用可再生能源，爱护环境，自觉履行环境保护的义务，绿色酒店的前景一片光明。

(二) 绿色酒店发展

在20世纪60年代末70年代初，由于发达国家对水和大气造成了污染，所以人类产生环保的观念。到了20世纪80年代末期，绿色环保意识深入人心，人们对于发达国家引起的公害事件嗤之以鼻。公众对环保问题的注意促使各国成立保护组织，以推动世界各国人民保护生态环境和改善人类居住条件，唤起人们的保护意识。1993年，英国查尔斯王子倡议并召开了酒店环境保护国际会议。这次会议的举办代表着酒店行业的发展进入一个崭新的阶段。这也意味着绿色酒店崭露头角。

国外案例有美国 GAIA 酒店等。在建筑方面,该酒店采用低排放量的建筑材料,最大限度地采用自然光线,利用太阳能,避免不可再生能源的浪费。酒店内垃圾全部被回收再利用,减少和避免资源的浪费,实现资源优化配置,节能减排,保护自然环境,使入住客人潜移默化地爱上自然,并增强大自然循环再利用的能力。该酒店采用的就是绿色智能化管理。20 世纪 90 年代中期,国外"绿色酒店"的理念传入我国,在北京、上海、广州等一线城市的个别酒店,"绿色行动"开始实施,但是在这一阶段大部分酒店都聚焦于减少环境污染、有效利用资源。

国内案例有中国昆明的隐舍等。在建筑风格方面,隐舍以"竹"为设计元素,采用自然通风和采光设计,使客人视野内皆是自然景观,零距离接触大自然,且贯彻落实经济、社会、自然环境全面可持续发展战略。其在确保服务质量的前提下,节省能源,减少污染和废弃物的排放,为客人提供健康环保绿色的服务和产品。2006 年 6 月 5 日,浙江省评出第一批绿色酒店,全国各地都开始执行绿色酒店工程,这标志着绿色酒店在我国开始盛行。

随着我国经济的不断发展,我国更加重视生态环保理念在社会各个行业发展和建设中的渗透。在此背景下,我国酒店业进行了绿色酒店的服务建设,通过高效地利用可再生资源进行酒店的运行,注重环境保护,为客人提供更加绿色环保的服务是绿色酒店的宗旨。酒店业建设绿色酒店,不仅可以扩大酒店企业影响力,建设专属的品牌形象,还能推动旅游业的可持续发展,为酒店及相关企业带来更大的效益。

(三)创建绿色酒店的意义

1. 实现自身可持续发展

随着国家法律法规对环保的重视,酒店行业也加入"绿色环保"阵营当中,酒店倡导安全、环保、健康的消费理念,会吸引越来越多的消费者,可以增加酒店的收益,树立酒店良好的形象,使酒店在未来的发展竞争中处于良好的优势地位。酒店应用绿色环保管理模式,选取安全绿色的产品,可实现自身可持续发展。

2. 保护环境、节约资源

保护环境可以促进经济发展,如果环境资源遭受到严重的破坏,那么人们赖以生存的美好地球也会受到一定的影响。如果人们的生产生活对环境造成严重影响,使自然环境恶化,那么这不仅会危害后代人的利益,而且会使人们面临资源耗竭的危险。发展绿色酒店有利于节能减排。绿色酒店采用健康环保的方式,对酒店进行科学管理,降低能源消耗和污染程度,积极采取措施,保护生态环境。绿色酒店的建设能够减少对环境的破坏,把酒店消耗的物资量降到最低。

二、绿色酒店管理

(一) 现存问题

绿色酒店相关法律规章制度仍不健全、不完善，我国在绿色消费方面的法律法规仍需要不断完善与进步。一些绿色酒店的推广实施只停留在表面，酒店设备设施系统不完善，未完全使用绿色节能减排的设施设备，因此仍需继续完善。酒店绿色产品与服务也未完全吸引消费者，保护环境、倡导绿色消费的宣传力度与教育程度仍需提高。

随着可持续发展的不断深入以及绿色消费的盛行，"绿色"成为酒店业新型的运营模式以及营销手段，并且迅速地在我国推广。然而，不难发现，一些酒店打着绿色酒店的幌子，实际上并不符合绿色酒店的标准，未能实现其节约环保的初衷。

(二) 绿色酒店管理措施

随着绿色酒店浪潮的兴起，绿色管理作为一种新的管理模式，已成为酒店可持续发展的唯一途径。酒店绿色管理是一种环保管理，是将健康、安全、节约、环保的理念贯彻到酒店经营管理的各个方面及过程当中，通过全员的努力，有效节约资源，合理利用能源，维护生态环境，为客人提供符合环保、健康要求的绿色产品。

1. 创建绿色酒店文化

酒店全体员工应形成一种绿色服务的观念，增强环保意识，认真履行社会责任，保护自然资源与社会生态环境。酒店应对酒店员工进行培训，使酒店员工增强绿色环保意识，积极配合，减少浪费。酒店还应实施支持绿色酒店发展的规章制度，鼓励酒店全体员工参与绿色环保活动。酒店应定期举办绿色环保相关活动，使绿色环保观念深入人心。酒店应该向客人宣传绿色环保相关主题的计划，为客人提供绿色健康的产品与服务，使客人充分了解环保的重要性，引导他们成为自然资源的节约者、环境的保护者。各酒店应借鉴国内外绿色酒店发展的成功经验，采取措施去治理环境的隐患；运用科学的理论和方法，深入了解绿色、环保、健康对人类的有益影响。

2. 避免能源浪费，实现资源优化配置

酒店积极采用绿色设计理念，避免使用一次性餐具和塑料袋（塑料会对环境造成严重的污染），摆放对人体身心健康有益的绿色植物，提供干净的饮用水，客房内最大限度地采用自然光线。酒店应建立健全食品安全、健康环保的规章制度，积极购买新型节能、节水设备，加强不可再生能源的回收使用，通过垃圾分类、垃圾回收减少资源浪费。对酒店消费者做好垃圾回收处理的宣传工作，餐区和客房内应该设有无烟和绿色环保标识，采用绿色安全食材，保障消费者健康安全。

(三) 绿色酒店要求

绿色酒店的打造包括环保、节能、卫生、防疫、食品、消防、规划等多个方面。酒店应制订关于公共安全、食品安全、环境保护的培训计划，让全员参与，提高员工安全和环保意识；分管创建绿色酒店工作的负责人必须参加有关安全、环境问题的培训和教育。

在客人活动区域，以告示、宣传牌等形式鼓励并引导客人进行绿色消费，使客人关心绿色行动。具体管理要求包括节约用水、能源管理、环境保护、垃圾管理、绿色客房、绿色餐饮等绿色管理，可将《绿色饭店评估细则》作为指导依据。

(四) 绿色酒店举例

1. 绿色酒店建筑

基于国内外绿色建筑技术，结合酒店行业特征，以夏热冬暖地区为研究背景，构建针对规划设计、建设施工、开业筹备、日常运营和改造扩建阶段的绿色酒店建筑技术应用体系；从政府部门、行业协会、企业、顾客和社区居民的利益相关者维度出发，应用绿色酒店建筑技术，促进酒店行业可持续发展。

2. 绿色酒店消费

酒店绿色管理的实施既离不开酒店自身的科学运营，也离不开入住酒店旅客的支持。除了强调酒店能源节约技术的开发与更新外，还要致力于提升消费者的环境意识，形成低碳、节能、健康的消费观念，弘扬艰苦朴素、实用适度的生活理念，助力形成社会主义新风尚。

第五节　定制化服务

一、定制化服务的内涵和意义

(一) 定制化服务的内涵

服务是酒店立足之本，也是酒店竞争的核心。我国酒店在硬件设施日益完善的基础上，服务竞争的优势更加凸显。特别是在大数据时代，依托互联网，探索新型的服务方式已成为各酒店竞争的新方向。酒店应依托大数据提供的资源优势，实施定制化服务的模式。

1. 产品、文化与服务的精选化

随着酒店市场需求特点的不断转变、客源市场的逐步细分，客人除对酒店的硬件设施有较高的要求外，对服务感受的要求也变得更为细致，在消费过程中得到新奇、知识、艺术等体验成为其住宿的目标。目前市场主体经济型酒店"标准化、规范化、程序化"的产品及服务很难适应当前消费者的需求，因此酒店在产品的设计上应充分挖掘历史文化元素，打造

特色主题酒店是产品走差异化发展的有效途径，也是酒店企业形成核心竞争力的关键。随着中产阶级的崛起，对产品、文化与服务的精选将逐渐成为酒店行业下一阶段的发展趋势。

2. 商品、消费的个性化

目前已经有多款基于移动客户端的酒店营销系统，如微信小程序、公众号或酒店集团App等。通过收集客户信息，对影响酒店定制营销效能的目标客户、业务流程和信息平台等要素进行数据挖掘和分析，可以改进酒店定制服务的目标客户群选择、优化酒店定制服务的业务流程方案和发展基于移动客户端的酒店定制服务信息平台。酒店服务发展的三个阶段详见图12-5。

图 12-5 酒店服务发展的三个阶段

从酒店服务发展的阶段来看，酒店定制化服务是在拆分和重组酒店标准化服务的环节，细化客户的直接和间接需求，使服务的各个方面更多地考虑客户需求，为客户制定各种方案，使客户可以根据自己的个性需求自由选择，在标准化的服务体系中感受自己的定制化、个性化服务体验，在精神与主观上体验到价值，真正成为酒店服务的拥有者。酒店定制化服务强调了客户的需求，把预测与满足客户需求放在保障服务质量的重要地位，避免了老式酒店服务只是以酒店规定为主体、轻视客户个体的服务模式，体现出了"因人而异"和"以人为本"的先进服务理念。

在经济时代，人们的体验愿望将会空前强烈，个性化和多样性的体验需求将会不断涌现。客户的关注点也由传统的功效价值转向注重精神需求和主观感受的体验价值，因此酒店在客户体验价值视角下重新思考和定位酒店经营管理模式就成为必然。定制化服务是针对不同的客户需要量身定制独特的服务，以体现出个性化的特征，满足不同种类、不同个性客户的要求。酒店客户体验价值创造贯穿于酒店对客定制化服务的全过程，经由酒店和客户互动的所有环节共同形成。这种体验价值对客户来说是美妙的回忆、难忘的体验，对酒店来说是避免产品同质化、提高核心竞争力的关键。

（二）定制化服务的意义

1. 有利于酒店增强竞争力

在现代社会发展背景下，酒店竞争变得日益激烈，客户的选择也变得更加多元化。在白热化的市场竞争中，酒店想获得更多客户的光顾，提高客户与酒店的黏性，就必须为客户提供新颖的服务，定制化服务由此得以出现。相较于其他服务理念而言，定制化服务可以根据不同客户的不同需求为他们提供服务，可以准确抓住客户的需求核心，为他们提供具有针对性的服务工作，并利用良好口碑不断为酒店招揽新客户，以便取得竞争优势。

2. 有利于培养更多的回头客

定制化服务从客户的角度出发，所做的一切都是为客户的个性需求做私人定制。所以，定制化服务有着很强的独特性以及不可复制性，提供定制化、个性化的对客服务毫无疑问能够满足客户的情感需求，使客户获得极大的满足感和受尊重感，从而对酒店印象深刻，成为酒店的回头客。

3. 有利于开拓新的发展契机

从当前酒店服务发展的角度来看，由于客户的需求不断变化，所以酒店必须不断进行服务理念、服务模式的改革与创新。在这种模式下，以定制化、个性化发展为基础的理念，能够为酒店提供良好的发展空间，帮助酒店更好地完成对新市场的拓展，抓住酒店行业发展的新契机，由此来获得更好的发展空间，抢占更多的市场份额。

二、定制化服务面临的问题

（一）缺乏对定制化服务的正确认知

酒店最基本的服务是提供住宿条件，在此基础上，逐渐衍生出娱乐项目及休闲项目，"享受"成为一种新的旅游手段。标准化服务让入住酒店的顾客渐渐失去了新鲜感，在这个讲究个性的年代，就必须采用具有"个性"特点的定制化服务手段，关注不同顾客群体的需求，为他们提供良好的酒店服务。然而，当前酒店在服务理念、员工培训方面，都缺少定制化服务内容。在实际工作中，对于员工培训，酒店更趋向于统一化的服务标准、操作方式等，使酒店的管理水平和服务能力始终难以得到突破。除此之外，酒店员工普遍存在的高离职率，使有些具有定制化服务能力的酒店，会因为员工的离职而导致在定制化服务方面出现投入与回报不成正比的情况。能够明确区分顾客定制化需求的专业人员数量较少，也在很大程度上影响了酒店实现定制化服务的积极性。

（二）定制化服务的软硬件设施不达标

酒店服务需要软硬件设备齐全，这是酒店经营的基本，更是提升酒店服务质量的根本。酒店定制化服务要求在情感上给予顾客贴心的享受，在硬件设备上也必须满足顾客的感官需求，比如环境布局、客房设施、灯光变换等。目前，绝大部分酒店的设施，多以高质量的大品牌为主，例如西门子照明、箭牌卫浴、Tata木门等，这些设施虽然能够在一定程度上显示出酒店的档次，但存在过于传统而失去个性的情况。除此之外，在服务理念和服务模式方面，酒店也更趋向于保守模式，即模仿成功酒店的模式进行服务，使当前的酒店服务过于趋同，完全不具备个性化特征，进而导致其在顾客黏合度方面不足。从酒店管理者角度来看，定制化服务的投入成本回收期长、风险大，容易使管理者在定制化服务硬件设备的调整方面裹足不前，从而使定制化服务只停留在口号阶段。此外，由于酒店在定制化服务的奖励方面力度不足，员工缺乏定制化服务的热情，即使关注到了顾客的需求，也经常表现出事不关己的态度，或者怕承担因定制化服务导致的失误而刻意去避免定制化的服务措施，导致定制化服务得不到真正落实。

(三) 顾客资料不健全

酒店定制化服务的开展建立在对顾客需求的充分发掘上，这就需要建立完善的客史档案。酒店在日常运营过程中，在顾客特殊需求的资料收集与整理方面，存在信息沟通不畅的问题，各部门在提供一些定制化服务时未能及时获取相关资料信息。对于酒店来说，顾客信息的获得往往依赖一线服务人员的观察，如果这些服务人员不能将顾客的特殊需求记录下来或者上报，就会导致其他服务人员不了解情况，不能提供有针对性的服务。顾客在一个部门得到了特殊照顾，在其他部门却被忽视，其体验价值不能得到延续，产生不满。

(四) 酒店定制化产品特色不明确

定制化的产品是酒店吸引顾客的核心所在，但是很多酒店在开发定制化产品方面并不明确，顾客对酒店的定制化产品并不买账。例如，以亲子主题风格为主的度假酒店，虽然酒店的定制化产品以亲子产品为主，但为亲子度假顾客提供的服务项目比较单一，只提供一些儿童洗漱用品，主题房型也只有一种，不能向顾客提供多项选择，亲子互动项目具有局限性。不同年龄层孩子的成长特点及旅游需要差别很大，酒店不能满足所有孩子的需求。有些顾客先在网上了解到酒店是亲子度假型酒店，然后带稍微大些的儿童过来居住，但酒店内没有适合儿童玩耍的娱乐设施，从而导致顾客体验价值较低。

三、定制化提升策略

(一) 提高酒店员工的定制化服务意识

提高酒店员工的定制化服务意识是提升酒店定制化服务水平的基础措施。对于酒店而言，员工为连接酒店与客户之间的第一环节，是否具有定制化服务意识，能否将酒店的定制化服务理念传递给客户，会直接影响客户的服务体验。所以，在进行酒店员工招聘时，招聘人员要将应聘者的定制化理念、创新意识作为重点内容予以考查，确保每一位进入酒店工作的员工，都能够具备良好的定制化服务意识，将酒店的定制化服务理念传递下去。在此基础上，酒店要定期对员工进行专业"定制化服务能力"培训，保证每一位员工都能够具备良好的定制化服务意识和能力。除此之外，酒店还可以指定以"定制化服务"为核心的奖励制度，所有员工都可以根据对酒店定制化服务的理解，向酒店提出自己的建议，建议一经采纳，就能得到丰厚的奖励。利用这些方法调动员工的主观能动性，真正实现定制化服务理念落实。

(二) 完善客史档案，发掘顾客的定制化需求

酒店定制化服务需要服务员准确把握顾客的心理需求，根据顾客的需求提供具有针对性

的服务。这就需要建立完善的客史档案，对到店客人进行跟踪。服务人员应做好以下几点：①把握好服务时机，准确判断顾客什么时候需要服务，什么时候不需要服务，从而适时地为顾客提供定制化服务；②把握好服务的尺度，服务不到位会显得怠慢顾客，服务过度又容易给顾客拘谨和压抑的感觉。要掌握好"尺度"和"时机"，让顾客感到接受定制化服务的过程是一种精神享受，就需要充分了解顾客的心理需求。因此，酒店在为顾客提供定制化服务时：需要抓住"服务的精髓"；需要酒店所有员工积极主动地与顾客进行交流，积极主动地获取真实可靠的顾客需求信息；需要在必要时打破自己的思维模式，站在顾客的角度去了解顾客的需求与期望。只有这样，酒店才能更好地为每一位顾客提供相对应的定制化服务，才能投其所好。

（三）完善定制化服务的设施设备

酒店应转变管理人员传统的思想观念，意识到定制化服务是未来酒店行业竞争的核心优势，有长远的眼光，在酒店定制化设施设备上大力投入，满足顾客精神上的价值体验。①酒店应该重新设计装修，顺应时代潮流和酒店主题风格，应展现出星级酒店的高档品质和酒店的主题文化；②酒店应加强对服务人员的个性化培训，为客人提供高水平、高标准化的服务，及时满足顾客的定制化需求；③要求餐饮部员工创新菜肴，在不同节日活动中推出符合节日气氛的套餐活动；④亲子度假型酒店应开设不同主题的亲子房型来满足客人不同的喜好。在酒店装饰及配置上表现服务个性，在酒店内部装饰点缀上表现奇特的创意和个性，在这些细节方面下功夫，吸引客人的关注，给其留下难忘的印象。

（四）打造富有酒店文化的定制化产品

打造富有酒店文化的定制化产品，树立酒店独有的品牌服务是实现酒店定制化服务的关键。在实际工作中，酒店要在充分分析当下客户需求的基础上，结合对自身优势的分析，实现以定制化发展为基础的定位服务，由此提高自身的服务能力。以北京大观园酒店为例，该酒店以古典名著《红楼梦》为核心，围绕"红学"开展了定制化的酒店装潢和服务设计。在酒店装潢方面，充分融入"红学"中的内容与典故，让客户有一种"恍然如隔世，身在观园中"的感觉。再如，对于做亲子文化的酒店而言，目前动漫是儿童成长过程中必不可少的伙伴，要让客户在短暂入住时间内有一种开心的生活体验，酒店可以在餐厅、客房及购物长廊用动漫进行主题装饰，在客房针对儿童顾客进行定制化设计，根据不同年龄层的喜好可设立多种主题房型，并根据不同年龄层配备不同的房间物品：为穿尿裤阶段的儿童准备柔软的纸巾和垃圾桶；为六岁以下的儿童准备婴儿床及儿童洗漱用品；根据客户情况，提供适当的儿童玩具；提供托婴服务等。酒店通过满足不同客户的个性化需求，使到店客户的体验价值均可以得到满足。

第六节 酒店行业的高科技应用

作为服务行业的领军者之一,酒店在未来旅游市场上的表现受到各方面人士的关注。在中国经济不断发展、信息技术不断发展的背景下,酒店行业面临从传统酒店行业到现代服务行业的转型。因此,酒店人工智能(AI)和虚拟现实(VR)将帮助酒店提升住宿体验,让客人在服务中享受到高科技提供的智能与便利。

目前已经有多种高科技在酒店行业开展落地应用。

1. 大数据赋能

大数据助力行业创新变革。做酒店离不开"控资源、找增长"。借助在线平台做好营销与服务,进行消费升级,是很多酒店的迫切追求。OTA也希望通过为酒店赋能,与酒店共同成长,最终实现整个行业的健康、良性、可持续发展。

众多OTA纷纷自创酒店品牌,例如携程的丽呈、阿里飞猪的菲住布渴、去哪儿Q+、美团优选等。OTA偏重大数据运营,给加入品牌的酒店方提供数据化支持,借助用户数据分析,改善经营管理,同时借助自己的会员体系、营销体系,整合资源、提升酒店的客源。入口、流量、大数据、技术是OTA的强项,OTA能据此为酒店提供管理和定价方面的优化建议。难点是酒店实际运营和管理。如何兼顾平台流量的公平性原则与OTA自创酒店品牌重点优先策略,也是OTA不得不面临的问题。

2. 科技赋能

智慧酒店时代来临,互联网巨头纷纷赋能酒店业。科技改变酒店行业势在必行,酒店业已实现手机端预订、刷脸办理入住、智能机器人服务、智能门锁、智能客房、手机一键退房等场景。随着人工智能、物联网、互联网等技术在酒店场景的应用落地,以及各商业巨头的入场,目前智慧酒店受到了空前的重视。

万豪、洲际、香格里拉、君澜、锦江、华住、如家等酒店集团都在智慧酒店方面推出了新举措;腾讯、阿里、百度、京东、小米、万达、苏宁等商业巨头依靠资本和科技的力量,相继涌入智慧酒店领域。智慧酒店成为继"智慧城市"之后的又一风口。各大商业巨头在智慧酒店行业的布局,都可能是酒店业巨变的推手。

第七节 未来酒店业经典案例

案例一 酒店跨界发展全球布局

2019年,一些知名企业积极向外拓展战略合作关系,或是借助资本向纵深布局。跨国性布局合作成为企业发展的一种潮流。全球变局之下，企业的跨国合作和战略并购并未受明显影响，呈现出一些新特征。

1. 热点事件

铂涛与DELSK集团达成战略合作，致力于海外市场的酒店项目开发；华住收购德意志酒店集团（Deutsche Hospitality），开启名为"加速增长目标"（Accelerated Growth Goal）的国际化扩张计划；格林酒店集团战略投资都市酒店集团，加速覆盖中国中高端酒店市场；携程集团和TripAdvisor达成全球战略合作伙伴关系，双方合作内容包括成立合资公司、达成全球内容协议，以及携程集团入股TripAdvisor全球业务；雅高集团与阿里巴巴集团达成战略合作，计划未来五年通过数字化应用和忠诚计划方案提升客户体验。

2. 事件点评

全球变局之下，旅游企业的跨国合作和战略并购并未受明显影响，反而呈现出以下一些新特征：

第一，从国内市场转向国际市场。对于国内企业而言，国内市场竞争白热化，使其思考新的增长点，出境游的持续火热自然吸引其落子布局海外市场。对于海外企业而言，中国市场容量大、增长潜力大、利润丰厚成为其进入中国市场的重要因素。值得注意的是，在这种"双向交流"中，中国企业的主动性、影响力、话语权大大提升。

第二，从内生增长转向外延扩张。企业一方面通过对存量资产的不断调整和优化，提质增效；另一方面开始将发展重心转向增量部分，增量的扩张不仅是传统意义上规模、市场占有率的提升，而且要注重产业链上下游的布局，以及这种布局能否提高用户的黏性。

第三，从单兵作战转向强强联合。过去的并购更多是"大鱼吃小鱼"的传统模式，经过行业的洗牌，存活的大多是头部企业。现在企业再想从行业竞争中获利分羹，往往难凭一己之力实现，万豪、希尔顿、雅高等酒店集团向中国企业开放特许经营权就是其在发展策略上的调整。因此，大型并购、战略合作等强强联合的方式成为新的选择，而且行业边界也逐渐淡化，跨界的联合更容易优势互补，形成竞争优势。

3. 重要启示

一是寻找企业增长的"第二曲线"。旅游企业发展经历过初期的艰难后，一旦寻找到破局点，一般就会实现本土市场份额的快速扩大。但本土市场的发展会存在"极限点"，可能导致旅游企业后劲不足、发展失速，为避免遇到"极限点"失去竞争优势，选择国际化战略，积极布局海外成为寻求新增长点的重要举措。

二是跨界合作成为大势所趋。旅游企业出于各自的不同需求，会在酒店、航空、金融、科技等领域不断寻找机遇。所以，旅游企业的强强联合不再局限于同业合作或者产业链上下游的拓展，越来越多的合作将是跨界联合。跨界合作不仅能减少探索成本、降低风险，还能在短时间内借力其他行业巨头建起更高护城河。

三是中国企业应抓住机遇"走出去"。中国优秀旅游企业在规模、品牌、创新、管理等方面已经在国际舞台崭露头角，开始与国际巨头分庭抗礼。变局之下虽有不利因素，但更应看到"一带一路"建设、出境游利好等有利因素，做强做优做大中国企业，贡献中国智慧、中国服务、中国力量。当然，"走出去"的中国企业还应建立一套适应当地文化、制度、法律的管理体系。

（资料来源：2020年旅游绿皮书。执笔人：张茜，中国邮政集团研究院金融研究中心高级研究员；赵鑫，中国社会科学院旅游研究中心特约研究员。）

案例二　去啊[一]"未来酒店"

我国的旅游服务业，已经从"增量崛起"阶段逐步过渡到"存量变革"阶段。也就是说，"互联网+旅游"的参与者，不仅包括了原生的在线旅游代理，也包括了传统的旅游企业（如旅行社、酒店等）。认识到互联网对汇聚资源、降低成本、优化流程、创新商业模式的益处，传统旅游企业渴望借助"互联网+"实现转型升级的愿望愈加迫切。

因此"互联网+旅游"的变革方向，不是对线下业务的替代与控制，而是为其提供资源、赋予能力、携手共创繁荣的商业生态，是要实现线上与线下的真正融合。去啊"未来酒店"战略的思考与实践，体现了"互联网+旅游"的这一层深意。

在"增量崛起"阶段，在线旅游代理（OTA）异军突起。数量众多的酒店对其既寄托了厚望，也不乏怨言。在线旅游代理带来了巨大的客流，也造成了酒店与客户信息沟通不畅、房价空间被挤压、佣金费用过高、对账结算乃至退款周期过长、人工信用担保存在风险、灵活性差、离店速度慢等一系列问题。

去啊"未来酒店"战略正是为了破解现存难题，建立"高效连接"，让行业信息更透明、让酒店提升运营效率、让消费者有更好的服务体验、让资源为生态共享，加快酒店市场向互联网转型的步伐。在旅游服务业步入"存量变革"的关键期，该项战略的实施掀起了面向未来场景的酒店服务革命的浪潮。

1. "未来酒店"战略助力旅游企业转型升级

"未来酒店"战略初期联合支付宝的"芝麻信用"上线了"信用住"服务。"芝麻信用"是依托支付宝海量的交易记录形成的国内个人信用评分，类似于美国的FICO评分，其芝麻分综合考虑了个人用户的"信用历史""行为偏好""履约能力""身份特质""人脉关系"五个维度信息，分值越高代表信用水平越高。与传统在线酒店服务模式相比，"信用住"更为方便：用户在阿里旅行预订酒店时，芝麻分达到600分即可选择"信用住"；用户先入住后付款，无须担保，零押金，离店时也无须排队，只需把门卡放到前台，酒店就会自

[一] 去啊，即阿里旅行·去啊，是阿里巴巴旗下的综合性旅游出行服务平台。

动从用户的支付宝账户里扣除房费。

"信用住"服务开展三个月，全国有近5500家酒店加入"信用住"计划，包括喜达屋、香格里拉、金陵、开元、银座、雷迪森等高端酒店集团，以及如家、华住、布丁、易佰等经济型酒店集团等。作为首批入驻"信用住"的国际酒店集团，喜达屋表示，将以上海皇家艾美酒店作为试点展开，未来计划推广至中国区的全部酒店。喜达屋大中华区总裁高度评价了"信用住"服务："我们很高兴与阿里巴巴携手为宾客提供更为便捷的入住体验。喜达屋是世界酒店与休闲服务业中的领袖企业之一，与阿里巴巴一样，我们始终关注宾客需求，并致力于通过创新提供更好的消费体验。"中国旅游饭店业协会会长、北京首旅酒店集团董事长认为：传统在线旅游服务商在过去的酒店行业发展中起到了促进作用，在目前"互联网+"的新模式下，行业亟待创新思维打开发展局面。"未来酒店"的出现无疑是酒店业的一种新尝试，多样化的在线旅行平台极大地改善了酒店效率，同时也提升了消费者的住宿体验，"互联网+酒店"的模式大有可为。

"未来酒店"战略受到欢迎，关键在于其直面消费者与酒店的痛点，提供了信用、效率、营销、黏性和安全五大平台能力，贯彻了会员、营销、信用和数据的"高效直连"，开启了未来酒店场景，提供了"一站式"解决方案，为酒店企业抓住"互联网+"契机、实现行业转型升级提供了澎湃动力。"未来酒店"战略为其他传统服务业向互联网跃迁提供了范本，具有标杆意义。

原有的在线旅游代理模式，培育了消费者在线购买酒店服务的习惯，代表了快速成长的"过去十年"；而以开放、融合为己任的"未来酒店"模式将引领创新繁荣的"未来十年"。

2. "未来酒店"战略的关键

（1）直面酒店与消费者的痛点

1）难以直接触及消费者。原有模式下，在线旅游代理充当了酒店与消费者之间的中介，消费者在前台现金支付后，酒店定期获得在线旅游服务商结算的佣金。这种模式阻隔了酒店与消费者更广泛的信息联系，从而难以提供个性化的服务。在线旅游代理以其客源上的优势，要求酒店遵从这种模式，维持了不对等的主导局面。在拉近与消费者距离的竞赛中，酒店处于弱势地位。

2）酒店营销方式同质化。由于过于依赖原有模式，酒店的经营自主权受到抑制，在营销渠道和营销方式上选择较少，出现了较为严重的同质化现象，价格竞争占优、服务竞争不足。

3）获取和维持客户的成本高。难以直接触及消费者，不能顺利地将其发展为常客，客源获得的不确定性增强，直接抬高了获取和维护客户的成本。

4）加盟型酒店集团财务控制困难。对于加盟性质的连锁酒店，各店均与在线旅游代理直接交互、定期结算，连锁酒店总部在财务控制上的力度受到极大制约。

5）人工处理流程复杂、效率低。在原有模式下，人工处理成分过多、效率不高。消费者通过互联网或呼叫中心，提供电话及信用卡信息，由在线旅游代理的员工协助下单。通过专有的预订软件，在线旅游代理将订单信息传至酒店。酒店前台员工可以使用软件接受订单。多家在线旅游代理共享酒店房间库存，为了及时确认，一般来讲在线旅游代理员工会打电话到酒店前台（或通过邮件、传真等方式），通知有新订单等待确认。酒店员工再将信息录入独立的前台系统（入住、结账、房间分配信息均由该系统控制）中。酒店员工还要在消费者抵达前，打电话确认其是否按时入住。在线旅游代理和酒店，彼此构成"信息孤岛"，影响了工作效率。

6）预订后未按约定入住的比率居高不下。在原有模式下，由于缺少对消费者信用状况的了解，预订后未按约定入住的比率常常居高不下，一般在40%~50%，这让酒店的运营面临着极大风险。消费者之痛主要体现在以下三点：一是无效等待时间过多。消费者在办理入住时要排队登记、交押金、领房卡，在退房时通常又面临高峰期等待查房、等待退房手续、等待刷卡结账、等待开具发票。处理流程的复杂使无效等待时间过多，消费者总要在时间上留出提前量。二是与酒店沟通不顺畅。在原有模式下，消费者与酒店的信息沟通不畅，在处理订单变动、房型调整、发票开具等一系列问题上，还要与在线旅游代理客服人员交流，效率较低。三是缺少个性化服务。由于酒店无法直接触及消费者的过往旅行信息，对于消费者的信用状况、个人偏好等所知甚少，难以提供宾至如归的个性化服务，在服务方面降低了对消费者的针对性和吸引力。

(2) 提供五大平台能力　去啊"未来酒店"战略，通过共享"信用、效率、营销、黏性、安全"五大平台能力，系统性地应对原有模式下酒店与消费者的根本痛点，找出解决之道。

1）信用能力。原有模式下，消费者要在入住时缴付押金或进行信用卡预授权，退房时要由工作人员查验房内物品是否遗失。带给消费者的是烦琐的手续、不被信任的感受、时间的浪费和同质化的服务。"未来酒店"的"信用住"模式下，发挥了"信用等于财富"的宗旨，通过"芝麻信用"评分预先了解消费者的信用水平，不用押金、不用现金、不用查房。消费者体验到的是手续便捷、深受信任、节约时间和尊享的"白金级"待遇。信用能力的增强，解决了酒店甚为忧虑的预订后未按约定入住比率居高不下的问题，高信用评分的消费者让这一比率下降到30%左右。酒店也愿意拿出更多的房源满足消费者的需求，酒店与消费者实现了良性互动。信用能力的拓展，让酒店市场的参与者都享受到了福利。

2）效率能力。原有模式下：在线旅游代理横亘在酒店和消费者之间，使二者缺乏充分的信息沟通；酒店前台处理流程复杂，浪费了消费者大量的时间；酒店与在线旅游代理之间的沟通，存在人工涉入过度、效率不高等问题；在线旅游代理与酒店之间一般是按月对账、结算佣金，资金占用时间长。"未来酒店"的"信用住"模式下：通过互联网技术手段实现去啊和酒店信息互通，可以做到实时确认订单；以信用数据为依托，简化了酒店前台操作流程，减少了消费者等待时间，实现了无押金、无现金支付；消费者可以到店即刻拿到房卡入住,离店无须结账,交房卡后直接离开,并能拿到提前准备好的发票;今后更可实现线上自助选房、自助前台系统等便捷服务;酒店与去啊之间可以实时结算,提高了酒店的资金利用效率;加盟性质的连锁酒店基于总部账务操作,加强了总部对加盟店的管理能力。

3)营销能力。原有模式下:酒店受制于在线旅游代理的营销策略,营销手段和渠道不足,常被卷入价格竞争;酒店品牌与消费者联系不紧密,难以获得品牌溢价。"未来酒店"的"信用住"模式下:去啊作为开放式的在线旅游服务平台,让酒店直接接触到消费者从而获取相关信息,树立品牌影响力;保证价格体系透明,酒店自己定价并推送给消费者;云计算服务和大数据分析能力,使酒店的营销更精准。

4)黏性能力。原有模式下,在线旅游代理的会员体系对酒店封闭,酒店无法通过相关订单建立与消费者的长期关系。"未来酒店"的"信用住"模式下,去啊作为开放式的在线旅游服务平台,其平台用户可以与酒店直接沟通,其信息可以被酒店会员体系获取,因此酒店能深入了解消费者的偏好,有针对性地提供服务,增强用户黏性。在平台之上,单体酒店可形成会员联盟,共享用户资源,共推营销举措。

5)安全能力。原有模式下,在线旅游代理和酒店在信息的流转中人工处理环节过多(尤其是人工涉入的信用担保环节),如果出现信用卡用户信息泄露问题,就会给消费者造成了困扰。"未来酒店"的"信用住"模式下,"未来酒店"在提供优质入住体验的同时,也给消费者带来了更好的安全保障。借助"芝麻信用",无须人工信用担保,并且支付宝系统会自动脱敏处理用户隐私信息。从自动生成订单、信用担保到结账离店,在保障便捷支付的同时,也确保了用户隐私信息的安全。

(3)贯彻四大"高效直连" 去啊"未来酒店"战略,始终贯彻"信用、营销、会员、数据"的"高效直连",消除了原有模式的封闭障碍和低效弊端。

1)信用直连。从国外在线酒店服务来看,以良好的信用体系为支撑,一般不会出现冻结信用卡余额或者收取押金问题,离店时也不用现场结账,而是过后从信用卡中扣除。国内在线酒店服务却全然不同,信用卡预授权、押金、离店查房、现场结账,反映了宾主之间的不信任。而"信用住"用阿里巴巴的信用体系为酒店担保,用"花呗"等赊账工具和支付宝为消费者提供便捷的支付,提升了双方的互信程度,优化了服务体验。在这种模式下,酒店可以专注于服务质量的提高,以形成差异化的竞争优势,获得消费者的青睐,打开利润源泉。

2)营销直连。在"未来酒店"战略中,去啊向酒店提供开放的营销平台,将全网的营销能力对其开放(如访问量巨大的去啊、手机淘宝、支付宝、聚划算、UC/"神马"搜索、新浪微博等),各酒店可实施精准的营销策略。单体酒店也可利用共享的营销能力弥补实力的不足,与大型酒店企业处于同样的竞争高度。

3)会员直连。在"未来酒店"战略中,去啊贯穿平台和酒店的会员直连广受好评。平台开放淘宝系超过3亿的活跃用户,协同酒店线上拓展新会员、全方位实时营销、提升会员黏性。酒店间可以实现营销联盟，让散落在平台上、各家酒店会员卡里的"积分"真正"当钱花"。

4）数据直连。松绑数据、实现数据直连，是"未来酒店"战略的核心。"阿里云+石基"的组合，为沉淀用户信息、创新营销服务、降低IT成本和安全云化部署奠定了基础。企业信用、营销、会员与数据直连关系见图12-6。

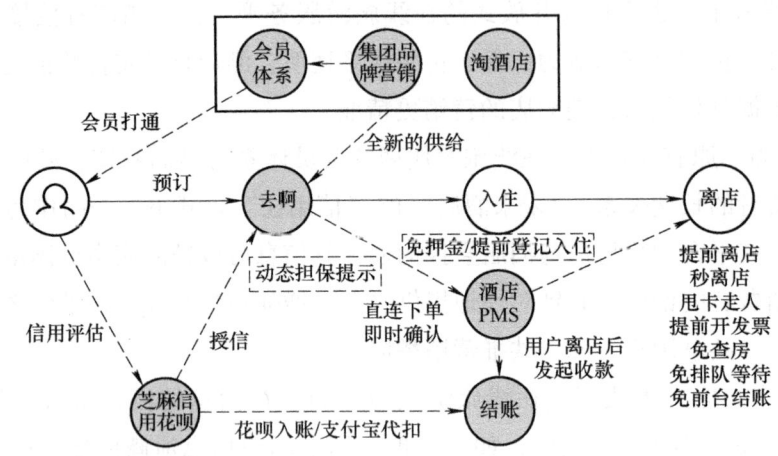

图12-6　企业信用、营销、会员与数据直连关系

阿里云联合石基信息等行业领先解决方案提供商，共同搭建面向酒店行业的云服务平台。阿里云提供云计算与大数据处理能力，用户可以在该平台上开发和部署针对酒店行业的各种应用，为酒店提供前台、餐饮、销售、客房、中央预订、会员运营等全方位的互联网服务。面向酒店行业的云服务平台见图12-7。

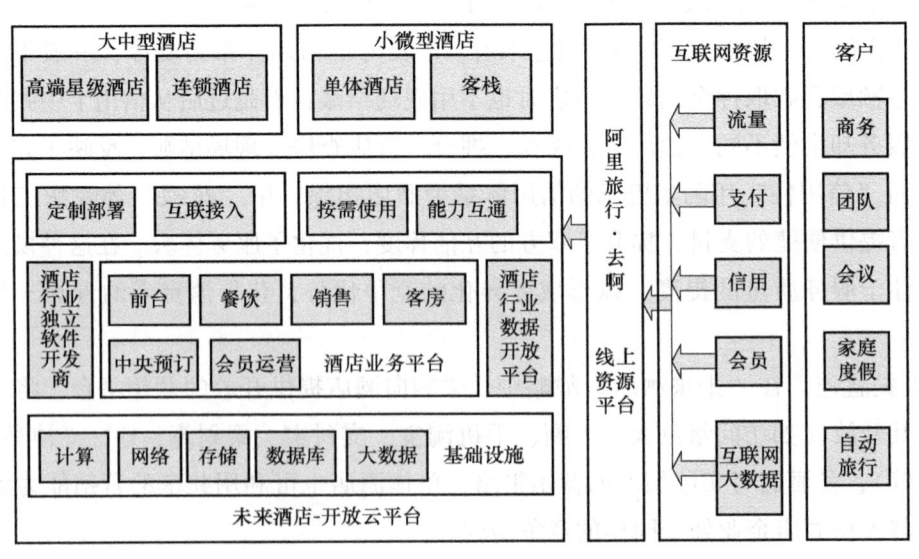

图12-7　面向酒店行业的云服务平台

酒店企业在线下通过连锁或加盟的方式进行资源整合，在线上与互联网渠道深度结合，都需要快捷、低成本的IT基础设施。但传统的IT模式难以满足业务快速发展的要求。云计算具有快速部署、弹性扩展和按需付费的特征，可以随着业务的拓展逐步增加计算资源、快速满足业务要求、降低IT成本。通过云计算整合酒店的业务平台，并与互联网渠道打通，酒店企业就可以采用阿里云的大数据平台，对业务和用户进行精准的数据分析，提升酒店的管理与营销能力。

延伸阅读

酒店业的未来[一]

物质匮乏年代，人们追求的是物质体验，名牌、黄金珠宝、富丽堂皇；而今天，人们更多的是向内追求。

过去的酒店，在最基本的点上，提供了标准可靠的住宿产品；在高阶位上，提供了一种奢华的生活方式。未来的酒店依然如此。所有类型的酒店都要满足"旅人途中的可靠休憩站"这个最基本条件，在高阶位上，要体现最先进的生活方式。

在我看来，未来酒店应该是：既像家一样可靠、踏实，又有家里无法体验的生活和生活方式。

建筑和立面。过去独属于高档和豪华酒店的炫目外在，不再是它们独有的标签，这些外在的华丽会被越来越多酒店应用，包括中档酒店、经济型酒店。就像在发达国家，我们从一个人的衣着很难判断出他的身份、地位一样。

其实，不管是建筑外立面还是室内设计，都是艺术范畴，属于应用艺术。一个好的酒店设计，本身就是一件艺术作品。艺术跟酒店结合，可以很好地演绎、体现酒店的审美情调和价值取向。艺术不能做成简单的堆砌——也就是所谓的"艺术酒店"，那是本末倒置了。酒店的主体功能还是住宿，它不是美术馆。艺术作品应该非常和谐、自然地融合在酒店里，不张扬、不抢风头。客人在前，艺术在后。

公共区域。过去一些酒店在空间上流于浮夸。当首创者这么做时，是创新，但是如果所有酒店都照搬和抄袭，那便落于俗套。而这个俗套是以建造成本和空间上的极大浪费为代价的。

所以，通常酒店都有一个非常空旷气派的大堂，配以豪华的水晶吊灯，在配套上也是不遗余力。一家标准高星级酒店，往往有三四个餐厅（早餐厅、全日餐厅、中餐厅、西餐厅等）、会议室若干、大宴会厅、健身房、桑拿房、游泳池、美发室、小卖部、酒吧、商务中心等。在材料上也极尽铺张之能事，大理石、水晶灯具、实木家具等，怎么贵怎么来，什么高档买什么，能用进口就不用当地的材料。总之，可以用两个字概括：浮夸。

[一] 华住酒店集团创始人兼董事长季琦的讲话稿。

未来的酒店公共区域同样也是"高大上"的，但不同于原先的范式。

首先，公共区域要充分利用，但是否还要用高的层高、奢侈的空间来演绎？比如东京安缦，在地价如金的地段，生生挖出一个面积为 $1000m^2 \times 9m$ 深的长方体出来，很震撼！大堂的接待功能退化，前台尽量小，因为大部分工作都可以在移动端完成，比如选房、缴费等，前台最多是身份验证和服务不习惯用移动端的客户。

当前台退化成"盲肠"的时候，社交、审美、休闲等功能就会走上前台。用酒吧、茶室、户外休闲座椅等空间来实现社交功能，在这样的空间里，客户和一起住店的朋友、不认识的住客邻居聊天，甚至自己一个人发呆。雕塑、绿化、设计家具、创意软装将会在这些空间里扮演重要角色，使得整个公共区域漂亮、气派、有格调，但不是昂贵材料的堆砌。

将社交功能做到极致的是玛玛谢尔特（Mama Shelter）酒店；阿姆斯特丹的美憬阁（MGallery）酒店通过设计家具将整个一楼的空间装点得像豪宅的客厅；新加坡 Oasia Downtown 酒店则引入了大量的绿化和草坪，给人感觉就是在空中的绿洲；Ace 酒店的大堂（见图12-8）就像一个网吧，客人们密密麻麻地挤在一起上网、喝咖啡，认识、不认识的都会打个招呼，像个大家庭的客厅。全季的大堂虽然空间不大，但是用雕塑、书柜、迎客松营造出一点禅意、一点书香，还有一些艺术的氛围，温馨但不夸张。

图12-8　酒店前台示意图

小客房。精致方便但是空间不大的客房是最理想的。公共区域可以大，外立面可以气派，但是客房不需要也没必要太大。按照中国传统，卧室不能太大。据说这样聚气，太大的卧室显得空旷、冷清。尤其是一个人出差在外，回到空落落的房间，体验感未必好。

把这点做到极致的是 CitizenM 酒店，房间只有 $15m^2$ 左右。如果要显得豪华，反而要将淋浴间和卫生间扩大，将衣柜、吧台（茶桌）设计得舒服。小客房也可以充分利用空间，在寸土寸金的大都市里，将空间切小，这样能提升性价比。

而整个酒店空间的审美提升弥补了不足，这样的酒店并不会显得寒碜、憋屈。传统星级酒店里的客房标准已经过时、落伍，创新时代对审美和功能提出了新要求。

艺术和人文。人文事项比较抽象，最重要的是整个布局设计里的人文关怀，而不仅仅是冰冷规范的流程和条规。比如有些酒店前台改成像咖啡店、茶室一样的布局和氛围，就充分体现了设计者对客人的人文关怀。

在酒店中，人们除了良好的睡眠之外，还会需求短暂的安宁体验。接触当地传统文化的细节入口、适度的社交场景、有分寸的艺术呈现，都是加分项。未来的酒店中，昂贵的材料、铺张的空间已经不能彰显先进的审美和生活方式，反而精神层面的文化和艺术是更能够体现一个酒店的审美和格调的。

*高科技。*IT技术，尤其是移动互联网技术，使得酒店在高科技上的投入不仅容易，而且必须。每个人到了酒店，必须连上WiFi，才感觉跟这个世界还连接着，感觉亲人、朋友、同事近在咫尺。半岛的自动化系统确实令一些人赞誉有加，这个系统将灯光、窗帘、空调、呼叫服务、网络、音响、视频等整合在一个控制面板里。但是做得比较好的还是CitizenM，用一个触摸板控制所有的系统，下次入住连锁内的其他酒店，你的偏好就都预存在系统里，很方便、体贴。

技术能够改变很多事情。酒店原来最烦琐的部分，就是前台登记入住。查身份证、签字等，大部分其实不需要人介入。直接在手机上选房间不行吗？如果是金卡会员，你可以选最好的房间。支付可以通过手机进行，可以用人脸识别的机器来检测身份，这可能比人工确认还要更准确。这些技术，华住都在研发，有些已经投入使用。我们马上要做一个无人前台的酒店。目前我们的技术已经走在行业前列。有人把华住称为"技术公司"，我觉得是准确的。所有的自动化，都将使得我们有可能实现扁平化的组织。五年以前，这是不可想象的；五年后，等互联网技术和机器人技术发展到了一定程度，这些都是有可能的。下一个五年，技术和人的重新组合搭配，会给大连锁企业带来一个翻天覆地的变化。

*大数据。*酒店行业一方面面临消费者的需求变化，另一方面还遇到人工成本上升。机器人将来可以比我们做得更好，因为它有大数据支撑，它还可以识别语音和人脸，比人脑记忆可靠，因此可以改变整个酒店业的服务品质和方式。

技术不仅可以不冰冷，还可以增加人情味。比如微信，我和朋友的见面频次可能因此减少，但是交流的深度增加。酒店的未来方向与此类似。未来我们想把"睡"这件事做得更精致。比如通过研究床、音乐、熏香、枕头、灯光、空气的含氧量/湿度/温度、虚拟现实等各种工具，让你睡好。我们的想法还是把这种最本质的事情做好。

过去，营销需要销售员登门拜访，现在不需要了。当开了一家新酒店，只要有足够多的数据，酒店就可以向酒店附近的人发送信息，告诉你：我新开了一家全季，有空过来住住；如果你是老会员，还会享受优惠。我们还可以通过数据交换——比如和写字楼的数据交换，进行更加精准的投放，完全不需要人去销售，这样可以省掉非常多的人工成本。

这时，人做什么呢？机器和数据做不了的、更加体现人的特质的事，例如手艺。当我的酒店前台不需要人帮你办理登记，我就可以安排一个帅小伙为你冲咖啡。客人入住后会记得，我们酒店的前台有个小伙子，长得特别帅，冲的咖啡特别好喝。这种体验将令人印象深刻。

未来所有类型的酒店都要满足"旅人途中的可靠休憩站"这个最基本条件,在高阶位上,要体现最先进的生活方式。

国内酒店集团规模及品牌规模

2019 中国酒店集团规模 TOP30 排行榜见表 12-1。

表 12-1　2019 中国酒店集团规模 TOP30 排行榜

排名	集团名称	总部所在地	客房数	门店数
1	锦江国际酒店集团	上海	760 000	7537
2	华住酒店集团	上海	422 747	4230
3	首旅如家酒店集团	北京	387 251	3858
4	格美酒店集团	上海	221 529	2757
5	尚美生活集团	青岛	125 383	2467
6	都市酒店集团	青岛	113 035	1807
7	东呈酒店集团	广州	108 973	1238
8	住友酒店集团	杭州	37 704	255
9	上海恭胜酒店管理有限公司	温州	36 574	773
10	开元酒店集团	杭州	34 286	150
11	亚朵生活	上海	31 569	275
12	逸柏酒店集团	上海	26 870	510
13	富力集团	广州	26 865	89
14	万达集团	北京	25 178	86
15	银座旅游集团	济南	24 912	257
16	碧桂园酒店集团	佛山	24 329	73
17	中国中旅酒店集团	香港	22 232	111
18	雅斯特酒店集团	深圳	17 160	156
19	南京金陵酒店管理公司	南京	16 972	65
20	石家庄国大酒店	石家庄	14 148	228
21	途窝酒店集团	深圳	13 850	293
22	凯莱酒店集团	北京	12 450	54
23	岷山集团	成都	11 967	95
24	青藤酒店集团	宁波	11 947	157
25	瑞景商旅集团	合肥	11 464	152
26	君澜酒店集团	杭州	11 118	48
27	美豪酒店集团	上海	10 804	83
28	华天酒店集团	长沙	10 348	57
29	中青旅山水酒店集团	深圳	10 148	76
30	蓝海酒店集团	东营	10 001	45

2019 中国连锁酒店品牌规模 TOP30 排行榜见表 12-2。

表 12-2　2019 中国连锁酒店品牌规模 TOP30 排行榜

排名	品牌名称	所属集团	客房数	门店数
1	如家酒店	首旅如家酒店集团	233 226	2253
2	汉庭酒店	华住酒店集团	220 646	2283
3	7 天酒店	锦江国际酒店集团	201 432	2326
4	维也纳酒店	锦江国际酒店集团	179 260	1183
5	格林豪森	格美酒店集团	162 844	1881
6	锦江之星	锦江国际酒店集团	129 113	1088
7	尚客优连锁酒店	尚美生活集团	85 489	1621
8	都市 118	都市酒店集团	83 420	1392
9	城市便捷	东呈国际集团	75 935	887
10	全季酒店	华住酒店集团	72 370	553
11	莫泰酒店	首旅如家酒店集团	39 579	339
12	麓枫酒店	锦江国际酒店集团	38 141	411
13	99 旅馆连锁	上海恭胜酒店管理有限公司	36 574	773
14	布丁酒店	住友酒店集团	32 715	509
15	亚朵酒店	亚朵生活	31 569	275
16	都市花园	都市酒店集团	29 615	415
17	骏怡连锁酒店	尚美生活集团	29 221	607
18	锦江酒店	锦江国际酒店集团	29 000	94
19	海友酒店	华住酒店集团	25 403	402
20	碧桂园酒店	碧桂园酒店集团	24 329	73
21	格林联盟	格美酒店集团	23 607	302
22	桔子精选	华住酒店集团	19 863	172
23	易佰连锁	逸柏酒店集团	19 182	390
24	星程酒店	华住酒店集团	18 878	212
25	首旅建国	首旅如家酒店集团	18 429	66
26	佳驿酒店	银座旅游集团	18 192	210
27	如家精选酒店	首旅如家酒店集团	18 035	175
28	雅斯特酒店	雅斯特酒店集团	17 160	156
29	金陵连锁酒店	南京金陵酒店管理公司	16 972	65
30	派酒店	锦江国际酒店集团	16 797	271

2019 外资酒店集团品牌规模 TOP30 排行榜见表 12-3。

表 12-3 2019 外资酒店集团品牌规模 TOP30 排行榜

排名	品牌名称	所属集团	客房数	门店数
1	OYO 酒店	欧游酒店管理（上海）有限公司	270 785	5656
2	速 8 酒店	温德姆酒店管理集团	70 432	1132
3	皇冠假日	洲际酒店集团	34 970	146
4	智选假日	洲际酒店集团	26 908	128
5	假日酒店	洲际酒店集团	25 948	90
6	喜来登酒店	万豪国际酒店集团	25 462	79
7	华美达酒店	温德姆酒店管理集团	22 287	107
8	希尔顿酒店	希尔顿酒店集团公司	20 460	53
9	豪生大酒店	温德姆酒店管理公司	20 357	63
10	香格里拉酒店	香格里拉酒店集团	18 500	66
11	洲际酒店	洲际酒店集团	17 238	44
12	万豪酒店	万豪国际酒店集团	11 733	35
13	希尔顿逸林酒店	希尔顿酒店集团公司	11 390	33
14	戴斯酒店	温德姆酒店管理公司	11 169	67
15	铂尔曼酒店	雅高酒店集团	10 380	33
16	希尔顿欢朋酒店	希尔顿酒店集团公司	10 296	63
17	温德姆酒店	温德姆酒店管理公司	8831	29
18	福朋喜来登酒店	万豪国际酒店集团	8605	29
19	美居酒店	雅高酒店集团	8510	39
20	威斯汀酒店	万豪国际酒店集团	8117	23
21	诺富特酒店	雅高酒店集团	7422	23
22	万怡酒店	万豪国际酒店集团	7365	27
23	万丽酒店	万豪国际酒店集团	7300	26
24	凯悦酒店	凯悦酒店集团	7139	22
25	索菲特酒店	雅高酒店集团	6881	21
26	凯宾斯基酒店	凯宾斯基酒店集团	6848	18
27	JW 万豪酒店	万豪国际酒店集团	5118	13
28	艾美酒店	万豪国际酒店集团	5097	16
29	君悦酒店	凯悦酒店集团	5004	12
30	温德姆至尊豪庭酒店	温德姆酒店管理集团	4519	14

2019 中国连锁酒店高端品牌规模 TOP10 排行榜见表 12-4。

表 12-4　2019 中国连锁酒店高端品牌规模 TOP10 排行榜

品牌排名	品牌名称	所属集团	客房数	门店数
1	亚朵酒店	亚朵生活	31 569	275
2	和颐酒店	首旅如家酒店集团	16 451	136
3	锦江都城	锦江国际酒店集团	11 438	86
4	华天大酒店	华天实业控股	10 348	57
5	蓝海大饭店	蓝海酒店集团	10 001	45
6	美居酒店	华住酒店集团	8510	39
7	桔子水晶	华住酒店集团	7150	56
8	开元大酒店	开元酒店集团	6585	26
9	开元曼居	开元酒店集团	5774	44
10	白金汉爵	汉爵集团	5520	10

思考与习题

1. 你还知道酒店业的哪些发展趋势？

2. 酒店业的酒店品牌化和集团化、中高端酒店的兴起、经济型酒店的重新洗牌、绿色酒店倡导环保、定制化服务几大趋势背后有哪些原因？可结合实际生活中的案例加以说明。

3. 酒店业的从业人员要具备哪些素质和能力？结合自身能力进行思考与分析。

参考文献

[1] 孙宗虎. 职业生涯规划管理实务手册[M]. 3版. 北京：人民邮电出版社，2018.

[2] 邢发，陈怡冰. 职业发展就那几步：员工职业生涯自助管理解决方案[M]. 北京：企业管理出版社，2016.

[3] 黄莺. 高星级酒店中层管理者职业生涯发展路径影响因素研究[D]. 广州：暨南大学，2015.

[4] 柳荣，庞建云. 采购管理与运营实战[M]. 北京：人民邮电出版社，2018.

[5] 匡仲潇. 现代酒店成本管理与控制[M]. 北京：化学工业出版社，2020.

[6] 李雯. 酒店采购部、仓储部精细化管理与服务规范[M]. 北京：人民邮电出版社，2009.

[7] 科特勒，保文，迈肯斯. 旅游市场营销：第5版[M]. 谢彦君，译. 大连：东北财经大学出版社，2011.

[8] 陈学清. 市场营销原理[M]. 北京：清华大学出版社，2014.

[9] 李天元. 饭店与旅游服务业市场营销[M]. 3版. 北京：中国旅游出版社，2015.

[10] 王茂盛，景诚. 酒店财务管理[M]. 北京：高等教育出版社，2019.

[11] 景诚，王茂盛. 酒店财务管理[M]. 南京：南京大学出版社，2018.

[12] 张玉凤. 酒店财务管理[M]. 北京：机械工业出版社，2015.

[13] 宋雪鸣，费志冰. 饭店财务运转与管理[M]. 北京：高等教育出版社，2008.

[14] 陈安萍. 酒店财务管理[M]. 北京：中国旅游出版社，2012.

[15] 陈梅桂. 酒店财务管理操作大全[M]. 2版. 北京：人民邮电出版社，2015.

[16] 送餐机器人. 2020 CES擎朗智能合伙人出席中国舞台Talk to China [EB/OL]. （2021-01-13）[2021-08-01]. https：//www.sohu.com/a/360937604_120072365.

[17] 周敏慧. 我国本土饭店集团化的发展之路[J]. 中外企业家，2016（10）：23-24.

[18] 范香花，黄红霞，冯小霞，等. 中国旅游酒店业发展研究[M]. 成都：四川大学出版社，2018.

[19] 魏卫. 酒店管理概论[M]. 武汉：华中科技大学出版社，2019.

[20] 季琦. 酒店业的未来[J]. 经理人，2020（12）：6-8.

[21] 中国饭店协会，盈蝶咨询. 中国酒店连锁发展与投资系列报告[R/OL]. （2019-04-11）[2020-03-01]. https：//www.sohu.com/a/307146250_236448.

[22] 艾瑞网. 中国经济型酒店人才发展白皮书[R/OL]. （2017-10-01）[2020-03-01]. http：//report.iresearch.cn/report_pdf.aspx？id＝3074.

[23] 王伟. 饭店危机服务：从冷漠、抱怨、投诉到诉讼[M]. 北京：旅游教育出版社，2008.

[24] 罗旭华．酒店危机管理［M］．北京：经济科学出版社，2013．

[25] 周贺来，王彬．酒店计算机信息管理［M］．北京：中国水利水电出版社，2010．

[26] 吴联仁，李瑾颉．酒店管理信息系统：理论、实践与前沿［M］．北京：旅游教育出版社，2018．

[27] 陈文力．酒店管理信息系统［M］．北京：机械工业出版社，2012．

[28] 陆均良．酒店管理信息系统［M］．北京：清华大学出版社，2015．